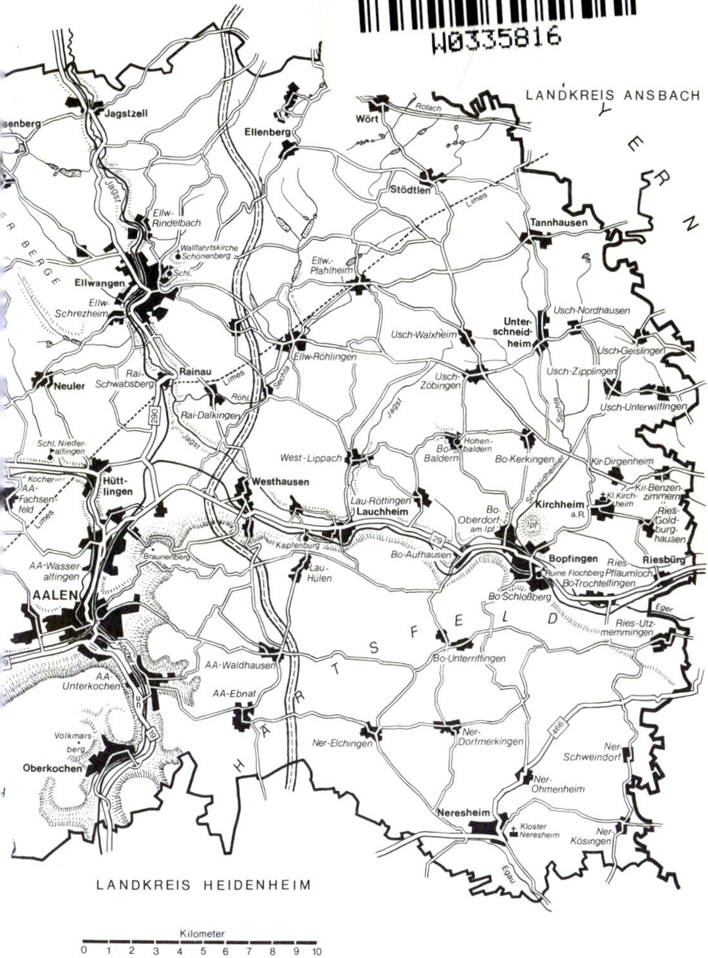
LANDKREIS ANSBACH
BAYERN
LANDKREIS DONAU-RIES
LANDKREIS HEIDENHEIM
Jagstzell
Ellenberg
Wört
Rotach
Stödtlen
Limes
Tannhausen
Jagst
Ellw-Rindelbach
Wallfahrtskirche Schönenberg
Schl.
Ellwangen
Ellw-Schrezheim
Ellw.-Pfahlheim
Usch-Nordhausen
Unterschneidheim
Usch-Walxheim
Usch-Geislingen
Ellw-Röhlingen
Usch-Zipplingen
Rainau
Rai-Schwabsberg
Neuler
Usch-Zöbingen
Sechta
Röhl.
Usch-Unterwilflingen
Rai-Dalkingen
290
Schl. Niederalfingen
Bo-Baldern
Hohenbaldern
Bo-Kerkingen
West-Lippach
Kir-Dirgenheim
Kocher
AA-Fachsenfeld
Hüttlingen
Westhausen
Schneidheimer
Kir-Benzenzimmern
Kl. Kirchheim
Kirchheim a.R.
Lau-Röttingen
Lauchheim
Bo-Oberdorf am Ipf
Ipf
Ries-Goldburghausen
Braunenberg
Kapfenburg
29
Bo-Aufhausen
Bopfingen
Riesbürg
AA-Wasseralfingen
Lau-Hülen
Ruine Flochberg
Ries-Pflaumloch
Bo-Trochtelfingen
AALEN
Bo-Schloßberg
Eger
HÄRTSFELD
Ries-Utzmemmingen
AA-Waldhausen
Bo-Unterriffingen
AA-Unterkochen
AA-Ebnat
466
Ner-Elchingen
Ner-Dorfmerkingen
Volkmarsberg
19
Ner-Schweindorf
Oberkochen
Ner-Ohmenheim
Neresheim
Kloster Neresheim
Ner-Kösingen
Egau
Kilometer
0 1 2 3 4 5 6 7 8 9 10

Kunst- und Kulturdenkmale im Ostalbkreis

Text und Fotos von Konrad A. Theiss

Konrad Theiss Verlag Stuttgart

Verlag und Autor danken dem Ostalbkreis und der Kreissparkasse für die Unterstützung der Herausgabe, ohne die dieser Band mit seinen zahlreichen neuen Aufnahmen zu einem so günstigen Preis und in dieser Ausstattung nicht hätte im Buchhandel erscheinen können.

CIP-Titelaufnahme der Deutschen Bibliothek

Theiss, Konrad:
Kunst- und Kulturdenkmale im Ostalbkreis / Text u. Fotos von Konrad A. Theiss. – Stuttgart : Theiss, 1989
ISBN 3-8062-0596-5
NE: HST

Foto auf dem Schutzumschlag: Ellwangen

ISBN 3 8062 0596 5
Gesamtherstellung: Grafische Betriebe Süddeutscher Zeitungsdienst, Aalen
Printed in Germany

INHALT

DIE KUNST IM OSTALBKREIS

Der Ostalbkreis mit seinen 42 Gemeinden ist nicht nur von großer landschaftlicher Schönheit, sondern auch außergewöhnlich reich an Denkmalen der Kunst fast aller Epochen. Nicht, daß dieses Gebiet selbst ein Zentrum einer der großen Kunstlandschaften wäre. Obwohl seiner geographischen Lage nach im Mittelpunkt Süddeutschlands gelegen, befand sich unser Raum im Laufe der Geschichte fast immer in einer Randlage: An der Grenze, dem »Limes«, des Römischen Reiches, im äußersten Westen des Frankenreiches, das gerade hier durch die Gründung des Klosters Ellwangen seine Position sicherte, am Rande des Herzogtums Schwaben, obwohl Stammland des staufischen Geschlechts, und schließlich am Nordrand der großen Diözese Augsburg, die über Jahrhunderte die kirchlichen Verhältnisse bestimmte und damit auch das Kunstschaffen beeinflußte.
Die Geographie, bestimmt durch die Lage entlang des Albtraufs, das Tal von Brenz und Kocher quer durch die Alb und das Tal der Jagst, machte den Ostalbkreis seit alters her zu einem Durchgangsland, einem Gebiet wichtiger West-Ost- und Nord-Südverkehrswege, die zum Teil heute noch feststellbar sind. An diesen alten Verkehrswegen entstanden vorgeschichtliche Siedlungen, römische Kastelle und frühmittelalterliche Burgen.

Vor- und Frühgeschichte

Die geographischen Bedingungen waren günstig für eine Besiedlung des Gebietes schon in frühester Zeit. Funde aus der Altsteinzeit, insbesondere in und bei den Höhlen am Rosenstein und den Ofnethöhlen bezeugen, daß schon die Jäger und Sammler der Altsteinzeit in der östlichen Schwäbischen Alb heimisch waren. Außerhalb des beschriebenen Gebietes, aber nur wenige Kilometer südlich der Kreisgrenze wur-

den in der Vogelherdhöhle im Lonetal bei Giengen aus Elfenbein geschnitzte, 30 000 Jahre alte Tierplastiken aus dem Aurignacien gefunden, die zu den bedeutendsten künstlerischen Leistungen der Altsteinzeit Mitteleuropas zählen (heute Universität Tübingen, Repliken im Schloß-Museum Heidenheim). Der Rosenstein im Westen, Goldberg, Ipf, Ofnethöhlen im Osten des Kreisgebietes sind bedeutende Stätten vorgeschichtlicher Besiedlung von der Jungsteinzeit (Goldberg) über Urnenfelder-, Hallstatt- bis zur Latènezeit. Die topographisch exponierten, gut zu sichernden Zeugenberge und Albvorsprünge wie Ipf, Goldberg und Rosenstein zeigen heute noch Befestigungswälle aus der Keltenzeit. Gleiches gilt auch für die einstige »Kocherburg« bei Unterkochen. Eine der bedeutendsten keltischen Höhensiedlungen ist der Ipf bei Bopfingen, heute noch eindrucksvoll zu erkennen auf dem unbewaldeten Bergkegel mit ausgedehntem Gipfelplateau.
Aus der Bronze- sowie der Hallstattzeit stammen auch eine große Anzahl zum Teil noch im Gelände erkennbarer Grabhügel sowie keltischer »Viereckschanzen«, die heute als Kultstätten gedeutet werden. Die bemerkenswertesten und am besten erhaltenen Viereckschanzen befinden sich bei Kirchheim/Jagstheim sowie bei Onatsfeld.
Eine besondere Bedeutung erlangte das Gebiet des heutigen Ostalbkreises während der Zeit, als das Römische Reich im 1. und 2. Jahrhundert n. Chr. seine Grenze von Süden her von der Donau über die Schwäbische Alb vorverlegte, von Westen her über Odenwald und Neckar bis zur Linie Miltenberg-Lorch. Der obergermanisch-rätische Limes, eine Grenzbefestigung vom Mittelrhein bei Koblenz bis zur Donau bei Regensburg, war die Grenze des Römischen Reiches gegenüber dem freien Germanien. Diese Grenze lief mitten durch den heutigen Ostalbkreis, im Westen in nord-südlicher Richtung von Welzheim bis Lorch, um dann in rechtem Winkel nach Nordosten quer durch das Albvorland und den Virngrund abzuschwenken. In Lorch grenzten nicht nur Römisches Reich und freies Germanien aneinander, sondern auch die römischen Provinzen Obergermanien und Rätien.
Die Grenze wurde durch Kastelle gesichert, wobei das Kastell Aalen als größtes Reiterkastell der Provinz Rätien eine herausragende Stellung einnahm. An vielen Stellen ist der Verlauf des Limes im Gelände heute noch erkennbar, sei es durch wallartige Unebenheit im Gelände, sei es durch gerade Feldwege, die genau dem Limes von vor 1800 Jahren entsprechen. Bei Rainau-Buch und im Rotenbachtal bei Schwäbisch Gmünd ist der Limes rekonstruiert. Bedeutende Funde im Limesmuseum Aalen zeugen von der hochentwickelten Zivilisation zur Zeit des Römerreiches, ebenso die Konservierungen der Kastelle Aalen und Rainau-Buch.
Der Einfall der Alamannen im 3. Jahrhundert n. Chr. machte für unser

Gebiet der römischen Herrschaft ein Ende. Indirekt Zeugnis hiervon legen die Funde römischer Nutz- und Wertgegenstände in den Brunnen beim Kastell von Rainau-Buch ab. Die flüchtende Bevölkerung hoffte, so ihren Besitz über die Stürme der Zeit retten zu können, eine Hoffnung, die für die Fliehenden leider, für die heutigen Archäologen zum Glück nicht in Erfüllung ging.
Zeugnisse aus der Zeit, in denen die Alamannen hier seßhaft geworden sind, finden sich in Gräberfeldern, so vor allem in Pfahlheim, Kirchheim am Ries, Zöbingen und Lauchheim. Die Funde befinden sich außer in den Museen von Bopfingen und Kirchheim vor allem im Württembergischen Landesmuseum Stuttgart. Bemerkenswert ist der »Einbaum«, Rest eines Holzsarges, in der Wallfahrtskirche von Zöbingen.

Klöster und Burgen

Territorial war das Gebiet des heutigen Ostalbkreises seit dem Mittelalter stark zersplittert. Neben bedeutenden Klöstern wie Lorch, Ellwangen, Neresheim und Kirchheim standen Territorialherren wie die Grafen von Oettingen, die Freiherren von Woellwarth, die Schenken von Limpurg, die Grafen von Rechberg, später das Herzogtum Württemberg und schließlich die drei Freien Reichsstädte Schwäbisch Gmünd, Aalen und Bopfingen.
Die territoriale Zersplitterung ist eine unmittelbare Folge des Niedergangs der Hohenstaufen, der nicht nur den Verlust einer starken Zentralgewalt für das Reich insgesamt bedeutete, sondern, für unseren Raum noch entscheidender, die Auflösung des traditionellen Stammesherzogtums Schwaben, zu dessen Kernland das Gebiet der östlichen Schwäbischen Alb gehört hatte. Die Vielfalt der Herrschaften bestimmt wesentlich die Entwicklung der Kunst. Versucht man in die Kunstgeschichte des Ostalbkreises eine grobe Gliederung einzubringen und die Kunstdenkmäler einzuordnen, so stellt man fest, daß wie in der übrigen Kunstgeschichte auch, nicht nur die Orte, sondern auch die politische und soziale Trägerschaft von Kunst und Kultur im zeitlichen Ablauf wechseln.
Im frühen und hohen Mittelalter bis zum Ende der Stauferzeit konzentriert sich das künstlerische Schaffen auf die Klöster, dazu auf die dem Schwabenherzog und der kaiserlichen Gewalt nahestehenden Burgen sowie die Stadt Schwäbisch Gmünd, die zu Recht den Rang der »ersten Stauferstadt« einnimmt. Kloster Lorch, die Grabstätte der frühen Stauferherzöge, Rechberg mit seiner staufischen Ministerialenburg, Gmünd mit der romanischen Johanniskirche und Ellwangen mit der Stiftskirche St. Veit repräsentieren Zeugnisse der Romanik, die zu den herausragenden Leistungen dieses Stils in Süddeutschland gehören.

Städte

Nach dem Zusammenbruch der Zentralgewalt geht die wirtschaftliche und kulturelle Führung an die Städte über, und hier ist es wieder Schwäbisch Gmünd, das im 14. Jahrhundert eine außerordentlich erfolgreiche Entwicklung nimmt. Ausdruck des erwachten Selbstbewußtseins der Bürgerschaft ist der Bau des Heilig-Kreuz-Münsters in den Formen der klassischen Hochgotik vom Oberrhein, aber als Hallenbau eine vom hochgotischen Basilikal-Typus abweichende, originelle Lösung. Es gilt als eine der bedeutendsten schöpferischen Leistungen der deutschen Gotik, und dieses Bauwerk strahlt von Gmünd nach außen, wirkt stilbildend auf viele ähnliche architektonische Lösungen in ganz Süddeutschland und Böhmen. Heinrich Parler, der Erbauer des Münsterchors, war der Vater Peter Parlers, des späteren Erbauers des Prager Veitsdomes, und damit der Stammvater einer Baumeister- und Künstlersippe, die einer ganzen kunstgeschichtlichen Epoche ihren Namen gab. Parlers finden sich später als Baumeister am Freiburger und am Straßburger Münster, in Köln, in Böhmen, ja sogar am Mailänder Dom.
Eine weitere Manifestation des sich in der Kunst ausdrückenden bürgerlichen Selbstbewußtseins sind Ende des 15. und Anfang des 16. Jahrhunderts die gemalten und geschnitzten Altäre in den Kirchen. Ein besonders wertvolles Beispiel eines solchen Flügelaltars finden wir in der Stadtkirche der ehemaligen Freien Reichsstadt Bopfingen. Der Altar wurde von dem Nördlinger Meister Friedrich Herlin 1472 geschaffen, die Flügel von ihm eigenhändig gemalt. Herlin war einer der Vermittler der niederländischen, sich dem Realismus öffnenden Kunst nach Süddeutschland. Weitere Altäre finden sich in Seitenkapellen des Heilig-Kreuz-Münsters in Gmünd, ein kleiner Altar von Martin Schaffner in der Stephanskapelle in Wasseralfingen sowie ein – allerdings um seine gemalten Flügel beraubter – Altar von Bartolomäus Zeitblom in Eschach.
Die Bedeutung von Schwäbisch Gmünd als Stadt der Kunst wird noch dadurch unterstrichen, daß zwei der bedeutendsten Zeitgenossen Albrecht Dürers, Hans Baldung Grien und Jörg Ratgeb, von Gmünd aus ihren Weg gegangen sind, wenn auch von beiden in Gmünd kein Werk vorhanden ist. Noch bemerkenswerter ist es, wenn um 1500 ein Hans Danzer aus Schwäbisch Gmünd als Schöpfer des großen, holzgeschnitzten Retabels der Kathedrale von Zaragossa in Spanien genannt wird. Neben den herausragenden Beispielen der Kunst gibt es eine unendliche Fülle hervorragender Baudenkmäler und Kunstwerke von lokaler Bedeutung, unter denen insbesondere der weit verbreitete Typ der Chorturmkirche als für dieses Gebiet prägnantes Beispiel hervorgeho-

ben werden muß. Diese von der Anlage her sehr frühe Form des Kirchenbaus zeichnet sich dadurch aus, daß sich der jeweils massive Block des Kirchturms direkt über dem Chor im Osten des Kirchenschiffs befindet. Von Degenfeld im Westen bis Kösingen im Osten finden sich Chorturmkirchen aus dem 11. bis 15. Jahrhundert, teils rein erhalten, teils im Lauf der Jahrhunderte stark verändert, aber immer als Typ der Chorturmkirche noch erkennbar.

Andachtsbilder und Fresken

Kirchen und Kapellen als Ort der Andacht wurden seit der Hochgotik und der Zeit der Mystik nicht nur mit Altären, sondern auch mit Andachtsbildern ausgeschmückt. Die Madonna mit dem Kind, die Muttergottes mit dem toten Sohn auf dem Schoß (Pietà), die hl. Anna selbdritt und vor allem der Gekreuzigte sind die bevorzugten Themen gotischer Andachtsbilder, von denen sich einige ganz vorzügliche Stücke, zum Teil in unscheinbaren Kapellen, erhalten haben.
Als Beispiele seien genannt die Dirgenheimer Madonna um 1430, die Madonna im Altarschrein von Schlechtbach im sog. »weichen Stil« des frühen 15. Jahrhunderts, die Pietàs in Kösingen, Kirchheim, Wasseralfingen, die großartigen gotischen Kreuze in Lorch, Essingen, in der Wolfgangkirche in Ellwangen und in Adelmannsfelden. Daneben sind eine Überfülle von Heiligenfiguren aus der Zeit der Gotik, meist aus früheren Altarschreinen stammend, in vielen Kirchen und Kapellen erhalten. Dies ist um so überraschender, als nicht nur die Reformation in den evangelisch gewordenen Kirchen, sondern auch die oft radikale Erneuerung während der Barockzeit in den katholischen Kirchen vieles vom mittelalterlichen Kunstgut beseitigt haben. Einen besonderen Hinweis verdient der Gnadenstuhl von Schwenningen, Gottvater mit dem toten Sohn auf dem Schoß, eine Darstellung, die in Süddeutschland in dieser Form fast unbekannt ist.
Eine weitere Besonderheit im Kunstbestand des Ostalbkreises sind die zahlreichen zum Teil sehr gut erhaltenen und qualitativ hochwertigen Wandmalereien aus dem frühen und späten Mittelalter, viele davon erst in den letzten Jahren bei Renovierungen entdeckt und freigelegt. Die Malereien, meist mit Szenenfolgen aus der Bibel, sind eine »Biblia pauperum«, Bibel der Armen, nicht des Lesens Kundigen. Auch hier kann eine Aufzählung nur typische Beispiele ohne Anspruch auf Vollständigkeit erwähnen: so die Mitte der siebziger Jahre entdeckten Fresken in der Johanniskirche in Aalen, die Wandbilder in der Margaretenkapelle in Trochtelfingen, die qualitativ und vom Erhaltungszustand her sehr beachtlichen Fresken in Pflaumloch und Tanau oder in der kleinen Kapelle von Zimmern.

Landesherren und Reformation

Reformation, Bauernkrieg, Erstarken der Macht der Territorialherren, Dreißigjähriger Krieg, all diese Einflüsse führen zu einem schnellen, ja plötzlichen Nachlassen der künstlerischen Kräfte und Leistungen seit 1530. Für Altäre und Andachtsfiguren gibt es keinen Bedarf mehr. Jetzt sind es die kleinen und größeren Landesherren, die ihre Residenzen erneuern und ausbauen: Die Renaissance, die bald in den Frühbarock übergeht, ist im Ostalbkreis vor allem zu finden in den Schlössern, wie z. B. der Kapfenburg über Lauchheim oder dem Ellwanger Schloß.

Grabmäler zeugen vom Repräsentationsbedürfnis der Adeligen, aber auch von gegenüber dem Mittelalter andersartigen formalen Idealen. Das Grabmal des Rechbergers und seiner Frau in der alten Pfarrkirche von Straßdorf ist eine für seine Zeit außergewöhnlich gute, feine Arbeit. Die Woellwarths entfalten sich als in Politik und Wirtschaft erfolgreiches Adelsgeschlecht. Die Kirchen des Hans Sigmund von Woellwarth in Fachsenfeld und Leinroden verdienen als evangelische Kirchengründungen vom Anfang des 17. Jahrhunderts besondere Beachtung.

Nur an einer Stelle außerhalb der Residenzen brachte die Zeit kurz vor dem Dreißigjährigen Krieg noch beachtenswerte künstlerische Aktivitäten hervor: in Schwäbisch Gmünd, das, obwohl Freie Reichsstadt, katholisch geblieben war. Der Name des Kaspar Vogt steht für den Bau der Salvatorkirche und der Kreuzwegkapellen zum Salvator, für Herrgottsruh- und Josephskapelle. Aus Gmünd stammt auch ein Passionsaltar, heute in der Stadtkirche von Heubach, vom Anfang des 17. Jahrhunderts, in Szenenfolge und Typologie noch ganz im Geiste vom Anfang des 16. Jahrhunderts gemalt.

Repräsentation im Zeitalter des Barock

Eine neue Entfaltung, einen letzten Höhepunkt im künstlerischen Schaffen, bringt die Zeit des Barock.

Wie im bayerisch-schwäbischen und fränkischen Raum gab es nach den Verwüstungen des Dreißigjährigen Krieges um die Klöster und geistlichen Herrschaften einen neuen Aufschwung, der sich nicht nur in repräsentativen Bauten der Klöster auswirkte, sondern auch in einer Blüte von Handel und Gewerbe, von Schulen und Volksbildung. Allerdings konzentrierte sich diese Blüte der Künste auf die katholisch gebliebenen Gebiete, so die Fürstpropstei Ellwangen oder das Kloster Neresheim. Aber auch Schwäbisch Gmünd legte sich ebenso wie die in seinen Mauern ansässigen Klöster ein barockes Kleid an. Mit der Wallfahrtskirche »Zum Schönen Berg« in Ellwangen steht im Ostalbkreis am Beginn der Blüte des Süddeutschen Barocks ein vollendetes Beispiel der Vorarlberger Schule, während die Abteikirche Neresheim das Ende dieser Epoche mit einem der großartigsten Bauwerke des europäischen Barock abschließt. Mit Balthasar Neumann aus Würzburg als Architekten und dem Tiroler Maler Martin Knoller, dem Akademiedirektor von Mailand, wirkten zwei Gestalten von europäischem Rang in Neresheim.

Was in den Zentren der Kunst, in Ellwangen, Schwäbisch Gmünd und Neresheim geschaffen wurde, strahlte aus in die Umgebung dieser Orte, insbesondere in die kirchlich oder politisch abhängigen Dörfer: Viele Kirchen und Kapellen und profane Gebäude wurden von namhaften Architekten und Künstlern in den Dörfern rings um Ellwangen und Gmünd errichtet, in den Härtsfelder Kirchen finden sich Altäre, Skulpturen, Fresken von in Neresheim tätigen Künstlern. Der Ellwanger Hofbaumeister Arnold Friedrich Prahl und Johann Michael Keller als Gmünder Stadtbaumeister bestimmen mit ihrer Architektur nicht nur das Bild ihrer Städte, sondern sind vielbeschäftigte Architekten im ganzen Gebiet des Ostalbkreises. Kellers wichtigste Bauten außerhalb Gmünds sind die evangelische Stadtkirche in Aalen mit ihrem repräsentativen, den Regeln der lutherischen Liturgie entsprechenden Kirchenraum, die Wallfahrtskirche in Unterkochen und die Pfarrkirche in Westhausen. Nach dem Tode Balthasar Neumanns wurde er zur Vollendung der Abteikirche Neresheim berufen.

Überall, wo reger Baubetrieb herrschte, zog es nicht nur Künstler von auswärts an wie die Brüder Thumb und die Barock-Freskanten Anwander, Wannenmacher, Steidl und Scheffler, auch einheimische Talente konnten sich entfalten und die Kunstlandschaft entscheidend mitprägen. Als Beispiel hierfür seien die Maler Edmund Widemann, Johann Nieberlein, Anton Wintergerst und Johann Michael Zink sowie der Plastiker Thomas Schaidhauf genannt.

Kunsthandwerk und Volksfrömmigkeit

Die Entfaltung künstlerischer Kräfte und das Schmuck- und Repräsentationsbedürfnis der Menschen förderten im Zeitalter des Barock auch das Kunsthandwerk, und hier muß besonders die Kunst der Gmünder Gold- und Silberschmiede, der Büchsenmacher und Elfenbeinschneider genannt werden, die, unter Augsburger Einfluß, im 17. und 18. Jahrhundert sich zur höchsten Blüte entfaltete und Meisterstücke weit nach außerhalb des Gebietes lieferte.

Die Ellwanger, genauer Schrezheimer Fayence-Manufaktur hatte zu ihrer Zeit einen hohen Rang, das »Schrezheimer Altärchen« ist ein be-

sonders reizvolles Beispiel dieser Kunstgattung um 1780. Und schließlich ist es der Wasseralfinger Eisenkunstguß, der, schon als Wasseralfingen zur Fürstpropstei Ellwangen gehörte, den Ruhm vom künstlerischen Schaffen in unserem Raum weit in die schwäbische und fränkische Umgebung verbreitete. Es sei noch auf die große Zahl kleiner Kapellen in den katholischen Gebieten hingewiesen, die gerade im 17. und 18. Jahrhundert als Ausdruck intensiver Volksfrömmigkeit gestiftet und erbaut wurden, mit oft überraschend qualitätvoller Ausstattung. Die Heiligen 14 Nothelfer, die von den Bauern zur Hilfe gegen Krankheit und Seuchen angerufenen hll. Wendelin, Isidor, Patrizius und Leonhard, die hll. Ottilie als Schutzpatronin der Augenleidenden und Appolonia als Helferin bei Zahnschmerzen gehören zu den meist verehrten himmlischen Helfern, denen Kapellen, Bilder und Skulpturen gewidmet wurden.
Die barocke Freude am Bild strahlte im 18. Jahrhundert selbst auf die evangelischen Kirchen aus. Dort erfuhren vor allem die Brüstungen der Emporen eine reiche künstlerische Gestaltung wie in den Stadtkirchen von Lorch und Heubach, wobei gegenüber den katholischen Kirchen Themen aus dem Alten Testament im Vordergrund standen und anstelle der Heiligen die Propheten und Apostel dargestellt wurden.

Historismus und Moderne

Das 19. Jahrhundert hat nur wenig Bemerkenswertes an künstlerischem Schaffen hinterlassen. Bauten der Neuromanik und Neugotik bestimmen Ende des 19. Jahrhunderts das Bild, ebenso Innenausstattungen der sog. Schreinergotik. Allenfalls die Mutlanger Kirche verdient wegen ihrer lichten, weiten Halle auf schlanken Pfeilern eine gewisse Beachtung, auch der neubarocke Raum der Lauchheimer Kirche überzeugt durch harmonische Proportionen und Helle.
In Wasseralfingen, der aufstrebenden Stahlschmiede des Königreichs Württemberg, wirkten Künstler wie Georg Konrad Weitbrecht und Christian Plock mit ihren Entwürfen für Gußformen, die damit stilbildende Wirkung über den heimischen Bereich hinaus erzielten.
Gewisse Beziehungen zum ostwürttembergischen Raum haben zum »Schwäbischen Impressionismus« zählende Künstler wie Hermann Pleuer und Friedrich von Keller, von denen einige hervorragende Gemälde in der Privatgalerie des Schlosses Fachsenfeld und im Prediger-museum in Schwäbisch Gmünd hängen.
Dank denkmalpflegerischen Schutzes sind einige gelungene Beispiele der nach neuen Formen suchenden Kunst der zwanziger Jahre des 20. Jahrhunderts in unserem Raum erhalten: die neue Pfarrkirche in

Straßdorf, die Kirche in Wißgoldingen und der große Kreuzweg von Alois Schenk in der Röhlinger Kirche seien als Beispiele erwähnt.
Erst die Zeit nach dem Zweiten Weltkrieg bringt wieder beachtliche und überzeugende Leistungen im Bereich profaner und kirchlicher Bauten und deren Ausschmückung hervor, erwähnt seien die Altäre und Kirchenfenster in verschiedenen Kirchen von Sieger Köder, Ernst Wanner, Rudolf-Walter Haegele, Helmut Schuster, Otto Eberle und Sepp Baumhauer.

Geschenk an die Gegenwart

So sind im Ostalbkreis alle künstlerischen Epochen und Stile mit hervorragenden Werken, darunter solchen von europäischem Rang, vertreten. Bedenkt man, wie vielen Gefahren der Zerstörung und Vernichtung im Laufe der Jahrhunderte diese Kunstdenkmäler ausgesetzt waren durch Brand und Kriege, veränderte religiöse Vorstellungen und wechselndes, dem Wandel unterworfenes Stil- und Kunstempfinden, durch Unachtsamkeit und Diebstahl, dann ist es nicht nur überraschend, sondern grenzt oftmals an ein Wunder, daß noch so viele Zeugnisse des Kunstschaffens aus der Vergangenheit auf uns gekommen sind. Dies muß uns heutige Menschen mit Dankbarkeit erfüllen, aber auch das Gefühl der Verantwortung wecken, das Erhaltene zu bewahren, zu pflegen und zu schützen.
Vieles wurde in den letzten Jahren bei Renovierungen geleistet, Gefährdetes gesichert, Beschädigtes restauriert, Verschollenes wiederentdeckt und konserviert. Noch keine Epoche hat sich so intensiv und konsequent den Denkmälern der Vergangenheit gewidmet wie die heutige, die Denkmalpflege hat noch nie so viel geleistet an Erhaltung von Erhaltenswertem wie in der Gegenwart.
Voraussetzung hierfür ist, daß sich die Menschen bewußt sind, welches Geschenk die überlieferten Bau- und Kunstdenkmale darstellen, und daß sie die Schönheit und die überzeitlichen Werte dieser Kunst entdecken. Dies zu fördern ist Aufgabe und Ziel dieses Buches.

Farbtafel 1 Eschach. Christus in der Mandorla im ehem. Turmchor der ev. Kirche

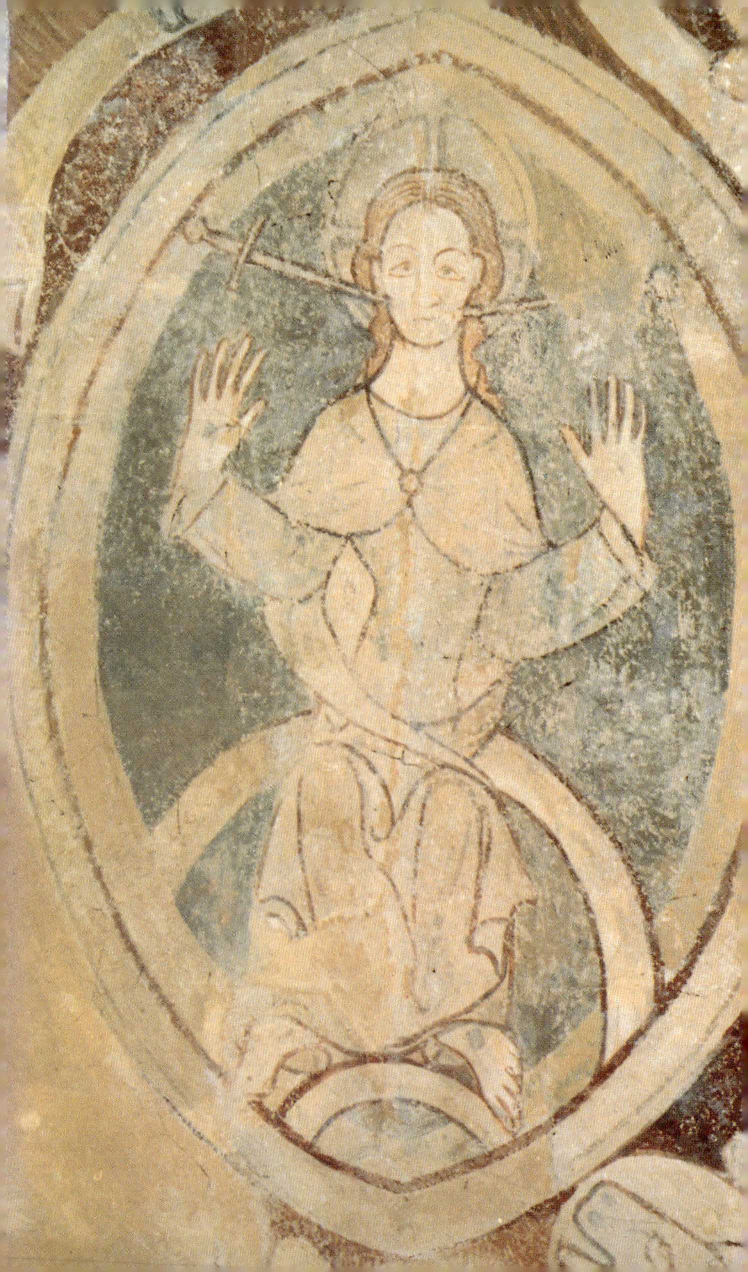

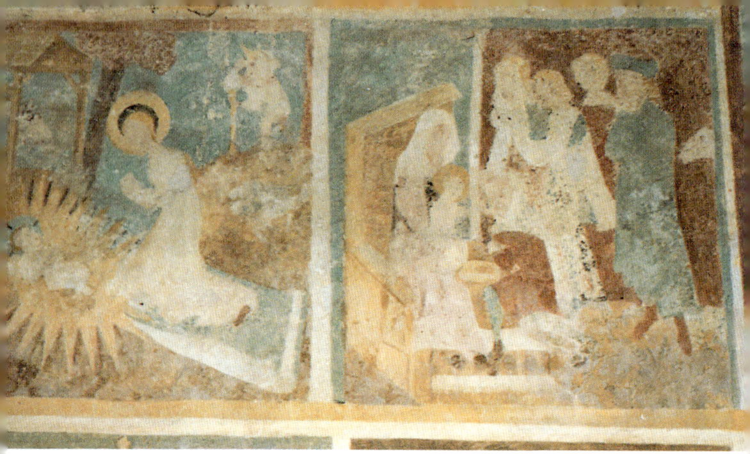

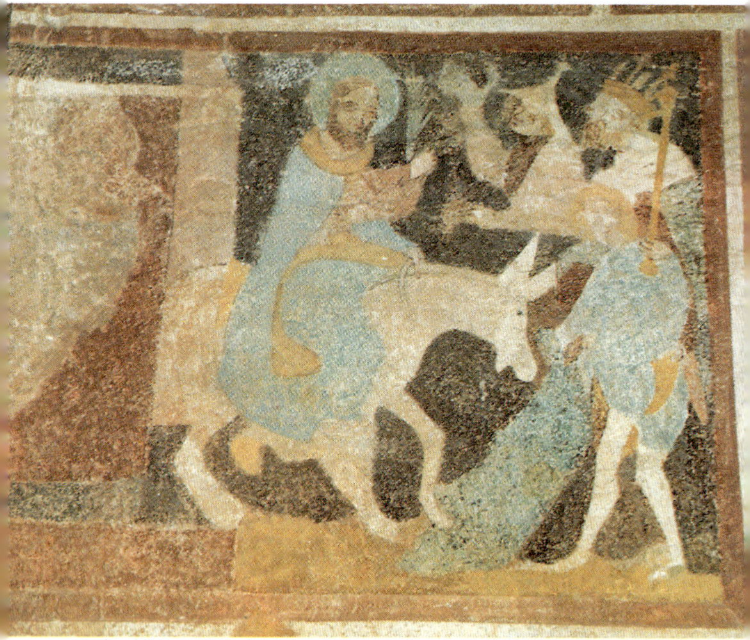

Farbtafel 2 a Schwäbisch Gmünd-Zimmern. Gotische Fresken in der Johanneskapelle

Farbtafel 2 b Durlangen-Tanau. Einzug Jesu in Jerusalem, Fresken in der St.-Anna-Kirche

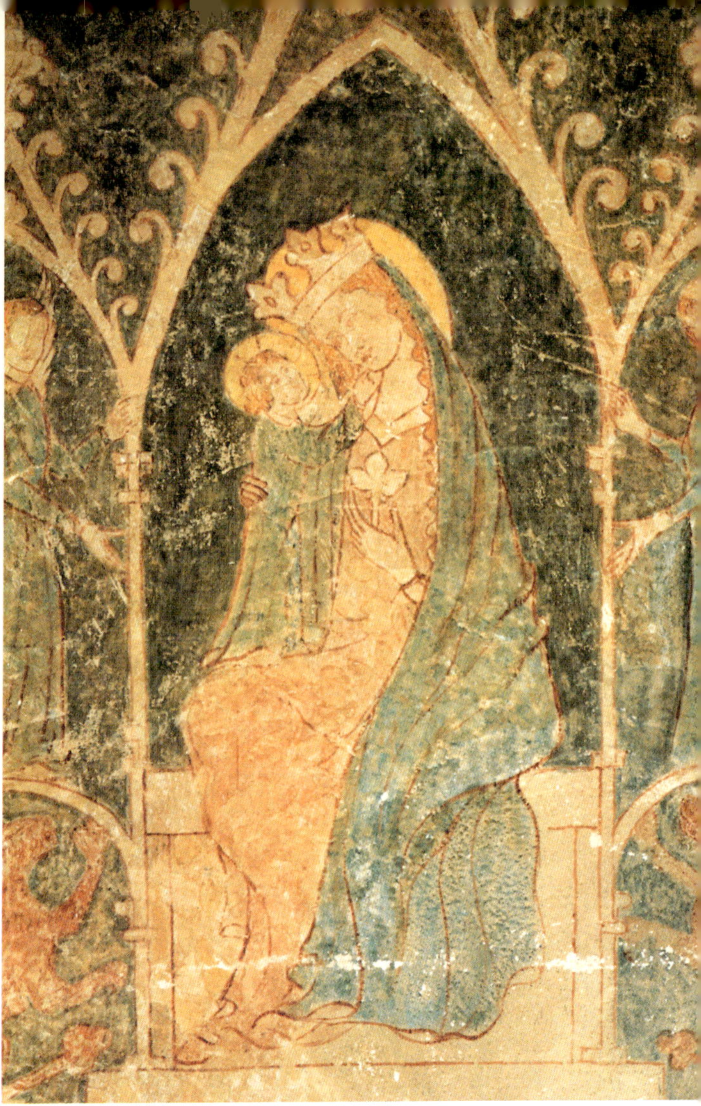

Farbtafel 3 Heubach. Hochgotisches Wandbild der Muttergottes in der ev. Pfarrkirche

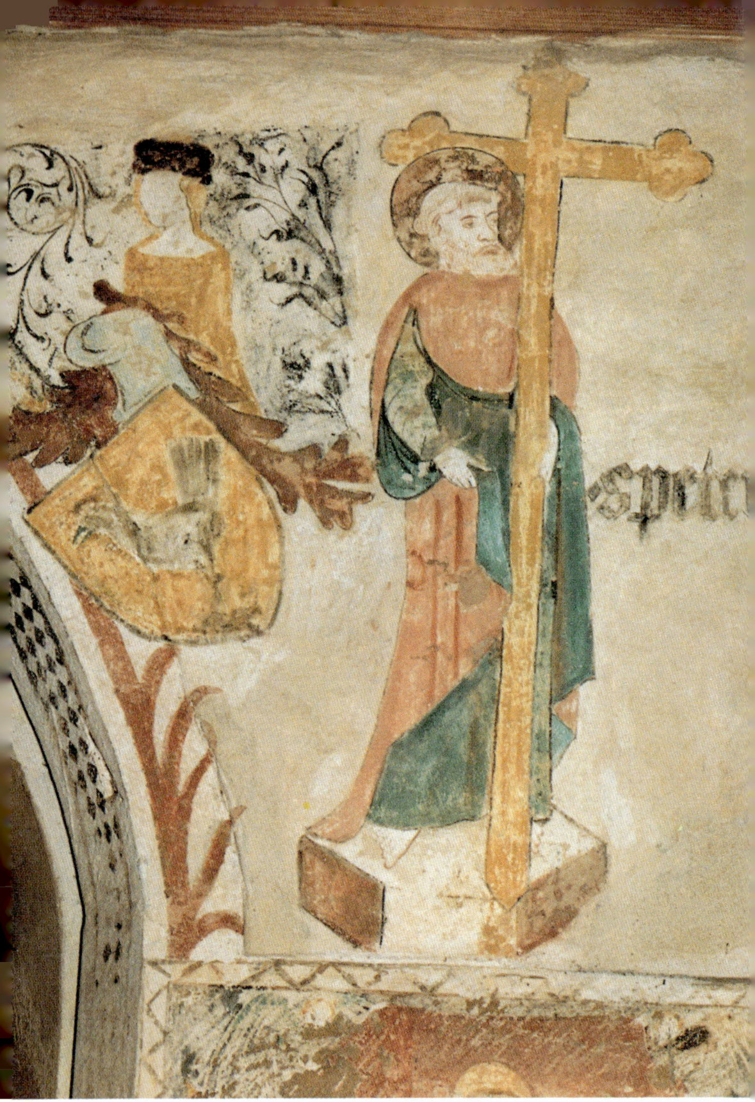

Farbtafel 4 Kirchheim. Apostel Petrus in der Allerheiligenkapelle

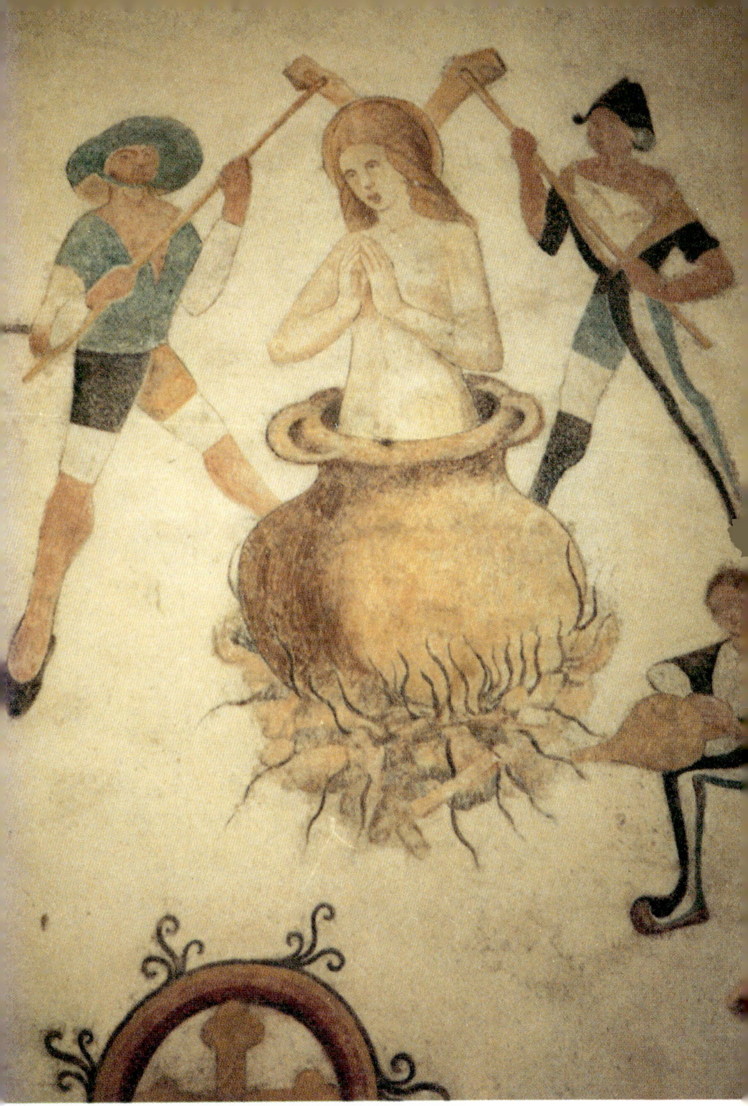

Farbtafel 5 Ellenberg-Breitenbach. Martyrium des hl. Veit in der Sebastianskirche

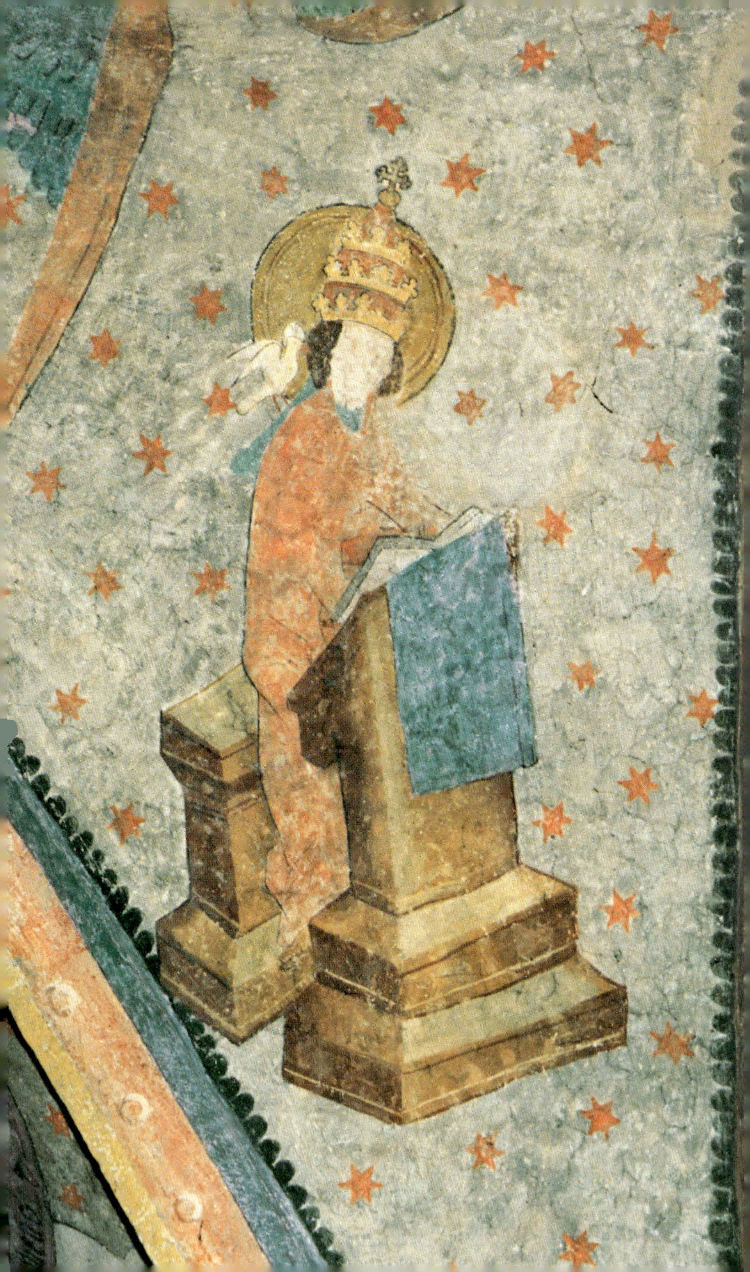

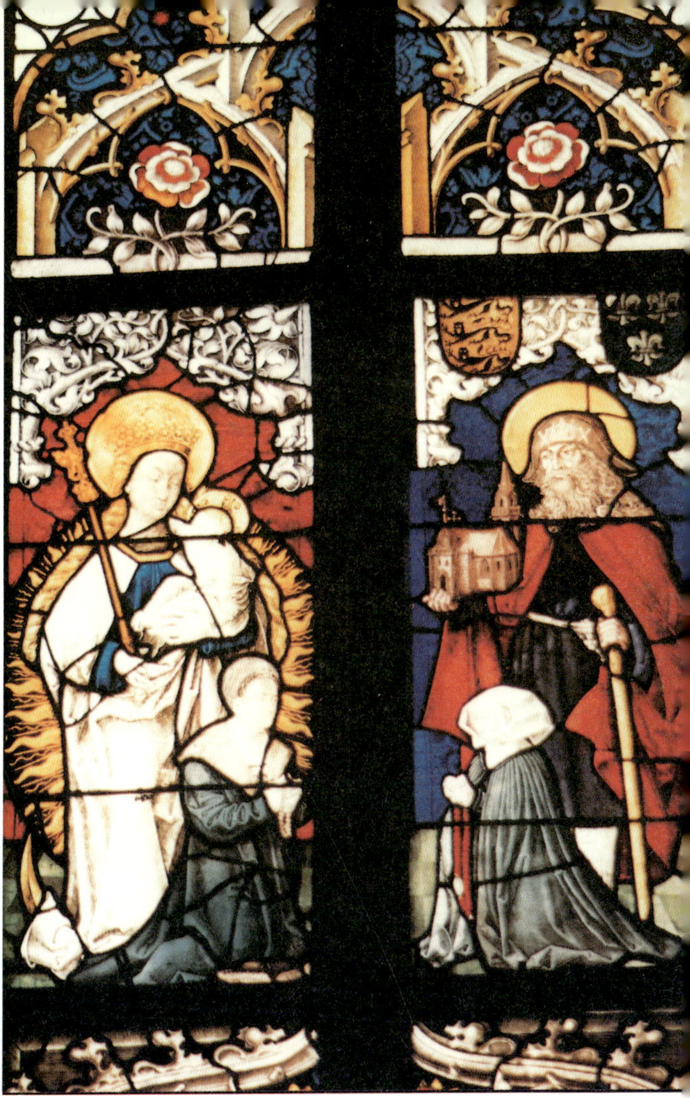

Farbtafel 7 Schwäbisch Gmünd. Glasfenster in der Taufkapelle des Heilig-Kreuz-Münsters

◁ *Farbtafel 6 Neresheim-Kösingen. Der Kirchenlehrer Papst Gregor im Turmchor*

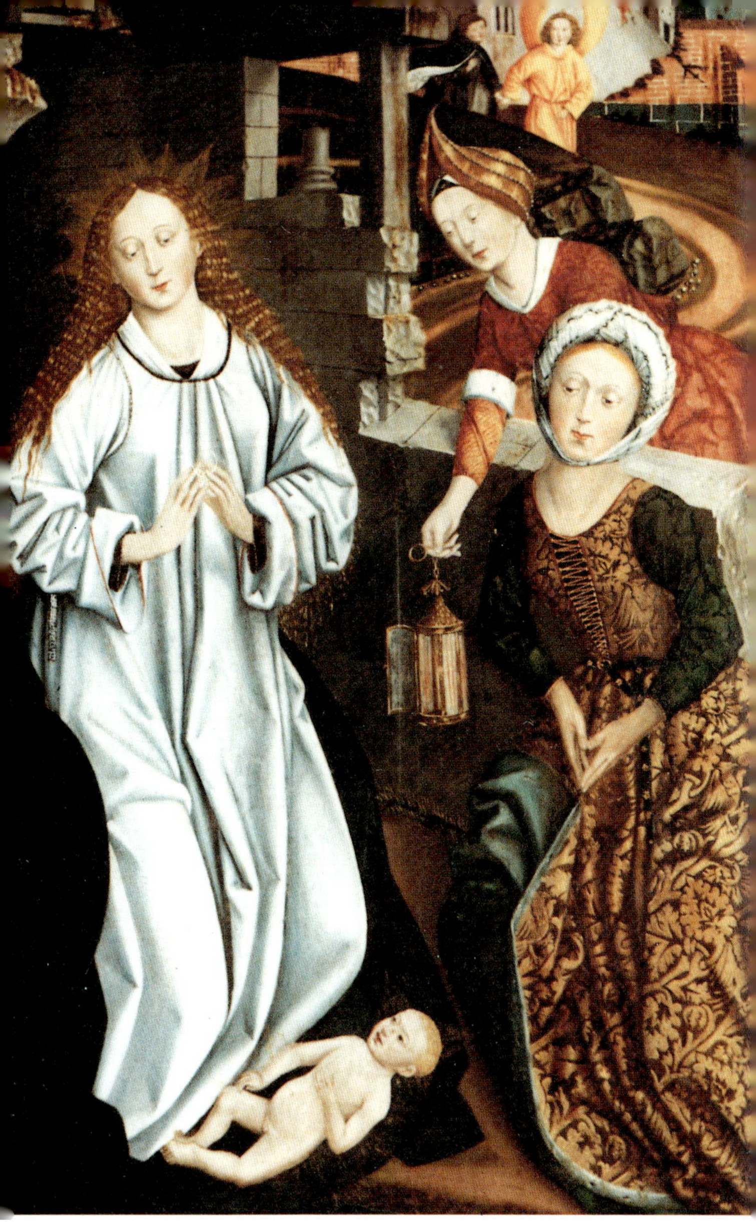

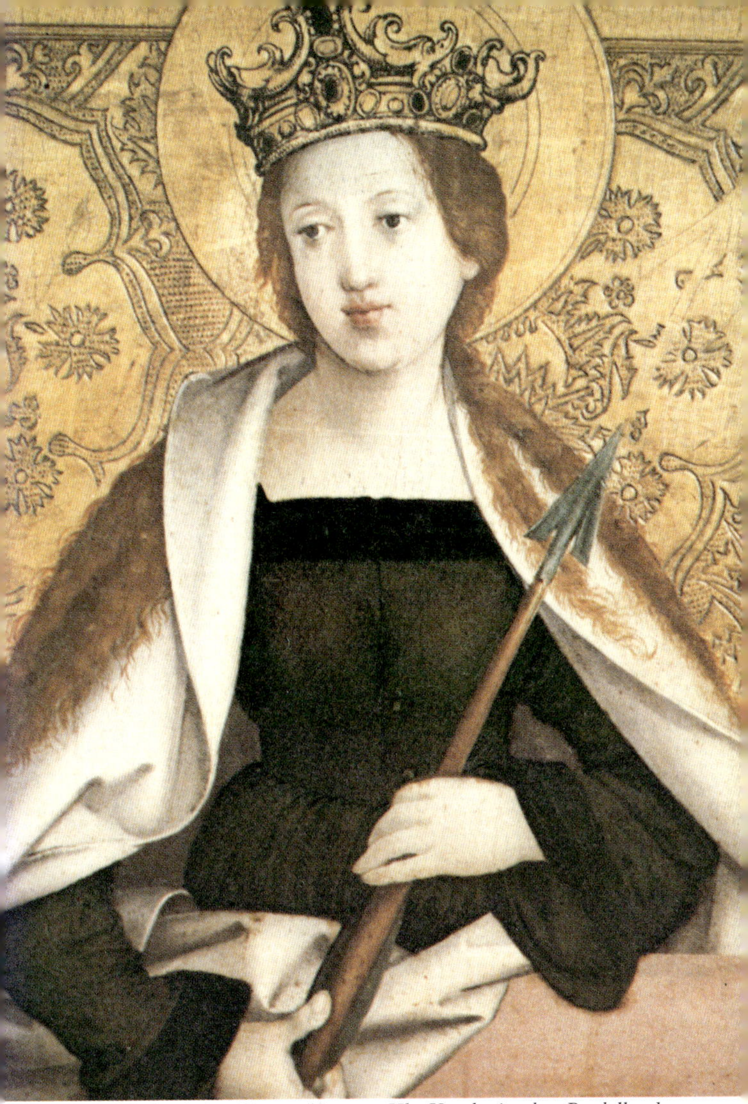

Farbtafel 9 Aalen-Wasseralfingen. Hl. Ursula in der Predella des Schaffner-Altars in der St.-Stephanus-Kapelle

◁ *Farbtafel 8 Bopfingen. Geburt Christi, linker Flügel des Herlin-Altars in der Stadtkirche*

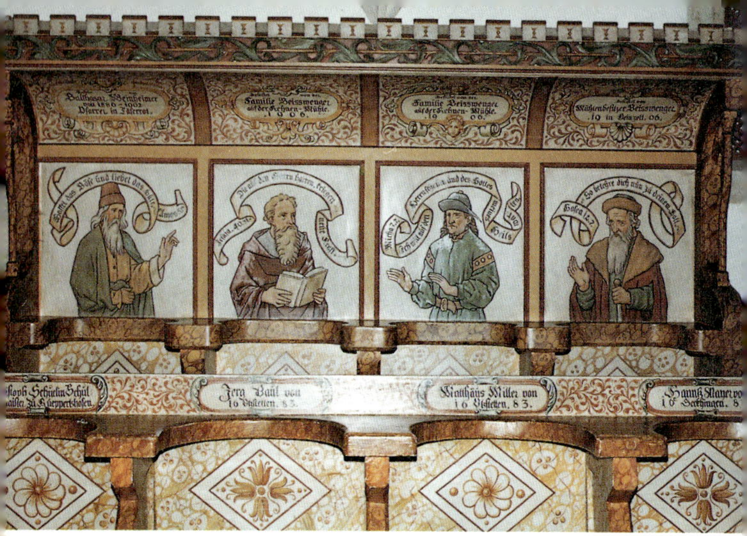

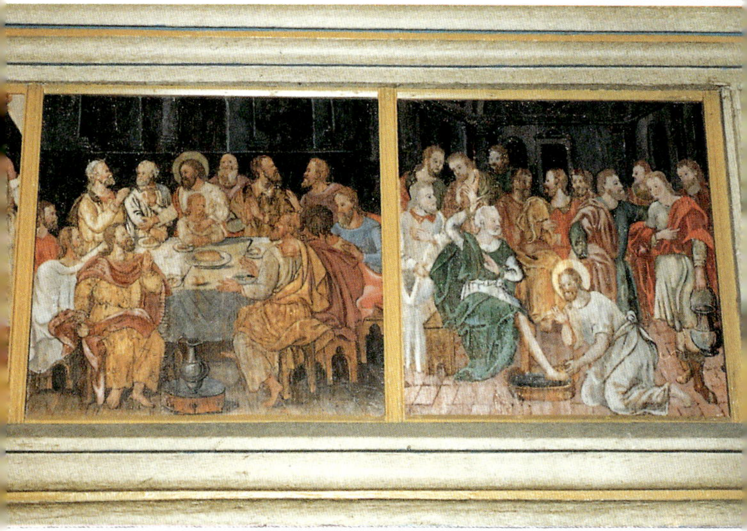

Farbtafel 10 Täferrot. Chorgestühl und Emporenbilder in der ev. Pfarrkirche

Farbtafel 11 Ellwangen. Deckenfresko im Festsaal des Schlosses von Christoph Thomas Scheffler: Verherrlichung von Fürstpropst Franz Ludwig als Förderer der Künste

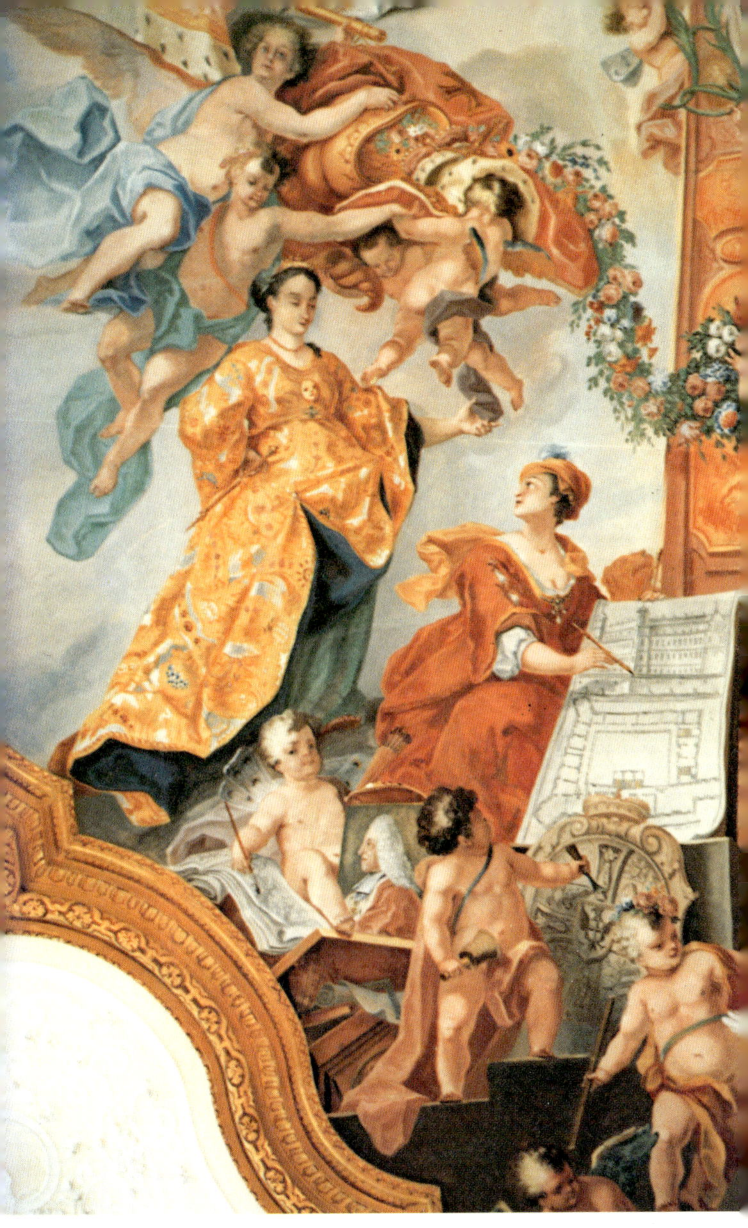

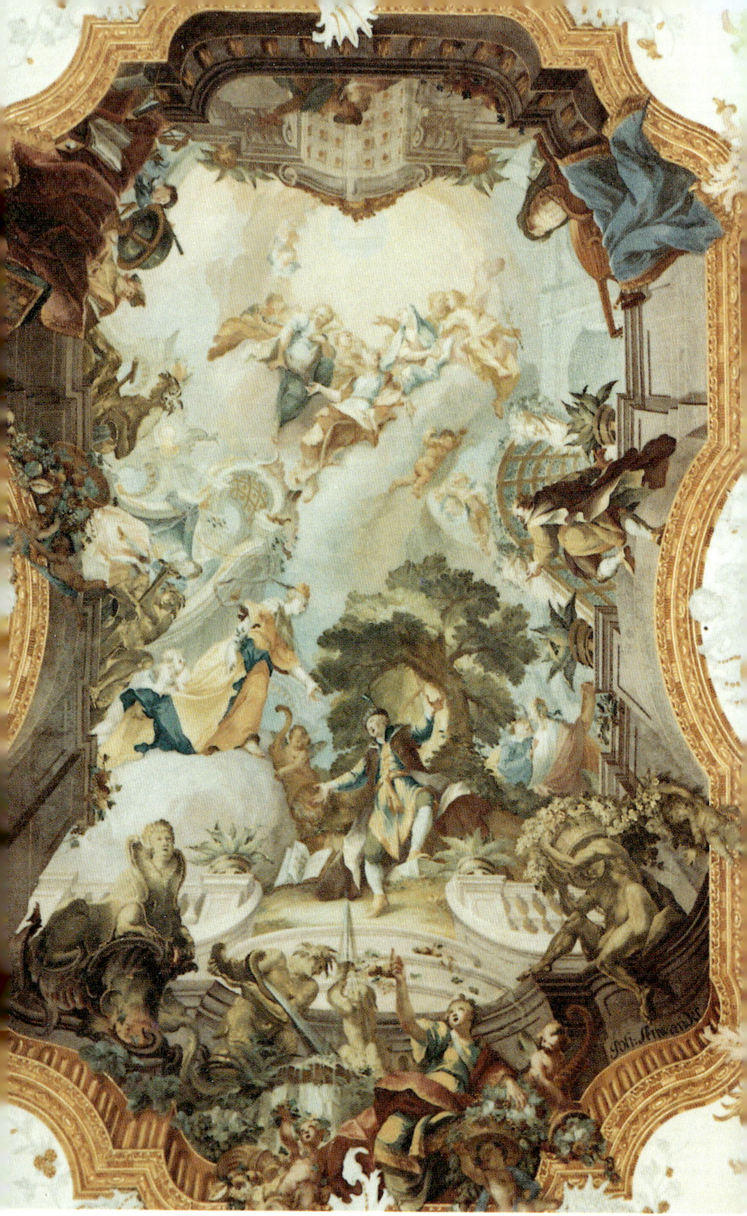

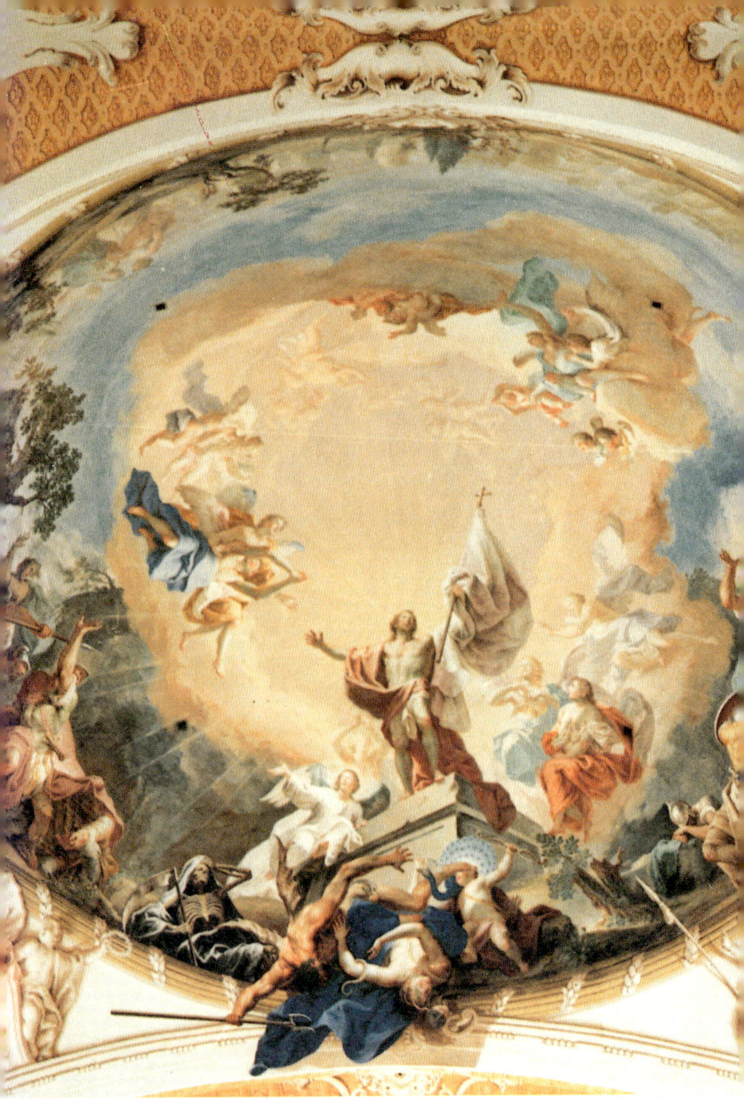

Farbtafel 13 Neresheim. Auferstehung Christi von Martin Knoller über dem Chor der Abteikirche

◁ *Farbtafel 12* Schwäbisch Gmünd. Deckenfresko von Johann Anwander in der Augustinerkirche: Die Jugend des hl. Augustinus

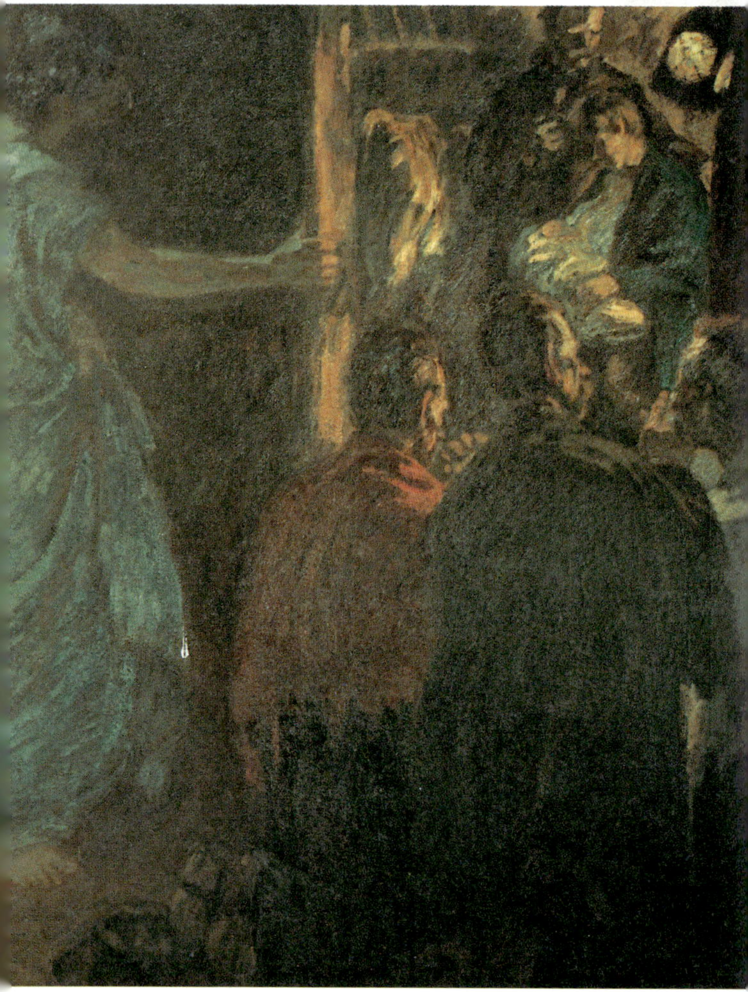

Farbtafel 14 Aalen-Fachsenfeld. Anbetung des Kindes, Gemälde von Hermann Pleuer in der ev. Pfarrkirche

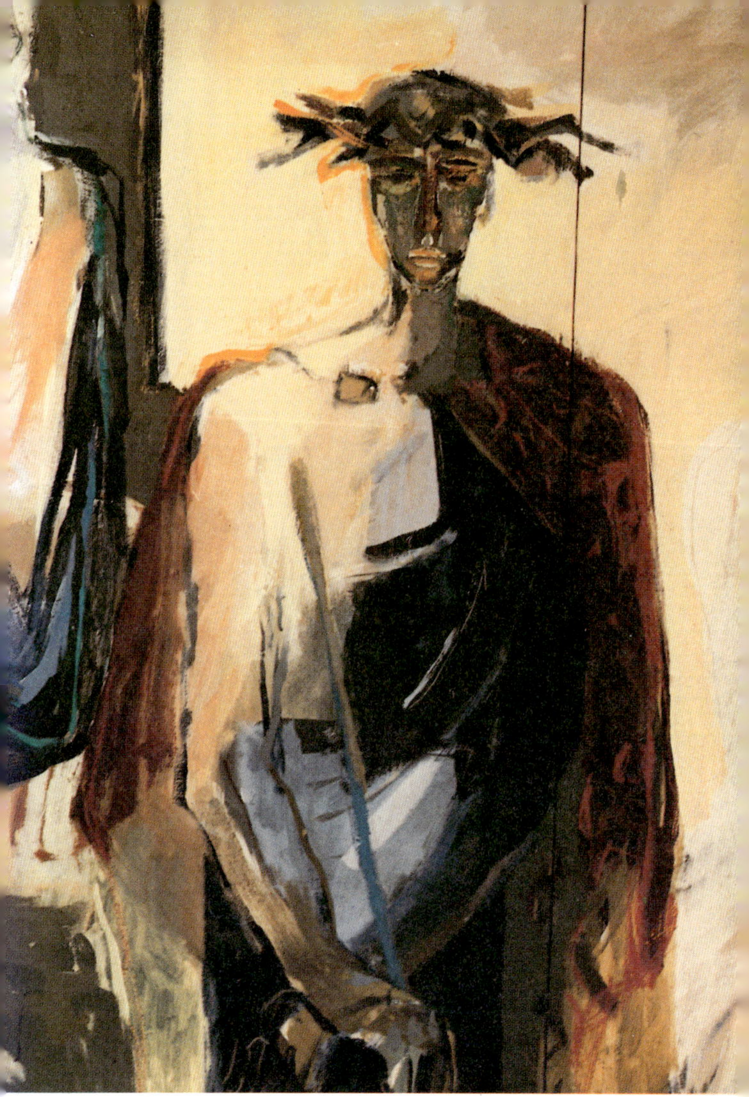

Farbtafel 15 Schwäbisch Gmünd-Bettringen. Christus auf dem Kreuzweg von Regine und Monika Baumhauer in der Pfarrkirche St. Cyriakus

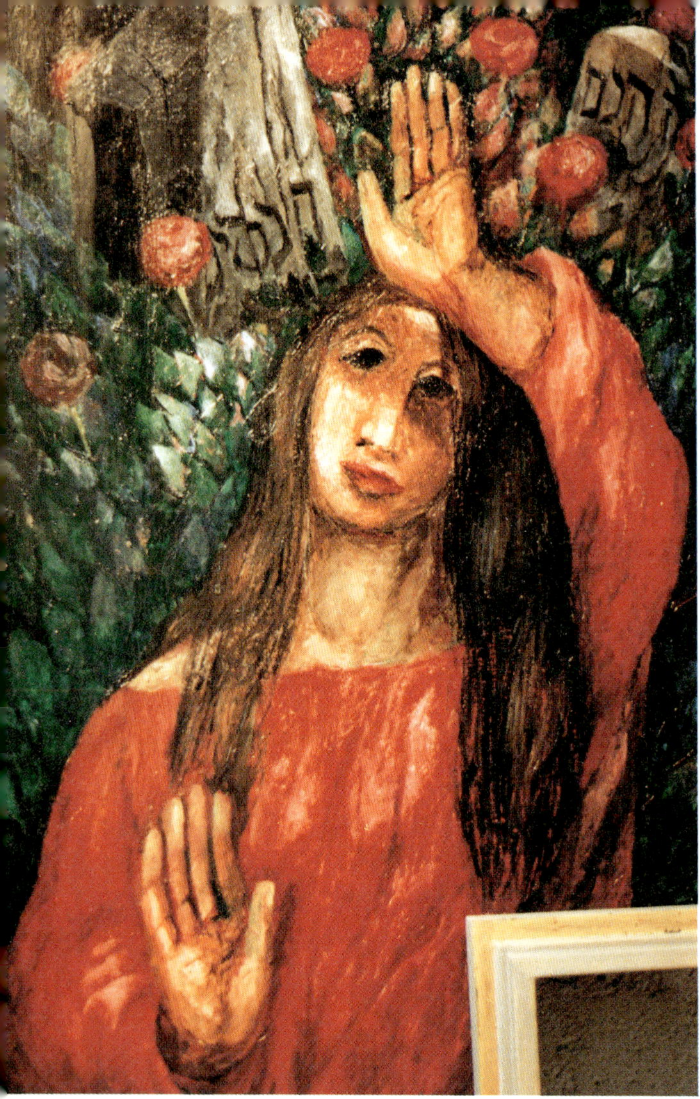

Farbtafel 16 Aalen-Wasseralfingen. Maria Magdalena vom rechten Flügel der Osterseite des Altars von Sieger Köder in der kath. Pfarrkirche St. Stephanus

FÜHRER ZU DEN KUNSTHISTORISCHEN SEHENSWÜRDIGKEITEN

AALEN

Westlich der Altstadt stand seit ca. 160 n. Chr. ein großes römisches Reiterkastell. Zu ihm gehörte eine ausgedehnte Siedlung einschließlich Bad und anderen, für die Versorgung der Bevölkerung notwendigen Einrichtungen. Nach den Alamanneneinfällen um 260 n. Chr. aufgegeben, muß von einer weiteren kontinuierlichen Besiedlung des Gebietes um das ehem. Kastell ausgegangen werden. Die St.-Johannis-Kirche auf dem Friedhof, z. T. aus Spolien der Kastellgebäude errichtet, gilt als eines der frühesten sakralen Bauwerke Württembergs.
1186 erstmals urkundlich erwähnt, wird Aalen im 13. Jh. Stadt und unter Kaiser Karl IV. 1360 Freie Reichsstadt. Der Grundriß der Altstadt ist aus dieser Zeit im wesentlichen erhalten und prägt heute noch das Gesicht der – in den letzten Jahren mit glücklicher Hand sanierten – Innenstadt. Die Reformation wurde unter württembergischem Einfluß relativ spät im Jahre 1576 eingeführt. 1634, nach der Schlacht von Nördlingen, verwüstete ein Stadtbrand Aalen fast völlig, so daß es heute im Stadtbild fast keine Bausubstanz mehr aus dem Mittelalter gibt.
Bohnerzlager auf dem Härtsfeld und Erzabbau am Albtrauf südlich und östlich von Aalen führten zu einer Ansiedlung von Schmelzöfen und Schmieden seit dem frühen Mittelalter im Kochertal, das zu den frühesten Zentren der Eisengewinnung Süddeutschlands gehört.
Die Fürstpropstei Ellwangen baute den Eisenguß, nachdem sie in den Besitz Wasseralfingens gekommen war, gezielt aus. Später wurde Wasseralfingen mit den Schwäbischen Hüttenwerken zur Eisen- und Stahlschmiede des Königreichs Württemberg. Eisenerz, Holz und Wasserkraft waren wichtige Voraussetzungen für die frühe Ansiedlung von Betrieben im Tal des Kochers und damit die Grundlage für die hoch entwickelte Industrie insbesondere in den Stadtbezirken Wasseralfingen und Unterkochen.
1802 verlor Aalen seine Reichsfreiheit und kam an das Königreich Württemberg. Während die Stadtteile Hofherrnweiler und Unterrombach mit Neßlau und Hammerstadt seit alters her zum Gebiet der Reichsstadt Aalen gehörten, unterstanden die übrigen, erst seit der Gemeindereform mit Aalen vereinigten Stadtbezirke vor 1802 verschiedenen anderen Landesherren: Ebnat dem Kloster Neresheim, Waldhausen dem Deutschen Orden, Fachsenfeld dem Haus Woellwarth, Dewangen der Freien Reichsstadt Gmünd sowie Hofen, Wasseralfingen und Unterkochen der Fürstpropstei Ellwangen.

Kastell. Das römische Kastell, Garnison für 1000 Reiter, war das größte Reiterlager am rätischen Limes.
1965 wurde die »Porta principalis sinistra«, das linke Seitentor, ausge-

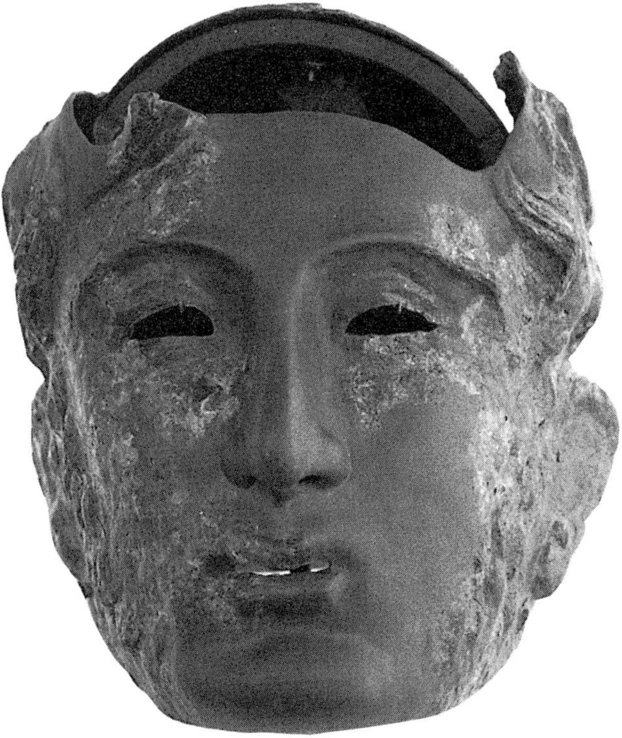

1 Aalen. Gesichtshelm eines römischen Reiters im Limesmuseum

graben und in den Fundamenten restauriert. Südlich dieses Portals steht das 1964 errichtete, 1981 erweiterte Limesmuseum als Außenstelle des Württembergischen Landesmuseums.
Die Ausgrabungen seit 1978, beendet 1986, legten die *Fundamente des Stabsgebäudes* frei, von denen die Vorhalle, die Hallen um den Innenhof sowie die Versammlungsräume und vor allem das Fahnenheiligtum mit Apsis konserviert wurden. Nördlich des Fahnenheiligtums Reste der römischen Heizungsanlage. Zusammen mit dem Limesmuseum geben die restaurierten Fundamente des Kastells einen guten Eindruck von der Anlage und Größe dieser militärischen Anlage.
Limesmuseum. Die Ausstellung in den Schauräumen gibt ein umfassendes Bild der zivilen und militärischen Geschichte in den römischen

Provinzen Obergermanien und Rätien, von Wirtschaft, Kultur, Religion, militärischen Gegebenheiten und Lebensweise der damaligen Bewohner. Besonders beachtenswert die Funde aus dem Kastell Rainau-Buch.
Öffnungszeiten: Dienstag bis Sonntag 10–12 und 13–17 Uhr.
Dem Limesmuseum angeschlossen ist das *Römische Parkmuseum*: Hinter der Stadthalle in der Parkanlage seit 1972 Repliken bedeutender provinzialrömischer Skulpturen wie Säulen, Grabstelen, Götterbildnisse aus ganz Württemberg.

Johanniskirche (ev.). Die Friedhofskapelle ist eines der ältesten Gebäude in Ostwürttemberg. Der bescheidene Saalbau mit flacher Holzdecke und den Abmessungen 20 x 6 m ist in seinem westlichen Teil bis zu einer Höhe von ca. 3 m erbaut aus großen Kalksteinquadern, Spolien vom römischen Kastell. Es spricht vieles für die Annahme, daß an der Stelle der St.-Johannis-Kirche schon früh nach der alamannischen Landnahme ein Sakralraum aus dem römischen Baumaterial errichtet wurde. Gesichert ist der westliche Teil des Kirchleins als romanischer

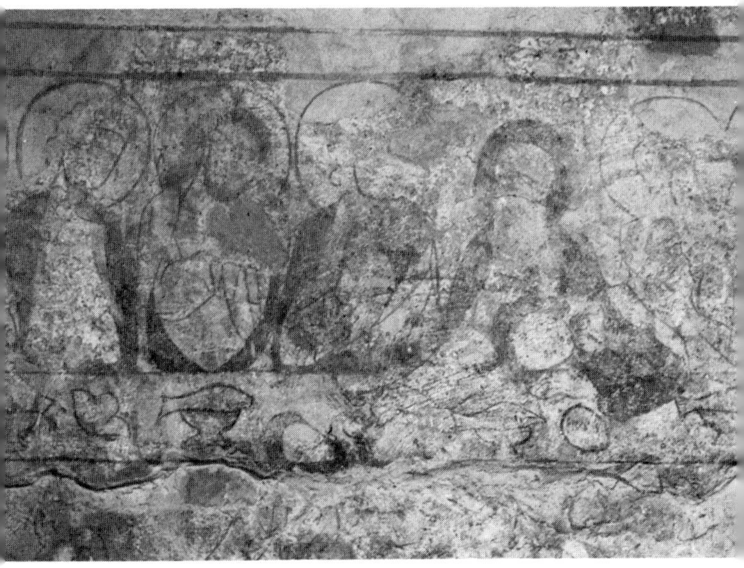

2 *Aalen. Gotisches Abendmahlfresko in der Johanniskirche*

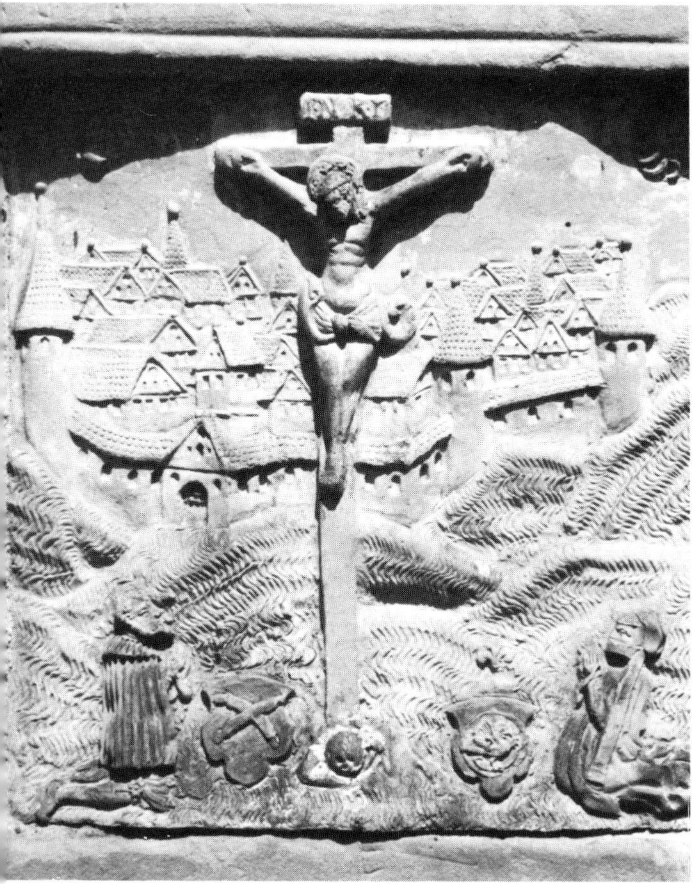

3 Aalen. Epitaph an der Johanniskirche

Bau, der nach Osten zu im 13. Jh. und 1561 erweitert wurde. Bei der Renovation 1973 wurde die romanische Südpforte wieder freigelegt. An der Westwand eine ins frühe 13. Jh. zu datierende Darstellung des Abendmahles in Secco-Technik, an der westlichen Nordwand Reste eines romanischen Bandfrieses, wiederentdeckt und freigelegt 1973.

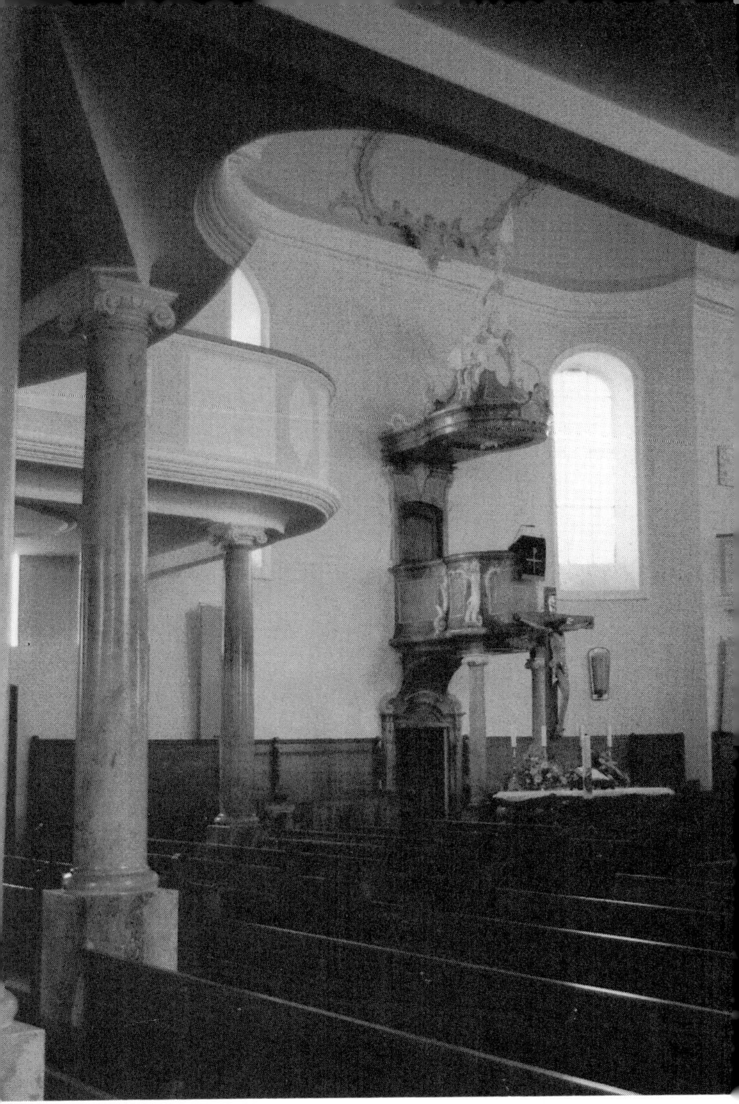

4 *Aalen. Altar und Kanzel der ev. Stadtkirche*

Zur weiteren Ausstattung der Kapelle gehören das barocke Kruzifix über dem Altar, die frühbarocke Kanzel mit Christus und den Evangelisten, eine Reihe bemerkenswerter frühbarocker Grabmäler, eine gotische Figur von Johannes d. T. an der Südwand und die Orgel von 1802. Bemerkenswert die Epitaphien außen an der östlichen Südseite der Kirche, einige davon mit Darstellungen der Stadt Aalen im Hintergrund aus der Zeit um 1650. Bronzeportal an der Nordseite von *Elsbeth Schönbohm*.
Wenn geschlossen, Schlüssel im nahegelegenen Limesmuseum.

Ev. Stadtkirche (ehemals St. Nikolaus). Eines der seltenen Beispiele eines in den Formen des Barock erbauten protestantischen Kirchenraumes. Erbaut 1765–1767 von → *Johann Michael Keller*, nach Plan des Stuttgarter Landbaumeisters *Johann Adam Groß*, anstelle der durch den Turmeinsturz 1765 schwer beschädigten gotischen Vorgängerkirche. Außen ein stattlicher spätbarocker Bau mit mächtigem Ostturm mit Bläsergalerie, erweist sich die Stadtkirche im Innern als chorloser Quersaal, 36 m lang, 16 m breit, 11 m hoch, mit rundum laufender, nur an der Südseite unterbrochener Empore. Das liturgische Zentrum des Kirchenraums liegt, trotz der West-Ost-Ausrichtung des Grundrisses, nicht im Chor, sondern in der Mitte des Raums, angelehnt an den flach ausgebuchteten Süd-Risaliten. Dort, der lutherischen Auffassung der Funktion eines Kirchenraumes entsprechend, sind Kanzel, Altar und Taufstein als Gruppe zusammengefaßt. Altar-Kanzel-Gruppe und Kanzeldeckel mit auferstehendem Christus von → *Thomas Schaidhauf*. Besonders bemerkenswert das Altarkreuz, 16. Jh., und das mit dem Stadtwappen geschmückte Altargitter. Bescheidener, aber qualitätvoller Stuck ziert die flache Decke des Saalraumes mit drei bedeutenden Fresken von → *Anton Wintergerst*: in der Mitte das Jüngste Gericht, links und rechts davon die Auferstehung und die Himmelfahrt Christi. Der perspektivische Standort für die Figuren der Deckenbilder ist Taufstein und Altar. Große Orgel mit elegantem Rokokogehäuse an der östlichen Schmalseite.
An Werktagen geöffnet (Eingang neben der Sakristei, sonst Schlüssel im gegenüberliegenden Schuhgeschäft.)

Marktplatz. Marktbrunnen von 1705 mit achteckigem Brunnenkasten aus Gußeisen aus dem Württembergischen Hüttenwerk Königsbronn (Nachguß). Auf der Mittelsäule Plastik des Kaisers Joseph I., der der Stadt Aalen ihre reichsstädtischen Privilegien bestätigte.
Altes Rathaus, Geologisch-Paläontologisches Museum. Ein markant an der Nordostecke des Marktplatzes gelegener, 1827 erneuerter stattlicher Bau mit kleinem Türmchen, aus dem die Aalener Symbolfigur, der

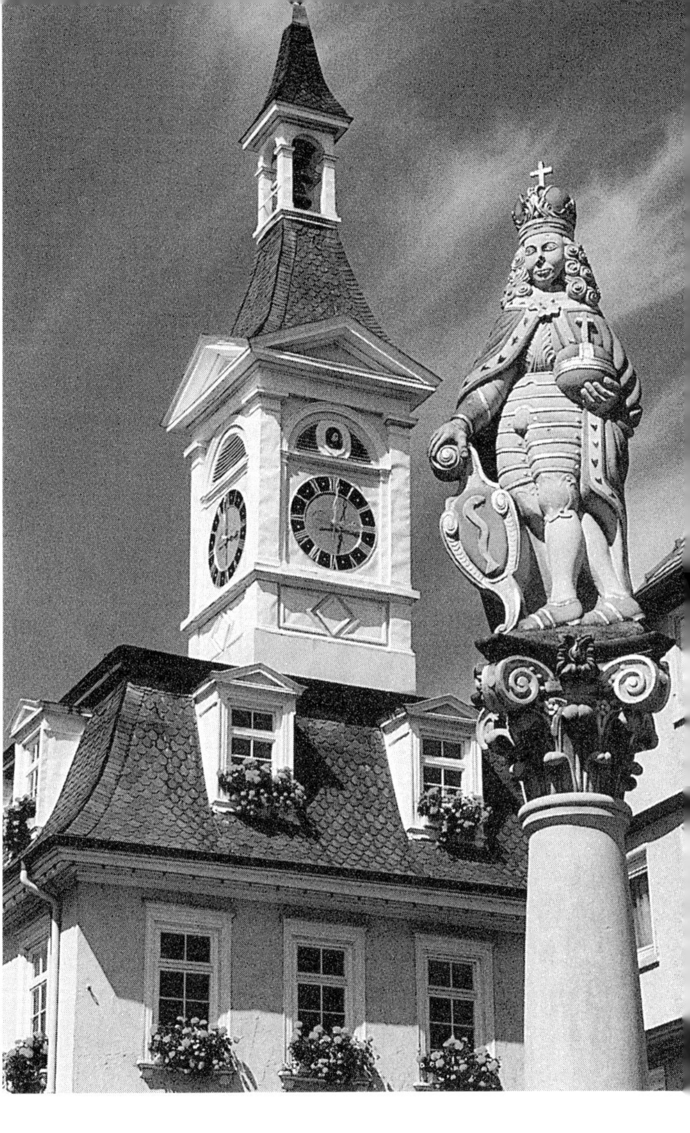

5 Aalen. Altes Rathaus und Kaiser Joseph I. auf dem Marktplatzbrunnen

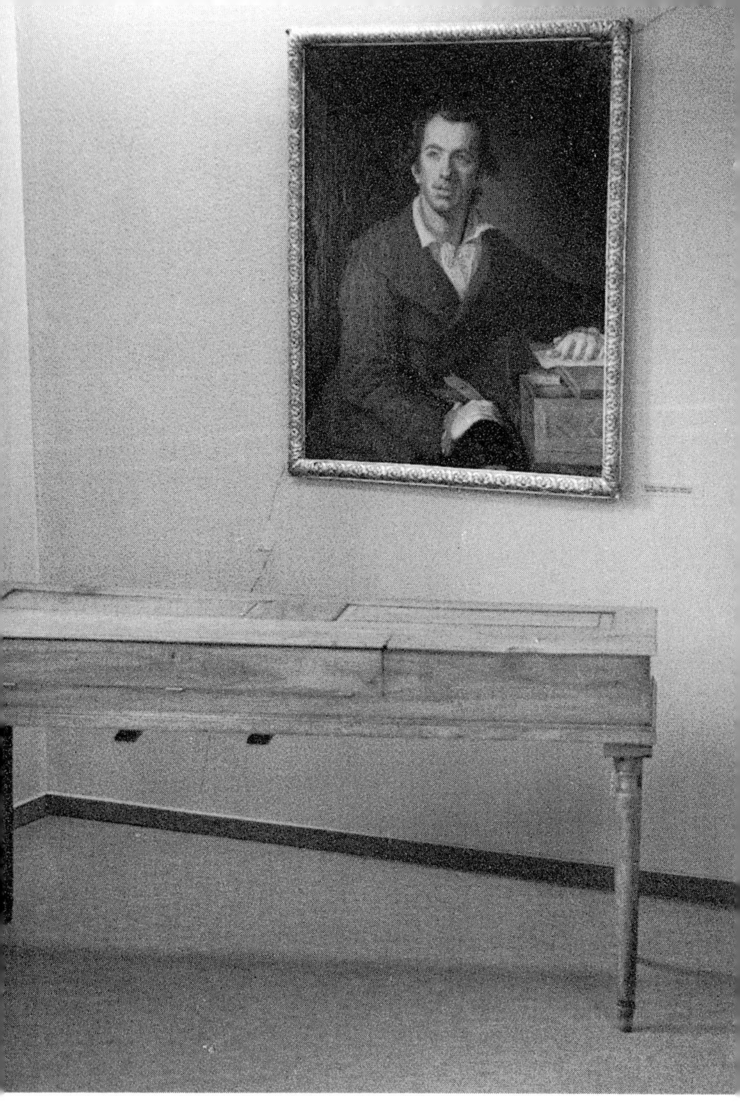

6 *Aalen. Heimat- und Schubart-Museum, Porträt von Schubart*

Spion, herabblickt. Heute im alten Rathaus das Geologisch-Paläontologische Museum mit Fossilien aus der geologischen Vergangenheit unseres Raumes.
Öffnungszeiten: Dienstag bis Sonntag 10–12 Uhr und 14–17 Uhr.
Heimat- und Schubart-Museum am Marktplatz. Exponate aus der Geschichte Aalens, Möbel, Trachten, Handwerkseinrichtungen, vor allem Handschriften und Dokumente zum Wirken von *Christian Friedrich Daniel Schubart*, des in Aalen bis 1764 lebenden Dichters, Journalisten und Musikers (1739–1791). Bemerkenswertes Rokoko-Treppenhaus, Sammlung von Fayencen und Porzellan.
Öffnungszeiten: Dienstag bis Sonntag 10–12 Uhr und 14–17 Uhr.
Denkmal Schubarts im Park vor der Bohlschule.
Einige *Bürgerhäuser* verdienen noch Erwähnung: das ehem. *Neue Rathaus*, einstmals der Gasthof »Krone-Post« an der Nordwestecke des Marktplatzes, dahinter Reste der alten Stadtmauer, das *Haus der Familie Schubart* in der Roßstraße, das *ehem. Bürgerspital* am Spritzenhausplatz von 1702, ein reizvolles *Fachwerkhaus* mit geschnitzten Balken und Erker hinter dem Haus Bären, das *Fachwerkhausensemble* in der Radgasse (1987 saniert).
Reichsstädter Brunnen von *Fritz Nuß*, 1976 vor dem Neuen Rathaus.

Salvatorkirche (kath.). Auf markanter Höhe 1913 erbaute Hauptkirche der katholischen Kirchengemeinde, in damals modernem, unter dem Einfluß des Jugendstils sich neubarocken Formen näherndem Stil, erbaut von Regierungsbaumeister *Schlösser.* 1959 im Innern völlig neu gestaltet, mit Plastiken des Münchner Bildhauers *Josef Henselmann* (Kruzifix, Kanzel, Schutzmantelmadonna), einem Glasfenster von *Rudolf-Walter Haegele* in der Marienkapelle und einer über den Kunsthandel erworbenen spätgotischen Pietà. Schöner barocker Kerkerheiland in der Vorhalle.
Marienkirche (kath.). Moderner Betonbau (1972) anstelle der neugotischen ersten katholischen Kirche Aalens. (1868). Großer Bildteppich »Rosenkranz-Madonna« von *Helmut Schuster* im Chor der Kirche.
Markuskirche (ev.) im Hüttfeld. Einfacher Saalraum (1967) mit Glasfensterfries von *Ernst Wanner* und Kruzifix von *Fritz Nuß.*
Heilig-Kreuz-Kirche (kath.) im Hüttfeld. Moderner Bau von 1966 mit großem Glasfenster von *Rudolf-Walter Haegele* und gotischem Kruzifix mit Maria und Johannes an der Chorwand (aus dem Kunsthandel).
Im Pelzwasen die *Martinskirche (ev.)*, erbaut 1974, und die 1963 als Gemeindezentrum erbaute *Michaelskirche (kath.).* Betonglasfenster von *Rudolf-Walter Haegele.*
In der Triumphstadt die *Augustinuskirche (kath.)*, 1970 erbaut, Glasfenster von *Georg Sternbacher.*

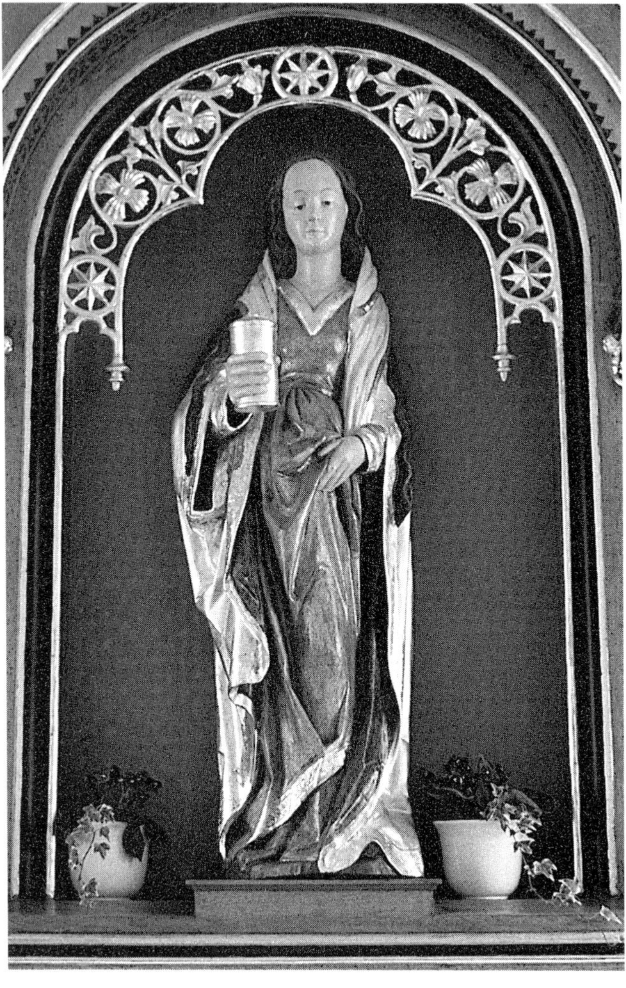

7 Aalen. Maria Magdalena in der Magdalenenkapelle in Himmlingen

Kirche St. Peter und Paul auf der Heide. Ökumenisches Gemeindezentrum, 1986. Fenster, Altar, Ambo und Tabernakel von *Georg Sternbacher*, gotisches Kruzifix am modern gestalteten Stamm sowie gotische Madonna (aus dem Kunsthandel).

Himmlingen *Die Magdalenenkapelle (kath.)*, schon 1479 bezeugt, heutiger Bau nach 1666, Türmchen 1723. Im neugotischen Altarschrein drei sehr gute spätgotische Figuren: in der Mitte Maria Magdalena mit Salbgefäß, links Nikolaus und rechts Patrizius, Schutzpatron des Viehs. An der hinteren Wandseite gotische Figur von Papst Leo IX., der in Schwaben nach 1000 n. Chr. viele Kirchen geweiht hatte.

Hofherrnweiler *Pfarrkirche St. Bonifatius (kath.).* Neugotischer Bau von 1904, 1972 renoviert. Am linken Chorbogen spätgotische Madonna »Rosenkranzkönigin«, schwäbisch, gestiftet zur Einweihung aus Diözesanbesitz von Bischof Paul Wilhelm von Keppler. An südlicher Langhauswand die Predella eines Altars mit Christus und Aposteln, Ulmer Schule, um 1500.

Unterrombach *Kirche St. Thomas (kath.).* Neubau von 1988, als Zentralbau angelegt, mit großem Wandbild im Chor hinter dem Altar von *Helmut Schuster* mit dem Thema »Der Weg«: links die Israeliten beim Gang durch das Rote Meer, rechts die Feuersäule, in der Mitte der hl. Thomas, nach oben in Richtung Himmlisches Gastmahl weisend.

Aalen-Dewangen

Teile des Ortes sowie die Patronatsrechte über die Kirche seit dem 13. Jh. im Besitz einer Patrizierfamilie aus der Reichsstadt Gmünd, im 14. Jh. des Heilig-Geist-Spitals in Gmünd. Andere Güter im Besitz des Gmünder Klosters Gotteszell. Die Herrschaft übte der Rat der Reichsstadt Schwäbisch Gmünd aus bis 1803.

Pfarrkirche St. Maria (kath.), erstmals bezeugt 1345. Einziger Rest der mittelalterlichen Kirche ist der breite Turm, der ursprünglich zu einer Chorturmkirche gehörte. Im Erdgeschoß des Turms der kreuzrippengewölbte frühgotische Chor, heute als Seitenkapelle der Kirche dienend. Langhaus 1819 in klassizistischen Formen erbaut, 1875 umgestaltet. Von der früheren Ausstattung sind wertvolle Stücke erhalten: Pietà in der Seitenkapelle, gotische Madonna am linken Seitenaltar, spätgotischer Ölberg rechts im Schiff, barocke Kreuzigungsgruppe im Chor, Barockbilder in der Seitenkapelle.

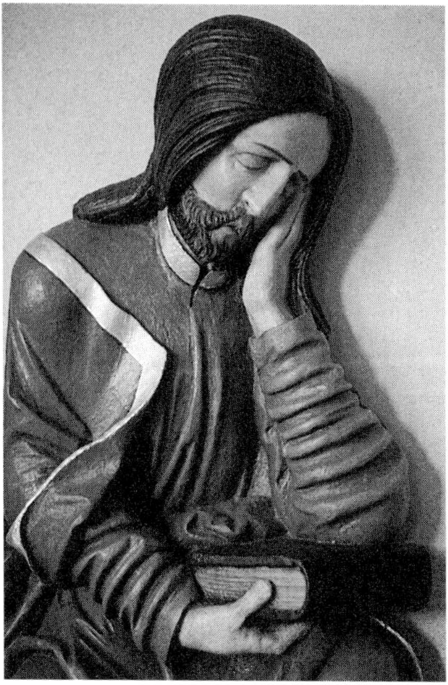

8 Aalen-Dewangen. Schlafender Apostel vom Ölberg in der kath. Pfarrkirche

9 Aalen-Ebnat. St.-Leonhards-Altar in der kath. Pfarrkirche ▷

Reichenbach Auf der Höhe über dem Ort malerisch unter Baumgruppe die *St.-Ottmar-Kapelle* von 1498, renoviert 1832.

Aalen-Ebnat

Nach dem Aussterben der Grafen von Dillingen 1258 fällt der Ort samt Pfarrkirche an das Kloster Neresheim, in päpstlicher Urkunde 1298 bestätigt. Von da an bis zur Säkularisation teilt Ebnat das Geschick des Klosters.

Der Turm der *Pfarrkirche zur Unbefleckten Empfängnis Mariä (kath.)* stammt in seinem unteren Teil vom gotischen Vorgängerbau. Die markante Zwiebel, »Welsche Haube«, ziert seit 1621 den Turm und ist damit der älteste Zwiebelturm des Kreises und Vorbild für spätere Kirchenbauten umliegender Gemeinden. Diese für das Härtsfeld typische Turmform läßt den Einfluß des bayrisch-schwäbischen Kulturraums in unserem Gebiet deutlich erkennen. Das alte Schiff der Pfarrkirche,

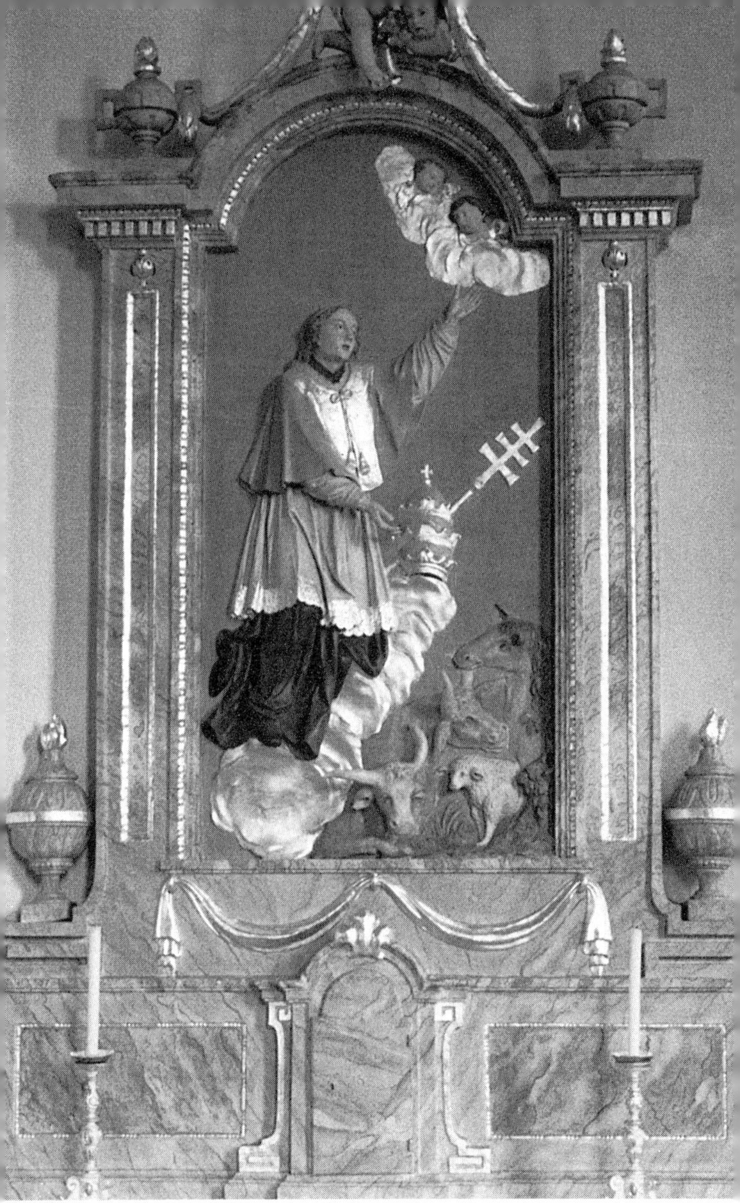

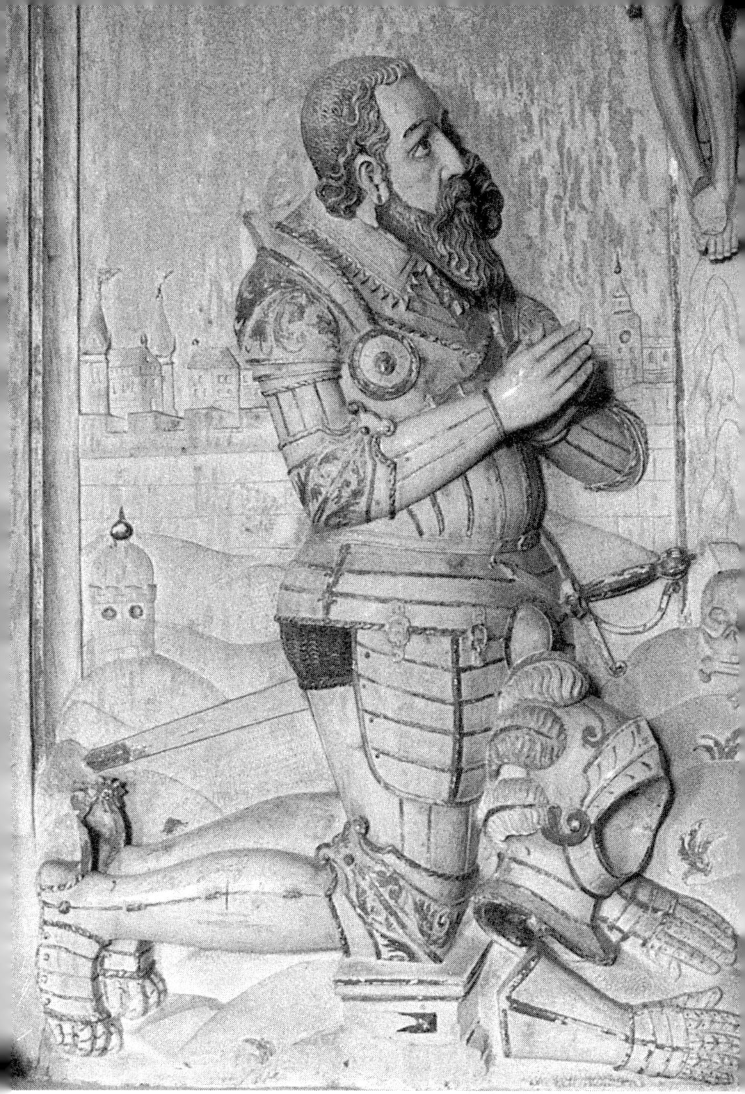

10 Aalen-Fachsenfeld. Epitaph des Hans Sigmund von Woellwarth

1721–1725 neu erbaut, seit 1789 nach Westen hin verlängert, heute querliegender Vorraum der modernen Kirche. Die Innenausstattung, Stukkaturen und Altäre von → *Thomas Schaidhauf* in bereits klassizistischem Stil: links hl. Leonhard, in der Mitte Marienaltar. Kanzel frühbarock mit Figuren der Evangelisten. Die Deckengemälde neu, ebenso das nach Norden angefügte heutige Hauptschiff der Kirche mit Glasfenstern von *Traute Gruner* und *Helmut Schuster*. Gotisches Kruzifix.
Pfarrhaus. 1776 von → *Johann Michael Keller*.
Friedhofskapelle. Glasfenster mit »Totentanz« von *Sieger Köder*.
Im Wald westlich von Ebnat die *Wallfahrtskapelle Maria Eich*, 1925 an der Stelle einer seit 1686 bezeugten Wallfahrt mit Gnadenbild erbaut.

Aalen-Fachsenfeld

1230 erstmalige Erwähnung eines Heinrich von Fachsenfeld als staufischer Gefolgsmann. Bedeutender zu dieser Zeit das Geschlecht der Herren von Waiblingen, von deren Burg im Kochertal heute noch Wall- und Grabenanlagen zu erkennen sind. Auf dieser Burg soll Friedrich Barbarossa seine frühe Jugend zugebracht haben. In nachstaufischer Zeit zunächst unter der Oberhoheit der Grafen von Oettingen, kamen Fachsenfeld und Waiblingen 1401 an das Haus von Woellwarth. Unter Hans Sigmund von Woellwarth-Laubach (1546–1622) Bau eines herrschaftlichen Schlosses sowie der Pfarrkirche, nachdem er in seiner Herrschaft die Reformation eingeführt hatte.

Pfarrkirche (ev.), erbaut 1591, eine der ältesten evangelischen Kirchen des Landes, Chorturmkirche nach mittelalterlichem Vorbild mit kleinem Langhaus. Hinter dem Altar eindrucksvolles großes Sandstein-Kruzifix. Reich gestaltete Grabplatten und Epitaphe von Mitgliedern der Familie von Woellwarth im Chor, frühes 17. Jh. Besonders hervorzuheben an der linken Langhausseite das Epitaph des Stifters, Hans Sigmund von Woellwarth, als Ritter in Rüstung kniend vor dem Gekreuzigten, ein für seine Zeit besonders edles Renaissancewerk. Linker Seitenaltar mit großem Gemälde des Impressionisten → *Hermann Pleuer* »Geburt Christi« und »Jesus im Grab« (Farbtafel 14). An rechter Langhauswand Malereireste aus der Erbauungszeit »Himmelfahrt Jesu«.
Schloß Fachsenfeld, in seiner heutigen Gestalt 1829 erbaut von Freiherr Wilhelm von Koenig, in dessen Eigentum der Fachsenfelder Besitz übergegangen war. Wertvolle Kunstsammlungen in der Galerie und Bibliothek (insbesondere schwäbische Impressionisten) und gepflegter Schloßpark im englischen Stil machen Schloß Fachsenfeld zu einem Kleinod im Gebiet. Heute Privatbesitz. Z. Zt. nicht zu besichtigen.

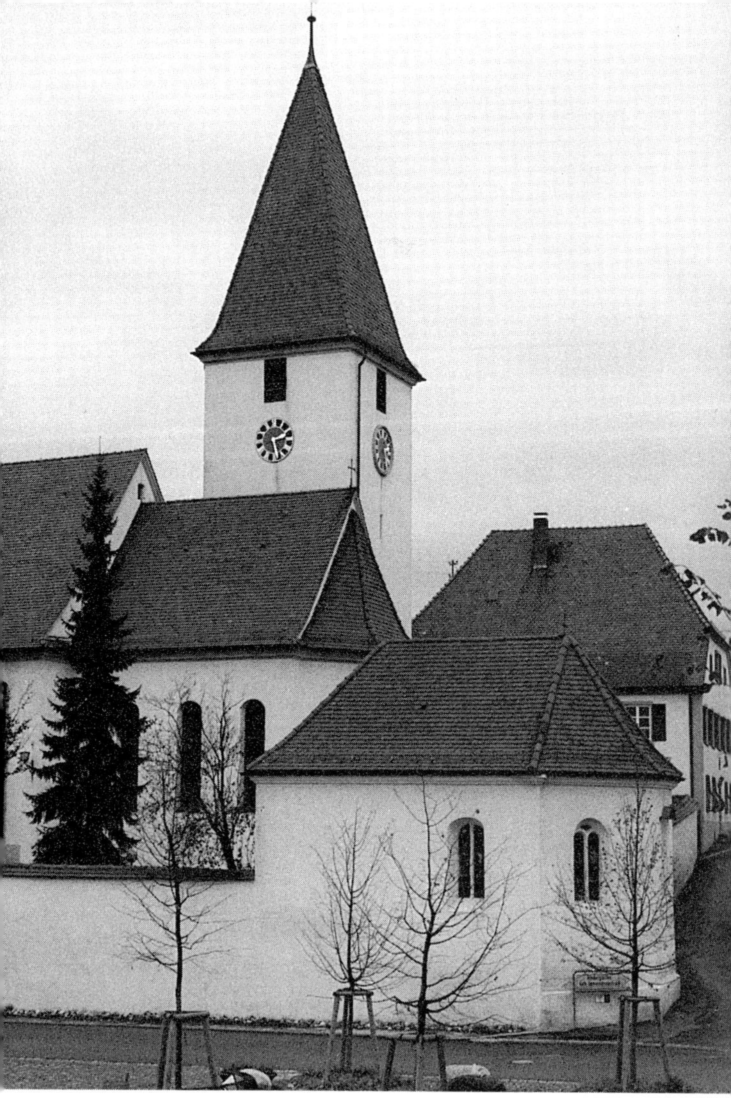

11 Aalen-Hofen. Pfarrkirche St. Georg und St. Laurentius mit Ottilienkapelle

Aalen-Hofen

Der ursprünglich zum Herrschaftsgebiet der Herren von Ahelfingen (Burg Hohenalfingen) gehörende Ort fiel 1545 mit dem gesamten Familienbesitz der Ahelfinger an die Fürstpropstei Ellwangen. Die Pfarrkirche, Mutterkirche und Grablege der Ahelfinger, gehört seit 1328 kirchlich zu Ellwangen.

Pfarrkirche St. Georg und St. Laurentius (kath.), zusammen mit der benachbarten *Ottilienkapelle* schönes, von mittelalterlicher Kirchhofmauer umschlossenes Ensemble. Die heutige Kirche 1762–1775 erbaut. Der ältere Turm verweist auf Vorgängerkirchen des 12. und des

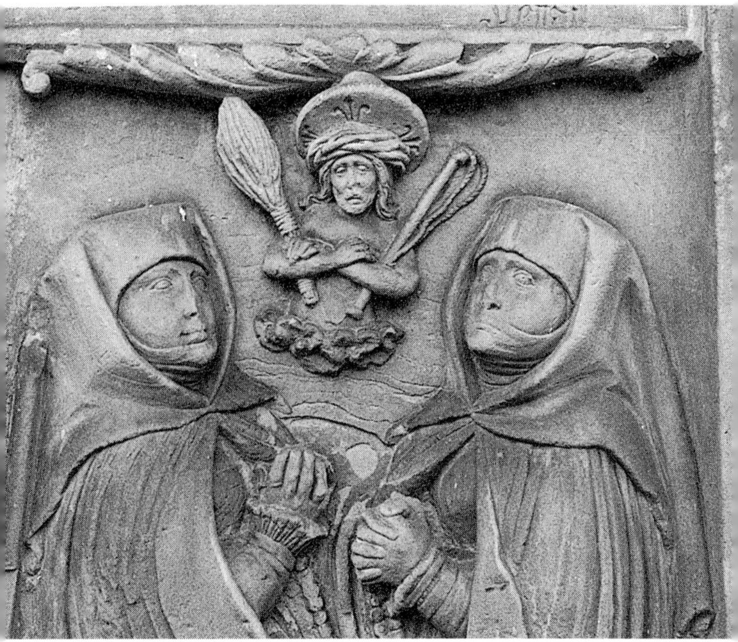

12 Aalen-Hofen. Gedenktafel an die beiden Frauen des letzten Ritters von Ahelfingen an der kath. Pfarrkirche

15. Jh. Der flach gedeckte Saalraum vermittelt den einheitlichen Eindruck einer hellen Rokokokirche. Sehr schöner, in beschwingten Rokokoformen den Chorraum ausfüllender Hochaltar mit den Figuren von Petrus und Paulus, flankiert links und rechts von Maria und Josef. Altarblatt mit Darstellung des hl. Georg, darüber, vollplastisch, der hl. Laurentius, über dem Tabernakel spätgotische Figur des Auferstandenen. Die beiden Seitenaltäre links mit Maria Magdalena, rechts dem hl. Sebastian. Alle drei Altarblätter von → *Melchior Steidl* von malerischer Qualität sind Stiftungen des Ellwanger Kapitels.
Kanzel frühbarock mit Christus zwischen den Evangelisten, am Treppenaufgang Kirchenlehrer (gemalt). An der südlichen Wand des Schiffes barocke Schmerzensmutter. Deckengemälde von → *Johann Nepomuk Nieberlein* mit Darstellungen der Krönung Mariens, der hll. Georg, Sebastian, Lorenz und Ottilie sowie über dem Schiff eine seltene Darstellung: Verehrung der fünf Wundmale Jesu durch die vier Erdteile. An der Emporenbrüstung gute Bilder: Engelskonzert, guter Hirte. Das große gemalte Wappen über dem Chorbogen gibt Hinweis auf Fürstpropst Anton Ignaz Fugger als Auftraggeber.
Zahlreiche Grabplatten innen und außen an der Kirche, erwähnenswert am Chor außen die Steinplatte von 1540 für die beiden Frauen des letzten Ritters von Ahelfingen, Amalie von Woellwarth (gest. 1517) und Margarethe von Rechberg (gest. 1540).
Die *Ottilienkapelle*, ein einfacher Bau in gotischen Formen von 1462, mit neugotischem Altar.
In der Südwestecke des Kirchhofs die *Ölbergkapelle* mit volkstümlichen barocken Figuren.
Altes Pfarrhaus von 1780 mit Wappen des Ellwanger Fürstpropstes.
Die *Heimatsmühle*, bereits 1399 als eine der ältesten Mühlen in unserer Gegend erwähnt, ursprünglich im Besitz der Ahelfinger, bis heute in ununterbrochener Tradition.

Oberalfingen *Burg Hohenalfingen*. Nur noch geringe Mauerreste und tiefer Graben sowie die beherrschende Lage des Bauernhofes erinnern an die alte Stammburg der Ahelfinger.
Hubertuskapelle (kath.). 1738 errichteter Bau auf achteckigem Grundriß nach Plan von → *Arnold Friedrich Prahl*. Gute Barockaltäre, Altarblätter mit Darstellungen der Hubertuslegende (Hauptaltar), im linken Seitenaltar die Schmerzensmutter, am rechten Seitenaltar Johannes Nepomuk. An der Wand Figur des hl. Wendelin.

13 Aalen-Oberalfingen. Hauptaltarblatt der Hubertuskapelle

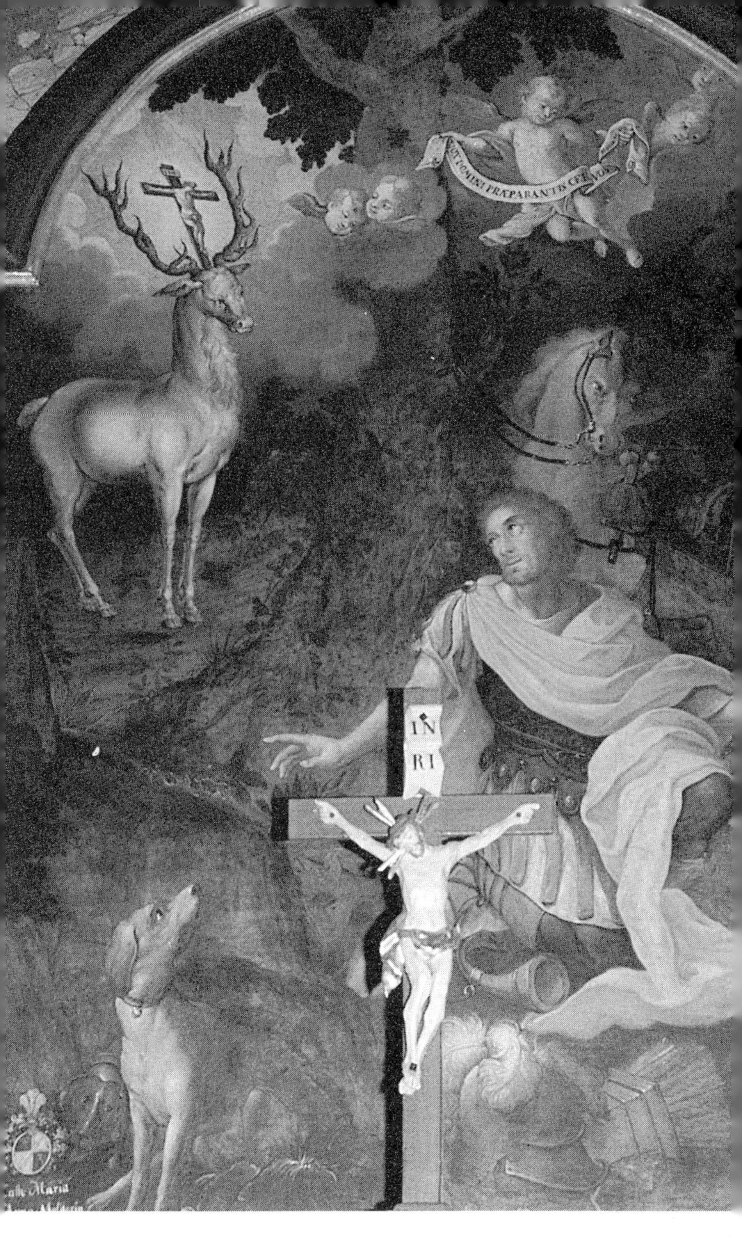
INRI

Aalen-Unterkochen

Die 1136 erstmals urkundlich erwähnten Herren von Kochen waren Ministeriale der Grafen von Dillingen. Nach 1258 betrauen die Grafen von Oettingen die Herren von Ahelfingen mit der Verwaltung des Unterkochener Besitzes und der Burg. 1317 fällt die Kocherburg mit Dorf an die Abtei Ellwangen. Bereits im 14. Jh. eine Marienwallfahrt nachweisbar, gotischer Neubau der Kirche. Seit 1518 Eisenproduktion in Unterkochen. 1614 übernahm die Fürstpropstei Ellwangen die Schmelzhütte, bis sie die Eisenproduktion in Wasseralfingen konzentrierte. Die Kocherburg wird 1645 durch die Schweden zerstört. Der Ort bleibt bis zur Säkularisation 1802 ellwangisch.

Im Osten Unterkochens, zwischen Weißem Kocher und Glashüttental liegt die *Kocherburg*. Zwischen den beiden Talanfängen sind die Wallanlagen von keltischen Befestigungen als künstliche Aufschüttungen noch an mehreren Stellen deutlich zu erkennen. (Frühbronze-, Hallstatt- und Latènezeit).

Die auf dem Kirchenberg stehende, die Landschaft prägende *Pfarr- und Wallfahrtskirche St. Maria (kath.)* gehört zu den besten und bedeutendsten spätbarocken Bauten im Kreis. Der Turm im Untergeschoß aus dem 13. Jh., der Chor gotisch mit Strebepfeilern, Rest der alten gotischen Wallfahrtskirche. Barocker Neubau des Schiffs und Umbau des Chors 1764–1768 durch → *Johann Michael Keller*. Gründliche Renovierung 1985–1987. Außen am Chor barocke Ölberggruppe von 1683. Das Innere ist ein heller Rokoko-Saalraum mit eingezogenem Chor, mit dem reichen Stuck und den duftigen Farben des Rokoko in seiner Blütezeit. Architektur, Malerei und Stuckierung bilden zusammen mit den Altären eine harmonische Einheit.
Die Deckenmalereien von → *Johann Anwander* sind dessen reifes Spätwerk: über der Orgelempore Mariä Heimsuchung, über dem Hauptschiff Aufnahme Mariens in den Himmel, Chorbogen Mariä Verkündigung sowie über dem Chorraum Maria als Gottesmutter über der Weltkugel und Mondsichel. Die in violett gehaltenen Kartuschenbilder an den Ecken der Deckengemälde mit Themen des Hohen Liedes aus dem Alten Testament, im Chor die Kirchenväter und zwei Bruderschaftsbilder. Die Stuckarbeiten von *Michael Heyß*, der auch als Stukkateur der Dresdner Schloßkirche bekannt ist.
Der Hochaltar im Chor von 1786, 1957 erneuert. Über dem Altar in Rundbogennische das Gnadenbild, eine hervorragende, 1,7 m hohe gotische Madonnenfigur von 1496, Ulmer Schule. Über ihr der Heilige Geist im Strahlenkranz, darüber der von Engeln getragene Namenszug

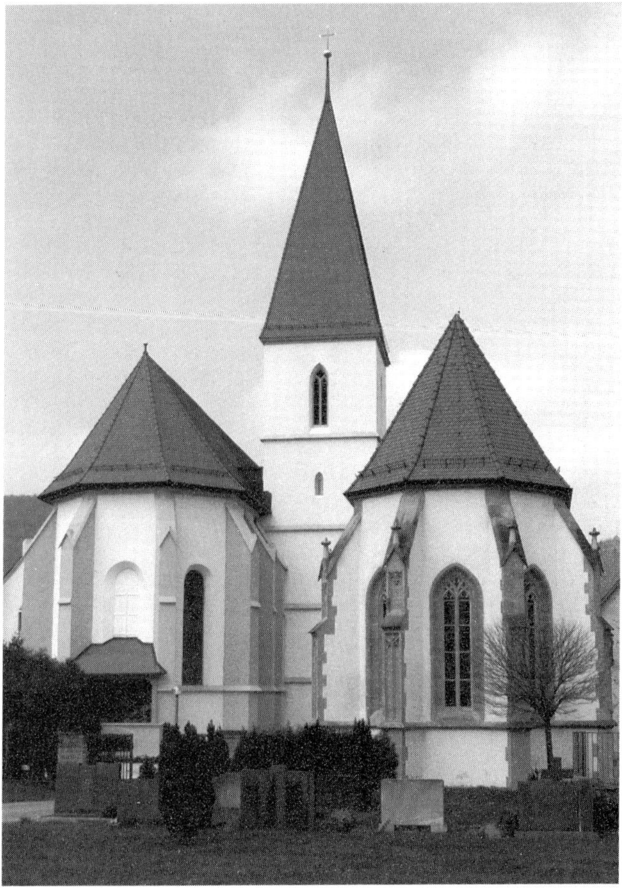

14 Aalen-Unterkochen. Wallfahrtskirche und Barbarakapelle (rechts)

Mariens. Auf den Postamenten links und rechts des Altars Joachim und Anna, 1796.
Die beiden Altarblätter der Seitenaltäre von → *Anton Wintergerst*, links der hl. Judas Thaddäus; das von einer schwebenden Engelgruppe links oben gehaltene Bild Jesu weist den Apostel als einen Verwandten

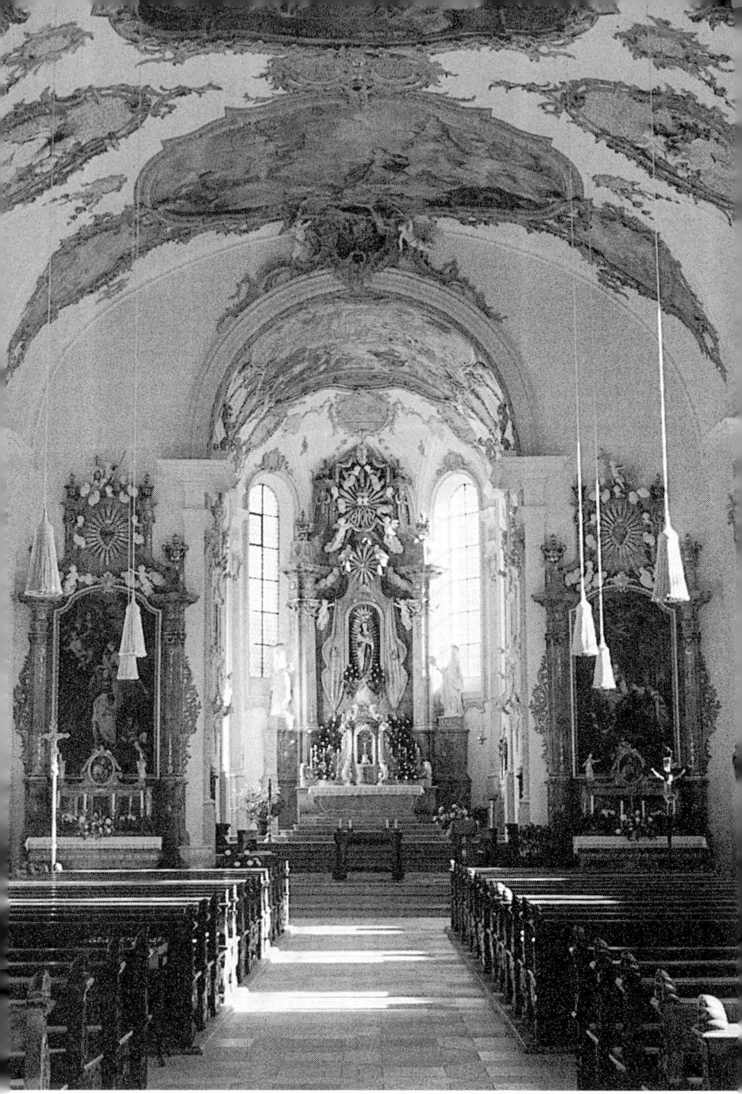

15 *Aalen-Unterkochen. Inneres der Wallfahrtskirche*

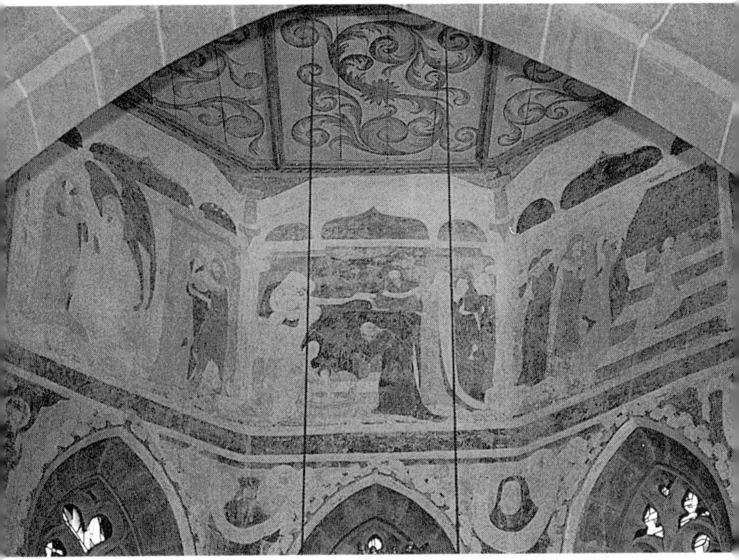

16 Aalen-Unterkochen. Fresken in der Barbarakapelle

von Christus aus. Auf dem Altartisch Reliquienschrein. Auf dem rechten Seitenaltar die hl. Katharina von Alexandrien, der das Jesuskind auf dem Schoß den Ring an den Finger steckt. Reliquienschrein des Märtyrers Christian. Vor dem rechten Seitenaltar barockes Vortragekreuz.

Am Korb der Kanzel die vier Evangelisten, auf dem Deckel drei Engel als Sinnbilder der Tugenden Glaube, Hoffnung und Liebe sowie eine Engelgruppe mit den Gesetzestafeln der Zehn Gebote.

Die 14 Kreuzwegstationen, Ölbilder von 1751, ursprünglich in der Barbarakapelle. In der rechten Seitenkapelle Maria mit dem Kind sowie die hll. Josef und Veit. Die Bilder an der Empore einfache Arbeiten, oben König David mit Harfe, Engelskonzert, hl. Cäcilia, unten Engel, die das Gnadenbild, eine Zeichnung der Kirche, tragen sowie Kranke, die zum Gnadenbild eilen.

Im Kirchenschatz Festkelch von 1686, Augsburger Arbeit sowie weitere Gold- und Silberarbeiten, insbesondere die »Marienmonstranz« von 1792.

Vor der Pfarrkirche *römischer Pinienzapfen* sowie ein römisches Säulenkapitell, die beim Umbau der Kirche 1765 gefunden wurden.
Neben der Pfarrkirche die 1429 errichtete spätgotische *Barbarakapelle* mit hohem Chor und Strebepfeilern, nach Zweckentfremdung (Schulhaus) 1982 gründlich renoviert und als Friedhofskapelle dem ursprünglichen Zweck zugeführt. Im Innern des Chors wurden beachtliche Fresken des 15. Jh. freigelegt mit Darstellungen des Neuen Testaments sowie Propheten zwischen den Fenstern. An der Westseite Christus in der Mandorla. Modernes, über dem Altar schwebendes Kreuz *(Matt)*, moderne Glasfenster *(Sternbacher)*.
Wenn geschlossen, Schlüssel im Pfarrhaus.
Unterhalb der Kirche kleine *Kapelle* mit Statue des hl. Nepomuk, daneben die kleine *St.-Anna-Kapelle*.
Beim Friedhofseingang *Kapelle* mit lebensgroßer, sehr eindrucksvoller geschnitzter Figur des gefesselten Heilands, 1721.
Hinter dem Friedhof, am Weg nach Glashütte, *Kapelle* von 1739, mit Figur des hl. Rochus (neu). Am selben Weg zwei schöne barocke Bildstöcke, 1708.

Aalen-Waldhausen

An einem seit alters her wichtigen West-Ost-Verkehrsweg gelegen, gehörte das Gebiet um Waldhausen früh zum Gebiet der Staufer. Zusammen mit der Kapfenburg kam Waldhausen an die Grafen von Oettingen, die 1364 die Kapfenburg mit Waldhausen an den Deutschen Orden, Kommende Mergentheim, verkauften, in dessen Besitz es bis 1803 blieb.

Pfarrkirche St. Nikolaus (kath.). 1239 erstmals genannte Wallfahrtskirche. Der heutige Bau 1699–1716 nach dem Einsturz des Kirchturms erbaut. Das Bauwerk sehr schlicht. Neugotischer Altar von guter Qualität, insbesondere das Altarblatt mit den 14 Nothelfern. Bemerkenswert eine gotische Pietà sowie barocke Figuren der 14 Nothelfer an den Langschiffwänden.
Heimatstüble. April bis Oktober jeden 1. Sonntag 14–17 Uhr geöffnet sowie nach Vereinbarung (07367/7154).

Beuren *Ottilienkapelle (kath.)*. 1781 nach Entwurf von → *Johann Michael Keller* erbaut. Frühbarocker Altar mit gedrehten Säulen aus der alten Abteikirche Neresheim mit Bild der hl. Ottilia, davor barocke Figur des Papstes Leo IX. und spätgotische hl. Katharina. Im Schiff sehr gute barocke Madonna auf der Mondsichel und Kruzifix.

17 Aalen-Waldhausen. Papst Leo IX. in der Beurener Ottilienkapelle

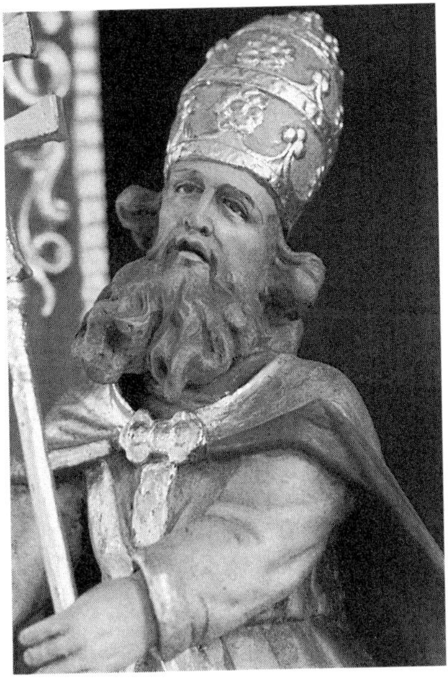

Aalen-Wasseralfingen

Alamannische Gründung, im Mittelalter im Besitz der Herren von Ahelfingen, die seit dem 12. Jh. eine umfangreiche Herrschaft aufbauten mit Burgen in Wasseralfingen, Hohenalfingen und Niederalfingen. Seit dem 14. Jh. zunehmende Abhängigkeit der Ahelfinger von der Abtei Ellwangen. 1545, nach dem Aussterben des Geschlechts, fällt Wasseralfingen an die Fürstpropstei Ellwangen. Nach dem Dreißigjährigen Krieg Beginn und Ausbau des Eisenerzbergbaus und der Eisenverhüttung in Wasseralfingen durch die Propstei, 1671 Inbetriebnahme des ersten Hochofens. 1803 zum Königreich Württemberg, für das Wasseralfingen mit den späteren Schwäbischen Hüttenwerken der bedeutendste Ort der Eisenverhüttung und der Stahlerzeugung wurde.

Altes Schloß. Als Wasserschloß von Ulrich von Ahelfingen Anfang des 14. Jh. als Stammsitz der Herren von Ahelfingen erbaut. 1978–1980 äußerlich restauriert, eine stattliche Vierflügelanlage, die ihre heutige Gestalt durch einen Umbau in den Jahren 1590–1593 erhielt. Die In-

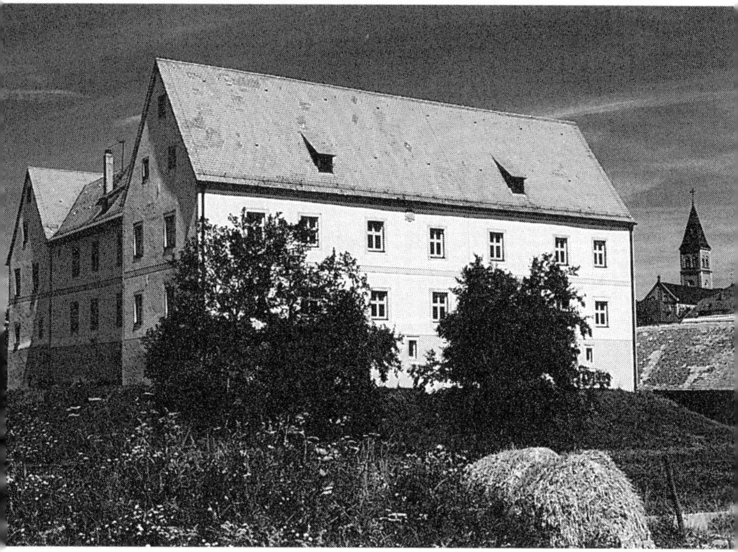

18 Aalen-Wasseralfingen. Schloß

nenrenovierung ist noch nicht abgeschlossen. In der kleinen Schloßkapelle ein Barockaltar mit Bild des hl. Rochus, aus der Ellwanger Gegend. Glasfenster von vier Wasseralfinger Künstlern (*Köble, Köder, May, Schuster*).

St.-Stephanus-Kapelle – »Altes Kirchle« (kath.). In der Nähe des Schlosses 1353 erbaut, 1530 erweitert und umgestaltet. Einfacher Saalbau mit gotischem Polygonalchor.
Im Chor Flügelaltar des Ulmers → *Martin Schaffner*, eines seiner spätesten Werke um 1530 und das Hauptwerk der Dürerzeit im Kreisgebiet: im Schrein die geschnitzten, farbig gefaßten Figuren der Maria mit Kind, des Kapellenpatrons Stephanus und des Evangelisten Matthäus. Zwei Engel halten über der Madonna eine Krone. Zu Füßen der Madonna das kniende Stifterpaar Wolfgang von Ahelfingen mit Ehefrau Margarethe von Rechberg. In der Predella als Halbfiguren die Märtyrerin Ursula (Farbtafel 9) zwischen Petrus und Paulus. Auf den geöffneten Altarflügeln links Anna selbdritt, rechts Johannes d. T. Bei geschlossenen Flügeln links die hl. Margaretha, rechts die hl. Katharina sowie auf den Standflügeln die hll. Christophorus und Georg.

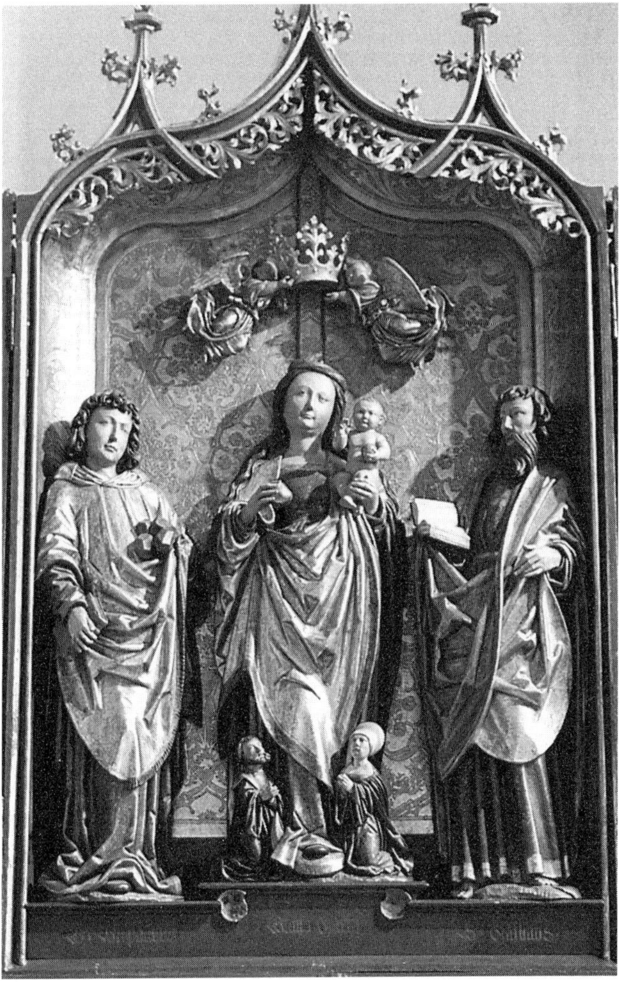

19 Aalen-Wasseralfingen. Mittelteil des Schaffner-Altars in der St.-Stephanus-Kapelle

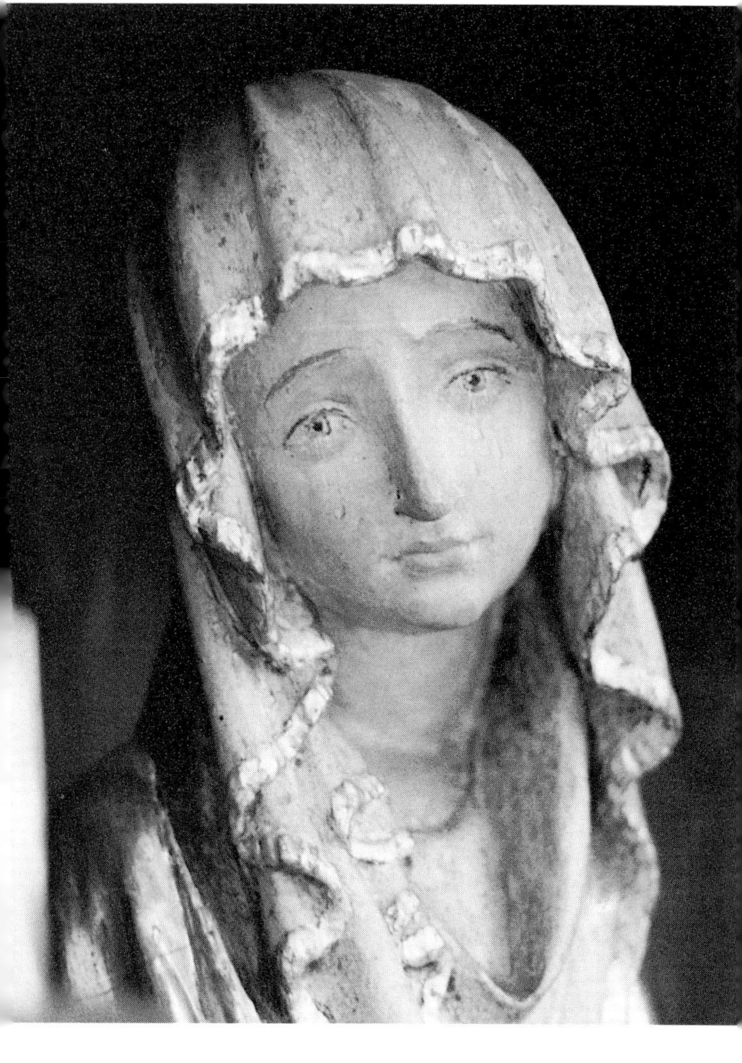

20 Aalen-Wasseralfingen. Pietà von 1420 in der St.-Stephanus-Kapelle

Am rechten Seitenaltar außergewöhnlich gute Pietà mit innigem Gesichtsausdruck, um 1400. Linker Seitenaltar mit barocker Figur des hl. Sebastian. Über beiden Seitenaltären spätbarocke Altarblätter. An der linken Längsschiffwand, gegenüber dem Eingang, Altärchen aus der 1928 abgebrochenen Bernhardskapelle, mit den Figuren der hl. Ottilie in der Mitte sowie der hll. Wendelin und Bernhard von Clairvaux, sehr gute spätgotische Arbeiten. Weitere Barockfiguren an der südlichen Längsschiffwand, an der nördlichen Wand spätgotisches Kruzifix, an der Westwand geschnitzte Figur eines heiligen Mönchs.
Pfarrkirche St. Stephanus (kath.). Neuromanischer Bau von 1883 (*Felix von Berner*), in den Jahren 1962–1965 grundlegend erneuert, wobei die Malerei und neugotische Altarausstattung entfernt wurden. Bronzeportale von *Sieger Köder*: an der Westseite Apokalyptisches Gotteslamm und Maria. Außer einer spätgotischen Madonna mit Kind um 1470 am linken Seitenaltar ist die Innenausstattung neuzeitlich und macht die Stephanuskirche zu einem der interessantesten Beispiele moderner kirchlicher Kunst des Kreises.
Im Chor Fenster von *Rudolf-Walter Haegele* in kräftigen Farben, von links: Stephanusfenster, Szenen aus dem Alten Testament, der apokalyptische Christus, Szenen aus dem Neuen Testament, Marienfenster. Die Glasfenster in den Rosetten an der Westseite von *Helmut Schuster*: harfenspielender David, Tauffenster, über der Orgel Posaunenengel. Über dem Altar expressives, querformatiges Bronzekreuz von *Sieger Köder*.
Das Hauptwerk der Kirche ist der rechte Seitenaltar im Aufbau eines mittelalterlichen Flügelaltars von *Sieger Köder*, 1970 (Farbtafel 16). Geöffneter Zustand: die österlichen Bildtafeln mit dem Hauptbild »Die Jünger von Emmaus«, auf den Flügeln Bezüge zum Evangelium und zur Gegenwart. Nach Schließung der inneren Flügel: weihnachtliche Bildtafeln. Von links Prophet Jesaja, König David, Maria die Gottesgebärerin, das Kind dem Beschauer entgegenhaltend, rechter Flügel der blinde Bileam. Geschlossener Zustand: links das Mahl Abrahams, rechts das Passahmahl.
Das Bronzeportal am *Rathaus* von *Sieger Köder*, Szenen aus der Geschichte Wasseralfingens.
Ev. Pfarrkirche, neugotischer Bau von 1893.
Die 1966 erbaute *Ave-Maria-Kapelle* am Schimmelberg mit Glasfenster von *Helmut Schuster* und großer Madonna über dem Altar von *Sieger Köder*.
Im *Ofenplattenmuseum* in den Schwäbischen Hüttenwerken reichhaltige Sammlung gotischer und barocker Ofenplatten, einer der Hauptproduktionszweige der Hüttenwerke seit der Zeit der Propstei.
Nur Gruppenbesuch nach Vereinbarung (Tel. 07361/502 498).

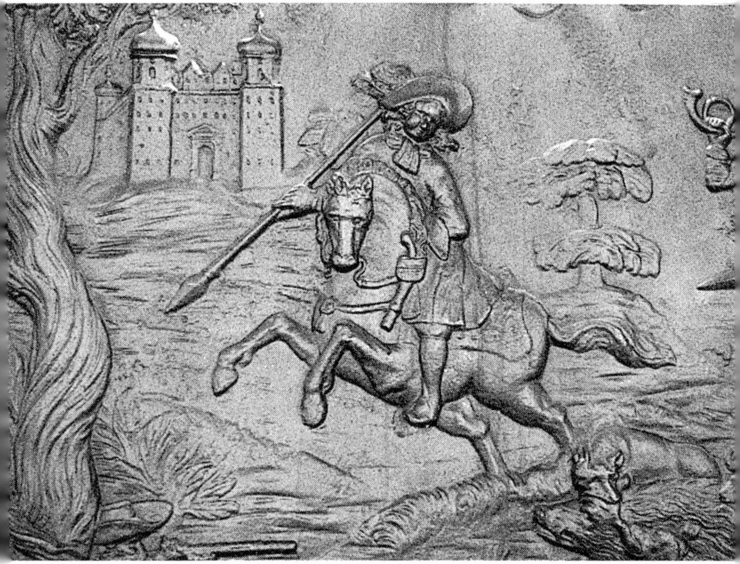

21 Aalen-Wasseralfingen. Barocke gußeiserne Ofenplatte

Heimatmuseum, Maiergasse 43 (ehem. Stadtwerkehaus). Funde aus Vor- und Frühgeschichte, Zeugnisse zur Geschichte der Stadt und der Industrie Wasseralfingens, Werke der bei den Schwäbischen Hüttenwerken tätigen Modelleure → *Konrad Weitbrecht* und → *Christian Plock* sowie des Kunstmalers → *Hermann Plock*.
Öffnungszeiten: jeden 1. Sonntag im Monat von 10–12 und 14–18 Uhr sowie nach tel. Vereinbarung (07361/74802).

Onatsfeld 2 km westlich von Wasseralfingen, zwischen Onatsfeld und Heißenberg im freien Ackergelände *keltische Viereckschanze*, Wall noch deutlich zu erkennen.
An der Straße zwischen Onatsfeld und Seitsberg barockes *Bildstöckchen.*

Röthardt *Kapelle St. Isidor*, 1764 erbaut, 1951 renoviert. Altar, Bilder und Figuren aus der Erbauungszeit, bemerkenswert insbesondere Figuren des hl. Wendelin und der hl. Anna selbdritt am Hauptaltar.
Besucherbergwerk Tiefer Stollen. Seit 1987 ist der Hauptstollen des al-

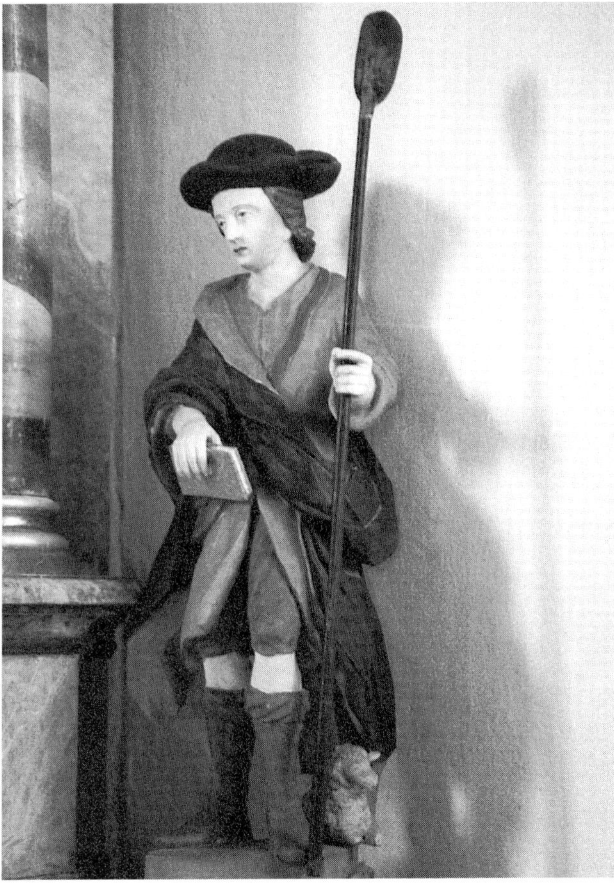

22 Aalen-Röthardt. Hl. Wendelin in der Isidorkapelle

ten Erzbergwerks für den Besucherverkehr zugänglich und zu einem Bergbaumuseum ausgebaut. Zugang auf der Straße von Wasseralfingen nach Röthardt, Einfahrt mit der Grubenbahn.
Besuchszeit: April bis Oktober täglich 9–17 Uhr.
Die *Erzgrube*, heute Restaurant, ehemals der Sammlungsraum für die Bergleute, bemerkenswert der ehem. Betsaal (heute Nebenzimmer).

Treppach *Kapelle »Maria Opferung« (kath.)*. 1778 erbaut, gestiftet von den einheimischen Bauern zur Abwendung von Viehseuchen. Altarbild nach Vorbild in der Kirche von Hohenstadt: »Opferung Mariens«. Deckenbilder aus der Erbauungszeit, barocke Statuen der Schmerzhaften Muttergottes, sowie der hll. Josef, Barbara und Patrizius.

ABTSGMÜND

Aus dem 1251 erstmals erwähnten Namen geht nicht nur die geographische Lage an der Einmündung der Lein und der Rot in den Kocher, sondern auch die Zugehörigkeit zum Kloster Ellwangen hervor. In Abtsgmünd wurde 1611 der erste ellwangische Hochofen errichtet, erweitert 1667 durch eine Hammerschmiede am rechten Kocherufer und 1699 durch ein Hammerwerk in der Neuschmiede. Die Bedeutung Abtsgmünds als Eisenschmiede der Fürstpropstei ging seit dem 17. Jh. auf Wasseralfingen über.

Pfarrkirche St. Michael (kath.), errichtet 1885 an der Stelle einer älteren Kirche. Der Turm ist im unteren Teil noch spätromanisch, mit dem Chor einer ehem. Chorturmkirche, gotischen Gewölben und romanischen Säulen mit Figurenschmuck. Konsequent neugotischer Basilikaraum. An der Stirnseite des südlichen Seitenschiffs große barocke Kreuzigungsgruppe, vermutlich italienischer Herkunft.
Kapelle unserer Lieben Frau, erbaut 1735, erweitert 1770. Ausschmükkung in gefälligen Rokokoformen mit Stuck und Deckenbildern. 50 m südlich der Kapelle steht eine große Kreuzigungsgruppe mit Figuren von Christus und den beiden Schächern, um 1600.

Wöllstein Links vom Kocher, am Berghang, Reste der ehem. Burg der Hacken von Wöllstein, die seit 1374, nach Unterbrechung endgültig seit 1585 zu Ellwangen gehört. Nach Schäden im Dreißigjährigen Krieg um 1700 abgetragen. Von der Burg nur noch die *kath. Kapelle St. Jakob* erhalten, eingebaut in einen Teil der Umfassungsmauern der Burg mit Buckelquadern. Im renovierten Innern neuromanischer Altar mit guten spätgotischen Figuren: Maria, Jakobus, Johannes d. T., Maria Magdalena.

Abtsgmünd-Hohenstadt

Schloß und Kirche von Hohenstadt erheben sich markant über dem Kochertal. Ursprünglich oettingisches Lehen, fällt die Burg 1376 an das Haus Woellwarth, 1407 und endgültig 1530 an das Haus Adelmann von

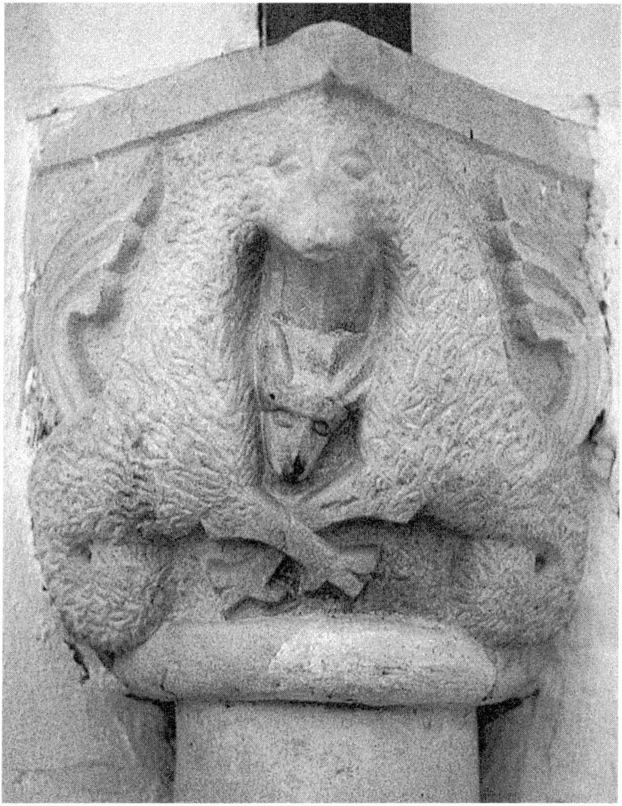

23 Abtsgmünd. Romanisches Kapitell im Turm der kath. Pfarrkirche

Adelmannsfelden, dessen Hauptgut Hohenstadt bis heute geblieben ist. Nach Einführung der Reformation 1579 wurde der Ort 1636 rekatholisiert.

Pfarrkirche Mariä Opferung (kath.), erbaut 1707–1711 anstelle einer Vorgängerkirche. Stattlicher barocker Kirchenbau mit Turm rechts vom Chor. 1988/89 gründlich renoviert.
Das Innere ist ein hoher, heller, tonnengewölbter Raum mit Wandpfei-

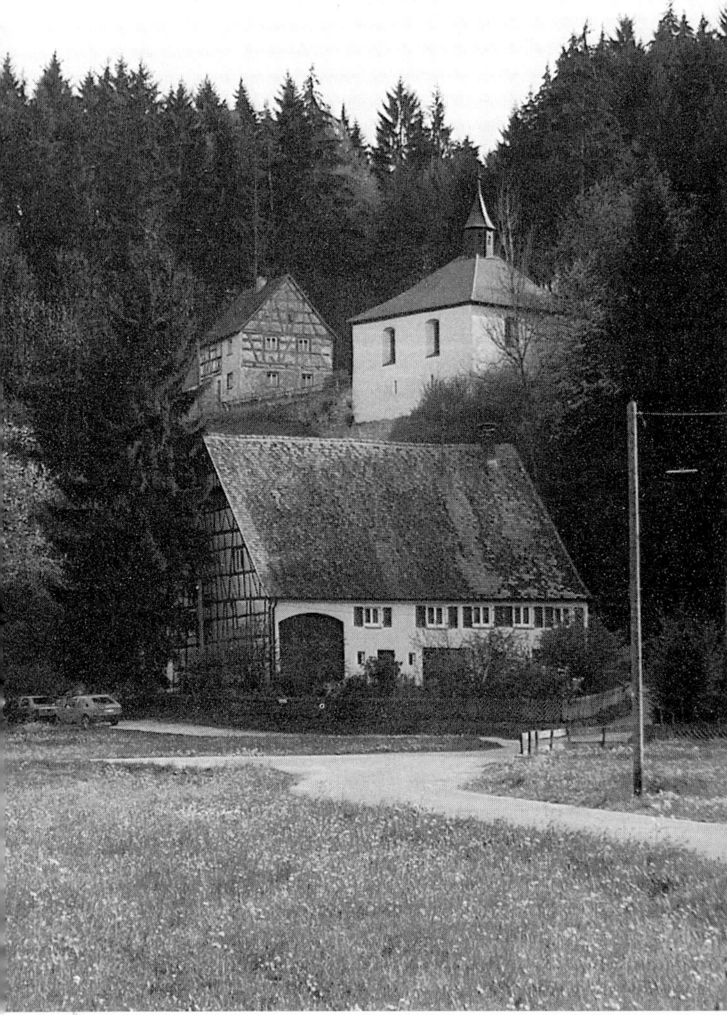

24 Abtsgmünd-Wöllstein. Die Burgkapelle

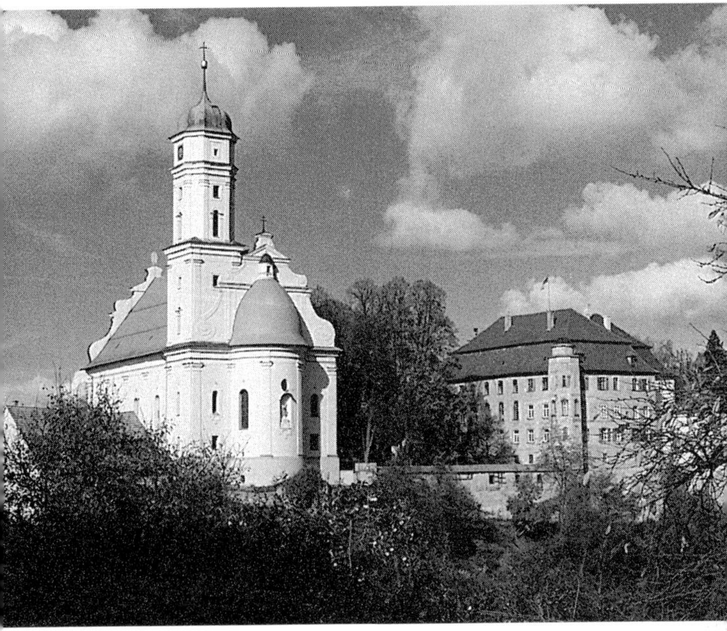

25 *Abtsgmünd-Hohenstadt. Schloß und Schloßkirche*

lern, jedoch ohne die für das Vorarlberger Schema typischen seitlichen Emporen. Sehr reiche, üppige Stukkaturen an Decken und Gurtbögen. Hochaltar in der eingezogenen Chorapsis aus elegantem Stuckmarmor mit Altarblatt von → *Christoph Thomas Scheffler*, »Opferung Mariens«, 1732. Im Auszug des Altars vor ovalem Fenster sehr gute spätgotische Madonna in barockem Wolkenkranz mit Putten. Die barocken Figuren am Altar unten die hll. Joseph und Johannes Ev., oben die hll. Dominikus und Katharina.

Die Altarblätter der vorderen Seitenaltäre ebenfalls von *Scheffler*, links die Taufe Christi, rechts Patrizius, vor dem Altarblatt gotische Figur dieses Heiligen, um 1400. Am Chorbogen neben den Seitenaltären sehr gute spätgotische Figuren der hll. Apollonia (links) und Blasius (rechts). Die mittleren Seitenaltäre links Michael geweiht, Altarblatt von 1721, unter dem Erzengel eine Darstellung von Hohenstadt, rechts dem hl. Antonius, 1720. Die hinteren Altäre, 1765, links Walburga-Altar, rechts Johann-Nepomuk-Altar, mit Altarblättern von → *Johann*

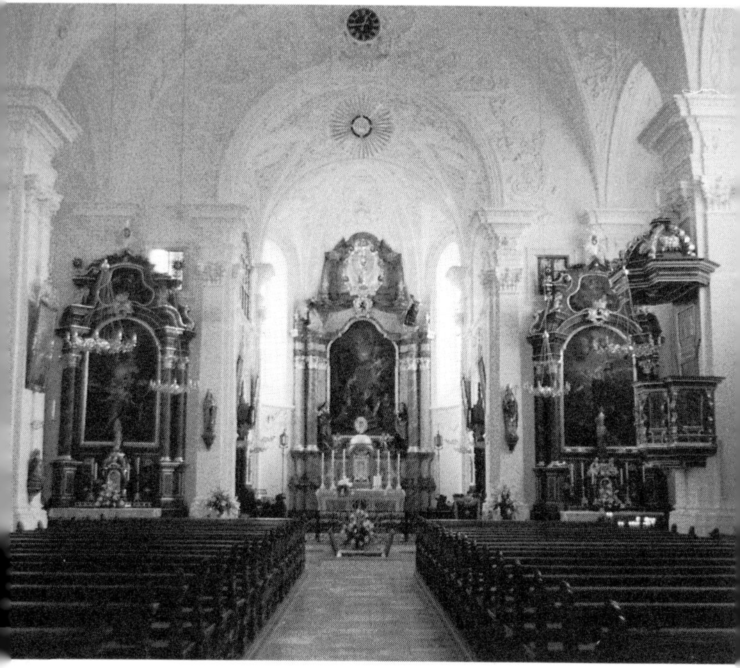

26 Abtsgmünd-Hohenstadt. Inneres der kath. Pfarrkirche Mariä Opferung

Edmund Widemann. Spätgotisches Vesperbild, Ulmer Schule, mit etwas zu greller Fassung, am linken Wandpfeiler.
Bemerkenswerte Epitaphien und Grabplatten, darunter links die des Deutschmeisters Johannes Adelmann von Adelmannsfelden, lebensgroß, in Pilgertracht und des Fürstpropstes Johann Christoph Adelmann von Adelmannsfelden.
Kreuzwegstationen, 15 Ölbilder von *Johann Baptist Enderle*, 1781. Gut geschnitztes Gestühl und Beichtstühle aus der Erbauungszeit. Unter dem Chor die Gruft, Begräbnisstätte der Familie Adelmann. Unterhalb der Apsis kleine Kapelle mit Altar.
Kirchenschatz: Silbergeräte aus dem 17. und 18. Jh., Augsburg, sowie Sammlung wertvoller Meßgewänder.
Außen über dem Westeingang die Figur des irischen hl. Patrizius, dem die Wallfahrt nach Hohenstadt gewidmet ist.

Friedhofskapelle St. Joseph, 1770 erbaut, Grundriß mit gerundeten Ecken. Im Innern Deckenfresko von → *Josef Anton Koch*, »Heilige Dreifaltigkeit«, auf dem Bild Kirche, Schloß und Josephskapelle von Hohenstadt.
Schloß. Der heutige Bau 1595 errichtet an der Stelle der mittelalterlichen Burg mit zwei Ecktürmen nach Süden. Starke Veränderungen um 1770, Erhöhung um ein Stockwerk und Bau des großartigen Treppenhauses mit Deckenfresko zu Ehren des Erbauers. (Privatbesitz, der Öffentlichkeit nicht zugänglich)
Der *Schloßgarten*, die schönste barocke Gartenanlage im Kreis, von Graf Anselm 1756 als französischer Garten mit verschnittenen Buchenhecken angelegt, gilt als der älteste Heckenpark Europas. Später um einen sog. Englischen Garten erweitert. Am Ende des in den Jahren 1985–1987 gründlich wiederhergestellten Parks steht die Orangerie mit reizvollen Deckenfresken mit Rokokomotiven in der Kuppel des Hauptraumes.
Der Park ist für die Öffentlichkeit zugänglich: Mittwoch, Samstag und Sonntag jeweils von 9 Uhr bis Einbruch der Dunkelheit sowie nach Vereinbarung.

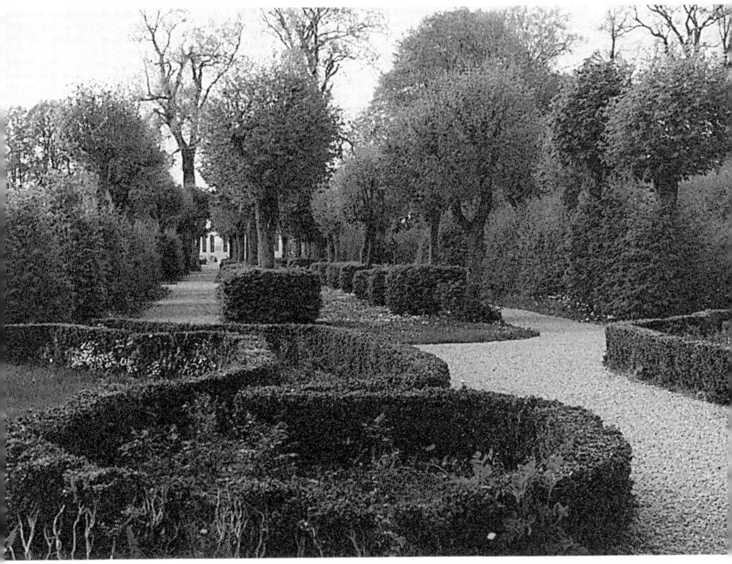

27 Abtsgmünd-Hohenstadt. Der barocke Schloßpark

Abtsgmünd-Laubach

Schloß. Von Hans Sigmund von Woellwarth 1599 als Renaissance-Schloß anstelle einer früheren, erst im 15. Jh. urkundlich gesicherten Burg errichtet. Die Schloßgebäude umschließen einen Hof von unregelmäßigem Grundriß, mit einem Hauptturm sowie drei Ecktürmen. Die Räume des Erdgeschosses gewölbt. Von der alten Einrichtung nichts mehr erhalten, heute Privatbesitz.

Leinroden Die an der Lein im ummauerten Friedhof gelegene *ev. Kirche*, 1604 unter Hans Sigmund von Woellwarth erbaut, mit qualitätvollen Bildern des Barock sowie beachtlichen Grabdenkmälern im Chorraum, insbesondere das des Konrad Bernhard von Woellwarth als Ritter vor dem Kruzifix kniend. An der äußeren Westwand lebensgroßes, außergewöhnlich eindrucksvolles Kruzifix aus Sandstein, 1604.

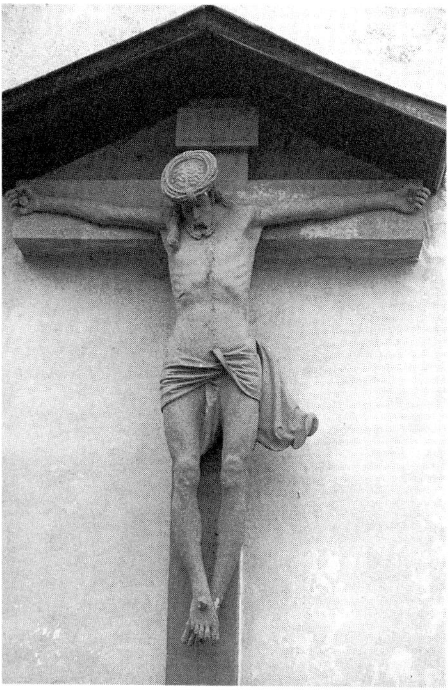

28 Abtsgmünd-Leinroden. Kruzifix an der ev. Kirche

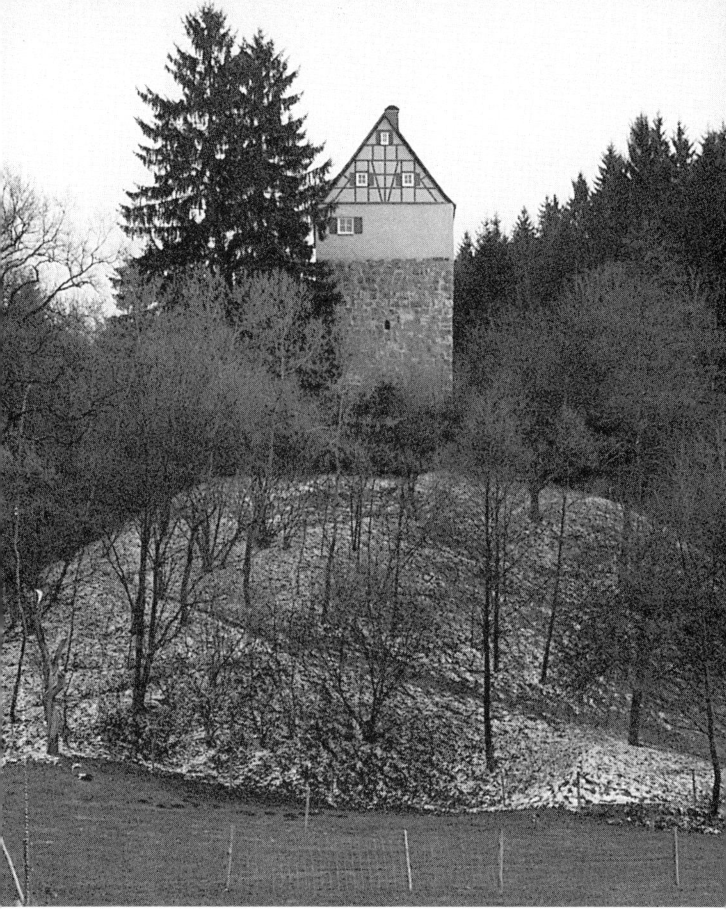

29 Abtsgmünd-Leinroden. Staufische Turmhügelburg

Jenseits der Lein auf einem künstlich aufgeschütteten Hügel vor dem Berghang eine *Turmhügelburg* aus der zweiten Hälfte des 12. Jh. Eindrucksvolle Buckelquader bis in 18 m Höhe bezeugen den Bau aus der Stauferzeit, um 1180. Auf der Nordseite in 8 m Höhe der heute vergitterte ehem. Eingang. Ein Ulrich von Roden wird 1147 als Burgherr erwähnt, später geht die Turmburg, die sich heute, außer der verschwundenen Mauer, so darstellt wie zur Erbauungszeit, an die Herren von Pfahlheim und nach 1400 an die Woellwarths über. Heute Privatbesitz.

Abtsgmünd-Neubronn

Das repräsentativ über dem Leintal liegende *Schloß* seit 1376 beurkundet, nach Besitz bei den Herren von Adelmann seit dem 17. Jh. zum Hause Woellwarth-Lauterburg gehörend. Im Innern 1732 umgebaut, der Neo-Renaissance-Giebel Ende 19. Jh. Schönes Treppenhaus. Das Schloß in Privatbesitz, der Öffentlichkeit nicht zugänglich.
Die *ev. Pfarrkirche* im Ursprung 15. Jh., im letzten Jahrhundert erneuert. Im Innern mehrere Adelmannsche Grabmäler und -tafeln.

Abtsgmünd-Pommertsweiler

Pfarrkirche zur Unbefleckten Empfängnis (kath.), Neuromanischer Bau, 1875, moderne Glasfenster von *Wilhelm Geyer*, Ulm.

Abtsgmünd-Untergröningen

Im 12. Jh. Sitz von Edelfreien, seit dem 15. Jh. im Besitz verschiedener limpurgischer Linien, von 1777 bis 1804 im Besitz der Fürsten zu Hohenlohe, danach bei Württemberg. Unter den Limpurgern reformiert, wurden unter Fürstin Friederike von Hohenlohe-Bartenstein seit 1777 Katholiken auf der Höhe angesiedelt, die Schloßkapelle katholisch. Damit wurde Untergröningen ein paritätisches Pfarrdorf.

Das eindrucksvolle *Schloß* von 1564 überragt und beherrscht den an einem Kocherknie gelegenen Ort. Ursprünglich ein Viereck mit Innenhof, nach Abbruch des Westflügels im 18. Jh. Hauptgebäude mit zwei Flügeln mit Volutengiebeln.
Im Hauptbau des Schlosses, 1777 nach der Rekatholisierung umgebaut, die dreischiffige *Schloßkapelle und Pfarrkirche St. Michael (kath.)* mit Wandpfeilern, Emporen und weiß stuckierter Kassettendecke. Der Hochaltar in feinem Rokoko mit Ölbild »St. Michael«, vermutlich aus Würzburg, zwischen den Säulen links und rechts die hll. Petrus und Paulus.
Am linken Seitenaltar die Figuren der Muttergottes auf der Mondsichel, flankiert von Katharina und Barbara. Es handelt sich um die geschnitzten Schreinfiguren eines Altars von →*Bartholomäus Zeitblom* von 1497 aus der Kirche des Nachbarortes Heerberg bei Laufen. Altarflügel und Predella des Altares heute in der Staatsgalerie Stuttgart. Die außergewöhnlich qualitätvollen Figuren seit 1892 in Untergröningen, Ziel der alten Wallfahrt nach Heerberg. Weitere Ausstattungsstücke aus dem Barock: hl. Mutter Anna, Madonna als Königin.

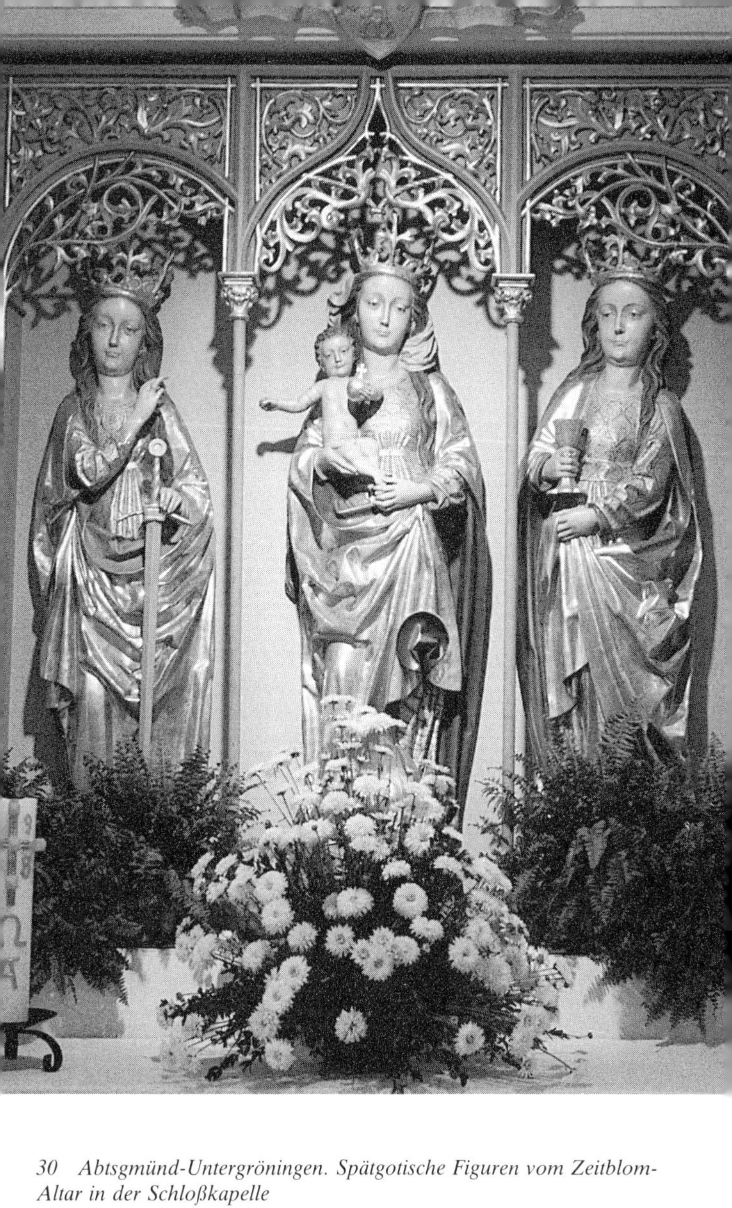

30 Abtsgmünd-Untergröningen. Spätgotische Figuren vom Zeitblom-Altar in der Schloßkapelle

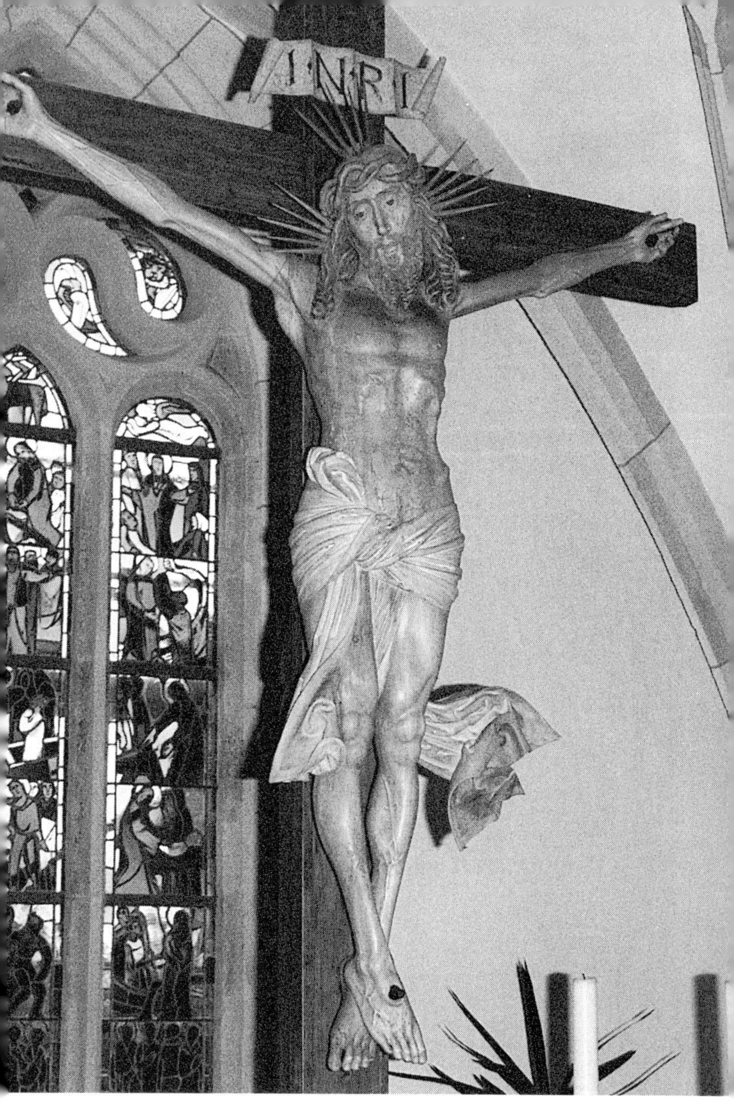

31 *Adelmannsfelden. Kruzifix in der ev. Pfarrkirche*

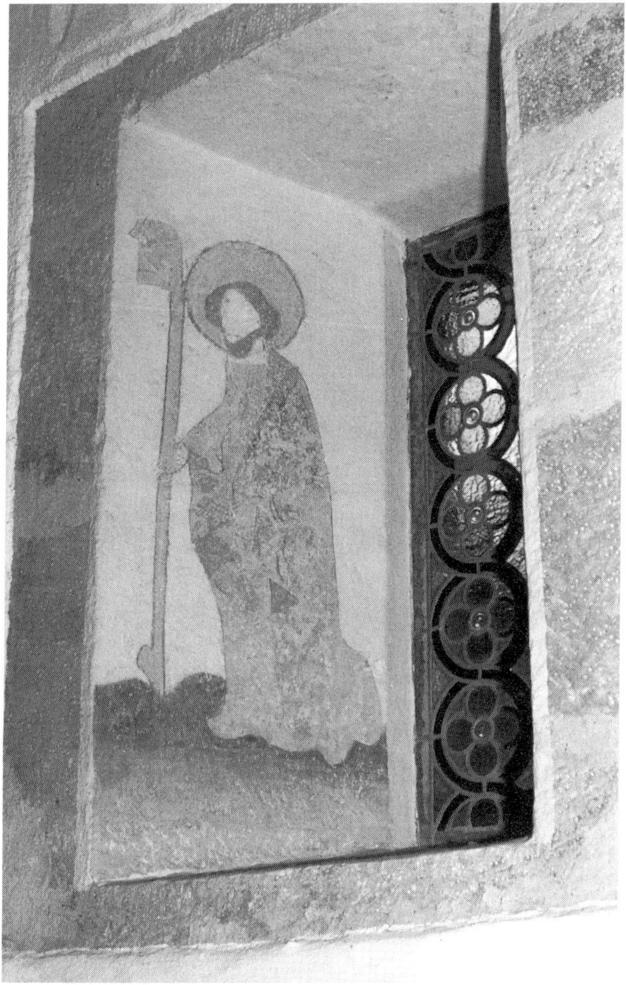

32 Adelmannsfelden. Wandmalerei in der Friedhofskapelle

ADELMANNSFELDEN

Ursprünglich staufischer Besitz, im 14. Jh. bei den Grafen von Oettingen, 1361 an die Fürstpropstei Ellwangen verkauft, seit 1380 den Schenken in Limpurg gehörend. Unter diesen Einführung der Reformation 1561. Das Schloßgut heute wieder im Besitz des Hauses Adelmann von Adelmannsfelden, das als gräfliches Geschlecht auf die Reichsministerialen der Stauferzeit zurückgeht.

Ev. Pfarrkirche (ehemals St. Nikolaus). Der Chorturm sehr alt, um 1130, das Kirchenschiff 1816 neu erbaut. Nach mehreren Renovierungen, zuletzt 1982, zeigt sich der Chor wieder in der ursprünglichen Bemalung der Fensterbögen und Chorgewölbe. Die Glasfenster in den gotischen Fenstern mit Fischblasenmaßwerk von *Ernst Wanner*, 1954, mit Szenen aus dem Neuen Testament. Der größte Schatz der Kirche ist das große holzgeschnitzte Kruzifix vom Anfang des 16. Jh., eines der besten Stücke dieser Art im Gebiet.
Im Innern der 1473 erbauten *Friedhofskapelle St. Leonhard und St. Barbara* an den Fensterleibungen spätgotische Wandmalereien mit Aposteln und Heiligen.
Das *Schloß* ist Stammsitz der 1790 in den Grafenstand erhobenen Familie Adelmann von Adelmannsfelden. Burganlage aus dem Mittelalter, bis ins 12. Jh. zurückreichend, um 1760 umgebaut, heute in Privatbesitz, der Öffentlichkeit nicht zugänglich.
Im Dorf das *Vohensteinsche Schlößchen*, Geburtshaus der Reichsgräfin Franziska von Hohenheim, Gemahlin von Herzog Karl Eugen von Württemberg.

Algishofen → Obergröningen
Altersberg → Gschwend
Aufhausen → Bopfingen
Baldern → Bopfingen
Bargau → Schwäbisch Gmünd

BARTHOLOMÄ

Der auf der Höhe des Albuchs zwischen den Zugängen zu Rems- und Brenztal gelegene Ort, im Mittelalter nur aus wenigen Höfen bestehend, hatte einen Jahrmarkt am Tag Bartholomäi, woher sein heutiger Name herrührt. Seit 1479 Großteil des Ortes im Besitz der Herren von Woellwarth.

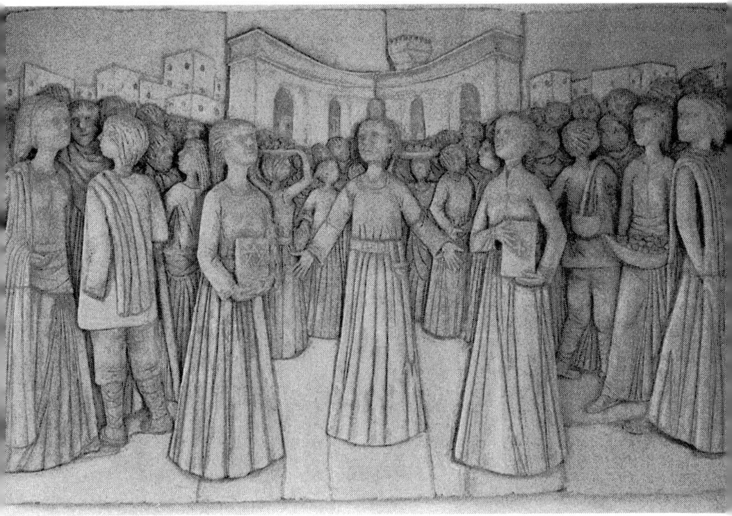

33 Bartholomä. Terrakottarelief von Biagio Frisa »Christus zwischen Synagoge und Ekklesia« in der ev. Pfarrkirche

Ev. Pfarrkirche (ehemals St. Bartholomäus). Die ursprünglich romanische Chorturmkirche 1510 durch Anbau eines Chors erweitert und 1741 erneuert. Der Chor im halben Achteck mit Fischblasenmaßwerk der Fenster, Netzrippengewölbe und Strebepfeilern. Unter den Gewölberippen Fratzenköpfe. Im Innern Barockengel an der Nordwand, vom ehem. Kanzeldeckel, gotisches Altarkreuz, Kanzelrelief von →*J. W. Fehrle* (1947) »Geburt, Ölberg und Auferstehung«. An der Ostwand Terrakottarelief von *Biagio Frisa*, »Christus zwischen Synagoge und Ekklesia« (1978). Vom selben Künstler acht große Scheiben mit Christus, Maria, Evangelisten und Aposteln.

Die 1865 erbaute und 1929 (Chor und Turm) erweiterte *kath. Pfarrkirche zum Heiligen Kreuz* birgt sehr gute spätgotische Schnitzfiguren im Chor: Johannes Ev., Bartholomäus, Wendelin und Barbara (um 1480). Im südlichen Seitenschiff großes Terrakottarelief des italienischen Künstlers *Biagio Frisa*, »Marienleben«. Hinten gutes Barockbild des hl. Johannes Nepomuk.

In der *Leichenhalle* Terrakottarelief von *Biagio Frisa* (1969), »Kreuzabnahme«.

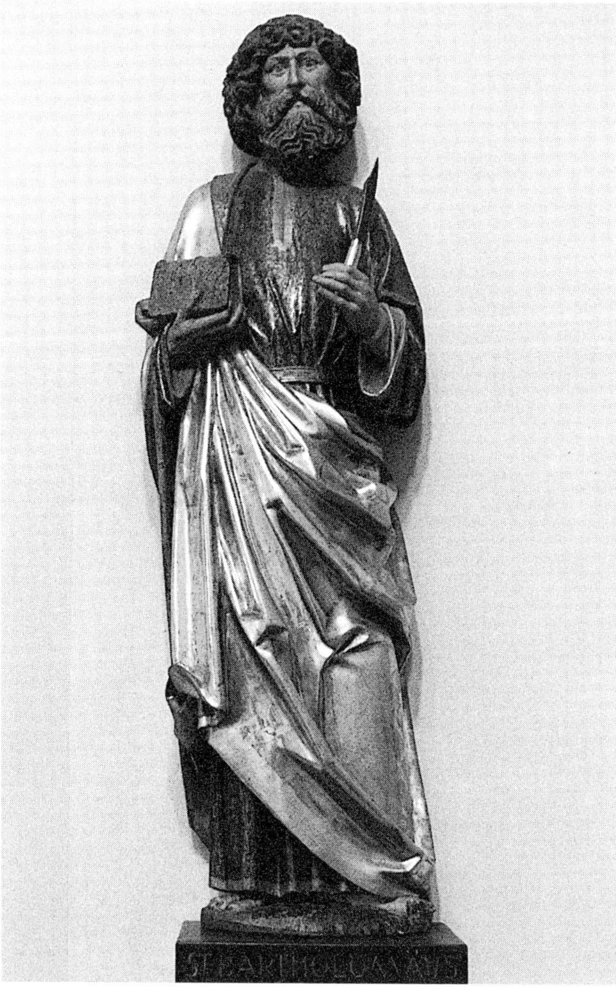

34 Bartholomä. Spätgotischer hl. Bartholomäus in der kath. Pfarrkirche

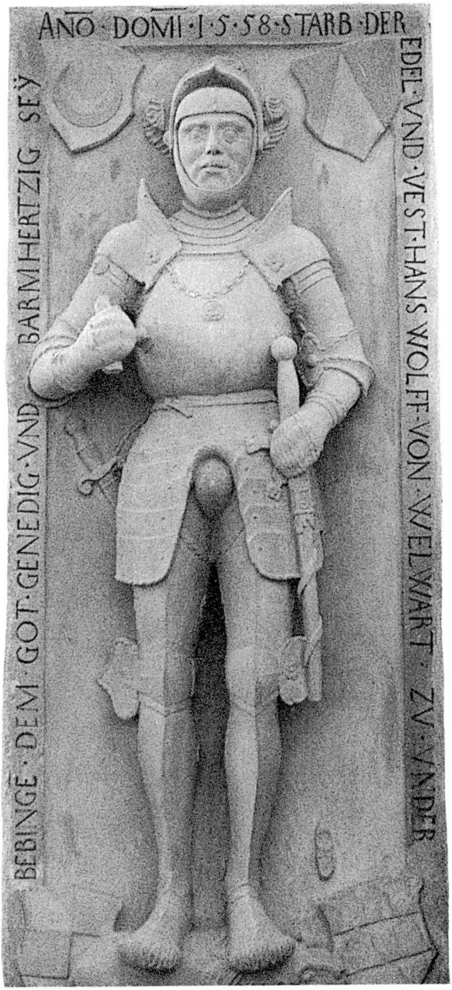

35 Böbingen. Renaissancegrabmal des Hans Wolff von Woellwarth in der ev. Pfarrkirche

Beersbach → Ellwangen-Pfahlheim
Beißwang → Böbingen
Benzenzimmern → Kirchheim a. Ries
Bettringen → Schwäbisch Gmünd
Beuren → Aalen-Waldhausen
Beuren → Heubach
Birkenzell → Stödtlen

BÖBINGEN

Auf dem 30 m hohen Bergvorsprung »Bürgle« römisches Kastell mit dazugehörender Siedlung und Badeanlagen. Ortsname und Patronat der Pfarrkirche St. Michael weisen auf Besiedlung in der Alamannenzeit. Im Mittelalter Oberböbingen im Besitz der Wöllsteiner und Rosensteiner, später württembergisch, im 16. Jh. reformiert. Unterböbingen, im Besitz des Gmünder Klosters Gotteszell, blieb katholisch, 1938 wurden Unter- und Oberböbingen zusammengelegt.

Nach Grabungsaktion 1973/75 wurde der größte Teil des *römischen Kastells* bei der Gemeindehalle überbaut, nur südlicher Eckturm und Teil der Mauer im Fundament freigelegt und restauriert. Funde aus dem Kastellbereich im Predigermuseum Schwäbisch Gmünd und im Limesmuseum in Aalen.

Ev. Pfarrkirche (ehemals St. Michael). Romanische Chorturmkirche mit spätgotischem Chor. Aus der Zeit der Romanik stammt das freigelegte Portal, ebenso der Triumphbogen mit Mauermalerei. Im Chor eindrucksvolles lebensgroßes Renaissancegrabmal des Hans Wolff von Woellwarth – Ritter mit Harnisch und offenem Visier auf einem Löwen stehend mit Familienwappen – (1558) von → *Jakob Woller.* Im gotischen Chor mit Maßwerkfenstern und Netzrippengewölbe.
Kirche St. Joseph (kath.), 1964/65 anstelle einer neuromanischen Kirche erbaut *(Hans-Georg Reuter)*. Im Innern mehrere gotische Holzplastiken: Madonna auf der Mondsichel, große Pietà am Seitenaltar, rechts vom Chor hl. Ottilia. Am Eingang große qualitätvolle Figur der hl. Elisabeth von Thüringen, um 1750. Hinten rechts Barockbild des hl. Franziskus auf der Weltkugel.
Das *ehem. Ellwangische Schlößchen, heute Pfarrhaus*, erbaut 1695 vom ellwangischen Vogt von Kochenburg, der Besitz in Unterböbingen hatte. Zweiflügelbau mit Volutengiebeln, über dem Mittelportal Ellwanger Wappen. In der Schloßkapelle wertvolles Kruzifix. Sehenswert die große Krippe, die jährlich neu von Einheimischen zur Weihnachtszeit aufgebaut wird.

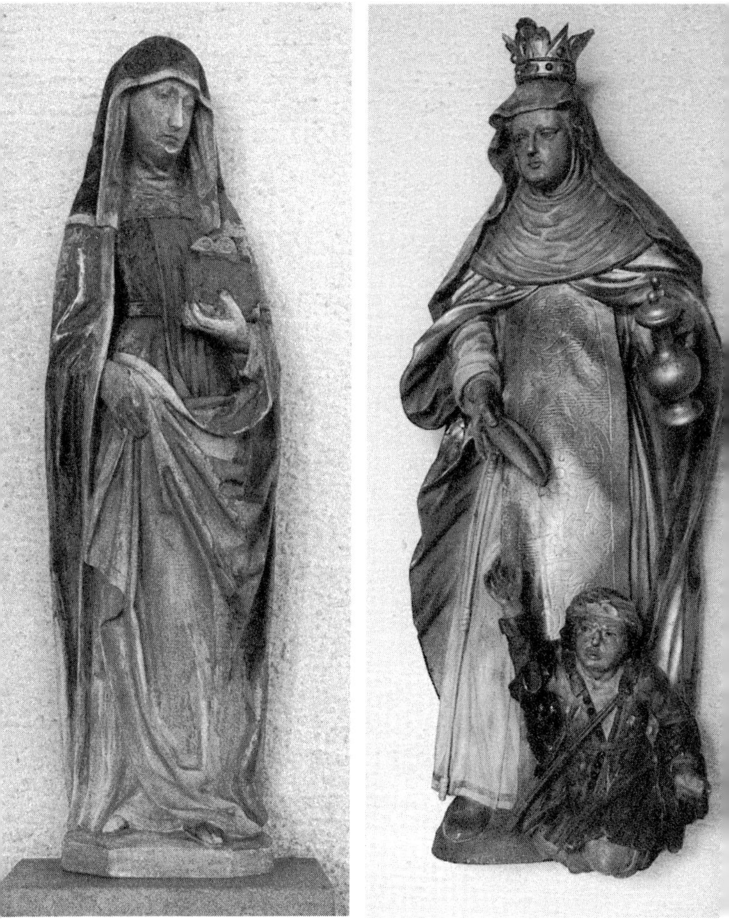

36 Böbingen. Hl. Ottilia (links) und hl. Elisabeth (rechts) in der kath. Pfarrkirche

Beißwang Malerisch unter einer Lindenbaumgruppe die *Marienwallfahrtskapelle*, erbaut 1680 anstelle eines Vorgängerbaus. Barocker Hochaltar sowie Seitenaltäre. Die bedeutendsten Stücke der Kapelle, die beiden Gnadenbilder Madonna mit Kind (1420) und Pietà (1450), wurden Anfang der siebziger Jahre Opfer eines Kunstraubs, ebenso die Barockfiguren der hll. Georg und Antonius. (Künftiger Standort der wiedergefundenen Madonna noch unbestimmt).

BOPFINGEN

Aus alamannischer Siedlung entstanden, im 8. Jh. erstmals im Fuldaer Schenkungsverzeichnis erwähnt. Burg Flochberg eine der Stammburgen der Staufer, Ritter von Bopfingen sind als staufische Ministeriale seit 1153 nachgewiesen. Bopfingen, eine der staufischen Stadterhebungen, ist seit 1241 Reichsstadt. Gelegen an der Kreuzung zweier wichtiger alter Handelsstraßen entwickelte sich Bopfingen zu bescheidenem Wohlstand und konnte seine Reichsfreiheit gegenüber den Grafen von Oettingen behaupten. Das Patronat über die Kirche lag beim Kloster Kirchheim. 1546 Einführung der Reformation. 1802 fiel die Stadt an Bayern, 1810 an Württemberg. 1811 Stiftung der jährlichen Ipfmesse.

Bopfingen konnte seinen mittelalterlichen Charakter weitgehend bewahren, der Grundriß des Ortskernes läßt die mittelalterliche Anlage erkennen. Von der ehem. *Stadtmauer* sind allerdings nur noch wenige Reste erhalten, so an der Südseite der St.-Blasius-Kirche ein Stück mit Wehrgang (um 1400) und im Norden der Altstadt der *Henles- oder Diebsturm.*
Die Erbauungsgeschichte der *ev. Stadtpfarrkirche* reicht zurück ins 12. Jh., sie wird 1299 erstmals als dem hl. Blasius geweihte Kirche genannt. Von der spätromanischen Vorgängerkirche Rundbogenpforte an der Südseite und Chorbogen. Der Chor frühgotisch, ebenso der größte Teil des Langhauses, das im 15. Jh. nach Norden erweitert wurde. Frühgotisch der Unterbau des Turms, der achteckige Oberbau mit Haube frühes 17. Jh. Kreuzgewölbte Vorhalle an der Nordseite der Kirche, 1599. An der Südwand der in gelbem Sandstein erbauten Kirche Ölbergrelief aus dem 14. Jh.
Das Langhaus, ein einfacher, flach gedeckter Saalbau mit Empore an der Nordseite. Eingezogener, flach geschlossener Chor mit Kreuzrippengewölbe auf Dienstbündeln.
Die überaus reiche Ausstattung, die unbeschadet seit dem Mittelalter auf uns übergekommen ist, macht die Kirche zu einem der bemerkenswertesten Baudenkmäler des Kreises. Der Flügelaltar im Chor ist ein Werk des Nördlinger Meisters → *Friedrich Herlin* von 1472 (In-

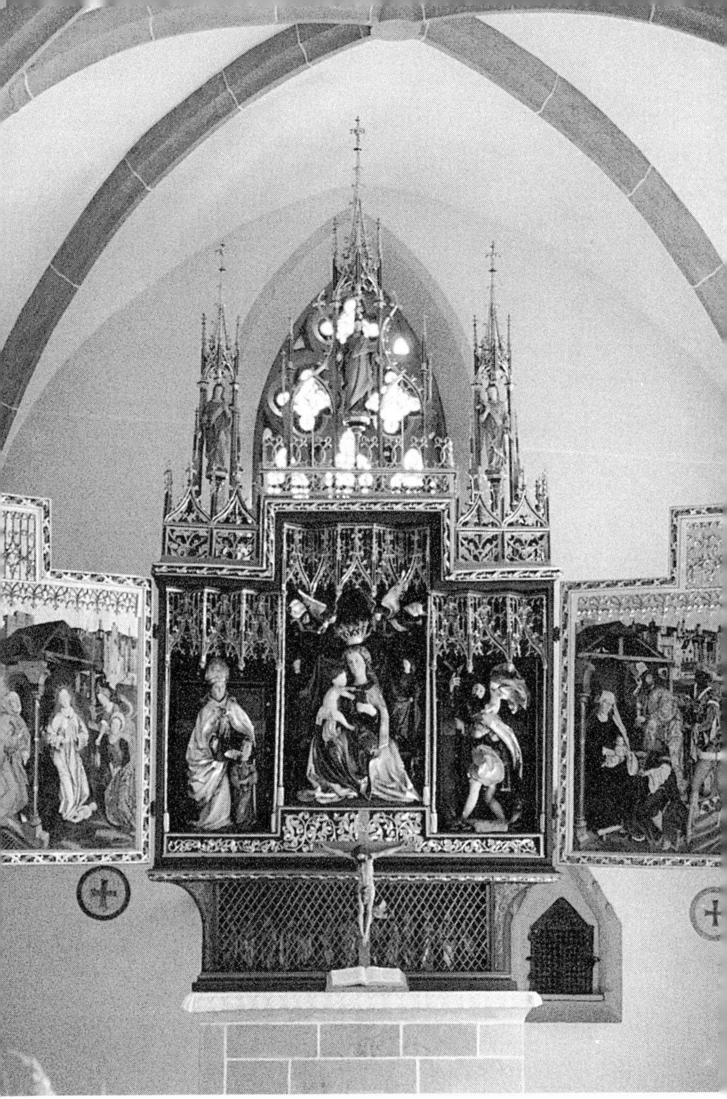

37 Bopfingen. Der Herlin-Altar in der Stadtkirche

schrift auf der Flügelrückseite). In der Mitte dreiteiliger Schrein mit drei geschnitzten Hauptfiguren: Muttergottes mit Kind und die hll. Blasius und Christophorus sowie vier über Maria schwebende Engel. Die Schnitz- und Schreinerarbeiten von *Hans Weidenlich*, Nördlingen. Die von Herlin eigenhändig gemalten Flügel stellen die Geburt Christi (Farbtafel 8) und die Anbetung der Könige dar (geöffneter Zustand) sowie Szenen aus der Blasiuslegende (geschlossener Zustand). Beachtenswert der an altniederländische Malerei erinnernde Realismus, sowohl in der Darstellung der Landschaft (Beispiel Ansicht der Stadt Rothenburg) als auch die bis ins feinste Detail durchgeführte Wiedergabe der Textilien. Die Tafeln von der Rückseite des Schreins heute an der Nordwand des Chors mit sechs Passionsdarstellungen. In der Predella geschnitzte Figuren: Christus mit den 12 Aposteln (Werkstattarbeit). Gesprenge im 19. Jh. erneuert.

An der Nordwand des Chors Sakramentshaus von 1510, signiert von *Hans Böblinger* (Sohn des Ulmer Münsterbaumeisters); Schaft, Tabernakel, hohe Steilpyramide mit filigraner Ornamentik sowie Steinfiguren der hl. Maria Magdalena und des hl. Nikolaus, darüber in der Pyramide Maria, Johannes Ev. und Sebastian.

Bedeutender Bestand mittelalterlicher W a n d m a l e r e i e n, größtenteils erst 1955 freigelegt. Ältestes Fragment einer Wandmalerei um 1350 befindet sich in einer Wandnische der Sakristei, mit der Hand von Christus, Maria und Maria Magdalena. Die Malereien an der Nordwand des Schiffes sowie des Chors um 1460, »Leben Jesu, 14 Nothelfer, Martyrium des hl. Blasius«. Beachtenswert das Jüngste Gericht über dem Chorbogen vom späten 16. Jh., ebenso der Reichsadler am Chorbogen und der 4 m hohe Christophorus an der Südwand.

Ein hochgotisches Steinbildwerk von überragender Bedeutung rechts vom Chorbogen ist der Grabstein eines Ritters, vermutlich des 1336 gestorbenen Walter von Bopfingen mit Löwe und Wappen, eines der schönsten Rittergrabmäler der deutschen Kunst. Links vom Chorbogen in Rotmarmor Rittergrabmal des Georg von Emershofen, Truchseß und Stallmeister Kaiser Maximilians, gestorben 1524. Über dem liegenden Ritter Kreuzigungsrelief.

An den Wänden des Langhauses und in der Sakristei gemalte Epitaphien des Stadtschreibers Vischer (1576), des Predigers Pfister (1581) und des Stadtschreibers Enßlin mit Heiliger Familie (1612). An der Nordwand des Schiffes Konfessionsbild, um 1600, das den Anschluß der Reichsstadt zum Augsburger Bekenntnis 1546 dokumentiert: Darstellung des Abendmahls in beiden Gestalten für die ev. Fürsten (links) und Reichsstädte (rechts).

Eingang zur Kirche an Südseite. Wenn geschlossen, Schlüssel beim Mesner im Haus gegenüber.

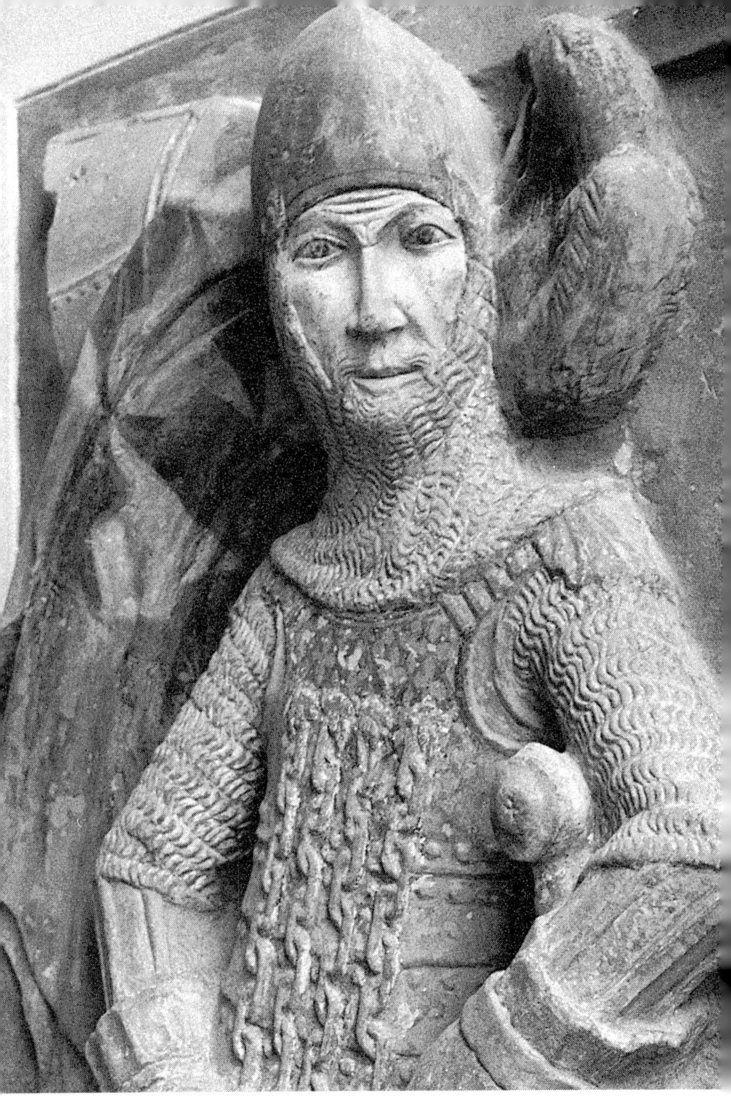

38 *Bopfingen. Der Ritter von Bopfingen in der Stadtkirche*

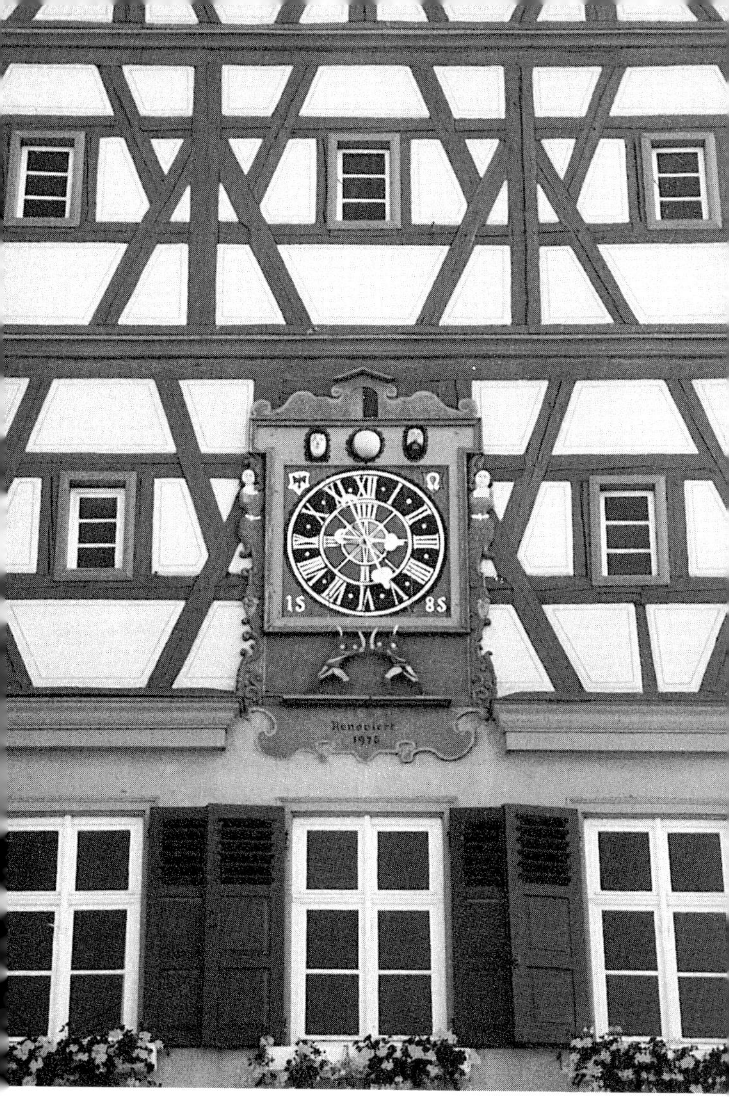

39 Bopfingen. Das Rathaus

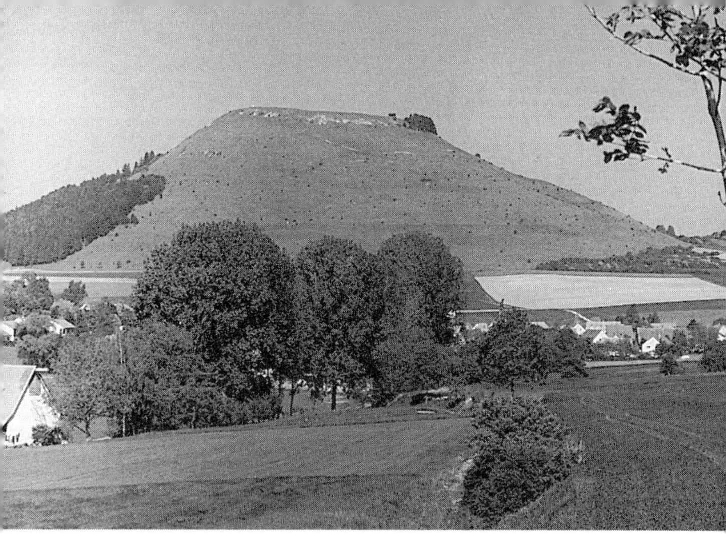

40 Bopfingen. Der Ipf

Das *Rathaus*, zusammen mit dem benachbarten *Amtshaus* markante Baugruppe, die den Marktplatz beherrscht. Erbaut 1585, sehr schöner Fachwerkgiebel mit Uhr. An der linken Seite des Rathauses der Pranger, ein Denkmal mittelalterlicher Strafjustiz. Über dem Portal des Amtshauses, das seit 1604 zum Rathaus gehört, Reichsadler mit Bopfinger Wappen. Der *Marktbrunnen* von 1769 mit Standbild des Meeresgottes Neptun sowie Eisenplatten mit Bopfinger Wappen.
Seelhaus: Museum für Stadtgeschichte. Im ehem. Spitalbereich »Seelhaus«, das für die Armen der Stadt bestimmt war, erbaut 1505, 1987 renoviert, heute Museum für Stadtgeschichte. Funde aus Vor- und Frühgeschichte, insbesondere aus Kelten- und Alamannenzeit, hervorragende Einzelstücke, vorbildlich präsentiert. Im Obergeschoß Exponate zur Orts-, Kirchen- und Wirtschaftsgeschichte.
Öffnungszeiten: Dienstag bis Freitag 10–12 und 14–16 Uhr, Samstag und Sonntag 14–17 Uhr. (Tel. 07362/3855)
Pfarrkirche St. Joseph (kath.): Bau von 1952.
An der Straße Richtung Aalen die 1617 in gotisierenden Formen (Fensterbögen, Maßwerk) erbaute, im Innern flachgedeckte *Friedhofskapelle*.

Ipf. Die runde, im Durchmesser ca. 185 m weite Hochfläche des 210 m über die Umgebung ragenden Zeugenberges der Schwäbischen Alb war Ort einer befestigten Höhensiedlung (1000–500 v. Chr., Urnenfel-

der- und Hallstattzeit). Die Wälle der Befestigung dieser Burg noch deutlich zu sehen: innerer Randwall um die Hochfläche, umgeben von einem 15 m tiefer liegenden, durch Graben vom inneren Wall getrennten äußeren Randwall, im Westen und Norden noch beachtlich hoch. Auf der flacheren Ostseite, dem Zugang zum Ipf, die noch deutlich erkennbaren Spuren zusätzlicher Wallbefestigungen, die bis zur halben Höhe des Berges reichen, z. T. nur noch als Kante in der Bergböschung bemerkbar.
Nordwestlich des Ipf, Richtung Kerkingen, beim Hof Meisterstall, 50 *Grabhügel* mit Durchmessern von jeweils 8 bis 28 m und Höhen über dem Gelände von 0,2 bis 1 m. Am besten erhalten der im Tannenwald gelegene westliche Teil der Gruppe. Vermutlich Begräbnisstätte der Bewohner des Ipf.

Bopfingen-Aufhausen

Ruine Schenkenstein südöstlich über dem Ort mit Rest eines Rundturmes der ehem. Burg der Herren vom Stein, zerstört 1525.
Am Berghang über dem Ort die *Pfarrkirche St. Nikolaus (kath.)* von 1702. Der niedrigere Chor 1766 angefügt, 1985 renoviert mit neuem Altartisch und Ambo, dahinter hervorragende spätgotische Kreuzigungsgruppe mit Maria und Johannes. An den Wänden des Schiffes gotische Figuren der hll. Ottilia und Johannes sowie barocke Pietà und auferstandener Christus.
In einem Seitental unterhalb der Burgruine guterhaltener und gepflegter *jüdischer Friedhof*, ein Zeugnis hier lebender jüdischer Familien, die Anfang des 16. Jh. von den Schenken von Schenkenstein in diesem Ort aufgenommen worden waren. Schöne Grabsteine aus dem 17.–19. Jh.

Bopfingen-Baldern

Die mittelalterliche Burg geht auf das 12. Jh. zurück, ab 1215 im Besitz der Abtei Ellwangen, die die Burg den Grafen von Oettingen als Lehen gibt. Residenz des Hauses Oettingen, seit 1798 im Besitz des katholischen Zweiges der Oettingen-Wallerstein.
1721–1737 wurde die mittelalterliche Burg unter Kraft Anton Wilhelm von Oettingen bei Erhaltung wesentlicher Teile der mittelalterlichen Bausubstanz in ein barockes Schloß umgewandelt durch die Brüder →Franz und Gabriel de Gabrieli.

41 Bopfingen-Aufhausen. Der jüdische Friedhof

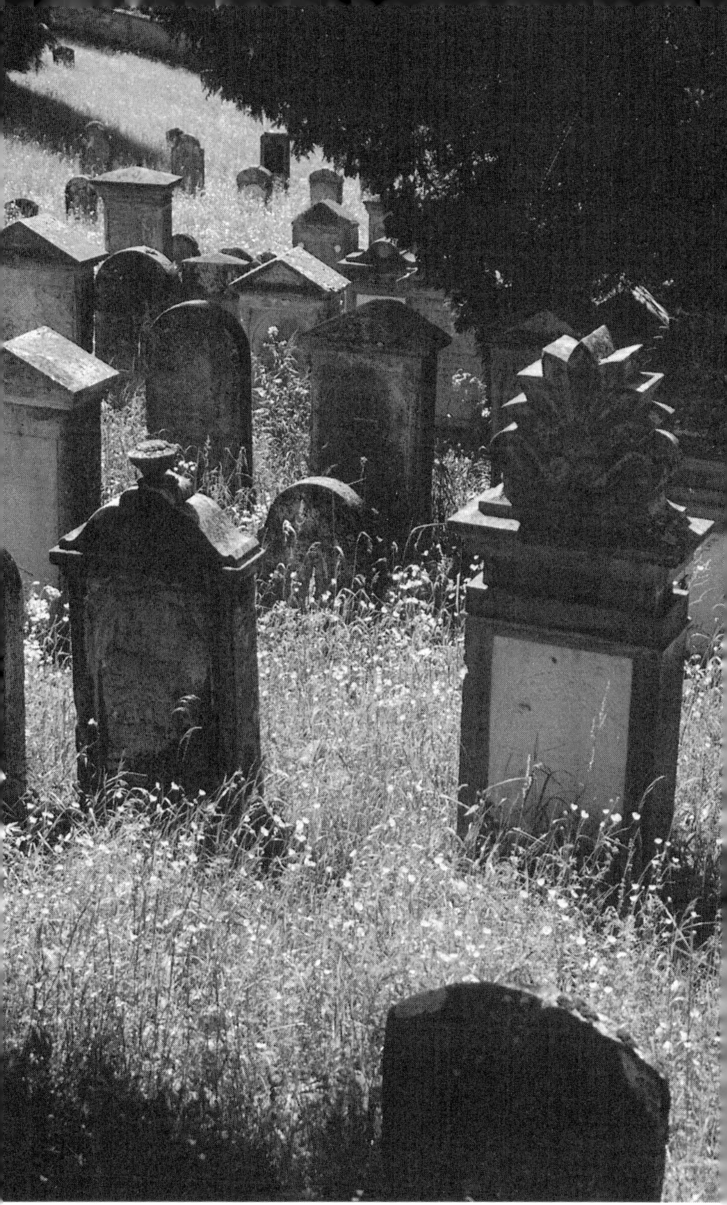

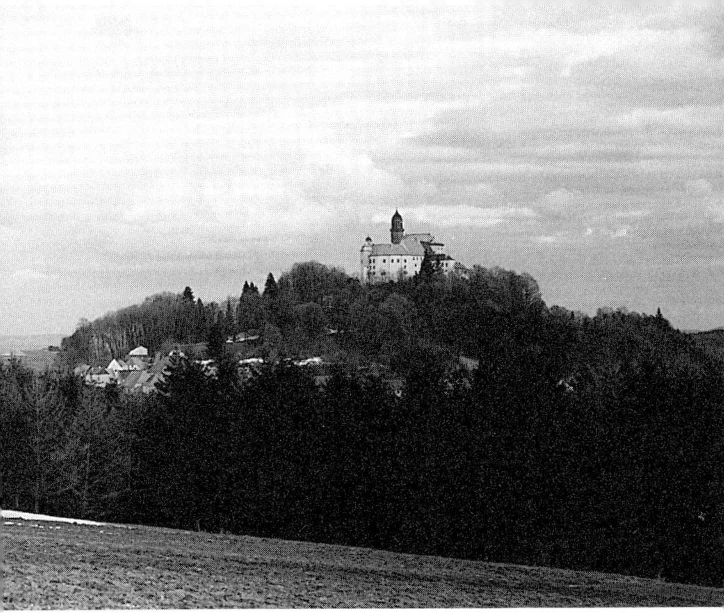

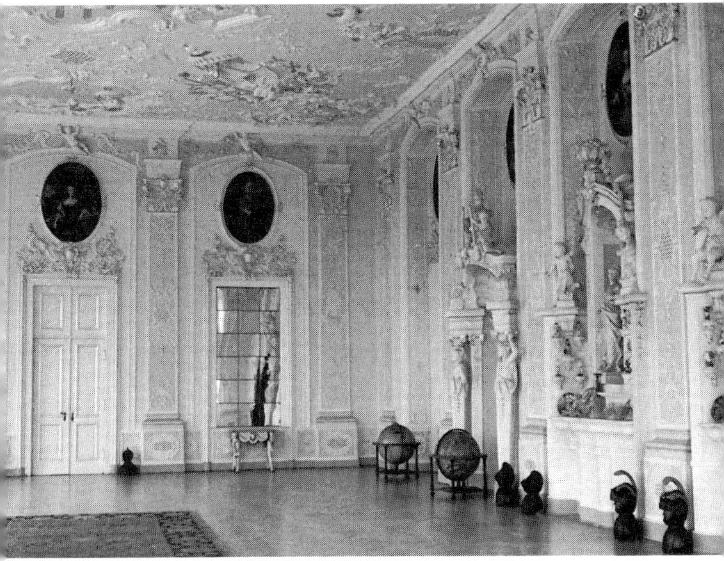

Schloß Hohenbaldern. Am Beginn des Weges zum Schloß steht eine Nepomukstatue: sehr gute Arbeit von 1718.
Das Torgebäude 1719 errichtet, mit Atlanten und Wappen des Bauherren.Im engen Durchgang zum Vorhof schönes Relief des hl. Georg, 1436. Die *Schloßkapelle St. Georg (kath.)* 1725 barockisiert, reiche Stuckaltäre von *Gabrieli.* Im Hauptaltar Georg, flankiert von Johannes Nepomuk, Sebastian u. a., im linken Seitenaltar Maria im Strahlenkranz.
Der Festsaal im Saalbau gehört zu den großartigsten Repräsentationsräumen des Barock in Süddeutschland, die Stukkaturen von den Brüdern *Ulrich und Johann Schweizer* aus Deggingen. In den Halbreliefs der Stuckdecke der »Bauplan der Welt«: an den Längsseiten die (damals bekannten) vier Erdteile Europa, Asien, Afrika, Amerika, in den Ecken die vier »Danielischen Weltreiche«: Babylon, Persien, Griechenland und Rom. In der Mitte die über allem schwebende Göttliche Weisheit, begleitet von den sieben christlichen Tugenden.
Schloßräume: Die herrschaftlichen Wohnräume und Kunstsammlungen sind mit Führung zu besichtigen: Möbel und Tapisserien aus dem 17. und 18. Jh., Gemälde u. a. von Januarius Zick, hervorragende Stuckdecken, große historische Waffensammlung.
Öffnungszeiten: 16. März–31. Oktober täglich außer Montag (Führungen);
16. März–30. April/1. September–31. Oktober: 9.00–11.30 und 13.30–17.00 Uhr; 1. Mai–31. August 8.30–11.30 und 13.30–18.00 Uhr; sonntags, feiertags ab 10.30 Uhr (Tel. 07362/7458).

Bopfingen-Flochberg

Ruine Flochberg. Bedeutende staufische Burg zur Sicherung der West-Ost-Straße, die in den Auseinandersetzungen zwischen den Staufern und Welfen eine wichtige Rolle spielte. Ab 1330 Wiederaufbau der Burg durch die Grafen von Oettingen, 1648 von den Schweden zerstört. Heute als eindrucksvolle Ruine markante Silhouette über dem Stadtbild von Bopfingen.
Wallfahrtskirche zu »Unserer Lieben Frau vom Roggenacker« (kath.), 1741–1746 an der Stelle einer älteren Kapelle erbaut, Ziel einer Wallfahrt seit 1582, errichtet von dem Wiener Baumeister *Johann Ulrich Trientl* als Zentralbau auf dem Grundriß eines griechischen Kreuzes.

42 Bopfingen-Baldern. Das Schloß
43 Bopfingen-Baldern. Der Festsaal im Schloß

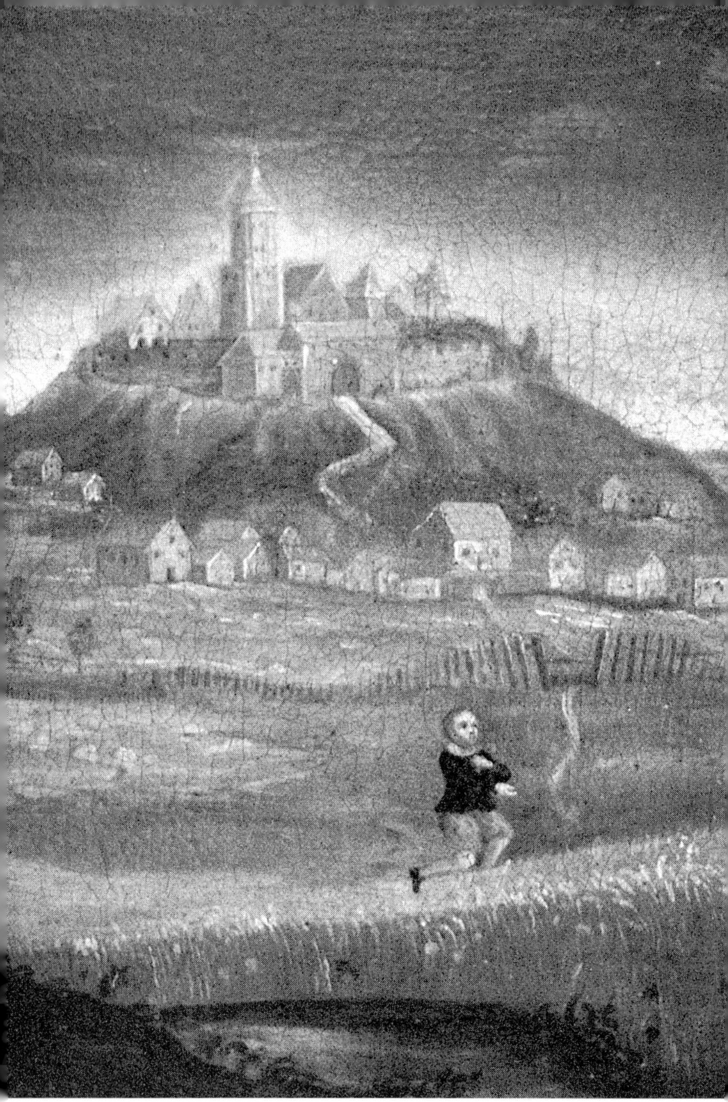

44 Bopfingen-Flochberg. Detail vom Altarbild in der Wallfahrtskirche, im Hintergrund die Burg Flochberg

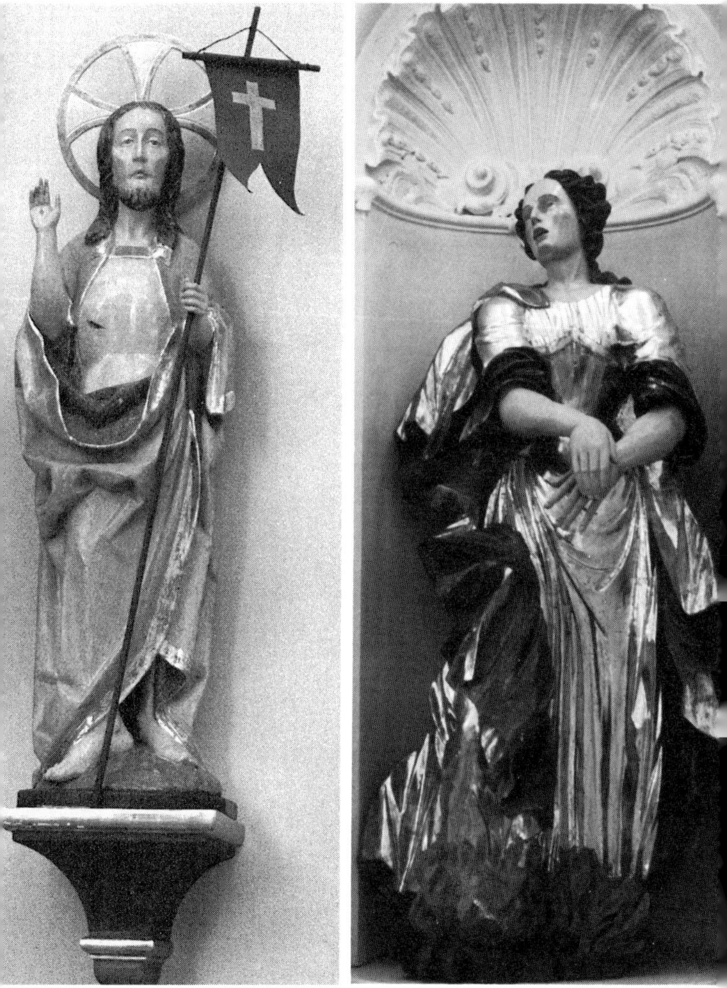

45 Bopfingen-Flochberg. Auferstandener Christus (gotisch) und hl. Afra (barock) in der Wallfahrtskirche

Mit dieser Kirche kommt eine österreichische Variante des Barock in unsere Gegend.
Das Innere stellt sich seit der grundlegenden Renovierung in den Jahren 1970–1973 als eindrucksvoller, hoher und heller Barockraum dar. Altarraum und Prospekt des Hochaltars nach dem Vorbild der Wallfahrtskirche von Mariazell in Österreich. Inmitten des Altaraufbaus das Gnadenbild der Madonna vom Roggenacker, Ende 16. Jh., umgeben vom Strahlenkranz, Engeln und über dem Gnadenbild Gottvater. Hinter dem Hochaltar in zwei Nischen sehr qualitätvolle Figuren von Ulrich und Afra, den Patronen der Diözese Augsburg, um 1730. Dazwischen die eichene Säule mit dem Bild der Marienerscheinung, dem ursprünglichen Ziel der Wallfahrt. Neben der Säule gotische Figuren des auferstandenen Christus und der hl. Helena.
In den Nischen des Hauptschiffs große Statuen aus dem 17. Jh., die hll. Magdalena, Katharina, Elisabeth, Josef, Pantaleon, Sebastian. An der rechten Seite des Schiffes großes Bild »Tod des heiligen Josef« von →*Michael Zink*, links »Tod Mariens«, Kopie eines oberschwäbischen Bildes. Gegenüber der beschwingten Rokokokanzel schönes barockes Kruzifix.
In der Heilig-Kreuz-Kapelle zahlreiche Votivbilder. Besonders hervorzuheben die Figur des Kerkerheilands, um 1750.

Bopfingen-Kerkingen

Pfarr- und Wallfahrtskirche St. Ottilia (kath.). Einer der frühesten Orte der Verehrung der elässischen Heiligen, Mutter der Armen und Patronin der Augenleidenden. Die in gelbem Sandstein 1470–1490 von der Nördlinger Bauhütte erbaute Kirche, 1778 umgestaltet und 1970 nach Westen erweitert, dabei gleichzeitig grundlegend renoviert. Im Chorbogen Reste einer Weltgerichtsdarstellung, Ende 16. Jh. Im barockisierten Innern Fresken von →*Anton Wintergerst* mit Szenen aus dem Leben der hl. Ottilia (Decke im Schiff, Chorwände).
Im Schiff Plastiken der Patronin und zweier Bischöfe, 1758. Gegenüber Kruzifix 17. Jh. Im Chor sehr gute gotische geschnitzte Figur der hl. Ottilia, 15. Jh., mit ihren Attributen Buch und darauf liegenden Augen. Links vom Chor Strahlenkranzmadonna.
In der Vorhalle des Gemeindehauses gotisches »Lecks-Fiedle« von der Kirche.

Itzlingen *St.-Gallus-Kirche (kath.).* Bau von 1822 mit barockem Hochaltar. Rechts vom Chor geschnitzte spätgotische »Heilige Sippe« (Jesuskind neu), sehr gute Arbeit aus dem Bereich des Klosters Kirchheim.

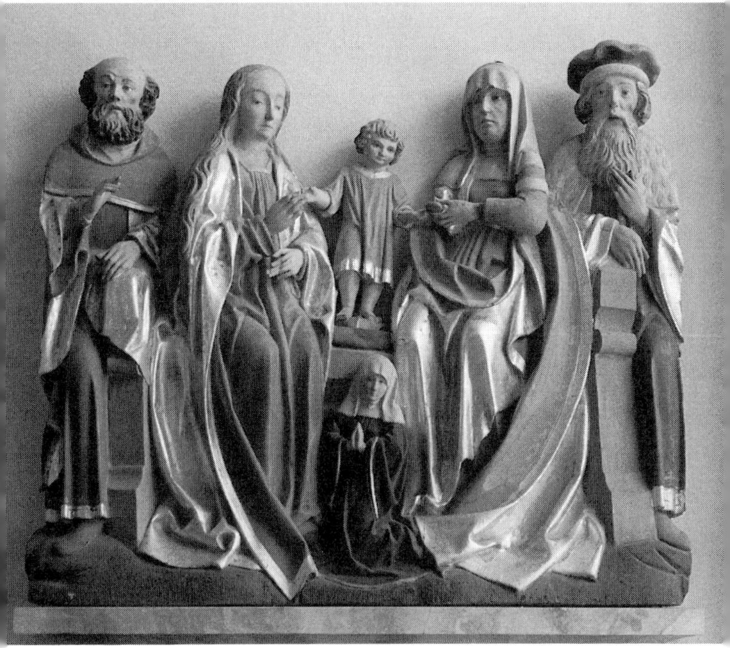

46 Bopfingen-Itzlingen. Spätgotische Figurengruppe der Heiligen Sippe in der St.-Gallus-Kirche

Bopfingen-Oberdorf

Ev. Pfarrkirche (ehemals St. Georg), 1317 erstmals genannt, nach mehreren Umbauten 1975 völlig neu gestaltet. Gotischer Chor mit Netzgewölbe. An der Nordwand Fresko der Schutzmantelmadonna aus dem 16. Jh. sowie spätgotisches Kruzifix um 1500. Beim Eingang Opferkasten aus der ehem. Synagoge. Bis 1855 befand sich in der Kirche ein Altar von *Schäufelin*.
Südlich der ev. Pfarrkirche die *ehem. Synagoge*, ein Bauwerk von 1812 mit noch erhaltenen hebräischen Inschriften über den beiden Westtoren. Der nach 1945 zweckentfremdete Bau entging bei der Kristallnacht 1938 durch den Einsatz Oberdorfer Bürger der Zerstörung. Die 1989 in das Eigentum eines Trägervereins übergegangene Synagoge soll saniert und einer Nutzung als Dokumentationszentrum zugeführt werden. Am

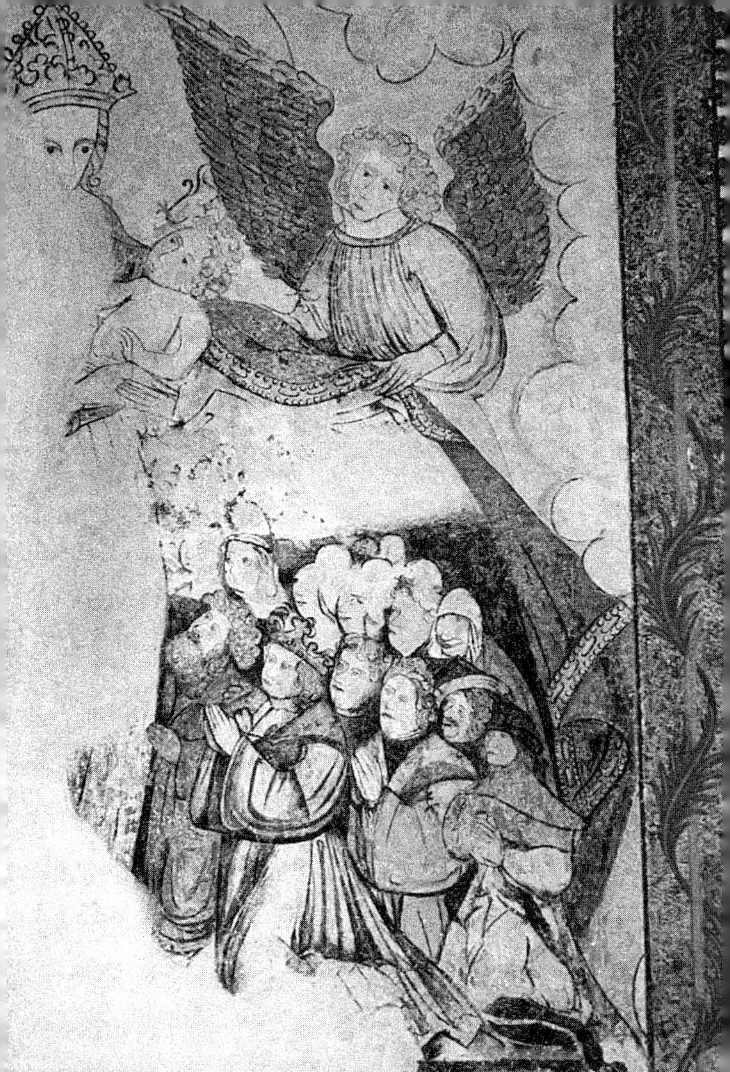

47 *Bopfingen-Oberdorf. Schutzmantelmadonna in der ev. Pfarrkirche*

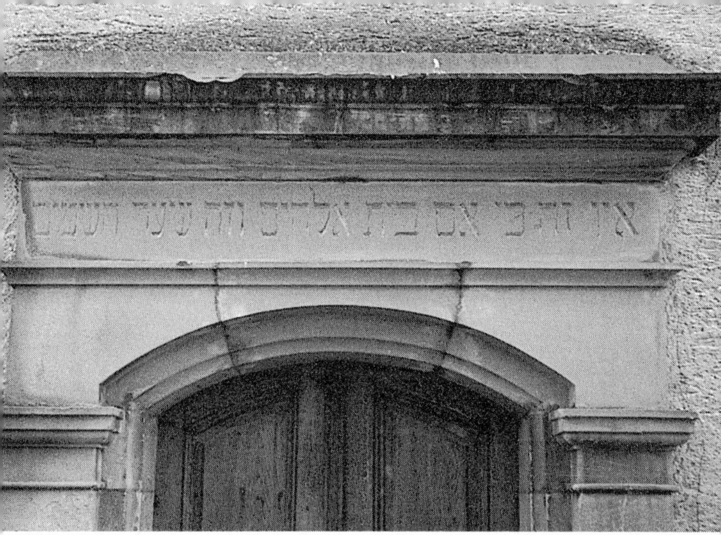

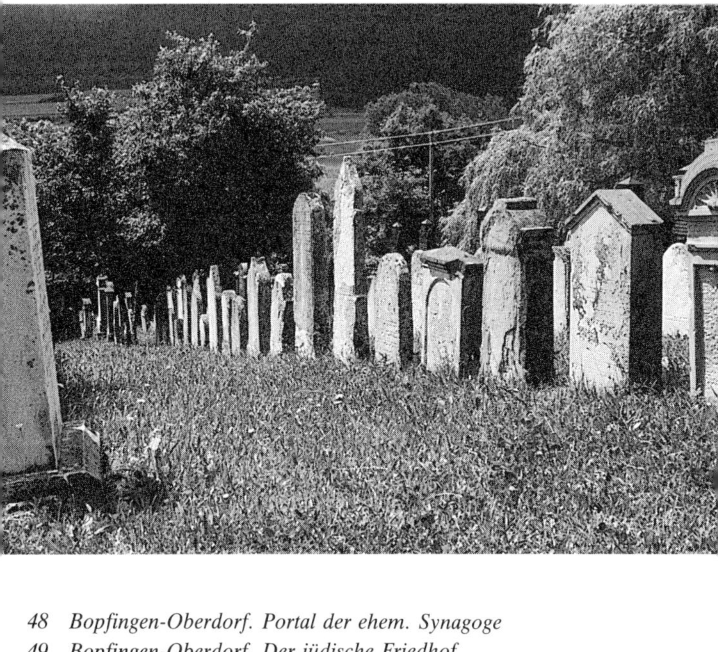

48 Bopfingen-Oberdorf. Portal der ehem. Synagoge
49 Bopfingen-Oberdorf. Der jüdische Friedhof

Ende der Kargsteinstraße großer, stimmungsvoller *jüdischer Friedhof* mit Grabsteinen aus dem 19. und 20. Jahrhundert.

Bopfingen-Trochtelfingen

Alamannische Siedlung seit dem 6. Jh., bezeugt durch Reihengräberfeld. Im 12. Jh. im Besitz der Herren von Trochtelfingen, Ort mit eigener Gerichtsbarkeit. Einführung der Reformation durch die Grafen von Oettingen.

Ev. Pfarrkirche (ehemals St. Andreas). Turm mit oberschwäbischer Zwiebel von 1690, Langhaus seit 1732. Barocker Altaraufbau mit Darstellung des Abendmahls und Kreuzigung, barocke Gemälde an der Empore: Christus, Evangelisten und Propheten.
Margaretenkirche (ev.). Am östlichen Ende des Dorfes im Friedhof romanische Chorturmkirche mit kleinem Langhaus von 1447. Besonders bemerkenswert gotisches Fresko um 1300 an der Ostseite des Turmchores: Darstellung einer Kreuzigung mit Maria und Johannes sowie der hl. Margareta, durch Krone und Palme als Märtyrerin ausgewiesen. Sie beschützt Tiere, die von beiden Seiten herangeführt werden. Reste weiterer Fresken an den Langhauswänden.
Heimatstuben, im ehem. Rathaus und der danebenliegenden Rathausscheuer große Sammlung von bäuerlichen Möbeln und Einrichtungsgegenständen, Handwerkszeug und Maschinen sowie Trachten. Bemerkenswert Teil einer großen Krippe vom Anfang 19. Jh.
Geöffnet: nach Voranmeldung (Tel. 07362/7846) oder bei Stadtverwaltung Bopfingen (Tel. 07362/7011).
Das *Stolch'sche Schloß*, ein ehem. Wasserschloß eines der fünf Ortsadeligen, ist noch relativ gut erhalten, aber sanierungsbedürftig.

Bopfingen-Unterriffingen

Pfarrkirche Mariä Himmelfahrt (kath.). Bau aus dem 14. Jh., 1740 und 1764 barock umgestaltet, mit markantem Zwiebelturm.
Die Innenausstattung in gutem Rokoko mit Wessobrunner Stuckzier, Deckenfresken von dem Augsburger Freskanten *Franz Josef Maucher*, 1744: im Schiff »Heimgang Mariens«, im Chor »Engel beten die Heilige Dreifaltigkeit an«.Die farbenprächtige Kanzel von 1764 mit Moses auf dem Schalldeckel gehört zur ursprünglichen Ausstattung, ebenso der große Geißelheiland rechts von 1772. Pietà von1765. Hochaltar und die beiden Seitenaltäre erst seit der Renovierung 1967 in der Kirche, die Aufbauten in Rokoko-Imitation. Rechts Josef, links sehr gute Madonna (1744) aus der Oberriffinger Kapelle.

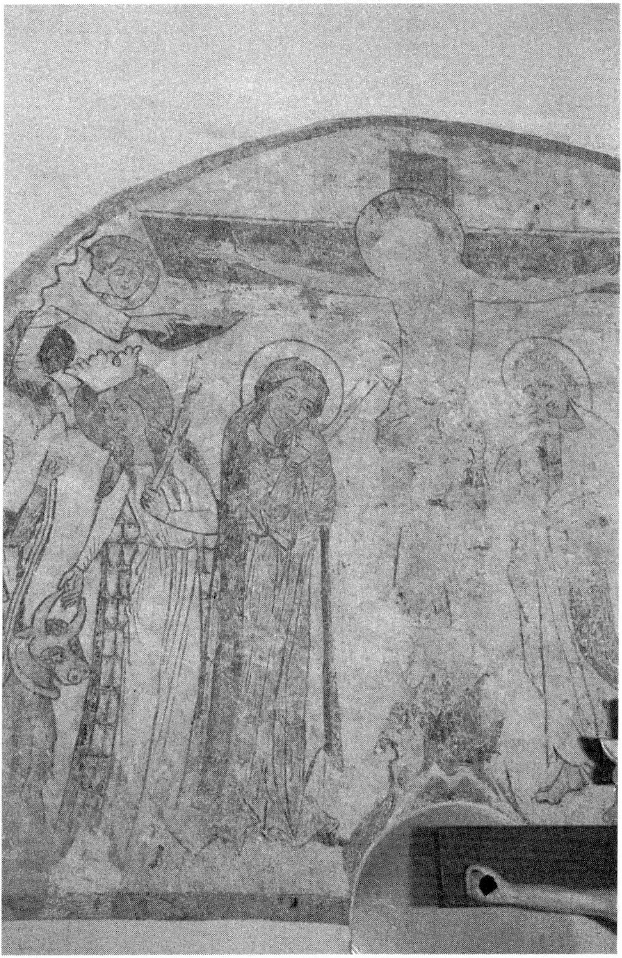

50 Bopfingen-Trochtelfingen. Gotisches Fresko in der Margaretenkirche

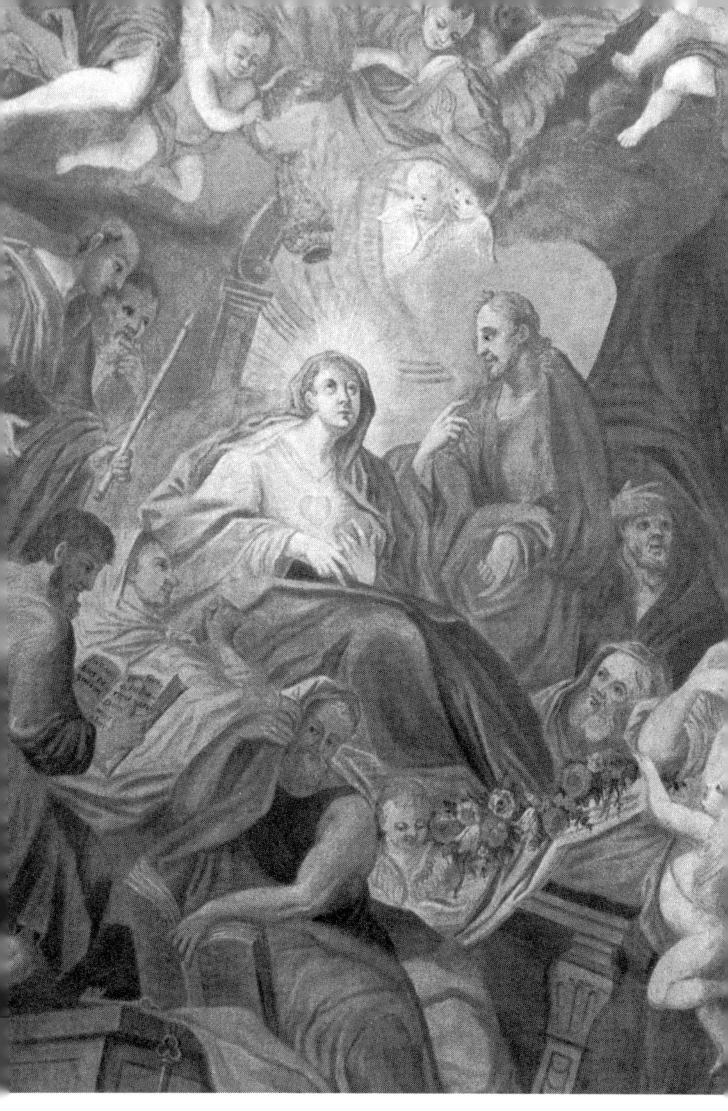

51 Bopfingen-Unterriffingen. Deckenfresko von Franz Josef Maucher in der Pfarrkirche Mariä Himmelfahrt

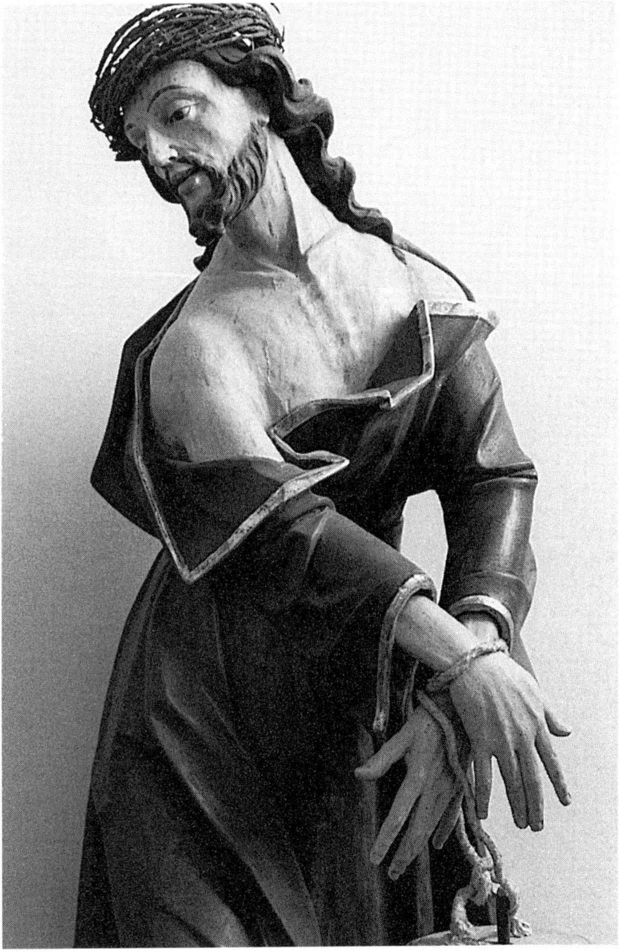

52 *Bopfingen-Unterriffingen. Barocker Kerkerheiland in der Pfarrkirche Mariä Himmelfahrt*

Brainkofen → Iggingen
Brandhof → Gschwend-Altersberg
Breitenbach → Ellenberg
Bronnen → Neuler
Buch → Heubach
Buch → Rainau
Dalkingen → Rainau
Dankoltsweiler → Jagstzell
Degenfeld → Schwäbisch Gmünd
Dehlingen → Neresheim-Ohmenheim
Dettenroden → Ellwangen-Röhlingen
Dewangen → Aalen
Dirgenheim → Kirchheim a. Ries
Dorfmerkingen → Neresheim

DURLANGEN

Ebenso wie seine Teilorte gehörte Durlangen ursprünglich zum Gebiet der freien Bauern der Waibelhube. Grundbesitz hatten Gmünder Patrizier, Kloster Gotteszell, die Reichsstadt Gmünd, Kloster Lorch und die Limpurger.

Pfarrkirche St. Antonius (kath.). Erbaut 1957, an der Giebelseite Sgraffito des Kirchenpatrons von *Otto Eberle*.

Tanau Im ummauerten Friedhof die *St.-Anna-Kirche (kath.)*, eine romanische Chorturmkirche mit spätgotischen Portalen und Fenstern. Im Altarraum an der Nord- und Ostwand ein umfangreicher Freskenzyklus, um 1425, nach Qualität und Erhaltungszustand einer der bedeutendsten im Kreis. Die Bilderfolge in drei Bändern mit Szenen des Lebens und Leidens Christi. Insbesondere die sehr gut erhaltene Abendmahldarstellung und der Einzug Jesu in Jerusalem (Farbtafel 2b) zeugen von hervorragender Qualität.
Frühbarocker Hauptaltar und zwei Seitenaltäre, um 1700, mit Darstellungen der Heimsuchung Mariens sowie der Märtyrer Veit (rechts) und Sebastian (links). Seitlich des Hauptaltars die hll. Dominikus und Katharina von Siena. Vor den Seitenaltären rechts sehr gute Pietà, Anfang 15. Jh., links frühbarockes Gnadenbild der Anna selbdritt. Kanzel und Apostelbilder an der Empore barock.

Zimmerbach Die 1851 von *Wepfer* errichtete *kath. Pfarrkirche St. Cyriak* wurde 1982 im Innern renoviert und neugestaltet. Im Chorraum hinter dem Altar großes Relief mit Jüngstem Gericht und Gotteslamm

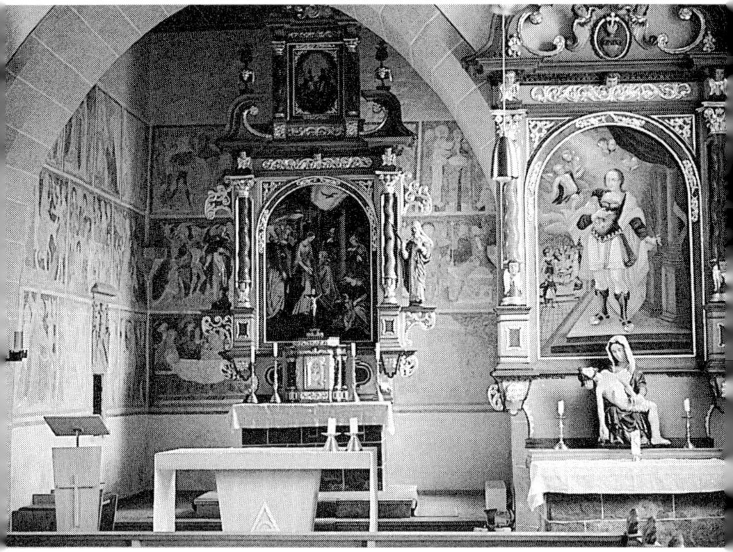

53 Durlangen-Tanau. Chorraum der St.-Anna-Kirche

von *Sepp Baumhauer*, Schwäbisch Gmünd, ein besonders eindrucksvoller Beitrag zur kirchlichen Kunst der Gegenwart.
Im Langhaus über den Seitenportalen zwei sehr gute Statuen der Apostel Petrus und Paulus, um 1700, von Barockaltären des Gmünder Münsters stammend und 1854 nach Zimmerbach überführt. Links vom Chorbogen spätgotische Pietà unter holzgeschnitzten barocken Tafeln mit Szenen aus der Kindheit Jesu.
In der *Aussegnungshalle am Friedhof* Glasfenster von *Otto Eberle*, eine Pietà und den Auferstandenen darstellend.

Ebnat → Aalen
Ebnat → Neuler
Eggenroth → Ellwangen-Schrezheim
Eigenzell → Ellwangen-Rindelbach
Elchingen → Neresheim

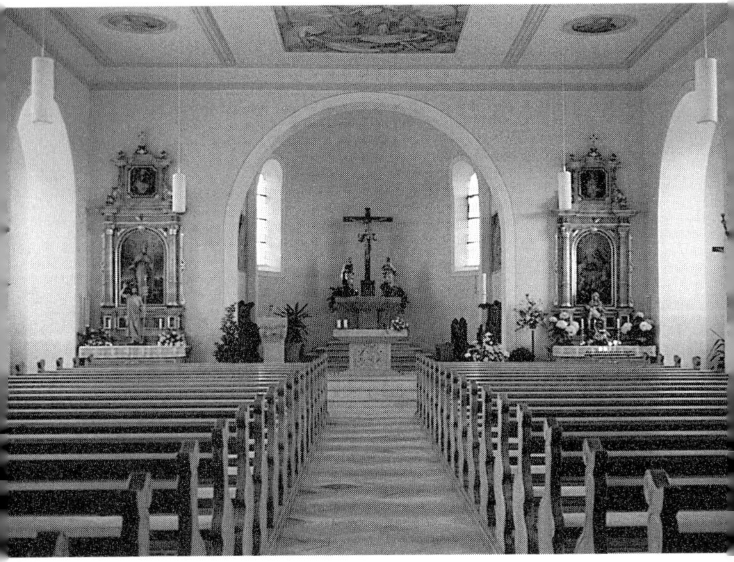

54 Ellenberg. Kath. Pfarrkirche

ELLENBERG

Der Ort gehörte seit 1328 zu Kloster und Propstei Ellwangen.

Die *Pfarrkirche zur schmerzhaften Muttergottes (kath.)*, ein schlichter Saalbau, 1726 anstelle einer älteren Wallfahrtskapelle erbaut. Im eingezogenen Chor der renovierten Kirche barocke Kreuzigungsgruppe mit Maria und Johannes. Die beiden Seitenaltäre barock. Qualitätvolle Heiligenfiguren an den Langhauswänden, darunter gotischer Nikolaus. Vor dem rechten Seitenaltar sehr gute spätgotische Pietà, insbesondere das Gesicht der Maria von großer Innigkeit. An der linken Wand des Schiffes Fresko »Darstellung Jesu im Tempel« in reinem Nazarenerstil.

Breitenbach *Kapelle St. Sebastian (kath.)*, eine gotische Kapelle mit Turm vor östlichem Polygonalchor. Im Innern an der Nordwand und an den Chorwänden qualitativ und vom Erhaltungszustand sehr gute, ikonographisch interessante Wandmalereien um 1490: Kreuzigungsszene

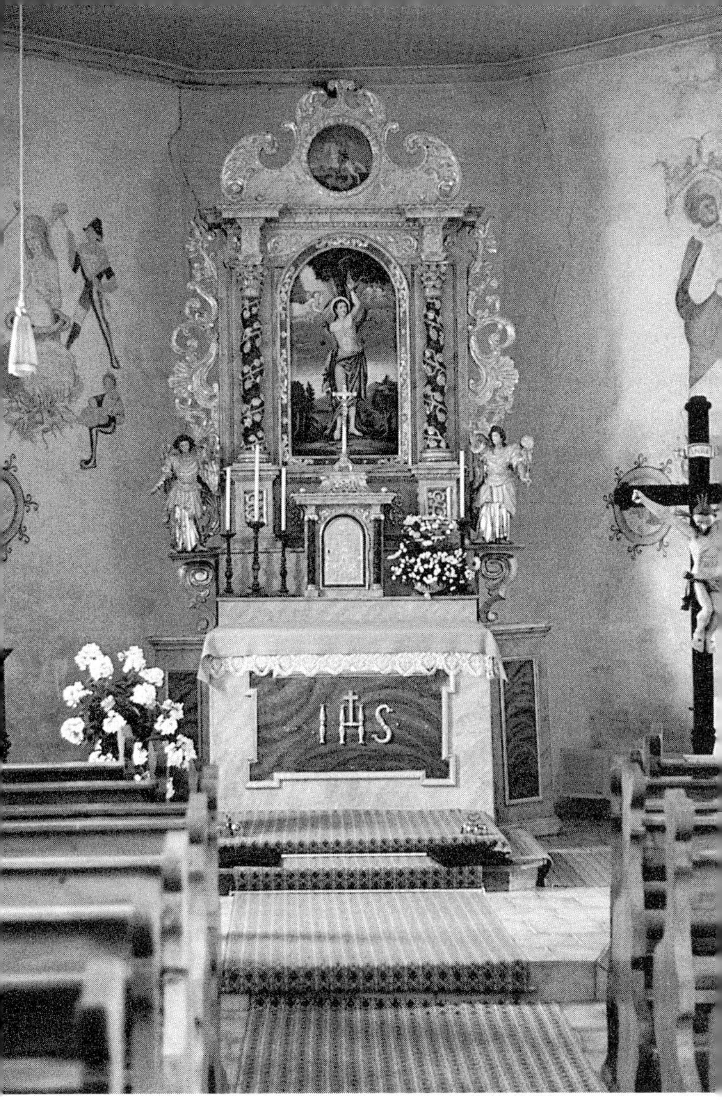

55 *Ellenberg-Breitenbach. Sebastianskapelle*

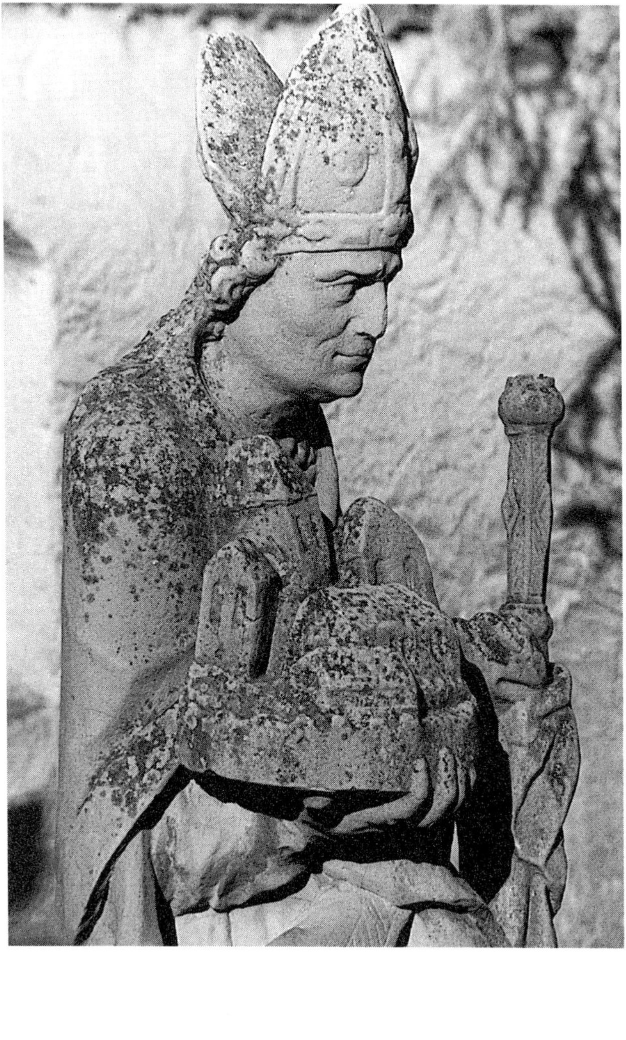

56 Ellwangen. Der Klostergründer Hariolf, Barockfigur in der Parkanlage nördlich der Stiftskirche (Original im Treppenhaus des Schlosses)

mit Maria und Johannes, verschiedene Heilige, darunter die hll. Veit (Farbtafel 5), Bartholomäus, Nikasius. Der Hochaltar ist frühbarock, 1672, mit Darstellung des hl. Sebastian, rechts und links flankiert von frühbarocken Engeln.
An den Wänden des Schiffs gotische Figur des hl. Wendelin (Nordseite) und weitere barocke Heiligenfiguren. Am vorderen Gestühl eindrucksvolles spätgotisches Kruzifix mit drastischen Wundmaldarstellungen.

ELLWANGEN

Gründung eines Benediktinerklosters im Jahre 764 durch die fränkischen Adligen Hariolf und Erlolf (Erzbischof von Langres) zur Absicherung der fränkischen Königsherrschaft im alamannisch-bayerischen Grenzraum. Das immer kaisertreue Kloster gehörte von Anfang an zu den bedeutendsten Reichsklöstern. Ursprünglich nur dem höheren Adel zugänglich, gewann es 979 die Unmittelbarkeit zu Rom. Seit dem 13. Jh. sind die Äbte Reichsfürsten. Um 1130 wird südlich des Klosterbezirks planmäßig die Stadt mit einem halbkreisförmigen, mit konzentrischen und radialen Straßenzügen versehenen Grundriß angelegt, heute noch das Stadtbild prägend. Nordöstlich über der Stadt errichtet Ende des 12. Jh. der Abt des Klosters eine Burg. 1460 wird das Kloster in ein Kollegiatstift mit 12 Kanonikern unter reichsunmittelbarem Fürstpropst umgewandelt. Seit 1561 ein Zentrum der Gegenreformation. Im 17. und 18. Jh. wird das Amt des Fürstpropstes meist wahrgenommen von regierenden Fürstbischöfen anderer geistlicher Territorien wie beispielsweise Kurfürst Franz Georg von Schönborn (Trier).
1802, nach der Säkularisation, kamen Kloster und Stadt an das Königreich Württemberg, das nach Ellwangen den Sitz des Jagstkreises legte, woraus Ellwangen sich zu einer typischen Schul- und Behördenstadt entwickelte.
Die geistliche Herrschaft der Fürstpropstei erweiterte seit dem Mittelalter ihren Einfluß weit in den Raum des Virngrundes und der Ellwanger Berge sowie nach Süden durch den Erwerb der Ahelfingischen Gebiete (Hofen, Wasseralfingen, Unterkochen) mit Erzbergbau und früher Eisenindustrie. Bedeutsam in Schrezheim die Fayence-Manufaktur seit dem frühen 18. Jh. Dennoch wurde Ellwangen von der Industrialisierung des vergangenen Jahrhunderts nicht berührt, eine Tatsache, der es sein bis heute geschlossenes Stadtbild der kleinen geistlichen Residenz zu verdanken hat.

Pfarrkirche St. Veit, ehem. Stiftskirche (kath.). Der heutige Bau gilt als bedeutendstes Werk der schwäbischen Spätromanik. Die Stiftskirche, im Mittelalter »Münster« genannt, auf dem ursprünglichen Klosterhü-

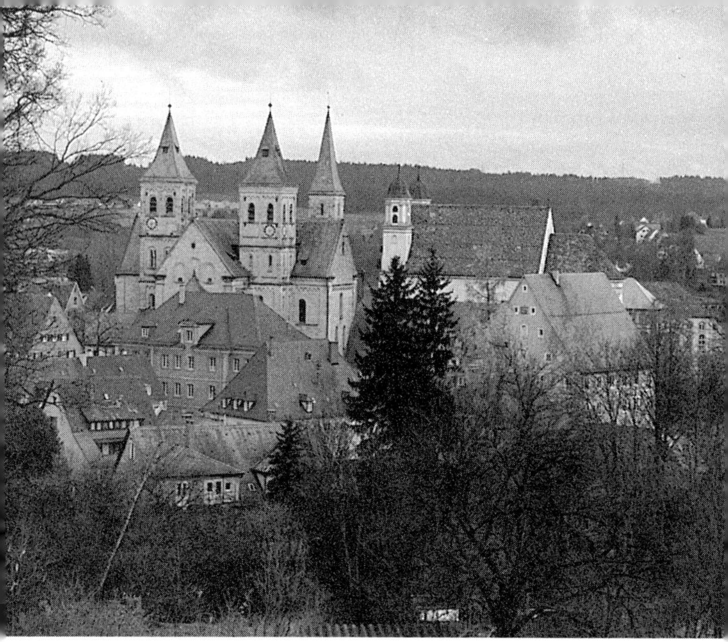

57 Ellwangen. Stifts- und Jesuitenkirche

gel, aber nicht an derselben Stelle wie die nur dokumentarisch überlieferten zwei Vorgängerbauten, errichtet zwischen 1182 und 1233. Trotz verschiedener Planänderungen stellt sich die Kirche als einheitlicher Bau dar, von Anfang an als Gewölbebau konzipiert, die Wand dreigeschossig gegliedert im »gebundenen System« (ein Joch faßt zwei Arkadenbögen zusammen). Die Bauhütte läßt Verbindungen zur Spätromanik des Elsaß und des Mittelrheins erkennen. Basilikales Langhaus, im Westen zweigeschossige Vorhalle mit Turm, im Osten Querschiff mit Turmpaar sowie dreischiffige Choranlage mit fünf Apsiden. Am eindrucksvollsten die Ansicht von Osten mit der klassischen romanischen Anordnung kubischer Baukörper (Chor, Querschiff, Turmpaar, Apsiden).

Schauseite der Kirche war die Südseite, wo auch heute das ① Hauptportal den einzigen figürlichen Schmuck aus der Erbauungszeit im Tympanon zeigt. Beachtenswert die 1588 erneuerte ② Südfront des Querschiffes mit Giebelrelief des Weltgerichts von *Friedrich Herlin* (Enkel des Nördlinger Malers gleichen Namens) sowie zwei Statuen der Klostergründer Hariolf und Erlolf, darunter Sonnenuhr. Die Querschiffassade wird östlich eingerahmt von der ③ Sakristei (1699), westlich von der ④ Wolkensteinkapelle (1701). Vor der erst im 15. Jh. geschlossenen Vorhalle (Westfassade) ⑤ gotisches Portal, im Bogenfeld Darstellungen der Kirchenpatrone Sulpicius, Veit und Servilianus. An der Ostseite über der Apsis des Nebenchors eingemauert ein Kopf aus Sandstein, vermutlich römischer Herkunft aus dem Kastell Buch (Göttin?). Die ⑥ West-Vorhalle mit vier Jochen, von Pfeilern mit vorgelegten Halbsäulen getragen, hat ihren ursprünglichen Zustand aus dem 13. Jh. bewahrt. Die seitlichen Flügel um 1470. Inneres Portal mit romanischem Ornamentschmuck. In der Vorhalle befinden sich beachtliche Kunstwerke: im Nordflügel Heilig-Kreuz-Altar aus Sandstein (1603), daneben spätgotischer Ölberg. Im Südflügel Grabmal des Ritters Ulrich von Ahelfingen (1339), ein Spitzenwerk der gotischen Grabmalkunst. An der Südwand Mittelteil eines steinernen St.-Anna-Altars (1510). Renaissancegrabmal des Hans von Schwabsberg (1549) vor dem Eingang zur Kirche.

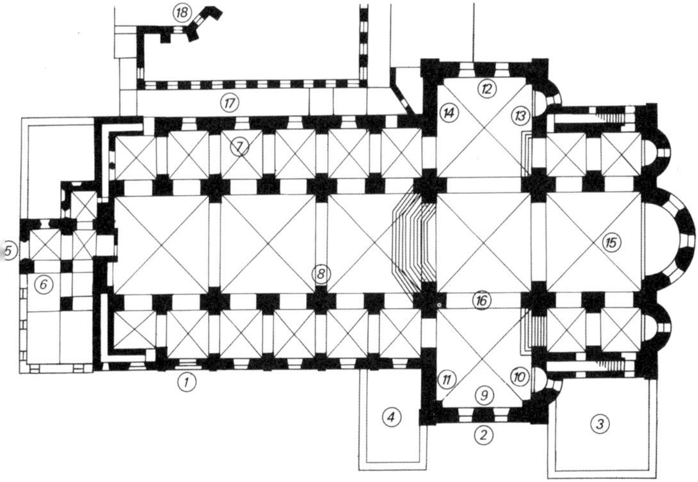

58 Ellwangen. Grundriß der Stiftskirche

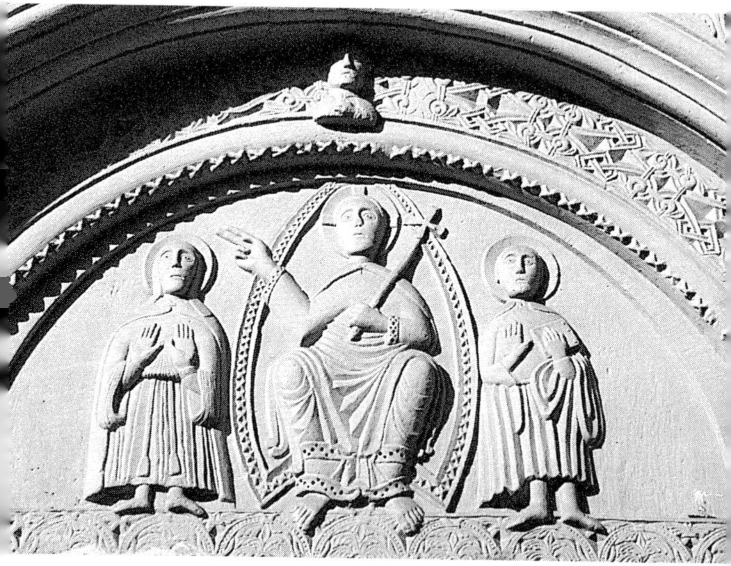

59 Ellwangen. Tympanon des romanischen Südportals der Stiftskirche

Während die Stiftskirche außen den romanischen Charakter in reiner Form bewahrt hat, ist das Innere geprägt von barocker Erneuerung und Ausstattung (1737). Dennoch sind die Grundformen des romanischen Langhauses, die drei Joche im gebundenen System und der ursprünglich dreigeschossige Wandaufbau noch erkennbar. Auch die Gewölberippen zeigen sich unter der barocken Neugestaltung.
Mit der Barockisierung des Innenraums wurde von Franz Georg von Schönborn → *Riccardo Retti* beauftragt. Von ihm stammen die Verkleidung des Innern mit schwerer Stuckornamentik, von seinem Mitarbeiter *Emanuele Pighini* die großen Figuren, Christus und Apostel, an den Hochschiffwänden nach Entwürfen von → *Diego Carlone*, um 1737. Über dem Westportal Verkündigungsgruppe. Neben dem Eingang zum Kreuzgang im nördlichen Seitenschiff ⑦ Tafelgemälde einer Kreuzigung mit Maria und Johannes, Ende 15. Jh.
Die ⑧ Kanzel von Retti im mittleren Joch, rechts. An den östlichen Pfeilern vor der Vierung gotische Tafelbilder der Gründer Hariolf und Erlolf. An der Ecke zwischen südlichem Querschiff und Hauptschiff die

1701 gestiftete ④ Wolkensteinkapelle. Im Altar Gemälde mit Darstellung der Heiligen Sippe. Deckenfresken »Josef in Ägypten«, »Mannaregen« und »Unbefleckte Empfängnis Mariä«, Ölbilder mit Darstellungen der Taten des ägyptischen Josef, von *Sebastian Hueber,* 1707. Perspektivisches Eisengitter aus der Erbauungszeit als Abschluß der Kapelle gegenüber dem Seitenschiff der Kirche. Holzstatue des hl. Johannes Nepomuk von → *Melchior Paulus* im südlichen Seitenschiff. Südliches Querschiff: Die Südfront des Querschiffs nimmt der 11 m hohe ⑨ Barbaraaltar in Renaissanceformen von 1610 ein mit Altarblatt (1663) »Martyrium der hl. Barbara« von → *Georg Michael Tag.*

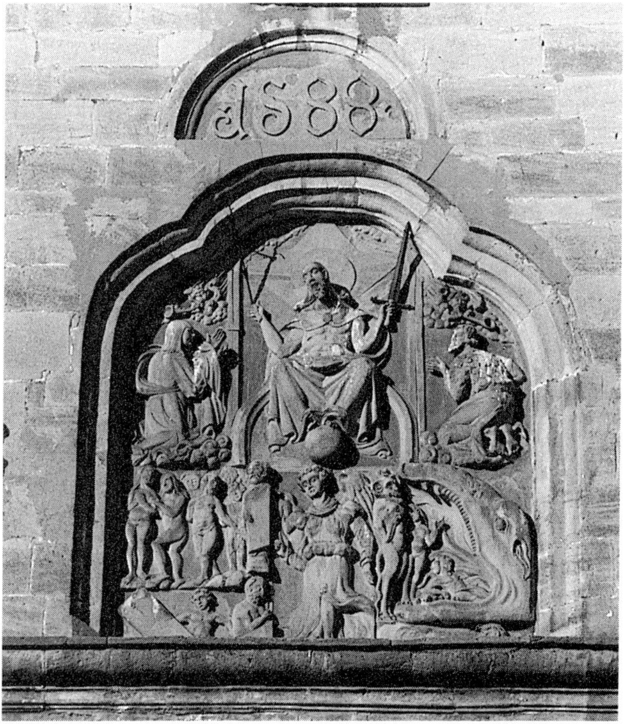

60 Ellwangen. Jüngstes Gericht am Giebel der Südfront der Stiftskirche

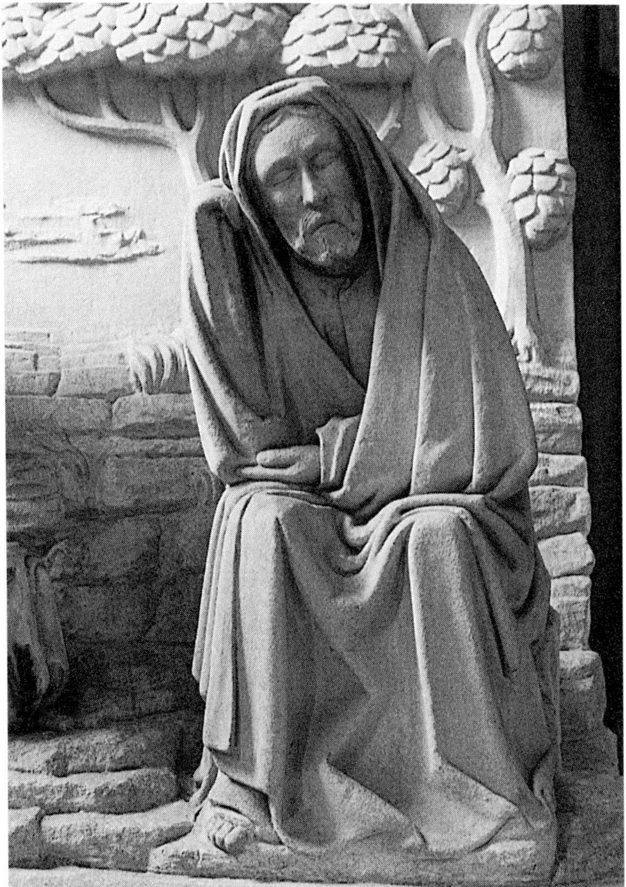

61 Ellwangen. Schlafender Jünger am großen Ölberg in der Vorhalle der Stiftskirche

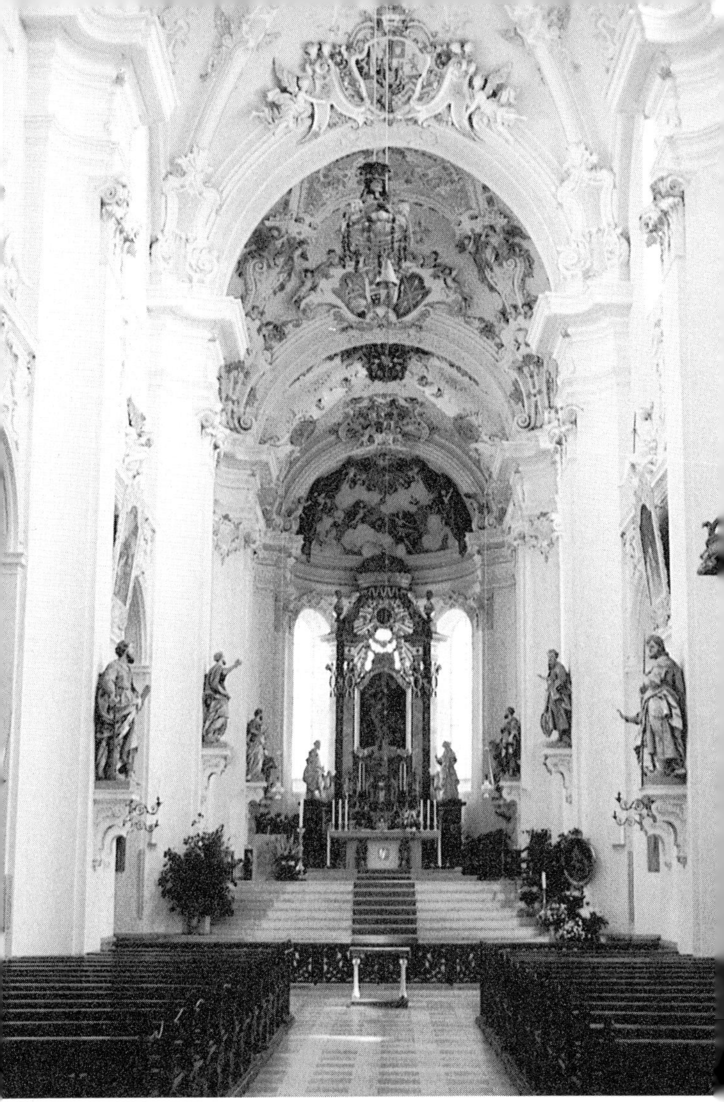

62 *Ellwangen. Inneres der Stiftskirche St. Veit*

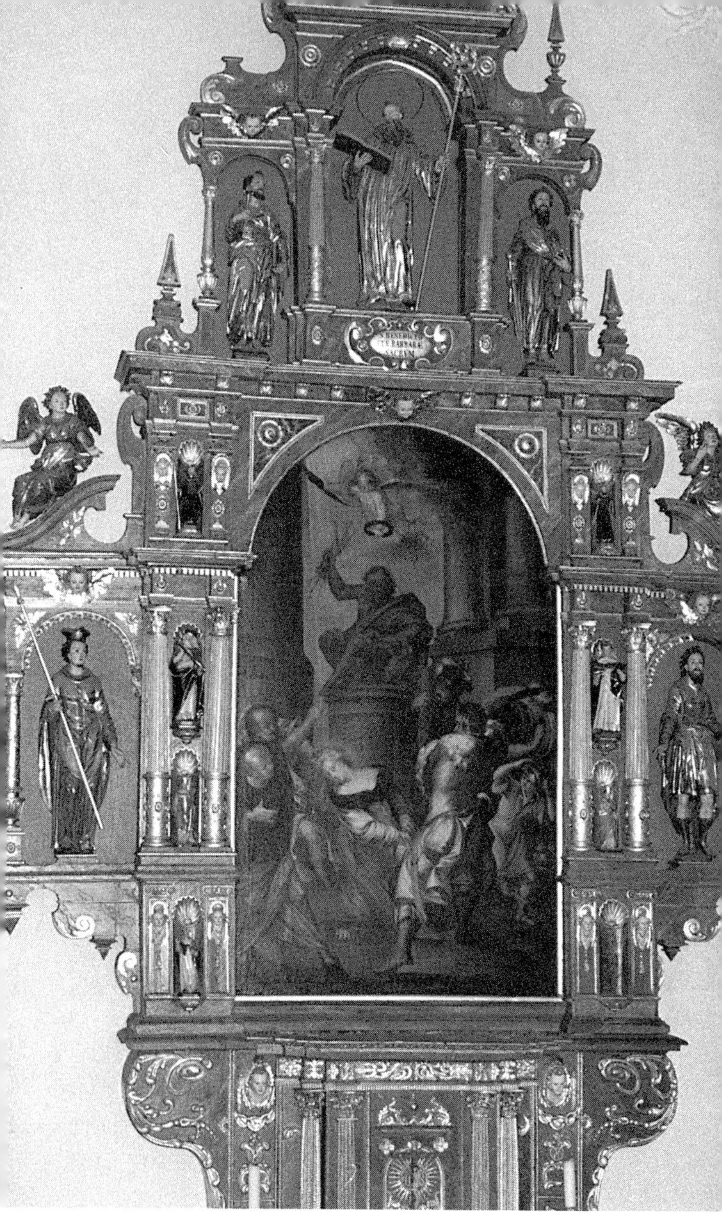

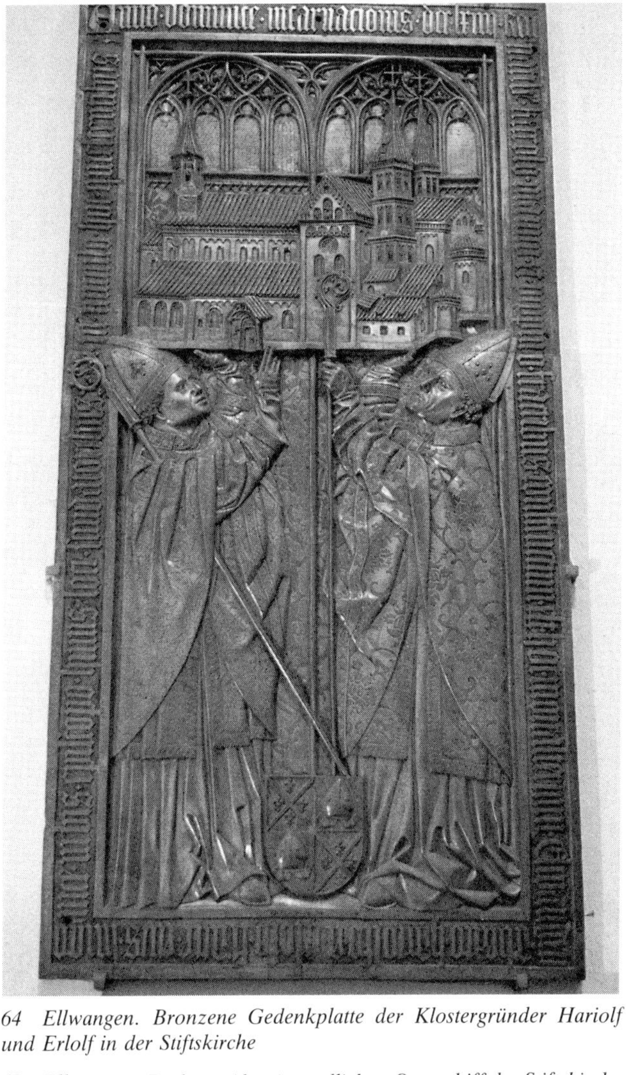

64 Ellwangen. Bronzene Gedenkplatte der Klostergründer Hariolf und Erlolf in der Stiftskirche

◁ 63 Ellwangen. Barbara-Altar im südlichen Querschiff der Stiftskirche

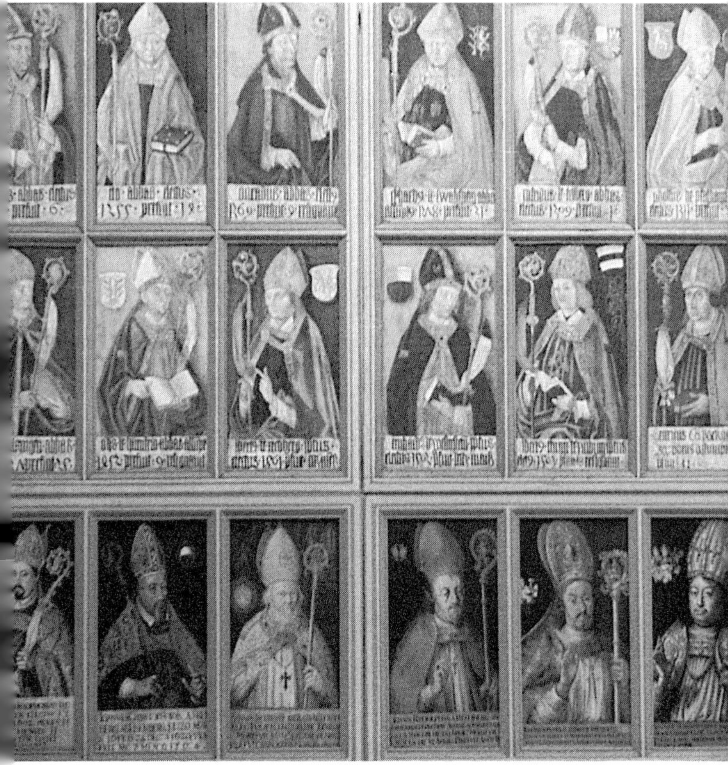

65 Ellwangen. Porträts der Stiftspröpste in der Stiftskirche

An der Ostseite ⑩ Bronzetafel der Klostergründer Hariolf und Erlolf mit mittelalterlichem Modell der Kirche aus der Werkstatt des Bronzegießers *Peter Vischer d. Ä.* aus Nürnberg, um 1485/90.
An der ⑪ Westseite des Querschiffs an der Wand Porträts sämtlicher Fürstpröpste vom Mittelalter bis zur Säkularisation.
Nördliches Querschiff: An der Nordseite ⑫ Johannesaltar von *Hans Dürner*, der ehem. Hochaltar der Kirche. Das Bild von → *G. M. Tag*, »Enthauptung Johannes d. T.«, erinnert mit seiner virtuosen

66 Ellwangen. Romanische Krypta in der Stiftskirche

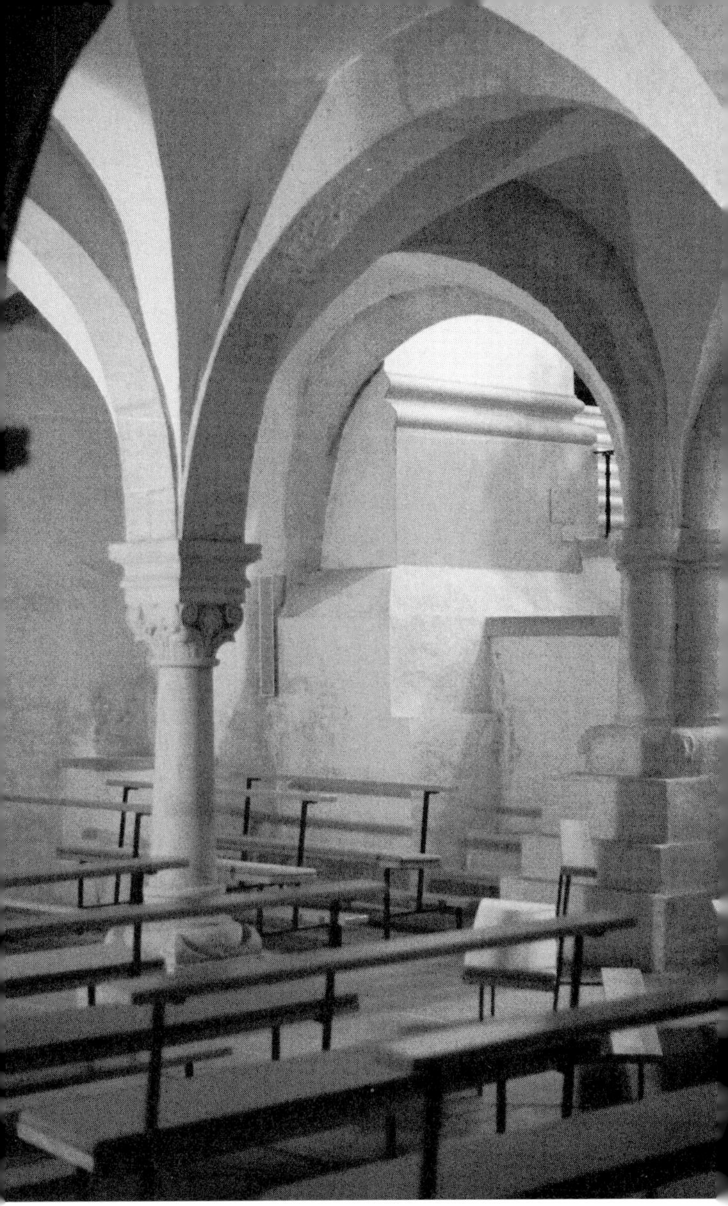

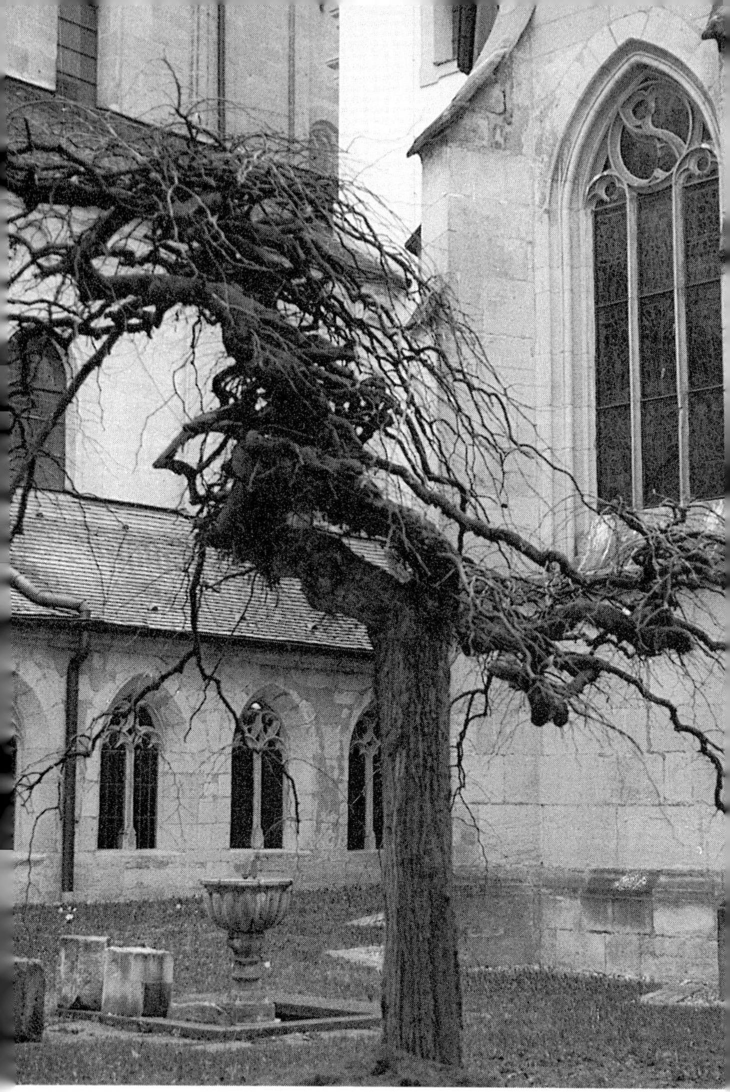

67 *Ellwangen. Kreuzgang bei der Stiftskirche*

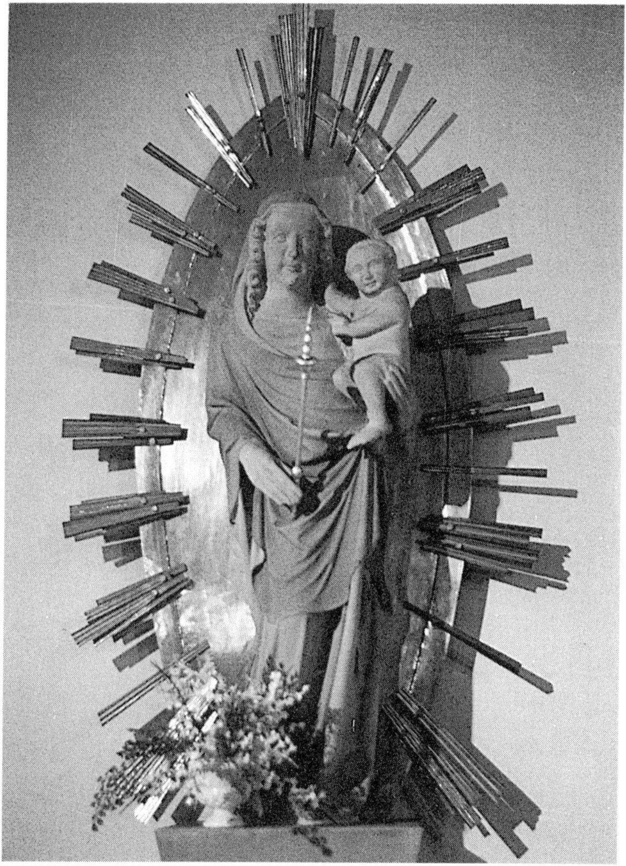

68 Ellwangen. Hochgotische Marienstatue in der Liebfrauenkapelle

Hell-Dunkel-Malerei an Caravaggio. Seitliche Figuren die hll. Sulpicius und Servilianus, im Auszug hl. Veit, darunter die göttliche Dreifaltigkeit. An der Ostseite ⑬ Bronzegedenktafel für die Fürstpröpste von Hürnheim (gest. 1460) und Albrecht I. von Rechberg (gest. 1502) aus der Werkstatt von *Peter Vischer d. Ä.* An der Westseite des Querschiffs ⑭ spätgotische Wandmalereien der Stiftsheiligen.

⑮ Chorrraum: Das wertvollste Stück des Hochaltars im Chor ist die Strahlenkranzmadonna, eine Augsburger Goldschmiedearbeit vom frühen 18. Jh. Dahinter Altarbild »Mariä Himmelfahrt« von → *E. Widemann.*
Die Kreuzwegbilder von → *Christoph Th. Scheffler,* weitere qualitätvolle Tafelbilder des Barock in den Chorseitenschiffen.
⑯ Die Krypta, während der Bauzeit nachträglich geplant, ist nach der Restaurierung 1964 in den ursprünglichen romanischen Formen wiedererstanden. Sie liegt unterhalb der Vierung, der Chorraum einschließlich der Altarzone ist daher angehoben, die beiden Querschiffe durch die Krypta und die zu ihr hinabführenden Stufen voneinander getrennt. Auffallend die »Strebebögen« an den Treppen zur Krypta, an der Südseite mit Löwenköpfen verziert.
Während der Renovierung Anfang der sechziger Jahre wurden in der Krypta ein goldenes Reliquienkästchen sowie andere bedeutsame Stücke aus der Zeit der Gründung des Klosters gefunden, heute als Leihgaben im Württembergischen Landesmuseum, Stuttgart.
Nördlich des Hauptschiffes der vollständig erhaltene spätgotische ⑰ Kreuzgang, begonnen 1472, mit beachtlichen Schlußsteinen und Grabplatten, 1985/86 renoviert. In der ⑱ Liebfrauenkapelle an der Westseite des Kreuzgangs hochgotische Marienstatue, vermutlich aus Augsburg, um 1350, außerdem Grabmal des Stiftsdekans Desiderius von Peutingen, 1718, von → *Melchior Paulus,* sehr schönes Renaissancegrabmal des Christoph von Gemmingen (gest. 1616) und Grab des selig gesprochenen Jesuitenpaters Philipp Jenningen (gest. 1704). Die modernen Glasgemälde der Kapellenfenster mit Szenen aus dem Marienleben von *Wilhelm Geyer,* Ulm (1950).
Im Nordflügel des Kreuzgangs zweischiffige Kapitelstube, um 1473. Der Meister von Kreuzgang, Liebfrauenkapelle und Kapitelstube war → *Hans Stiglitz von Miltenberg.*

Ev. Pfarrkirche (ehem. Jesuitenkirche). Der Kirchenbau bildet mit der Stiftskirche, deren Westfassade rechtwinklig die der Jesuitenkirche überschneidet, eine eindrucksvolle Baugruppe. 1724–1729 als Kirche zur »Unbefleckten Empfängnis Märia« erbaut. Die enge bauliche Verbindung sollte die Zusammenarbeit von Jesuitenkollegium und Stiftspropstei dokumentieren. 1817 vom württembergischen König der ev. Gemeinde übergeben, 1972–1974 restauriert.
Eindrucksvoll die hohe Fassade mit volutenbesetzten Giebeln und zwei Flankentürmen, oben Statuen der Ordensheiligen Ignatius und Franz Xaver. Das Innere der Kirche beeindruckt durch den weiten und lichten Raum einer Wandpfeilerkirche mit seitlichen, hohen und elegant geschwungenen Emporen (Vorarlberger Schema). Von den ursprüngli-

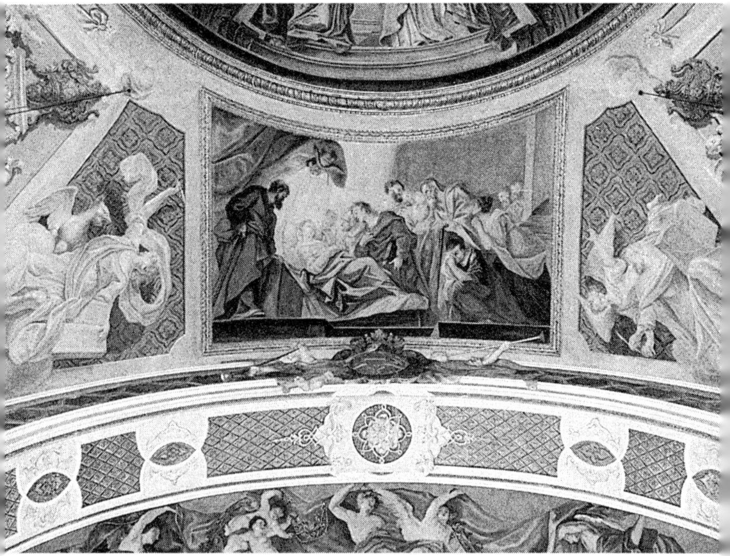

69 Ellwangen. Fresken von Christoph Thomas Scheffler in der ev. Pfarrkirche (Jesuitenkirche)

chen Altären und der Kanzel ist nichts mehr erhalten, dagegen sind von besonderer Bedeutung die Wand- und Deckenmalereien von → *Christoph Thomas Scheffler* (1726/27) mit Szenen aus dem Marienleben: Geburt Mariä, Verkündigung, Tempelgang, Darstellung Jesu im Tempel, Tod und Himmelfahrt Mariens. Das Deckenbild über dem Chor besticht durch großartige gemalte Scheinarchitektur mit vorgetäuschter Raumperspektive in der Art des Italieners Andrea Pozzo.
Im Langhaus vier Ölbilder von → *Johann Georg Bergmüller,* 1734, ursprünglich in den Stationskapellen zum Schönenberg, mit den Themen Darstellung im Tempel, Kreuzigung, Himmelfahrt und Dornenkrönung. Hinter dem Altar Ölbild »Grablegung Jesu« des Niederländers Onghers, Ende 17. Jh.

Ehem. Jesuitenkollegium. Links von der Jesuitenkirche der langgestreckte Bau von 1720–1722. Schönes Portal mit dem Wappen des Stifters Ignaz von Peutingen, nach Plan von → *Michael Thumb,* heute

Landgericht und Staatsanwaltschaft, zuvor Gymasium. Im ehem. großen Saal (Schwurgericht) sowie dem Jesuitentheater Fresken von → *Anton Haffer* und Stukkaturen von → *Melchior Paulus.*

Marienkirche (kath.). 1427 errichteter Bau anstelle einer älteren Kirche, 1735 barockisiert, am Chor die ursprüngliche gotische Anlage noch erkennbar. Turm südlich des Chors unten gotisch, oben mit Welscher Haube frühbarock. Die Vorhalle vor der Westtür um 1630.
Inneres: Dreischiffige Pfeilerhalle, der etwas niedrigere Chor leicht nach rechts abgewinkelt. Bemerkenswert die Decken- und Wandfresken von → *Johann Edmund Widemann* mit Szenen aus dem Marienleben: Verkündigung, Geburt, Krönung Mariens. Im Chor an der Decke sehr gute Maria Immaculata auf der Weltkugel in Stuck.
Im barocken mächtigen Hochaltar prachtvolle große Silbermadonna im Strahlenkranz unter Gottvater zwischen zwei silbernen Lilien. Rechts und links die Figuren der Apostel Petrus und Paulus. Weitere barocke Silberarbeiten sind die zwei Silberplatten an den Amben vor dem Altar mit Maria und dem Verkündigungsengel. Am Chorgestühl originelle ovale Kreuzwegtafeln.
Sehr beachtlich sind die Seitenaltäre mit gemalten, qualitätvollen Altarblättern »Verehrung des Herzens Jesu (rechts) und Mariens« (links), jeweils flankiert von hervorragenden Altarfiguren: links die hll. Katharina und Dominikus, rechts die hll. Agnes und Petrus Canisius. An den östlichsten Pfeilern dse Langhauses die beiden Halbfiguren der hll. Johannes Nepomuk und Johannes vom Kreuz.
Unter der Westempore frühbarocke Kreuzigungsgruppe mit Maria und Johannes. Weitere Ausstattungsstücke sind eine Pietà und an der rechten Langhauswand eine spätgotische, barock gefaßte Madonna. Rechts vom rechten Seitenaltar kleines gotisches Tor mit originalem Beschlag.

Pfarrkiche St. Wolfgang (kath.). Der gotische Bau 1470 von → *Hans Stiglitz von Miltenberg* errichtet. Im Äußeren erinnert er mit seinen Strebepfeilern an die Nördlinger St.-Georgs-Kirche. Bemerkenswert das Südportal mit reichem gotischem Stab- und Blendmaßwerk. Im Tympanon zwei kniende Engel, eine Inschriftenrolle tragend, über dieser das dornengekrönte Antlitz Christi. Die Inschrift enthält das Datum 1473 der Grundsteinlegung. Rechts und links des Portals an den Strebepfeilern unter Baldachinen Steinfiguren der Kirchenpatrone hl. Wolfgang und hl. Ulrich. Der männliche Kopf an der Konsole des hl. Wolfgang vermutlich Selbstporträt von Hans Stiglitz. Am ersten Strebepfeiler westlich des Südportals der dritte Kirchenpatron, der hl. Lorenz. Reste einer Sonnenuhr. Weitere Beispiele plastischen Schmucks an den Strebepfeilern der Südseite, am Turm (unteres Turmfenster) ein

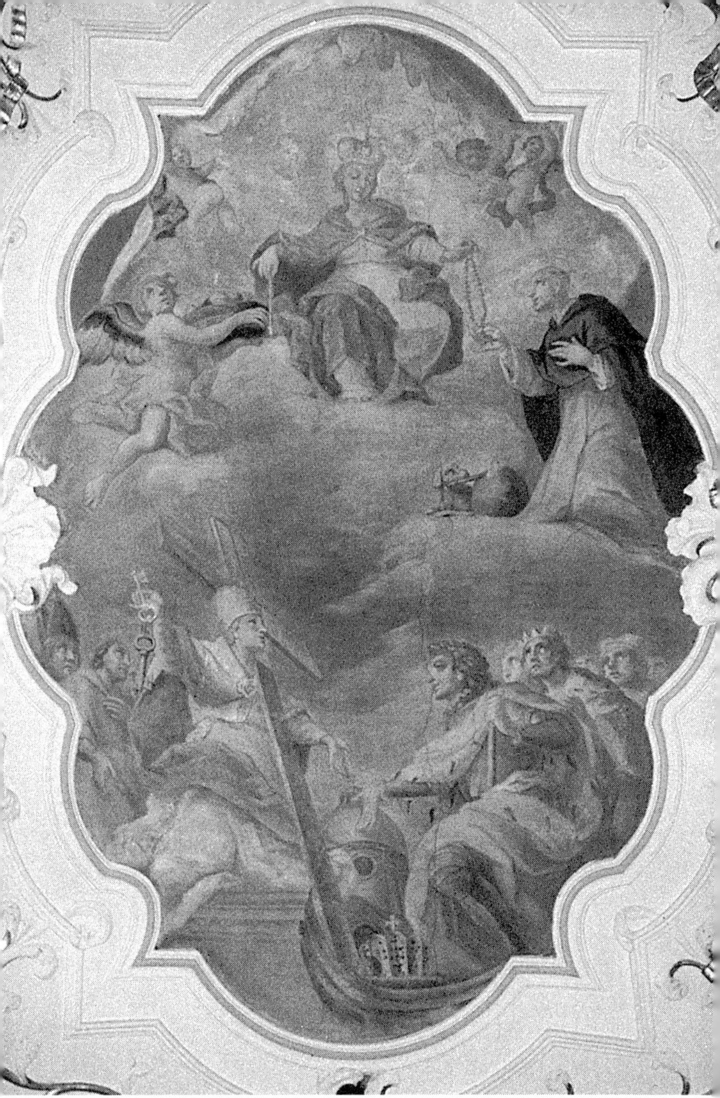

70 Ellwangen. Deckenfresko in der Marienkirche von Edmund Widemann

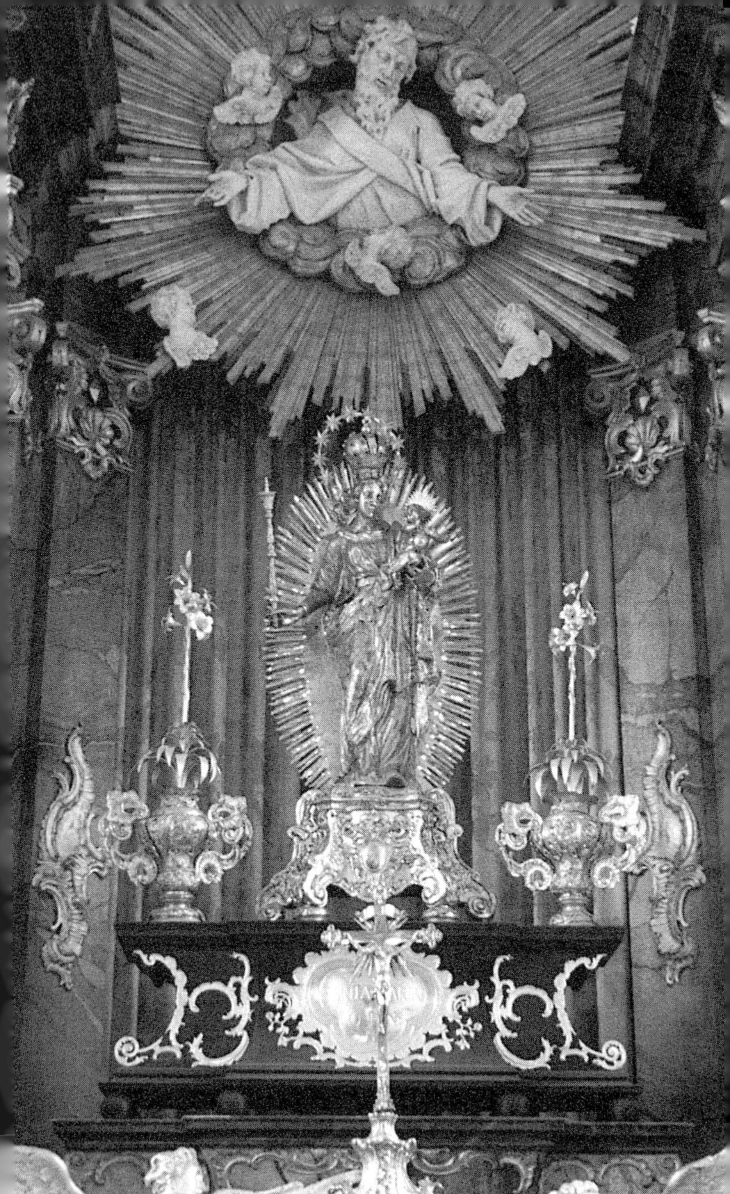

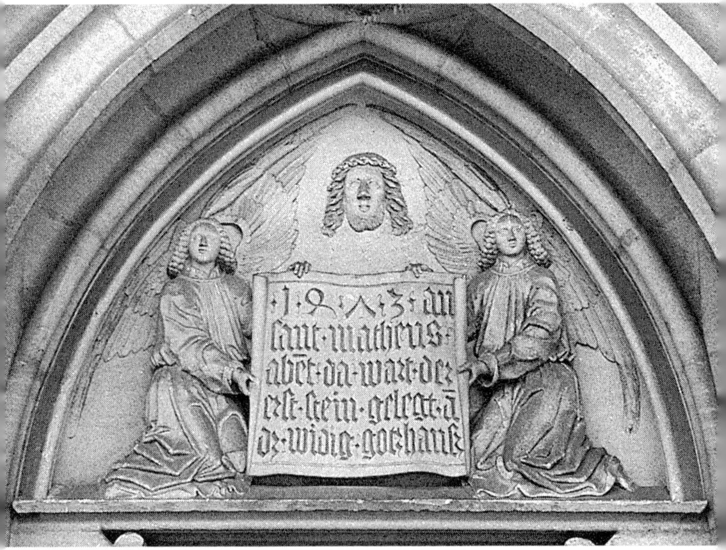

72 Ellwangen. Tympanon des Südportals der Kirche St. Wolfgang

von einem Tuch umschlossener Kopf. Das Nordportal heute zugemauert, davor gotische Figur »Christus in der Rast«.
Das Innere ist ein netzgewölbter spätgotischer Saalraum mit Wandpfeilern und eingezogenem, steingewölbtem Chor. Im Schiff als bedeutendstes Werk der Ausstattung lebensgroßes spätgotisches Kruzifix an der Nordwand (um 1470), sehr ausdrucksstarker dornengekrönter, leidender Christus, begleitet von barocken Figuren der Maria und des Johannes.
Im Chor moderner Altartisch, dahinter auf Steinpodest fünf holzgeschnitzte Figuren, von denen die Muttergottes und der hl. Ulrich links neben ihr (mit Fisch in der Hand) vom 1916 geschaffenen neugotischen Altar stammen. Dagegen Figur des hl. Wolfgang (mit Kirchenmodell) um 1520, schwäbisch, und die hll. Hieronymus und Johannes Ev. an den Außenseiten, um 1500, vermutlich Werkstatt → *Jörg Syrlins d. J.*
Südlich der Kirche »Friedensengel« von *Fritz Nuß.*

71 Ellwangen. Silbermadonna im Hochaltar der Marienkirche

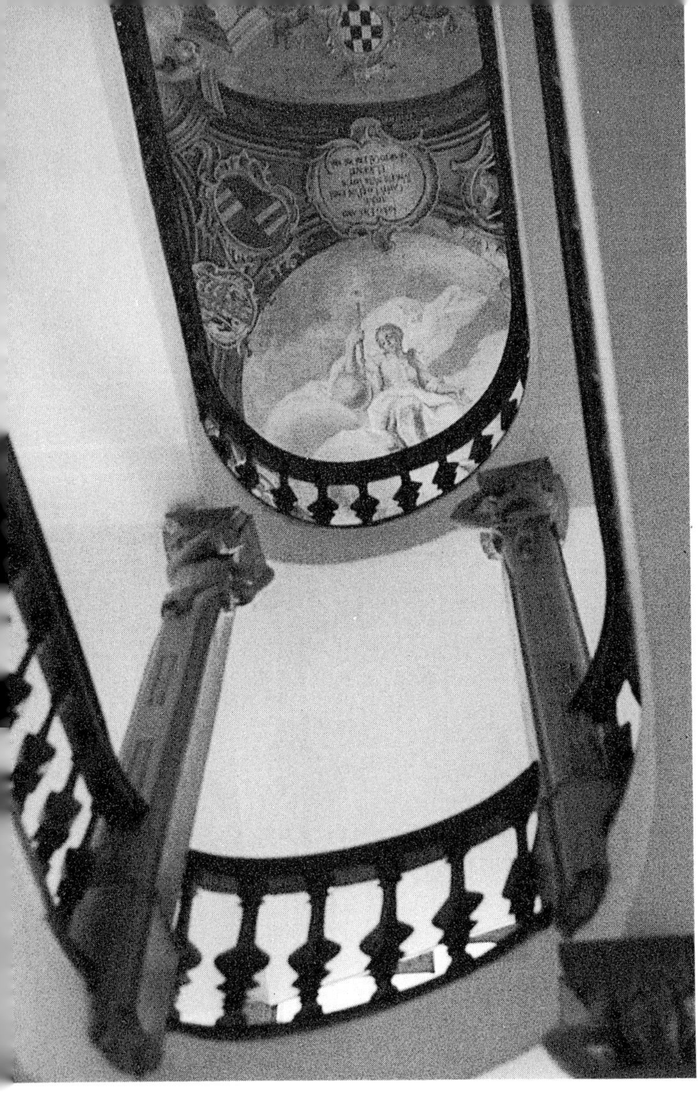

73 *Ellwangen. Treppenhaus in der alten Statthalterei*

74 Ellwangen. Palais Adelmann

Marktplatz. Eine der eindrucksvollsten Platzanlagen Süddeutschlands: Im Norden von der Stifts- und Jesuitenkirche, im Südwesten vom ehem. Stiftsrathaus (heute Landgericht) begrenzt, im Süden und Südosten von einer Reihe stattlicher barocker Stiftsherrenhäuser, z. T. mit wertvoller Bauplastik (Madonnen).

Landgericht, ehem. Stiftsrathaus. Der südwestlich vor der Stiftskirche gelegene, den Marktplatz abschließende Bau (1748–1751) von → *Arnold Friedrich Prahl* erbaut unter gutachterlicher Hinzuziehung von → *Balthasar Neumann.* Repräsentativer Barockbau, an den Ecken außen Balkone mit prachtvoll geschmiedeten Eisengittern.

Alte Statthalterei (heute Staatl. Liegenschafts- und Straßenbauamt). Nordöstlich der Stiftskirche gelegener stattlicher Bau von 1591 mit wappengeschmücktem Giebel und Plastik des Martyriums des hl. Veit über dem Eingang. Großartiges Treppenhaus mit Atlanten, die Decke und Treppenarchitektur stützend, und Deckenfresko von 1754, die göttliche Weisheit sowie Symbole der geistlichen und weltlichen Macht darstellend, von → *Edmund Widemann.*

Palais Adelmann. Außergewöhnlich repräsentatives Gebäude, 1688 von → *Michael Thumb* erbaut im Stil toskanischer Renaissance, dreigeschossig, über den Fenstern abwechselnd Flachgiebel und Bogen. Prachtvolles Zentralportal mit Portalmadonna (1750), am Zwerchgiebel Figur des Erzengels Michael, 1690. Fassade 1987 renoviert, das Innere nach Abschluß der Renovierungsarbeiten für kulturelle Nutzung (Bibliothek, Vortragsräume) vorgesehen. Eines der bedeutendsten Beispiele barocker Stadtpaläste in Süddeutschland.

Rathaus in der Spitalstraße mit repräsentativer Fassade und Treppenaufgang zum Portal. Das *Spital zum Heiligen Geist*, erbaut 1702, erneuert 1758, mit Kapelle, nach Renovierung und Umbau Teil des Rathauses.

Methodiusdenkmal. Am Durchgang unterhalb des Schwurgerichts zwei Gedenktafeln des Slawenapostels Methodius, der nach einer Überlieferung in den Jahren 870–873 im Kloster Ellwangen gefangengehalten worden ist, nach Verurteilung durch das Reichsgericht unter König Ludwig dem Deutschen: die linke Gedenktafel des Ellwanger Künstlers *Scheble* (1970), die rechte ein Geschenk Bulgariens (1976).

Alte Post in der Marienstraße, Gebäude mit hohem, geschwungenem Giebel und Pilastergliederung, Ende 18. Jh., Fassadenmalerei 19. Jh.; *Custorie,* heute Staatl. Hochbauamt, östlich der Stiftskirche; *Öttingischer Domhof* in der Priestergasse.

Nördlich der Stiftskirche noch erkennbar die alte *Stadtmauer,* ebenso im Süden, entlang der Straße an der Mauer, dort mit Resten von zwei Türmen im Untergeschoß. Weiterer Turm im Westen an der Bahnstrecke wiederhergestellt.

Fischerbrunnen in der Pfarrgasse von *Heinz Knödler*, ebenso der Brunnen in der Brauergasse.

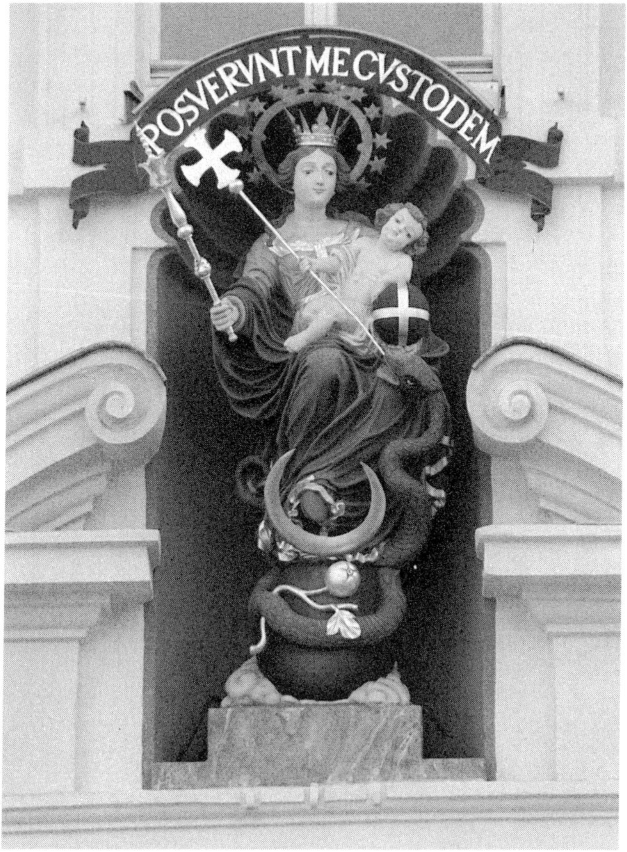

75 Ellwangen. Portalmadonna am Palais Adelmann

Nordöstlich des Stiftsbereichs die *ehemalige Sebastianskapelle,* heute als Wohnhaus zweckentfremdet, achteckiger Bau von 1665.

St.-Nikolaus-Kapelle (kath.). Unterhalb der St.-Anna-Klinik, an der Bundesstraße gelegene, bereits 1442 erwähnte Kapelle mit frühbarokker Ausstattung aus dem 17. Jh. Im Hauptaltar Maria und die hll. Bar-

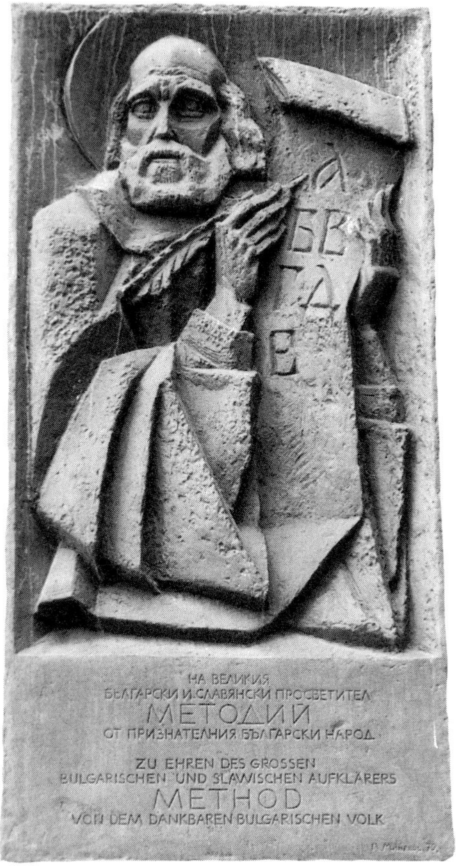

76 Ellwangen. Denkmal des Slawenapostels Methodius (1976)

bara und Nikolaus (Ölbild). Rechter Seitenaltar mit hl. Wendelin, links sehr guter Altaraufbau mit Halbfigur der 14 Nothelfer, Madonna neu. Im Neubaugebiet im Norden der Stadt die 1970 erbaute *kath. Heilig-Geist-Kirche* mit eindrucksvollen Farbfenstern von *Sieger Köder* an der Nordseite sowie am Ostgiebel. Altar mit barocker Kreuzigungsgruppe in moderner Umrahmung.

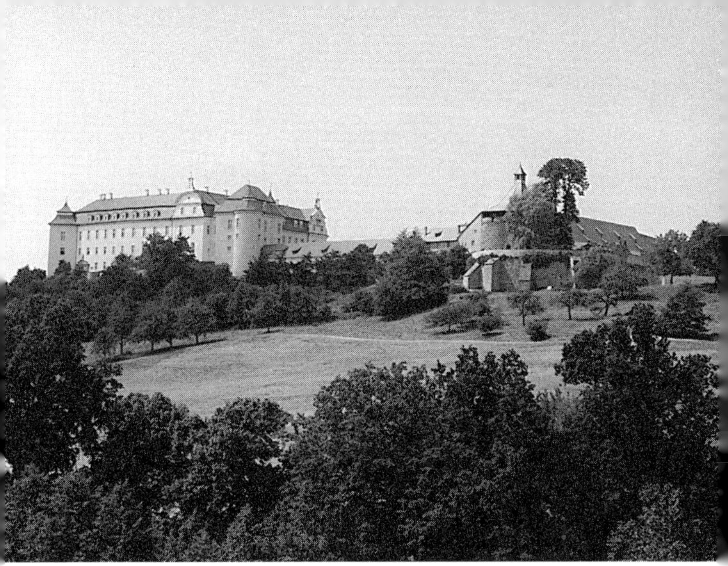

77 *Ellwangen. Das Schloß*

Schloß. Ende des 12. Jh. als Burg der Äbte des Klosters erbaut, ab 1603 Neubau der heutigen vierflügeligen Anlage. Wehrmauer, Vorburg und Turmtor aus dem 13. und frühen 16. Jh. deuten noch auf die mittelalterliche Anlage. Über dem äußeren Schloßtor bemaltes Relief von 1444 mit Schmerzensmann und Wappen eines Abtes. Der Innenhof mit dreigeschossigen Laubengängen an drei Seiten. Über das repräsentative doppelläufige Treppenhaus von → *Franz Keller,* 1726, gelangt man im zweiten Stock zum Festsaal, heute innerhalb der Museumsräume (siehe unten). Stukkaturen im Treppenhaus und im Festsaal von *Franz Josef Roth,* die Deckengemälde im Treppenhaus und Festsaal von → *Christoph Thomas Scheffler* mit dem Thema »Verherrlichung des Fürstpropstes Franz Ludwig als Förderer der Künste« (Farbtafel 11), »Tugenden seiner Regierung« und biblische Historienbilder.
Im Südflügel des Schlosses die *Schloßkapelle St. Wendelin,* ein einfacher Saalraum mit Chor nach Osten. An der Westseite von Säule gestützte Musikempore, die Nordseite mit vom Schloß aus zugänglichen Betstuben über Wandbögen. Das Gewölbe mit sehr guten Stuckmedaillons von → *Melchior Paulus,* darstellend Verkündigung, Himmelfahrt und Krönung Mariens. Hauptaltar mit Bild der Geburt Mariens sowie sehr guten Schnitzfiguren Johannes d. T. und Johannes Ev., um 1627.

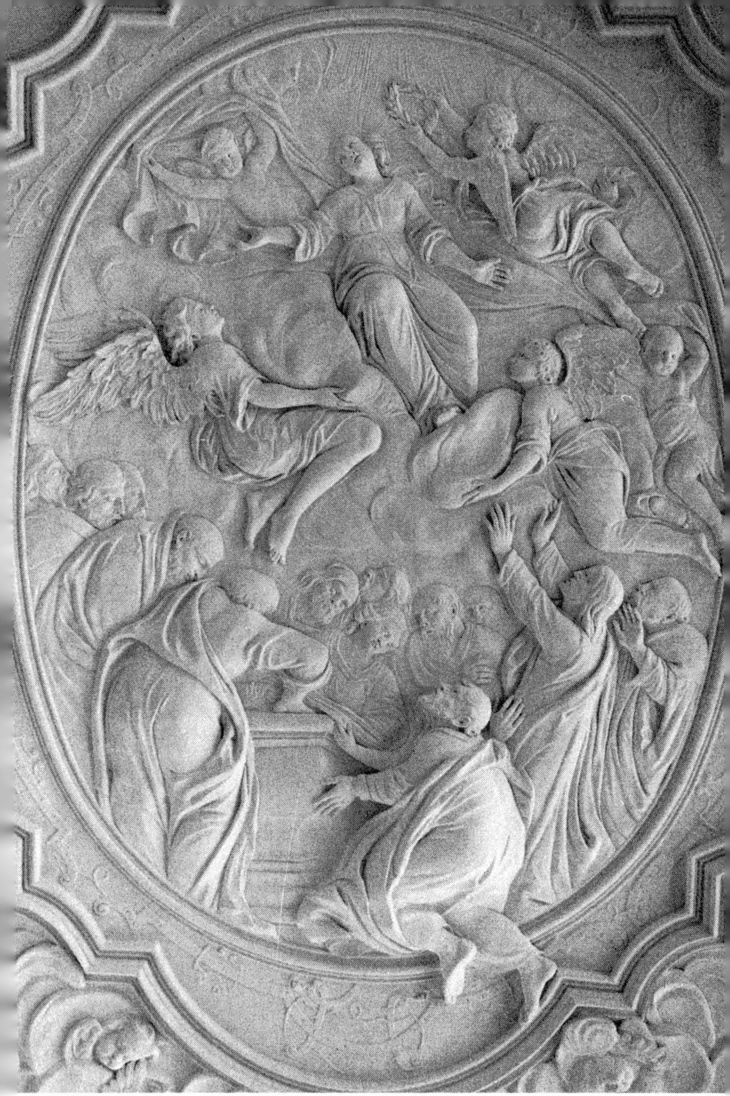

78 Ellwangen. Stuckrelief Mariä Himmelfahrt von Melchior Paulus in der Schloßkapelle

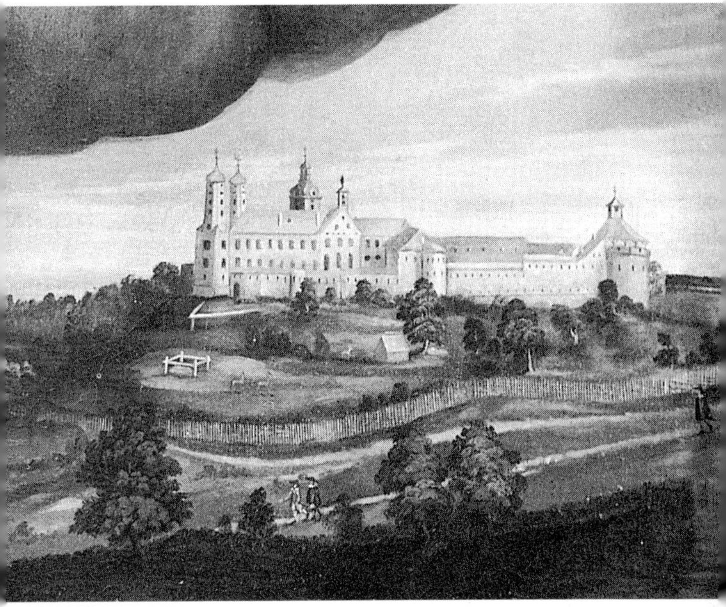

79 Ellwangen. Ansicht von Schloß Ellwangen auf frühbarockem Bild am linken Seitenaltar der Schloßkapelle

Aus derselben Zeit die Kanzel mit Figuren von Christus und den vier Evangelisten sowie die beiden Seitenaltäre. Links qualitätvolles Bild der Madonna mit Kind über Stadt und Schloß Ellwangen, um 1627. In den Schloßräumen rechts und links des Festsaals das *Schloßmuseum* mit gotischen und barocken Kunstwerken aus dem gesamten Gebiet der Fürstpropstei, eine Sammlung von Handzeichnungen von Malern aus dem Barock (*Asam, → Bergmüller, Baumgartner → Scheffler, → Steidl, → Paulus* u. a.), Entwurf eines Kuppelfreskos von → *Matthäus Günther,* um 1735, bestimmt für den damals geplanten Umbau der Stiftskirche, barocke Weihnachtskrippe und »Hochzeit zu Kana« (Stubenvoll-Krippe), um 1750, Fayencen der Schrezheimer Manufaktur, Handzeichnungen und Bilder des Malers → *Karl Stirner.*
Öffnungszeiten (Museum, Festsaal und Schloßkapelle): Dienstag bis Freitag 14–17, Samstag, Sonn- und Feiertag 10–12 und 14–17 Uhr.

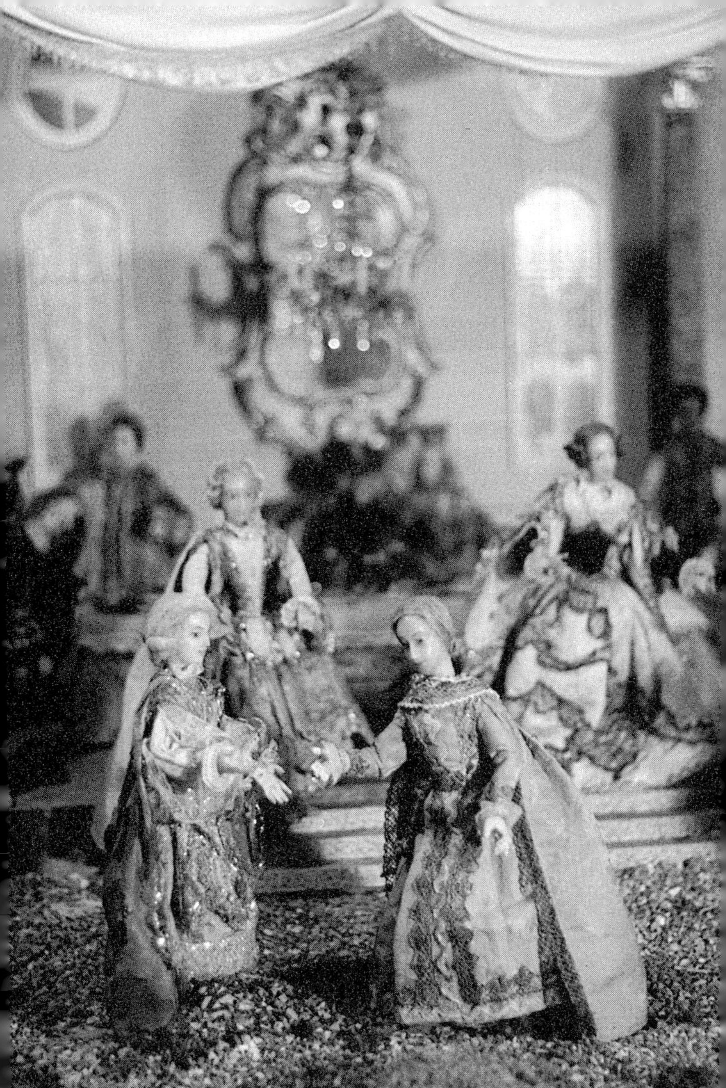

80 Ellwangen. Hochzeit zu Kana aus der Stubenvoll-Krippe im Schloßmuseum

Wallfahrtskirche auf dem Schönenberg (kath.). Erbaut 1683–1696 am Platz eines seit 1638 als Ziel einer Wallfahrt dienenden Marienbildes, für das zunächst eine Holz-, danach eine Steinkapelle errichtet worden war. Den Plan für den Bau lieferte → *Michael Thumb,* der seinen Bruder → *Christian Thumb* sowie den Jesuitenpater *Heinrich Mayer* mit der Ausführung beauftragte. Nach Brand 1709 Wiederherstellung der Kirche mit Neugestaltung der Steingewölbe, der Deckenfresken und der gesamten Ausstattung. Nach Aufhebung des Jesuitenordens vom Abbruch bedroht, seit 1833 Pfarrkirche, gründliche Restaurierung 1970/73.

Mächtiger, 66 m langer Bau mit zwei Türmen (60 m hoch) mit angedeutetem Querhaus und Chorapsis. An dieser große Figur des Erzengels Michael von → *Melchior Paulus.* Reiche Wandgliederung mit Pilastern und starkem Horizontalgesims.

Das Innere ist eine Wandpfeileranlage des klassischen Vorarlberger Münsterbauschemas mit hellem, weitem Raum (49 m lang, 23 m breit, 18,5 m hoch). Langhaus mit vier Jochen, Querschiff nur angedeutet, der Chor kulissenartig leicht eingezogen, die Seitenwände durch Pilasterpaare vor den Wandpfeilern sowie Emporen gegliedert, die Wandpfeiler nach oben über den Gesimsvorsprung hinaus bis zum Gewölbeansatz verlängert, was zu besonderer Höhenwirkung des Innenraums führt.

Die Stuckierung im Innenraum in den unteren Zonen von 1683, in den oberen Regionen nach 1709. Die Apostelstuckfiguren in den oberen Nischen über den Wandpfeilern von → *Melchior Paulus,* von diesem auch die Kanzel (1706/1712).

Die Deckenfresken über dem Langhaus mit Szenen aus dem Marienleben, im Chor jochübergreifend größeres Fresko »Sündenfall, apokalyptische Jungfrau und Verheißung der Erlösung« von → *Melchior Steidl.*

Der monumentale Hochaltar nach Entwurf von *Maximilian von Welsch,* ausgeführt von *Kaspar Buchmüller.* Großes Gemälde »Mariä Himmelfahrt« von *J. Classen,* 1715, nach Hochaltarbild in der Kirche von Leubus, Schlesien. In der Advents- und Weihnachtszeit wird dieses Altarbild gewendet, die Rückseite zeigt »Christi Geburt« des Italieners *A. Bellucci.*

Seitenaltäre von *K. Buchmüller.* In der Nische für den ersten Seitenaltar die »Maria Lauretana« von 1640, eine Figur hoher Verehrung und Ziel der Wallfahrt.

Rechts des Chors Pfarrsakristei, links die Werktagskapelle, reich stukkiert, mit Fresken von → *Steidl* sowie wertvollem Altar mit Alabasterrelief der Maria mit Jesuskind, eine Arbeit des spanischen Barock.

Östlich des Hochaltars, vom Chor aus zugänglich, die 1639–1652 im Stil

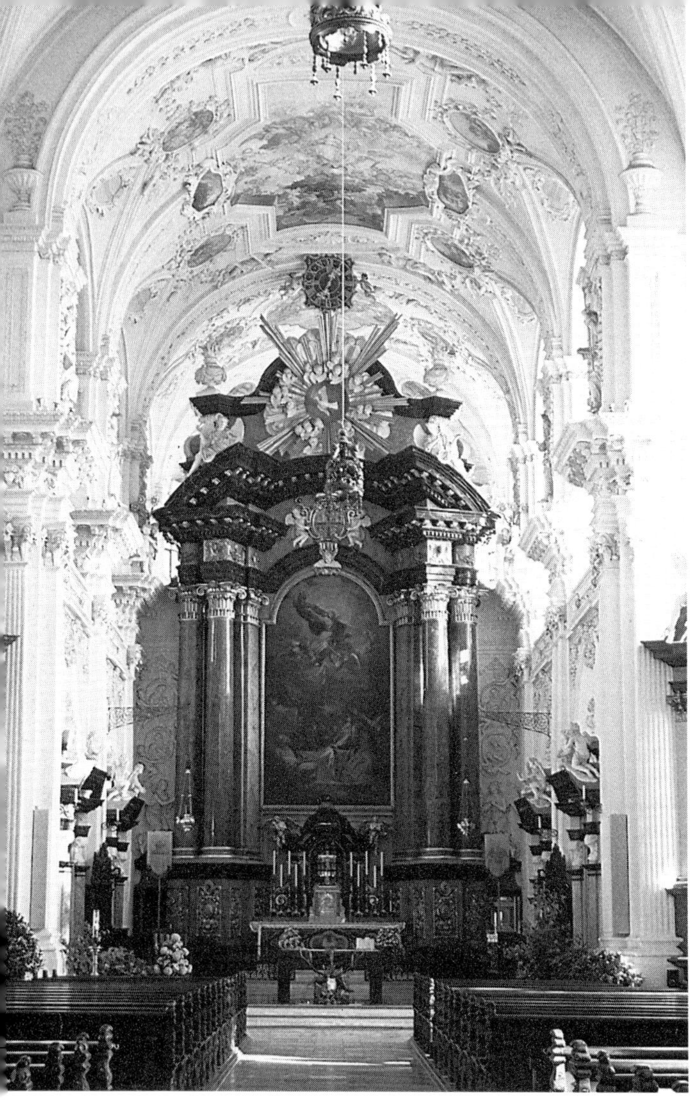

81 *Ellwangen. Inneres der Wallfahrtskirche auf dem Schönenberg*

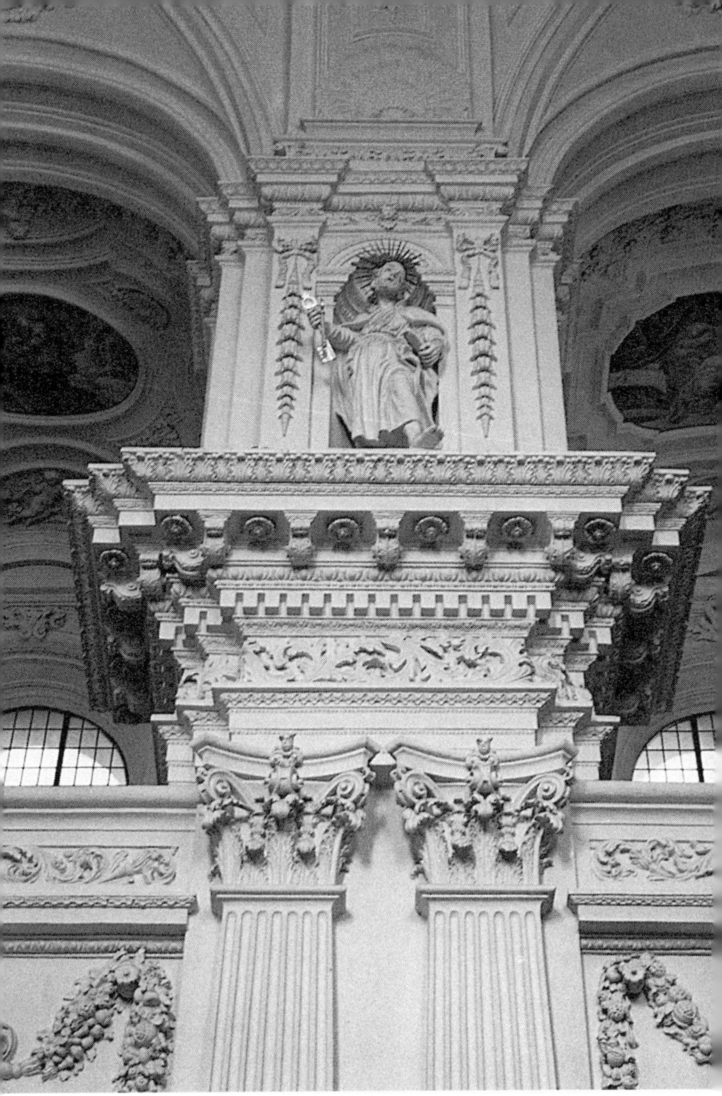

82 *Ellwangen. Wandpfeiler der Wallfahrtskirche auf dem Schönenberg*

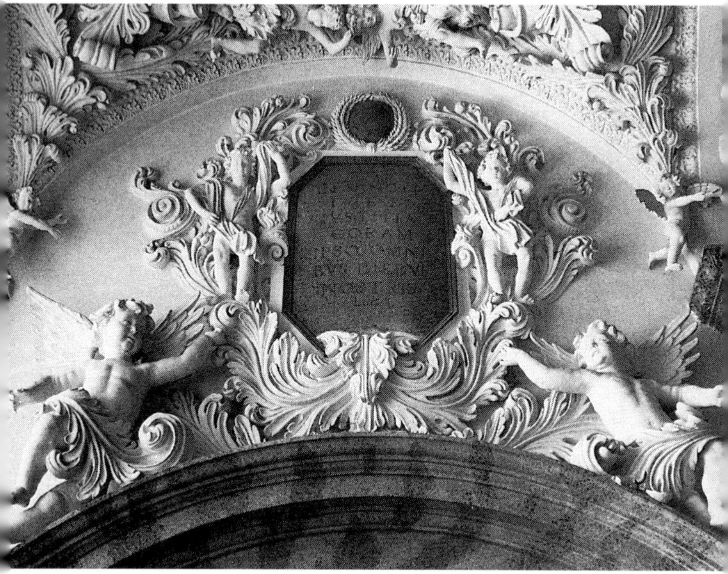

83 Ellwangen. Reichste Stuckornamentik in den Seitenkapellen der Kirche auf dem Schönenberg

einer Lorettokapelle (mit Kassettentonnengewölbe) erbaute Gnadenkapelle, die von → *Michael Thumb* in den Neubau einbezogen wurde. Auf dem Altar in moderner Strahlengloriole das kleine Gnadenbild aus Terrakotta.
Rechts und links der Gnadenkapelle zwei Seitenkapellen von 1652 mit prachtvollen Stukkaturen an den Decken von *M. Haudt,* 1684–1690. Diese Stuckdecken stellen einen Höhepunkt der Stukkaturkunst des ausgehenden 17. Jh. dar. In der südlichen Kapelle eine hervorragende Pietà um 1420 im sog. Weichen Stil.
Über der Gnadenkapelle die Ignatiuskapelle, zugänglich durch Aufgänge links und rechts des Chors mit Deckenfresko »Marienkrönung«. Auf derselben Ebene, hinter dem Hochaltar, die große Weihnachtskrippe aus Oberammergau von 1911.

84 Ellwangen. Eine der Kapellen vom Wallfahrtsweg zum Schönenberg

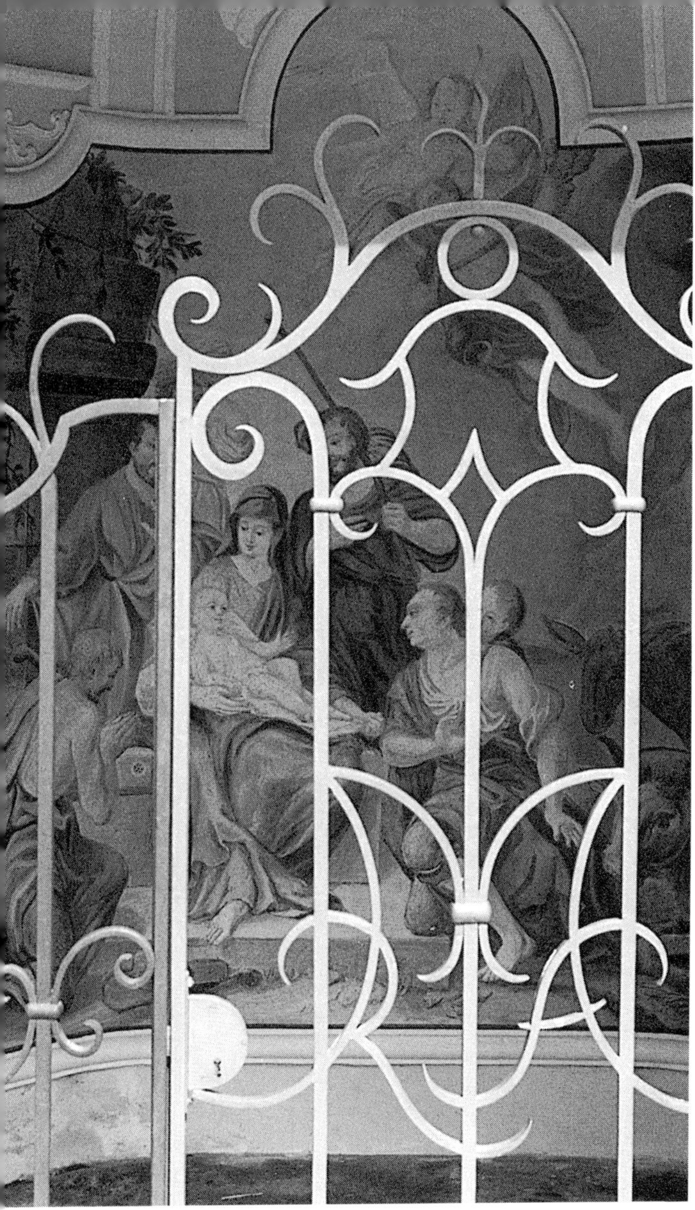

Der *Wallfahrtsweg*, der von der Stadt zur Kirche führt, wurde 1682 als Lindenallee angelegt, die 15 *Stationskapellen* 1729 erbaut. In diesen Kapellen barocke Fresken mit Motiven des Rosenkranzes von → *Edmund Widemann* (1747), großenteils übermalt und ergänzt von → *Johannes Nepomuk Nieberlein,* 1803. Auf halber Höhe des Wegs achteckige Brunnenkapelle, ihr gegenüber die Josefskapelle.
Ehem. Priesterseminar. Östlich des Chors der Wallfahrtskirche repräsentativer mehrflügliger Bau, 1749–1756, errichtet von → *Arnold Friedrich Prahl* nach Plänen von → *Balthasar Neumann.* Das beachtliche Barockensemble heute Haus kirchlicher Bildungsarbeit der Diözese Rottenburg.
Zwischen Seminargebäude und Kirche Statuen der Madonna und des hl. Nepomuk, 1733, von → *Melchior Paulus.*

Ellwangen-Pfahlheim

Der Ortsname (Pfahl = Grenzwall) weist darauf hin, daß der Ort am römischen Limes liegt. In der Nähe auch Spuren keltischer Besiedlung sowie frühe alamannische Besiedlung durch reiche Gräberfunde aus dem 7. Jh. (heute vor allem im Württembergischen Landesmuseum, Stuttgart) nachgewiesen. Der Ortsadel der Ritter von Pfahlheim schon seit dem frühen 13. Jh. in ellwangischen Diensten.

Pfarrkirche St. Nikolaus (kath.). Von der gotischen Vorgängerkirche noch der Turm und der Chor erhalten, der übrige Bau 1891 von *J. Cades.* Im Innern einzelne gotische Skulpturen: hll. Patrizius und Sebastian an den Seitenwänden, rechter Seitenaltar mit Gruppe von 10 holzgeschnitzten Heiligen, in der Mitte die Madonna mit Kind, um 1510. *Bauernstube* (Tel. 07965/446).

Beersbach Spätgotische *Pfarrkirche St. Johannes (kath.)* mit rippengewölbter Vorhalle unter dem Westturm. Im Innern überwiegend neue Ausstattung, am rechten Chorbogen kleine barocke Figuren der 14 Nothelfer.

Halheim Nordöstlich des Weilers das *römische Kastell Halheim,* erreichbar von der Straße Gerau-Birkenzell, im Gelände durch die Heckenbegrenzung entlang der ehem. Außenmauer noch gut erkennbar.
Kirche Allerheiligen (kath.). Spätgotischer Bau mit Ostturm, an den viereckiger Chor mit Strebepfeilern angebaut ist. Deckengemälde »Krönung Mariens« und kleinere Wandfresken (vier Evangelisten), an den Wänden barocke Kreuzwegbilder. Hauptaltar neugotisch mit ansprechendem Altarblatt »Maria inmitten der Heiligen«.

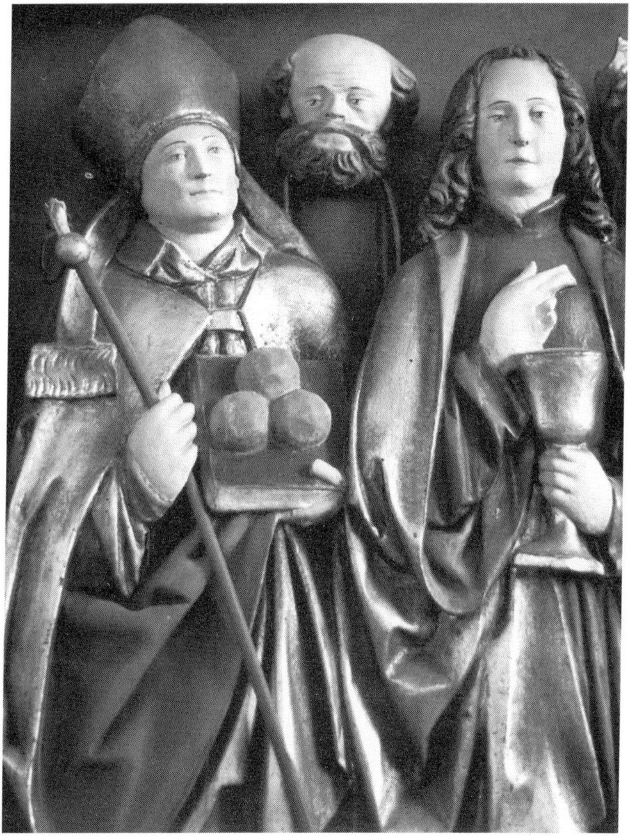

85 Ellwangen-Pfahlheim. Gruppe von Heiligen am rechten Seitenaltar der Pfarrkirche St. Nikolaus

Hirlbach Die *Kapelle zur schmerzhaften Muttergottes,* ein einfacher Bau vom Anfang des 19. Jh., jedoch mit großem, sehr gutem Barockaltar. Im Altarblatt »Kreuzabnahme« von → *Anton Wintergerst,* flankiert von den beiden Johannes sowie den hll. Sebastian und Patrizius. Barocke Kreuzwegbilder im Schiff, an der Rückwand zwei kleine, originelle Votivbilder von Soldaten aus den napoleonischen Kriegen.

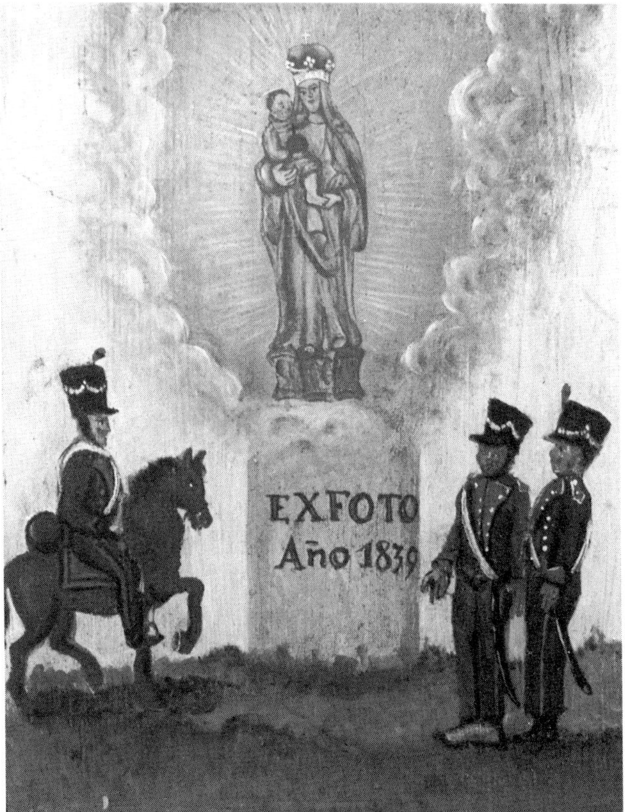

86 Ellwangen-Hirlbach. Votivbild in der Kapelle

Ellwangen-Rindelbach

Kapelle St. Maria in der Eich – »Eichkapelle« (kath.). An der früheren Markungsgrenze zwischen Rindelbach und Ellwangen gelegene, 1514 geweihte Kapelle, heutiger Bau in den Formen des Barock. Im Innern Barockaltäre mit Altarblättern von → *Edmund Widemann;* linker Sei-

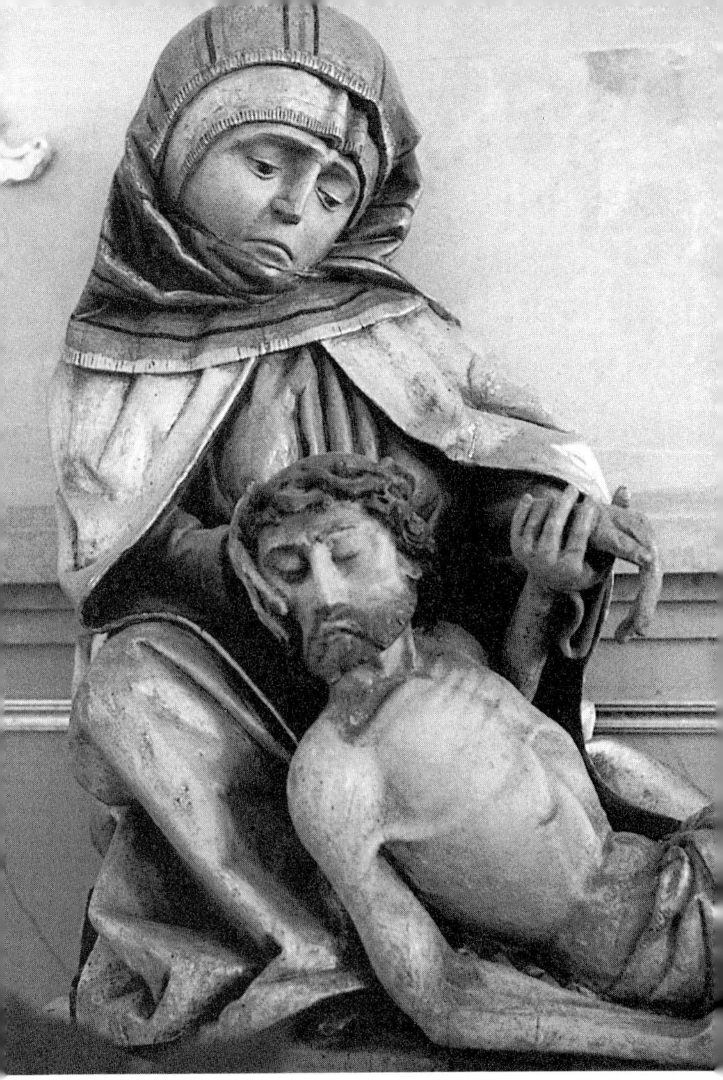

87 *Ellwangen-Rindelbach. Spätgotische Pietà in der Eichkapelle*

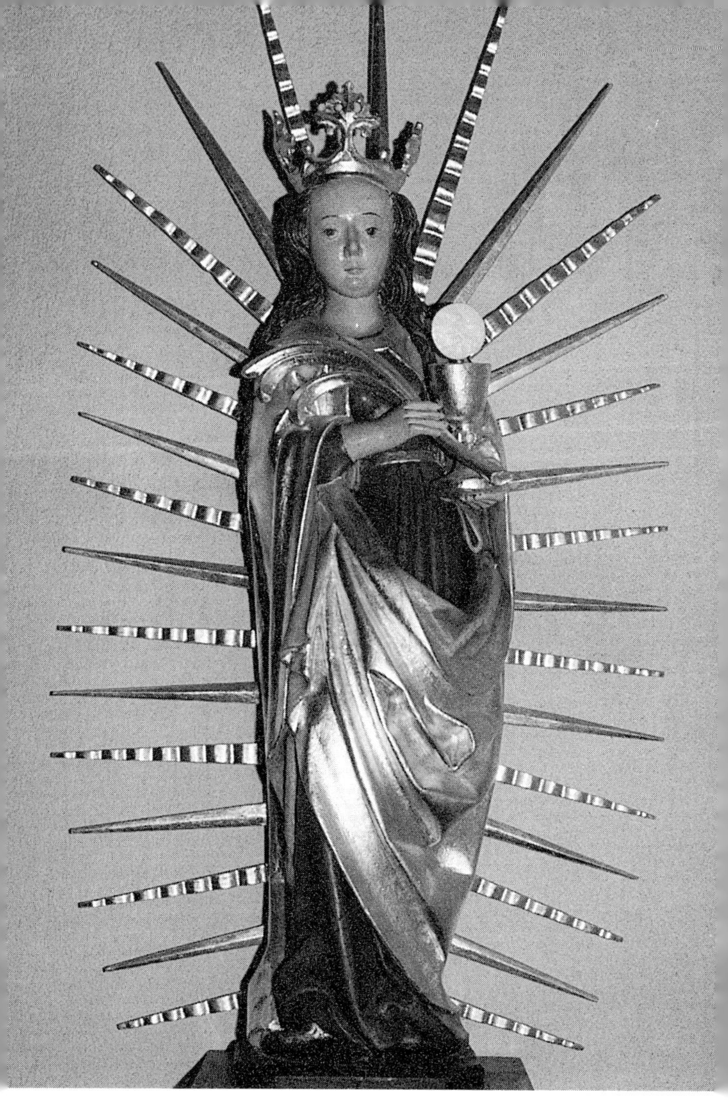

88 *Ellwangen-Rattstadt. Hl. Barbara in der Dreifaltigkeitskapelle*

tenaltar mit hl. Ottilia, rechts »Martyrium der hl. Apollonia«. Altarblatt des Hauptaltars »Mariä Himmelfahrt« von 1860.
Bedeutendstes Kunstwerk der Kirche ist das Gnadenbild, eine Pietà, am linken Seitenaltar, eine ergreifende Darstellung um 1490: Maria in ungewöhnlicher Haltung den toten Sohn beweinend. Fassung nicht original, zu grell. An den Wänden gute barocke Ölbilder. Das Deckenfresko über dem Schiff von *Gebhard Fügel,* 1916, anstelle des verlorenen Freskos von *Widemann:* Kreuzigungsbild mit Bezug auf Not und Trauer der Menschen im Weltkrieg. Das schmiedeeiserne Gitter aus dem 18. Jh.
Im Ort Rindelbach noch erhalten, wenn auch nicht mehr in Gebrauch, die alte *Rindelbacher Brücke* mit Nepomukfigur.

Eigenzell Die gotische Kapelle *St. Sebastian (kath.)* mit polygonem Chor, Strebepfeilern und spitzem Chorbogen. Im Chor Barockaltar mit Nazarenerbild, hl. Sebastian. An den Chorwänden kleine Barockfiguren. Rechts vom Chorbogen sehr guter barocker hl. Laurentius mit dem Rost. Über dem Chorbogen spätgotisches Kruzifix.

Rattstadt 1731 erbaute *Dreifaltigkeitskapelle (kath.)* mit Turm, einfacher Bau mit eingezogenem Chor hinter hohem Chorbogen. Beachtliche Ausstattung der 1981 renovierten Kapelle: barocker Hauptaltar mit gutem Altarblatt »Aufnahme Mariens in den Himmel durch die Heilige Dreifaltigkeit«. Rechts und links des Altars barocke Apostelfiguren. An der Chorwand Halbfiguren der hll. Ignatius und Dominikus. Um den Chorbogen aufgereiht kleine geschnitzte Halbfiguren der 12 Apostel. Rechts vom Chorbogen sehr gute spätgotische Barbara im Strahlenkranz, geschnitzt und farbig gefaßt, links eine barocke Madonna. Im Langhaus rechts barocke Figur des hl. Patrizius, links Kruzifix mit Maria und anderen weiblichen Heiligen (barock).

Ellwangen-Röhlingen

Pfarrkirche St. Peter und Paul (kath.). Neugotischer Bau von 1900 anstelle einer romanischen, im 18. Jh. umgebauten Kirche. Die Besonderheit dieser Kirche ist der große Kreuzweg an den Wänden von Längs- und Querschiffen von → *Alois Schenk,* 1919–1921: ein Beispiel früher Bemühungen, den Historismus in der kirchlichen Kunst zu überwinden zugunsten expressiver, an Jugendstil angelehnter Formen und Darstellungsweisen.
Dietersbacher Kapelle (Marienkapelle). Baulich in schlechtem Zustand befindlicher Barockbau. Seitenaltäre mit Fresken in üppigem Stuckrahmen (Christus und Maria). Der Barockaltar im Chor wird nach der

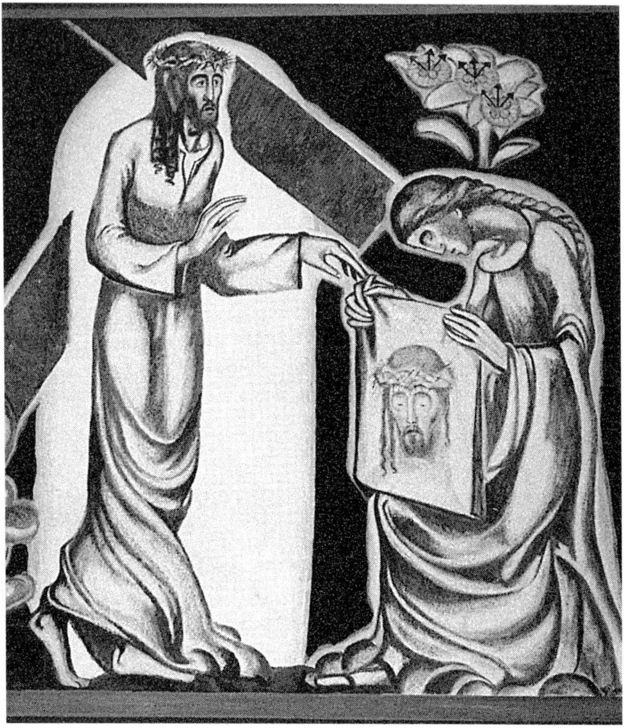

89 Ellwangen-Röhlingen. Kreuzweg von Alois Schenk in der kath. Pfarrkirche

Renovierung der Kapelle, geplant 1989/90, wieder die sehr gute spätgotische Pietà aufnehmen, die heute entfernt ist.

Dettenroden *Kapelle St. Sebastian (kath.)* von 1716, 1988 renoviert, mit beachtlicher barocker Innenausstattung: Altar von 1717 mit hl. Sebastian, Kruzifix, Deckenbild mit den Heiligen Drei Königen.

Erpfental *Kapelle St. Ägidius.* Bau im Kern aus dem Mittelalter, 1585 und im 19. Jh. erneuert. Im Innern Reste gotischer Wandmalerei, Szenen aus dem Martyrium des hl. Ägidius (1390). Renovierung 1989/90.

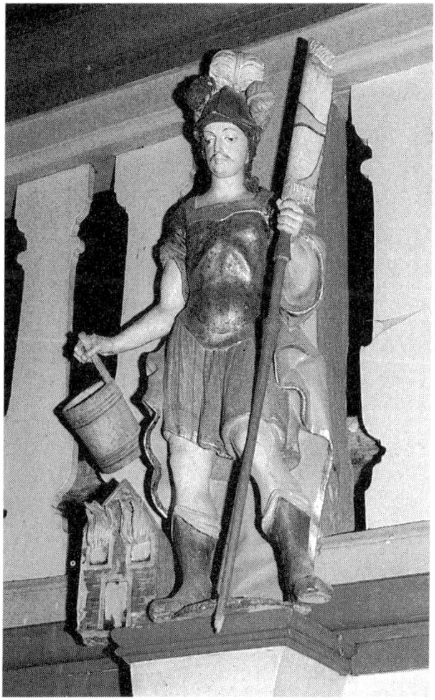

90 Ellwangen-Haisterhofen. St. Florian in der Ursulakapelle

Haisterhofen *Kapelle St. Ursula (kath.).* Bau von 1702 mit polygonem Chor und hübschem Türmchen, anstelle eines gotischen Vorgängerbaus. Im Innern gotische Holzfigur der hl. Katharina am linken Chorbogen und Rokokogestühl. Im übrigen Ausstattung, Wandbemalung und Holzdecke neugotisch. An der Empore schöne barocke Holzfigur des hl. Florian.

Killingen Ansehnliche *Barockkapelle St. Martin (kath.).* Im Innern ist nach Renovierung die Rokokostukkatur wieder freigelegt. Sehr gute Altäre von 1672/74 mit reicher Säulenornamentik, Altarblätter von *F. Bentele,* 1873. Vor dem linken Seitenaltar geschnitzte Marienstatue aus dem 16. Jh., etwas spröde Darstellung, am rechten Seitenaltar lebhafte barocke Figur des Papstes Silvester, an der südlichen Langhauswand gute barocke Madonna über Mondsichel, links frühbarocke Kanzel mit Evangelistenbildern.

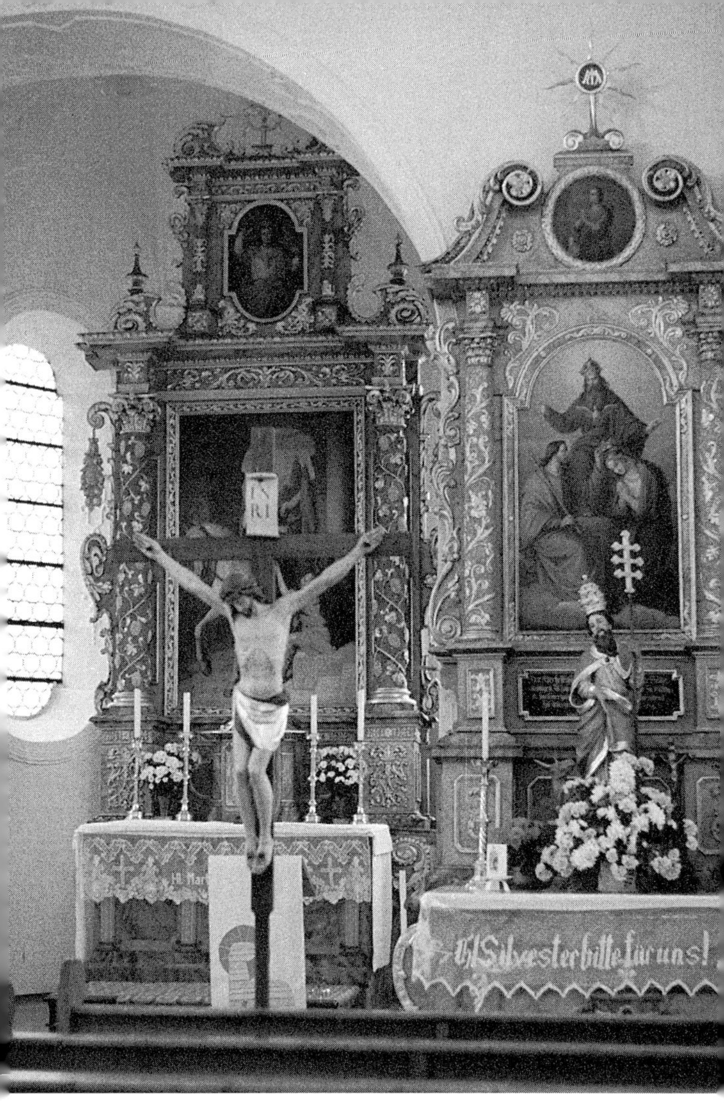

91 *Ellwangen-Killingen. Die Martinskapelle*

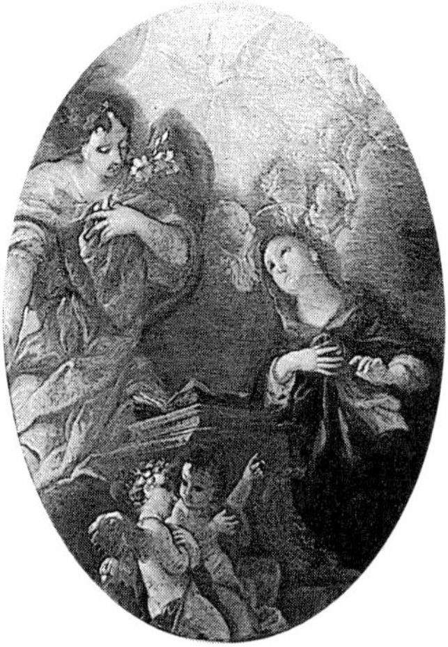

92 Ellwangen-Neunheim. Verkündigungsbild von Johann Bergmüller in der Schutzengelkapelle

Neunheim *Die Schutzengelkapelle (kath.),* ein anspruchsvoller Bau um 1724, kreuzförmig mit drei runden Abschlüssen und Turm an der Westseite. Das Innere ist ein schöner barocker Zentralbau mit Pilastern und korinthischen Abschlüssen. Im Chor steinernes Kruzifix mit Maria und Johannes. Rechts im Schiff ovales Bild »Verkündigung«, vermutlich von → *Johann Georg Bergmüller.*

Neunstadt *Kapelle zu den 14 Nothelfern (kath.).* Bau von 1722 an der Stelle eines gotischen Vorgängerbaus. Im Innern sehr gutes großes spätgotisches Kruzifix an der rechten Langhauswand und Figur des hl. Blasius am Chorbogen, gotisch. Das Tafelbild mit den 14 Nothelfern im Hauptaltar von → *Josef Anton Koch.* Weitere barocke Heiligenfiguren neben dem Altarbild und im Langhaus.

Rötlen Vom einstigen Schloß, lange Zeit als ellwangisches Oberamt dienend, sind hinter tiefem Burggraben noch Reste der Mauer und die ehem. Schloßkapelle erhalten. Aus Rötlen stammte der Reformator Speratus, der in Ostpreußen die Reformation einführte (Gedenktafel an der Schloßkapelle).

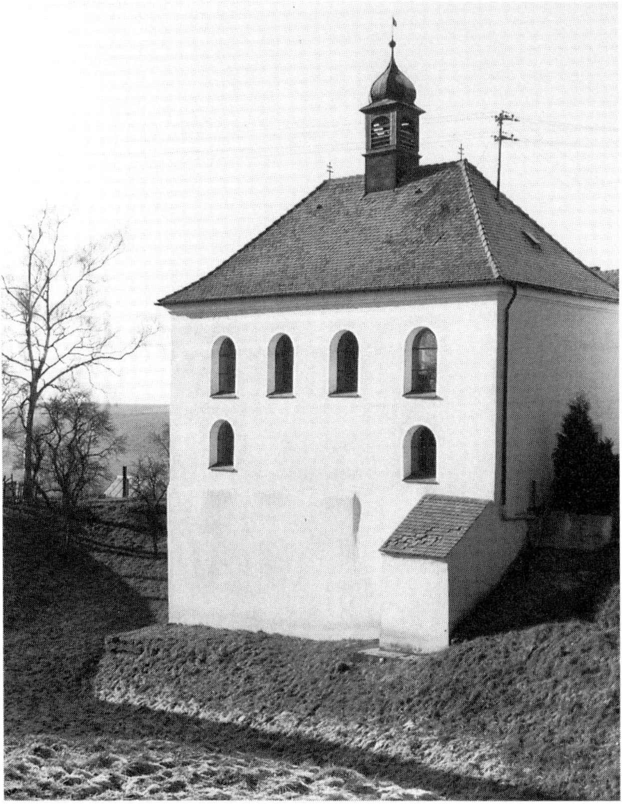

93 Ellwangen-Rötlen. Die Schloßkapelle hinter dem Burggraben

St.-Katharinen-Kapelle (Schloßkapelle). Der gut renovierte Kirchenraum mit drei Barockaltären; Altarblätter von → *Josef Anton Koch:* Szenen aus dem Leben der hl. Katharina, rechts Jakobslegende. An der linken Wand des Schiffes große, sehr eindrucksvolle spätgotische Pietà, rechts Kruzifix (barock).

94 Ellwangen-Schrezheim. Der linke Seitenaltar mit dem Fayencealtärchen in der Antoniuskapelle

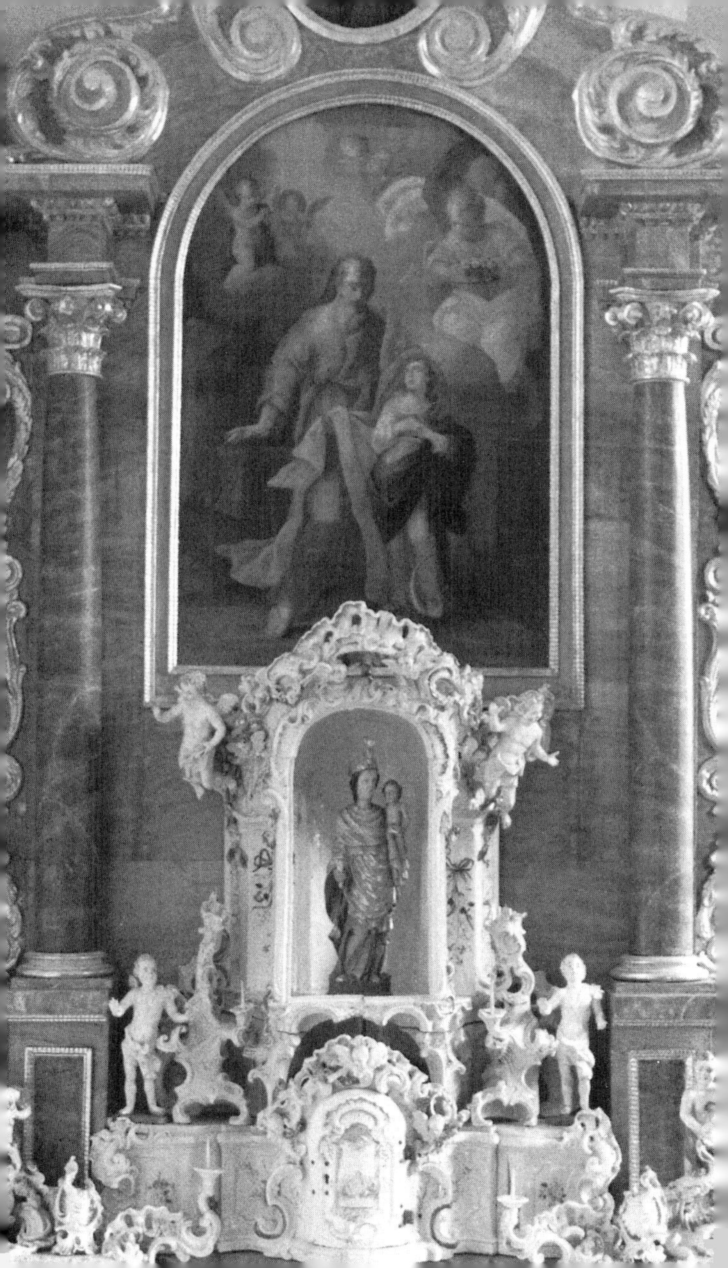

Ellwangen-Schrezheim

Die *St.-Antonius-Kapelle (kath.)*, gestiftet von einem Ziegeleibesitzer, 1729 geweiht, hatte die Funktion einer Familienkapelle der Familien Ziegler und Bux, die 1752 eine Fayencefabrik gegründet hatten.
Die Besonderheit der als Bauwerk einfachen Kapelle sind die drei Barockaltäre mit guten Altarblättern von 1729. Der größte Schatz der Kapelle ist der Fayencealtar auf der Mensa des linken Seitenaltars, eine besonders reizvolle Spielart der Kunst des Rokokos in unserem Raum. Er stammt von 1773/74, ursprünglich bestimmt als Tabernakelvorsatz für den Hochaltar. Über dem Tabernakel Aufbau mit baldachinartiger Nische, in ihr farbig gefaßte Holzskulptur der Muttergottes. Altaraufbau mit Putten und reichem Rokokozierat, Rocaillen und andere Barockformen. Die feine Bemalung entspricht der Fayencekunst, insbesondere die farbig gefaßten Blumenbuketts und Gehänge (Maße des Altars: 135 cm hoch, 165 cm breit). Altarblatt des Hauptaltars von → *Scheffler*.

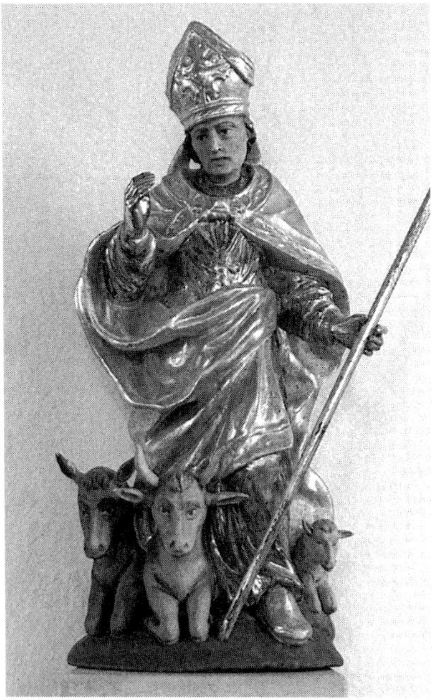

95 Ellwangen-Eggenroth. Kirchenpatron Patrizius

Die Deckenfresken mit Szenen der Legende des hl. Antonius von Padua von *Josef Wintergerst,* 1821, einem Sohn des Malers → *Anton Wintergerst* und Bruder des letzten Fabrikinhabers (später Akademieprofessor in Düsseldorf).

Eggenroth *St.-Patrizius-Kirche (kath.),* neugotischer Bau mit nach Renovierung modern gestaltetem Chorraum. Rechts vom Chorbogen Barockfigur des Patrons Patrizius und reizvolles Ensemble der 14 Nothelfer in kleinen Barockfigürchen. Links barocke Madonna.

Espachweiler *St.-Ulrichs-Kapelle.* 1880 erbaute einfache Kapelle. Altar mit modern gestalteter Ulrichslegende, an der linken Wand originelles Barockbild mit der Darstellung der Heiligen Familie inmitten von Heiligen.

Rotenbach *St.-Blasius-Kapelle (kath.),* 1736 erbaut, 1958 renoviert, mit holzgeschnitzten Figuren aus der Zeit der Renovierung.

Erpfental → Ellwangen-Röhlingen

ESCHACH

Frühe Rodungssiedlung, seit dem 12. Jh. staufischer niederer Adel nachgewiesen. Wie in benachbarten Gebieten des Schwäbischen Waldes erhielten die angesiedelten Bauern Reichsfreiheit mit eigener Verwaltung und Gerichtsbarkeit, die im Mittelalter zunehmend von den benachbarten Landesherren beschnitten wurde.

Ev. Pfarrkirche (ehemals St. Johannes d. T.). Romanische Chorturmkirche aus dem 12. Jh. Der Chorturm noch erhalten, während das Schiff 1493 abgerissen wurde zugunsten eines sich südlich an den Chorturm anschließenden spätgotischen Neubaus.
Der dreiseitig geschlossene und mit gotischen Maßwerkfenstern versehene Chor mit Netzrippengewölbe von *Hans von Urach,* einem am Bau des Gmünder Heilig-Kreuz-Münsters und St. Michael in Schwäbisch Hall tätigen Meisters. Das Langhaus ist flach gedeckt.
Das Sakramentshäuschen von *Hans von Urach* 1494 als schlankes, filigranes Turmgebilde errichtet.
Der Hochaltar im Chor gotischer geschnitzter Schrein mit Figuren von → *Jörg Syrlin d. J.,* 1495. Die 1817 verkauften gemalten Altarflügel und Predella von → *Bartholomäus Zeitblom* mit Szenen der Verkündigung, der Heimsuchung und den vier Kirchenvätern sind heute in der Staatsgalerie Stuttgart sowie in den Staatlichen Museen Berlin-Dah-

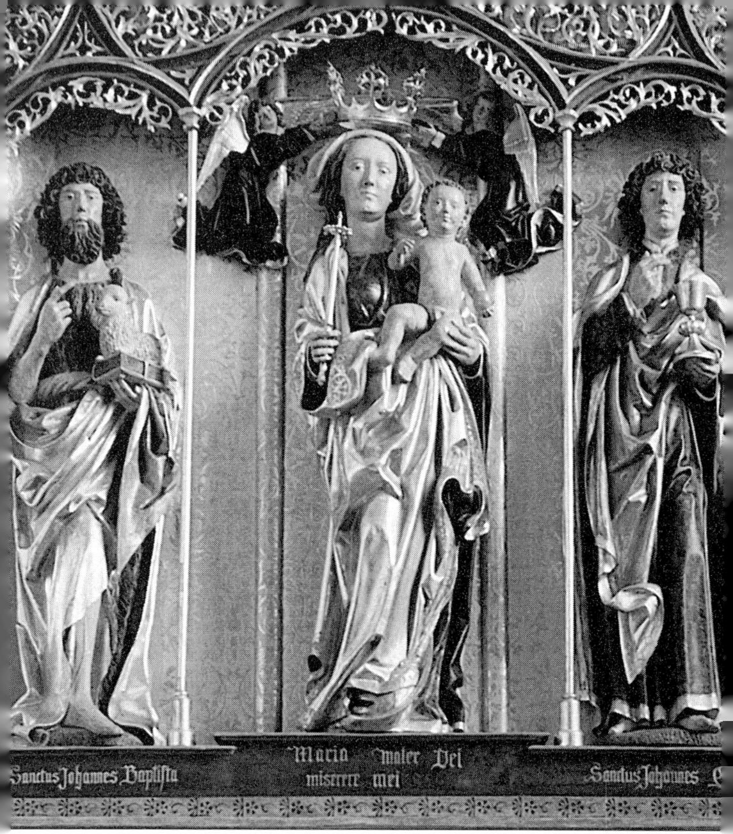

96 Eschach. Schnitzfiguren im Hochaltar von Jörg Syrlin d. J. in der ev. Pfarrkirche

lem. Kopien der Altarflügel an der Südwand der Pfarrkirche. Der mit Gesprenge 6,70 m hohe Altarschrein enthält die Figuren der von Engeln gekrönten Muttergottes zwischen Johannes d. T. und Johannes Ev. Die Skulpturen sind typische und hervorragende Beispiele der Ulmer Plastik des ausgehenden 15. Jh. Im Gesprenge Krönung Mariens durch Gottvater und Christus. In den seitlichen Nischen Engel mit Leidenswerkzeugen.
An der rechten Ostwand des Langhauses das ehem. Chorbogenkruzifix, gestiftet 1676, äußerst realistische Darstellung des leidenden Gekreuzigten mit Dornenkrone.
Der ehem. Chorturm, vom Chor an der Nordseite zugänglich, dient als

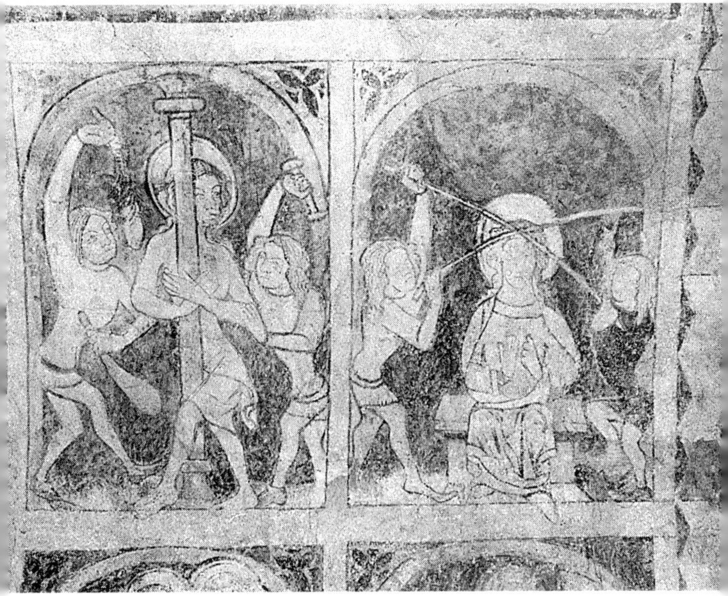

97 Eschach. Frühgotische Fresken im ehem. Turmchor

Sakristei. Der tonnengewölbte alte Chor ist geschmückt mit qualitativ und vom Erhaltungszustand hervorragenden gotischen Fresken um 1360. Im Scheitel Christus in der Mandorla auf dem Regenbogen (Farbtafel 1). An den Gewölbeflächen Szenen vom Leben und Leiden Christi in Rundbogenfeldern. Diese erst 1914 wiederentdeckten und 1962 restaurierten gotischen Malereien gehören zu den Höhepunkten mittelalterlicher Wandmalereien in unserem Gebiet.
Sonntags geöffnet. Werktags Schlüssel im Pfarrhaus (Tel. 0 71 75/2 10).
Seifertshofen *Bauern- und Technikmuseum*: Täglich 9–18 Uhr geöffnet.

ESSINGEN

Erste urkundliche Erwähnung des Ortes um 1100. 1345, ebenso wie Lauterburg unter der Herrschaft der Grafen von Oettingen, kommt Essingen 1361 an Württemberg. Seit 1413 als Lehen an die Herren von Woellwarth übergeben, die im Laufe des 16. Jh. die Güter anderer

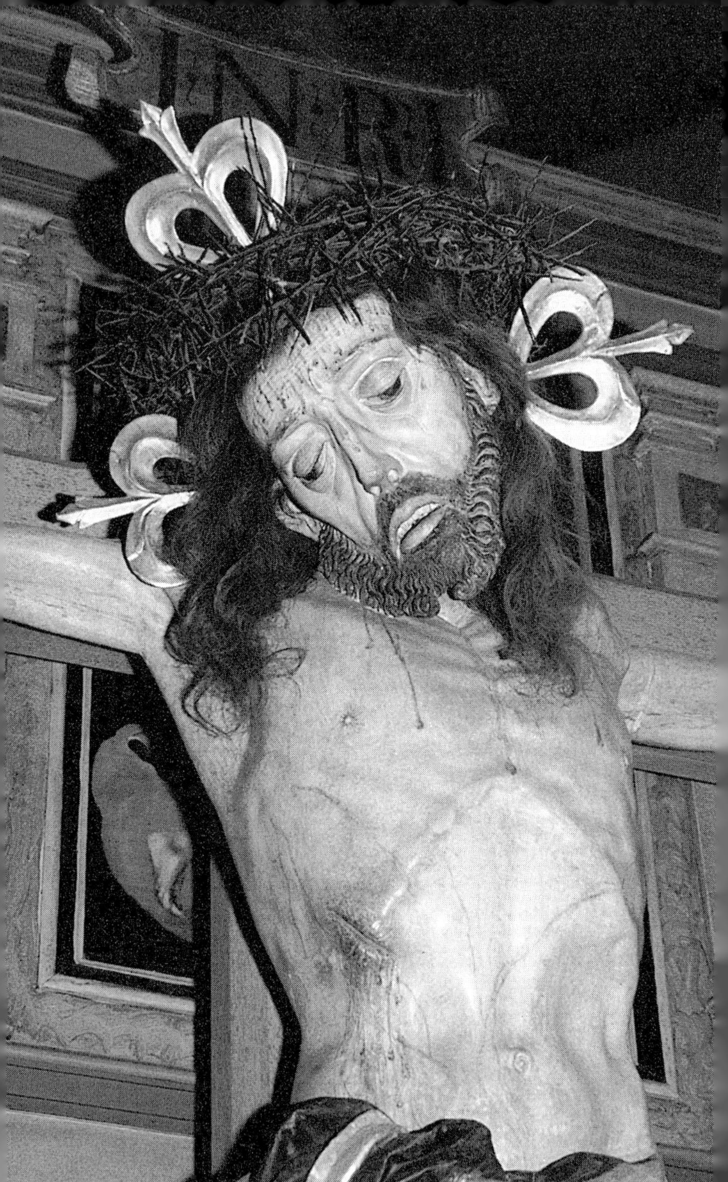

Grundbesitzer in Essingen (Kloster Gotteszell und Spital von Gmünd, Kloster Kirchheim/Ries) aufkauften. Einführung der Reformation 1522, endgültig 1538. Schon im 12. Jh. Eisenverhüttung, im 16. Jh. unter maßgeblicher Beteiligung der Herren von Woellwarth für kurze Zeit Schmelzofen in Essingen.

Pfarrkiche St. Quirinus (ev.). Stattlicher Bau mit mächtigem Turm aus dem 15. Jh. Im Innern besonders bemerkenswert im Chor vor der Orgel-Emporen-Brüstung großer geschnitzter Christus am Kreuz, realistische Darstellung mit echten Haaren, vom Anfang des 16. Jh.
Die Emporen sind geschmückt mit Ölmalereien: An den Brüstungen Christus und die 12 Apostel, an der Orgelbühne im Chor hinter dem Kreuz neun musizierende Engel, um 1670. Bemerkenswert die Epitaphien und Scheiben verschiedener Angehöriger des Hauses Woellwarth, besonders an der Nordseite oben das Epitaph der Sofia Floriane von Stetten, geb. von Gemmingen, 1720, Ölbild in üppigem Rahmen. Runder bemalter Totenschild für Sebastian von Woellwarth, gest. 1601, Sandstein.
Das Woellwarthsche *Schloß* aus dem 16. Jh., im Besitz der Lauterburgschen Linie der von Woellwarth. Neben dem Schloß schöner, der Öffentlichkeit zugänglicher Park. In Privatbesitz ebenfalls das Schloß Dorotheenhof südlich der Kirche.
Woellwarthsches Amtshaus, östlich der Kirche, stattliches Gebäude aus dem frühen 17. Jh.
Alte Friedhofskapelle. Gotischer Ursprung, im Innern noch Reste gotischer Malerei. Das stark heruntergekommene Gebäude soll grundlegend renoviert werden.
Schloß Hohenroden, an der Straße zwischen Essingen und Lautern, Privatbesitz. Herren von Roden seit 1273 nachgewiesen, seit 1401 an die Woellwarths übergegangen.

Essingen-Lauterburg

Die Burg, 1128 erstmals urkundlich erwähnt, damals im Besitz der Pfalzgrafen von Dillingen. Nach deren Aussterben gelangt die Burg zusammen mit dem Rosenstein und Heubach zuerst an die Staufer, dann an die Hacken von Woellstein und im 14. Jh. an die Grafen von Oettingen, die die Burg zusammen mit Essingen und der Stadt Aalen an den Grafen von Württemberg verpfänden. 1413 zusammen mit Essingen an die Herren von Woellwarth (württembergische Vögte) gelangt, die 1479 die Burg als württembergisches Lehen erwarben.

98 Essingen. Spätgotisches Kruzifix in der ev. Pfarrkirche

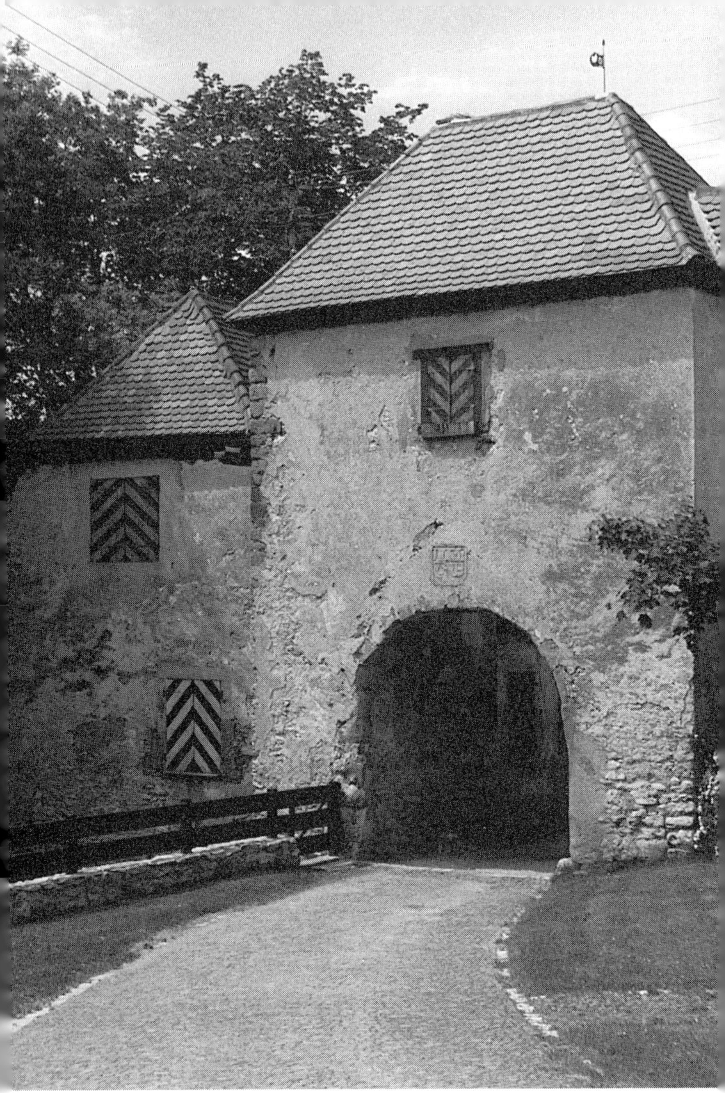

99 Essingen-Lauterburg. Eingang zur Burgruine

Noch eindrucksvolle Reste der 1732 durch Brand zerstörten *Burg* erhalten und zugänglich. Mauern z. T. mit Buckelquadern.
Die Kirche, 1607 erbaut als *ev. Pfarrkirche* für die Woellwarthschen Untertanen in Lauterburg und Lautern. Chorraum mit Netzgewölbe. In den Gewölbezwickeln Wappenmalerei. Gedenktafel des Stifters der Kirche, Georg Adolf von Woellwarth (gest. 1612): Gottvater und Verklärung Christi.

Fach → Obergröningen
Fachsenfeld → Aalen
Flochberg → Bopfingen
Frickenhofen → Gschwend
Gaishardt → Neuler
Geislingen → Unterschneidheim

GÖGGINGEN

Göggingen und Mulfingen vermutlich alamannische Gründungen, Mulfingen 783 erstmals erwähnt. Westlich Göggingen auf einem Bergvorsprung über dem Götzenbachtal noch Wall und Graben eines Burgstalls der Herren von Göggingen. Von diesen geht der Ort 1465 an das Kloster Lorch über.

In der Dorfmitte die *St.-Nikolaus-Kirche (kath.),* eine kleine Chorturmkirche, äußerlich in den reinen Formen der Erbauungszeit des 13. Jh. Chorturm mit Pyramidendach und Schießscharten. An der Südwand spätgotisches zweiteiliges Maßwerkfenster mit Fischblasen.
Der neu gestaltete Innenraum, Langhaus nach Norden erweitert, wird mit spitzem Chorbogen vom Turmchor abgesetzt. Im Chor Netzgewölbe, an der Ostwand großes spätgotisches Kruzifix, darunter sehr gute spätgotische Holzstatuen der Märtyrer Veit und Sebastian. An der Nordwand Muttergottes aus derselben Zeit und in der vergitterten Sakramentsnische kleine Statue des hl. Nikolaus. Moderne Fenster im Langhaus von *Gudrun Müsse-Florin,* Göggingen: Passion, Auferstehung, Pfingsten.
Johanneskirche (ev.). 1898 als neugotischer Bau von *Dolmetsch* errichtet. Gutes Beispiel historisierender Architektur, die Innenausstattung einheitlich noch aus der Erbauungszeit.
Schloß Horn. Gründung der Herren von Göggingen, danach seit dem 13. bzw. 14. Jh. im Besitz der Herren von Rechberg, derer von Ahelfingen sowie verschiedener anderer Geschlechter. 1981, nach Brand der Ökonomiegebäude, umfassende Renovierung.
Malerischer Torbau mit südlichem Rundturm. Hauptbau mit Mansard-

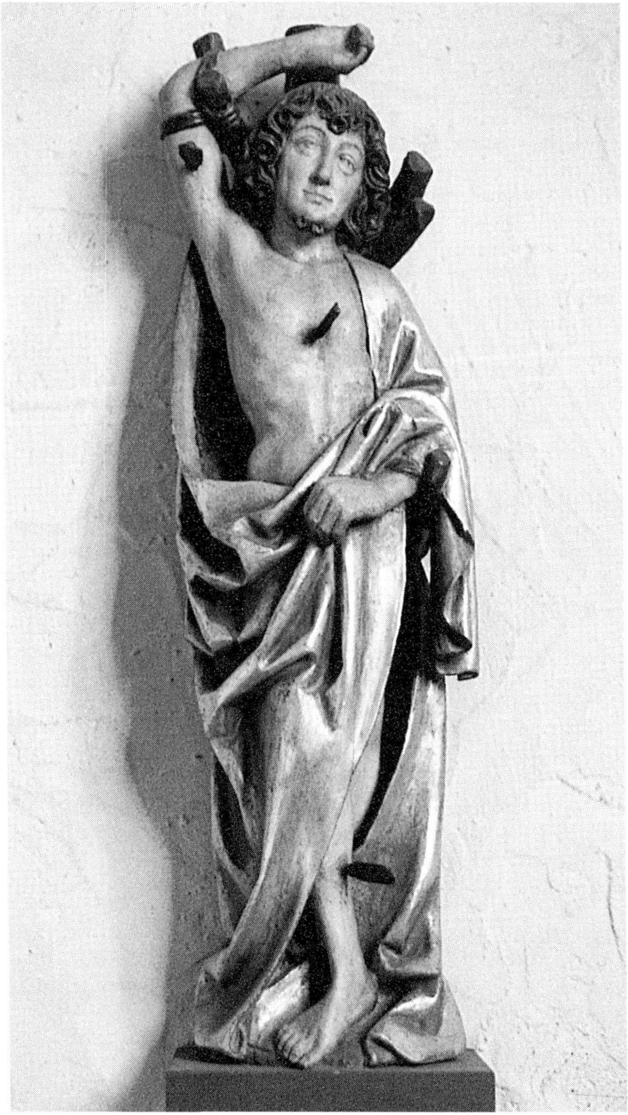

100 Göggingen. Hl. Sebastian in der Nikolauskirche

walmdach, zweigeschossig, an der Ostfassade Volutengiebel mit Wappen der Familie von Schwarzach (1746–1954), Balkon und großem rundbogigem Portal. Über dem Bogen des Torbaus Wappen derer von Schwarzach, von zwei Löwen gehalten.
Schloß und Park im Privatbesitz, dem Publikum nicht zugänglich.
Rechts vom Torbau die 1758 erbaute *Kapelle »Unserer Lieben Frau«*, 1969 renoviert, dabei Anbau eines Umgangs um den Chor. Im Innern spätbarocke Ausstattung: links und rechts vom Chorbogen Erzengel Gabriel und Maria. Der Hochaltar in den Formen des Rokoko mit gutem Gemälde der Heiligen Familie, umrahmt von einem Kranz von Engelsköpfen. Oberhalb des Gemäldes die beiden in der Diözese Augsburg verehrten hll. Ulrich und Afra. Deckenfresken, im Hauptbild »Opferung Mariens«. An der Nordwand der Kapelle Kreuzigungsgruppe (von der ehem. Kapelle bei der Horner Mühle).

Goldburghausen → Riesbürg

GSCHWEND

Besiedlung seit dem 12. Jh. durch Rodungsbauern, ähnlich anderer Dörfer nördlich von Rems und Lein. Den Bauern wurden von den Staufern Privilegien und Freiheiten eingeräumt, insbesondere eigene Gerichtsbarkeit. Als Dorf wird Frickenhofen 1293 erstmals erwähnt. Seit dem 13. Jh. Einflußnahme mehrerer Landesherren, die allmählich über den größten Teil des Gebietes der heutigen Gemeinde Hoheitsrechte und Vogtei beanspruchen. Einführung der Reformation 1537 durch die Limpurger.
Bei Mittelbronn im 16. Jh. Abbau von Steinkohle, in Horlachen im 17. Jh. Glashütte.

Am Marktplatz die 1861/63 im neugotischen Stil erbaute *ev. Pfarrkirche* anstelle der Vorgängerkirche von 1760. Erbauer der Kirche *Christoph Leins,* der auch für wichtige Bauten Stuttgarts (Villa Berg, Johanneskirche am Feuersee) verantwortlich zeichnet.

Schlechtbach *Als Ort 1360 erstmals erwähnt. Die Besitzrechte teilen sich seit dem 14. Jh. Kloster Lorch, Heilig-Geist-Spital und Kloster Gotteszell von Gmünd. Für die Kapelle zuständig war Gotteszell, deshalb bis heute katholisch.*

Andreaskapelle (kath.). 1447 auf einem Hügel mitten im Dorf erbaut. Über dem Giebel ein kleiner mit Holzschindeln verkleideter Turm. Im Innern der Kapelle mit gotischen Maßwerkfenstern besonders wertvolle Ausstattung: gotischer Hauptaltar, im Schrein Muttergottes, ein

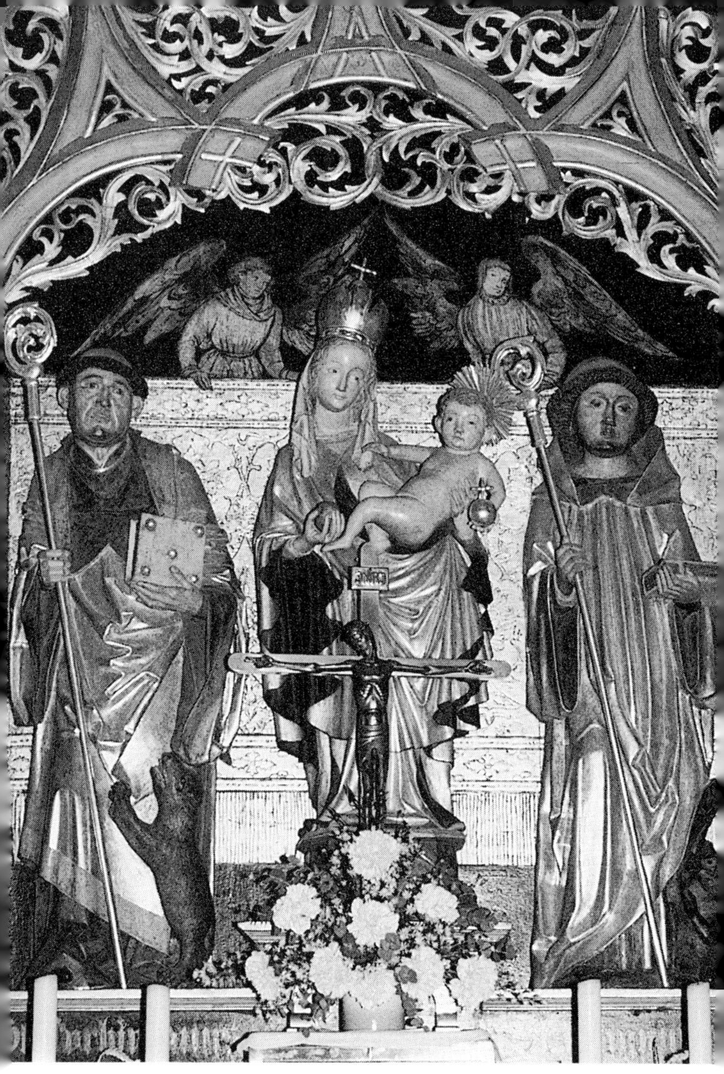

101 Gschwend-Schlechtbach. Gotischer Hochaltar der Andreaskapelle mit Madonna um 1420

102 Gschwend-Frickenhofen. Tafel der Kirchenerbauer an der ev. Pfarrkirche

in unserem Raum seltenes Beispiel einer sog. »Schönen Madonna« von 1420, mit stark S-förmiger Haltung, hochgehaltenem Kind, innigem Gesichtsausdruck. Ihr zur Seite Statuen der hll. Magnus (mit Drachen) und Korbinian (mit Bär), Ende 15. Jh. Die gemalten Altarflügel modern (1946) von *Josef Braun*: Darstellungen des Marienlebens, Schmerzhafte Muttergottes und Schmerzensmann.
Weitere qualitätvolle spätgotische Figuren: im Chor die hll. Andreas und Patrizius (Bischof mit Stab und Buch), an der Nordwand des Schiffes Josef und Antonius von Padua. An der Südwand große Kreuzigungsgruppe mit den Aposteln Johannes und Paulus.

Gschwend-Altersberg

Brandhof *Sägmühle,* alte Haferstampe von etwa 1830, als technisches Kulturdenkmal restauriert, Besichtigung über das Sägwerk.
Horlachen *Heimatmuseum* im alten Rathaus. Einrichtung: Geräte des Handwerks und der Bauernhöfe, Dokumente der Geschichte des Ortes und der Ortsteile. Eröffnung 1990.

Gschwend-Frickenhofen

Ev. Pfarrkirche (ehemals St. Nikolaus). 1743 erbaut anstelle einer gotischen Vorgängerkirche, die 1634 abgebrannt war. An der Kirche neben dem Eingang Gedenktafel an den Pfarrer Wolfgang Kirschenesser, im Bauernkrieg Kanzler und Schreiber des »Hellen Limpurgischen Haufens«, 1525 enthauptet.
Im Innern an der Ostseite die Kanzel, davor Altartisch, über diesem spätgotisches Kruzifix. An der Brüstung der Westempore barocker Bilderstreifen mit Szenen der Leidensgeschichte.
Pfarrhaus neben der Kirche aus dem 17. Jh. mit hohem Fachwerkgiebel.

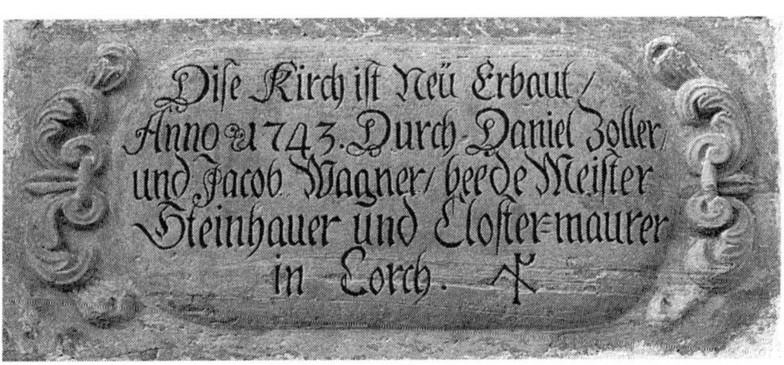

Haisterhofen → Ellwangen-Röhlingen
Halheim → Ellwangen-Pfahlheim
Herlikofen → Schwäbisch Gmünd

HEUBACH

Die Burg Rosenstein, an derselben Stelle wie die alte Keltenburg, von der ersten Hälfte 12. Jh. im Besitz des schwäbischen Pfalzgrafen (Burg Lauterburg). Der Ort Heubach 1291 erstmals urkundlich erwähnt, nacheinander im Besitz der Hacken von Wöllstein, der Grafen von Oettingen seit 1345, danach der Grafen von Württemberg und der Herren von Woellwarth (seit 1430). Stadtrecht seit dem 14. Jh. In dem kirchlich zum Kloster Königsbronn gehörenden Ort Ende 15. Jh. Gründung der »St. Barbara und Katharina-Bruderschaft«, wodurch die Pfarrei Heubach ein religiöser Mittelpunkt wird. 1579 geht der Ort wieder an das Haus Württemberg über. 1553/56 Einführung der Reformation.

Der *Rosenstein* bildet eine große Hochfläche, umgeben von hohen Felswänden, nur im Südosten über einen schmalen Rücken Verbindung mit der übrigen Albhochfläche. Aus den Höhlen des Rosensteins (Große und Kleine Scheuer, Haus, Finsterloch, Dreieingangshöhle) stammen Funde und Zeugnisse aus Alt- und Jungsteinzeit sowie Hallstattzeit. Die Hallstattzeit sieht den Rosenstein durch seine exponierte geographische Lage als Ort befestigter Siedlung, durch Wallanlagen an den wenigen Zugängen geschützt, heute noch erkennbar am südöstlichen Zugang zum Rosenstein und auf dem Weg zur mittelalterlichen Burgruine.

Ev. Pfarrkirche (ehemals St. Ulrich). Untergeschoß des Turms und Südwand romanisch aus dem 12./13. Jh., ein romanisches Fenster freigelegt. Frühgotische Sakristei zwischen Turm und Langhaus: Das spitzbogige Gewölbe wird von einem achtkantigen Mittelpfeiler gestützt. Netzgewölbter Chor mit Polygonalabschluß, Strebepfeilern und Maßwerkfenstern, 1441. Um den Chorbogen Renaissance-Ornament-Malereien.
Kirchenschiff mit großer Empore an Süd- und Westseite, mit beachtlichen, auf Holz gemalten Darstellungen von Christus und den Aposteln (Mitte 17. Jh.) sowie der Harfe spielenden Orpheus und David. Unterhalb der Empore an der Südwand 10 Prophetenbildnisse, Anfang des 16. Jh., von der ursprünglichen, 1968 wiederentdeckten Empore. Besonders bemerkenswert an der Südwand, nur über die Empore zugänglich, das große Fresko »Maria auf dem Stufenthron«, Anfang 14. Jh. (Farbtafel 3), sowohl seiner künstlerischen Qualität als auch sei-

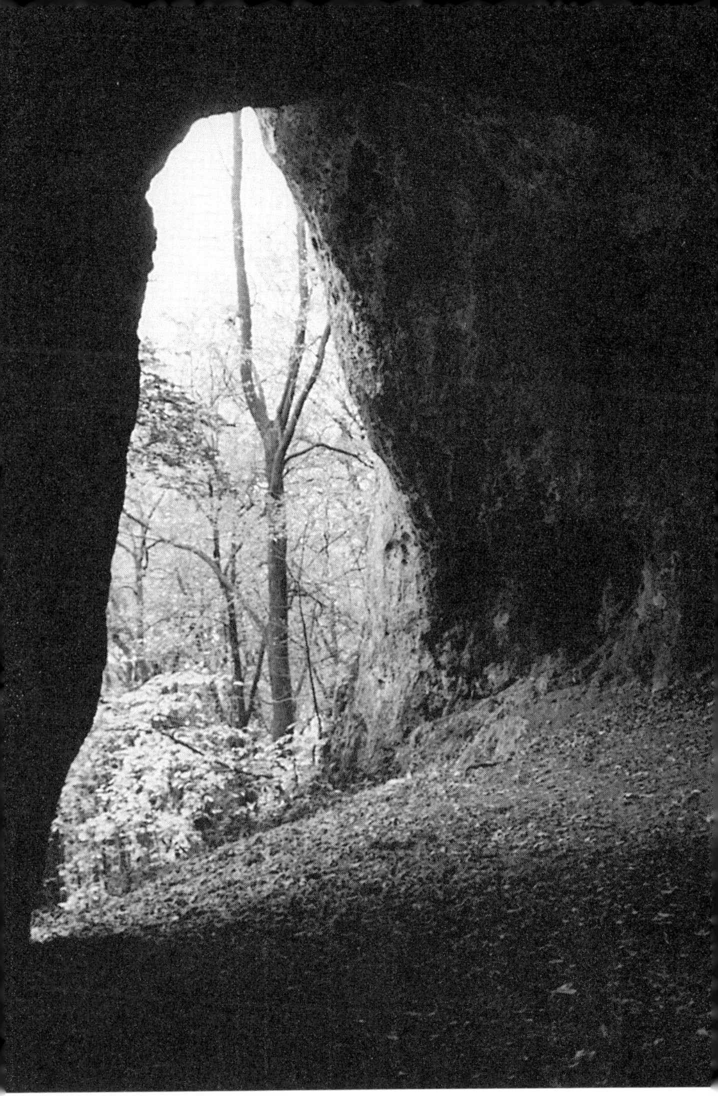

103 Heubach. Die Große Scheuer am Rosenstein

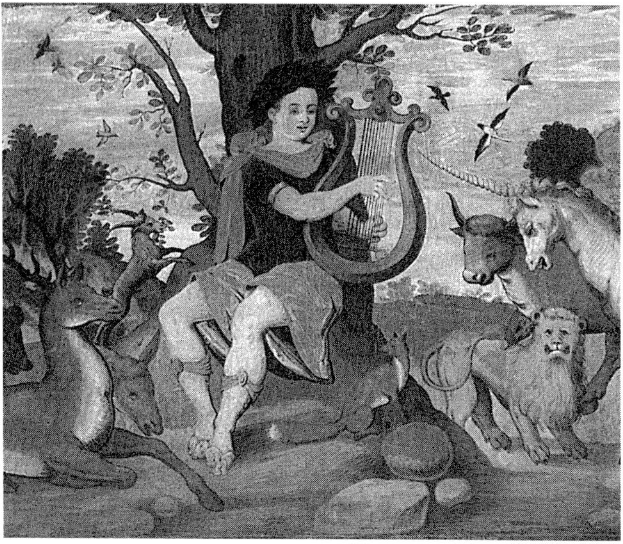

104 Heubach. Orpheus an der Empore der ev. Pfarrkirche

nem Erhaltungszustand nach ein außergewöhnlich wertvolles Beispiel hochgotischer Wandmalerei. Kanzel links vom Chorbogen, Mitte 17. Jh., mit Christus und den vier Evangelisten zwischen den Pilastern. Kanzeldeckel mit Posaunenengel.

Im Chor eine Reihe hervorragender Epitaphe und Totenschilde aus Renaissance und Barock. Besondere Beachtung verdient die gemalte Altartafel am Chorende, eine eindrucksvolle Darstellung der Leidensgeschichte Jesu in 12 Einzelbildern, im Stil an die Malerei um 1530 (Schäufelin) erinnernd, aber datiert 1615.

Wenn geschlossen, Schlüssel im Gemeindehaus, Klotzbachstr. 37 (Tel. 07173/8607).

Neben dem *Blockturm,* dem letzten Rest der alten Stadtbefestigung, *Marktplatz* mit Eisenkunstgußbrunnen aus Königsbronn mit württembergischem Wappen am Brunnentrog (1777). Am unteren Ende des Platzes Bronzesitzgruppe von *Maria Kloss.*

Das *Rathaus,* ein Fachwerkbau von 1581, seit 1579 württembergisches Oberamt. 1908 und 1965 Umbauten (Arkaden). In der Eingangshalle Wandmosaik von *Otto Eberle* (Lebensbaum) und »Drei Grazien« von *J. W. Fehrle* im 1. Stock.

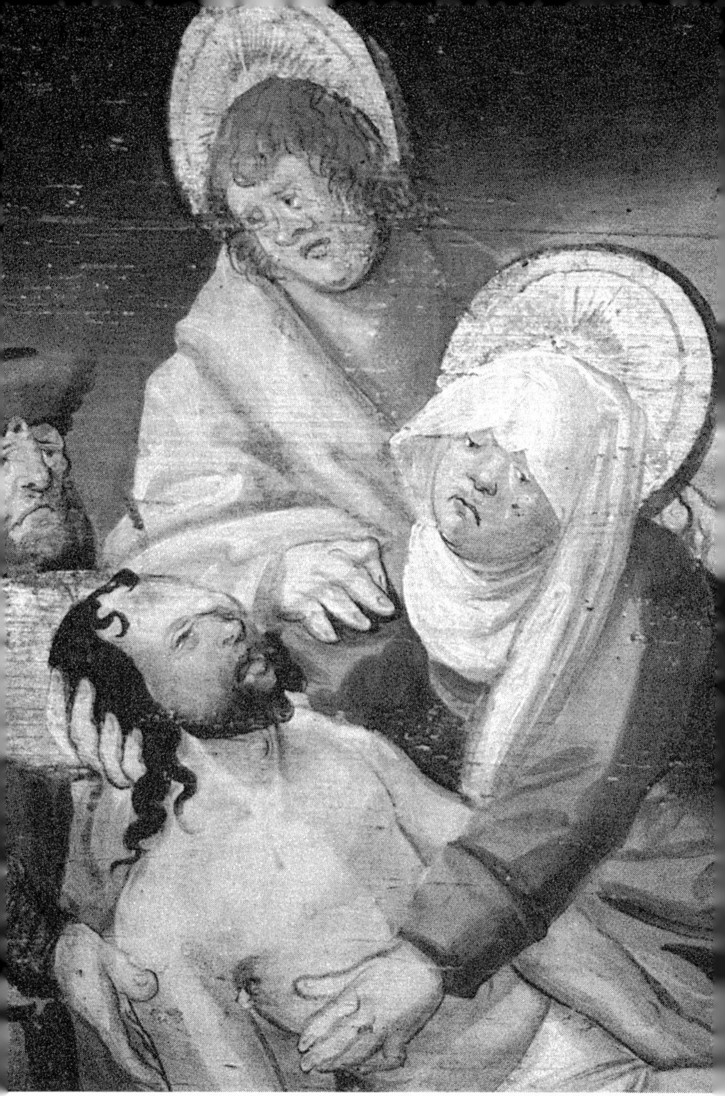

105 *Heubach. Passionsaltar in der ev. Pfarrkirche*

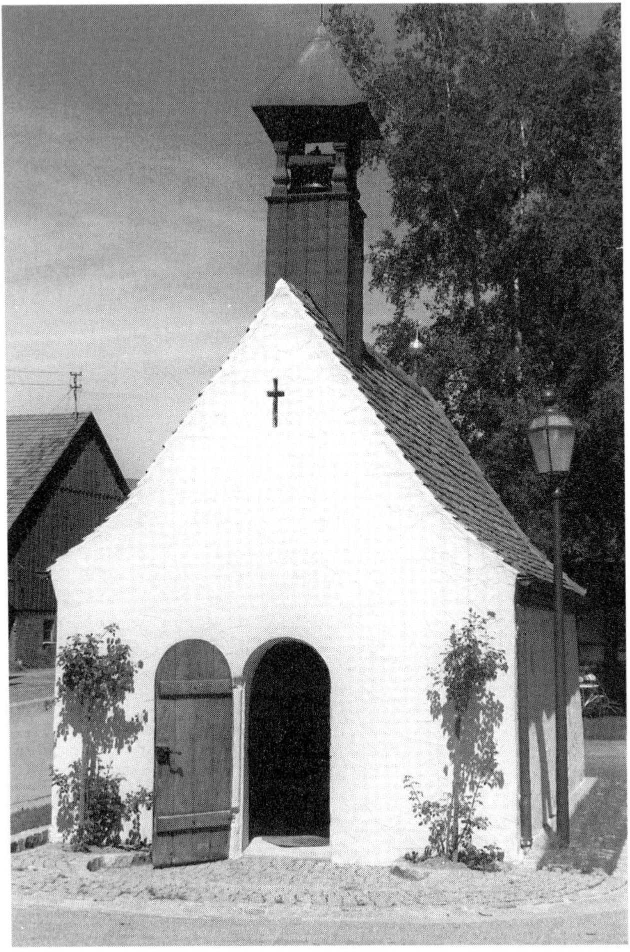

106 Heubach-Beuren. Die Kapelle

107 Heubach-Buch. Die Vierzehn Nothelfer am Hauptaltar der Andreaskapelle

Heimat- und Miedermuseum im Rathaus. Funde aus vorgeschichtlicher Zeit vom Rosenstein und Darstellung der vorgeschichtlichen Stätten der Besiedlung; Urkunden; Geschichte der Miedermode.
Öffnungszeiten: Montag bis Freitag 8–12 und 14–16.30, Donnerstag bis 17.30 Uhr.
Das ehem. Woellwarthsche *Schloß*, östlich des Rathauses, heute sanierungsbedürftiges Wohnhaus, im 2. Obergeschoß mit mittelalterlicher Holzvertäfelung mit Bildern und Ornamenten (Grisaillen). Renovierung geplant.
Pfarrkirche St. Bernhard (kath.), erbaut 1912 von *J. Cades.* Tonnengewölbter Raum. Im Querschiff spätgotische Sitzmadonna. Farbfenster von *Wilhelm Geyer* mit Szenen aus dem Leben des hl. Bernhard.

Beuren Kleine, reizvolle *Kapelle,* 1520 errichtet mitten auf dem Dorfplatz als Stiftung von Bauern. Beuren gehörte zu Gmünd, daher nicht reformiert. Im Innern Flügelaltar aus der Entstehungszeit, vermutlich von → *Valentin Schopf d. Ä.*: im Schrein Marienfigur, flankiert von Johannes und Jakobus. Gemalte Flügel mit Sebastian und Wendelin, bei geschlossenen Flügeln Jakobus und Leonhard. Im Schiff Wandkreuz von 1520.

Buch *Kapelle St. Andreas (kath.).* 1959 neu erbaut anstelle eines Vorgängerbaus. Außen Sgraffito von *Otto Eberle,* Darstellung der Schöp-

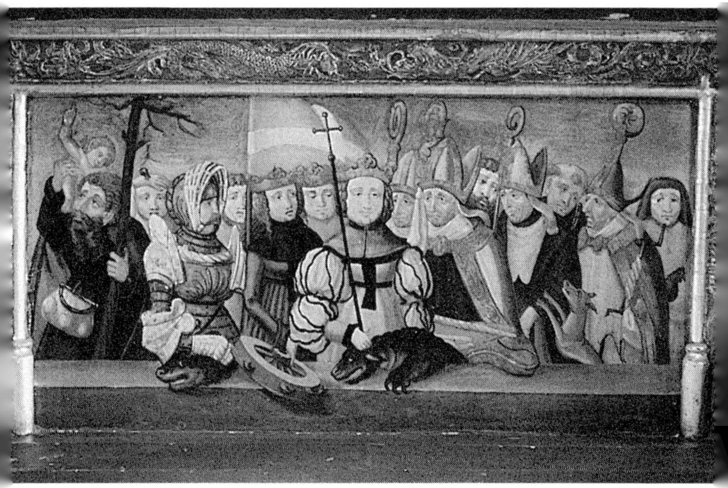

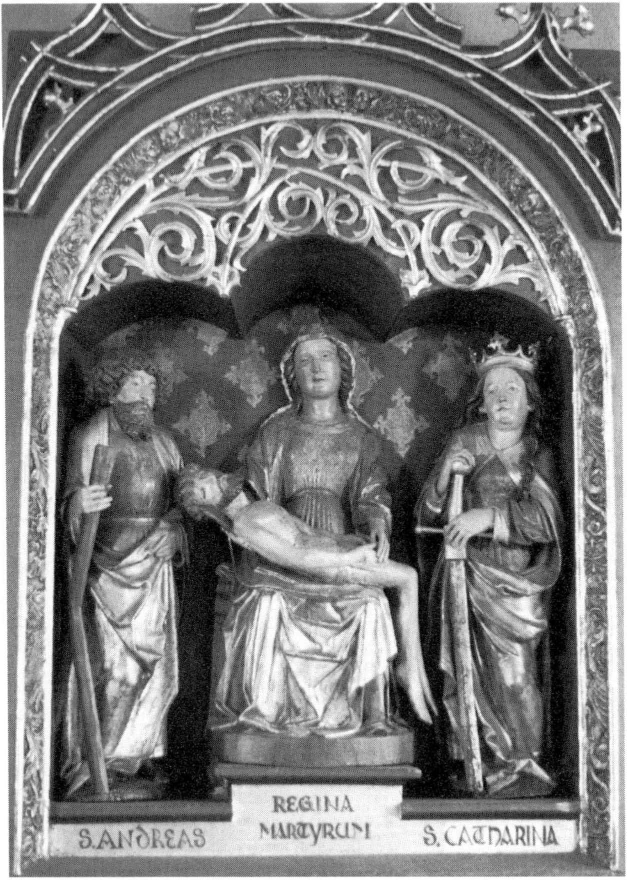

108 Heubach-Buch. Flügelaltar in der Andreaskapelle

fungsgeschichte. Im Innern sehr guter Flügelaltar von 1519, vermutlich von → *Valentin Schopf*: im Schrein Pietà, flankiert von Andreas und Katharina. Auf den geöffneten Altarflügeln Gemälde der hll. Wendelin und Barbara. Sehr bemerkenswert die gemalte Predella mit 14 Nothelfern, eines der besten Tafelbilder des beginnenden 16. Jh. im Kreis.

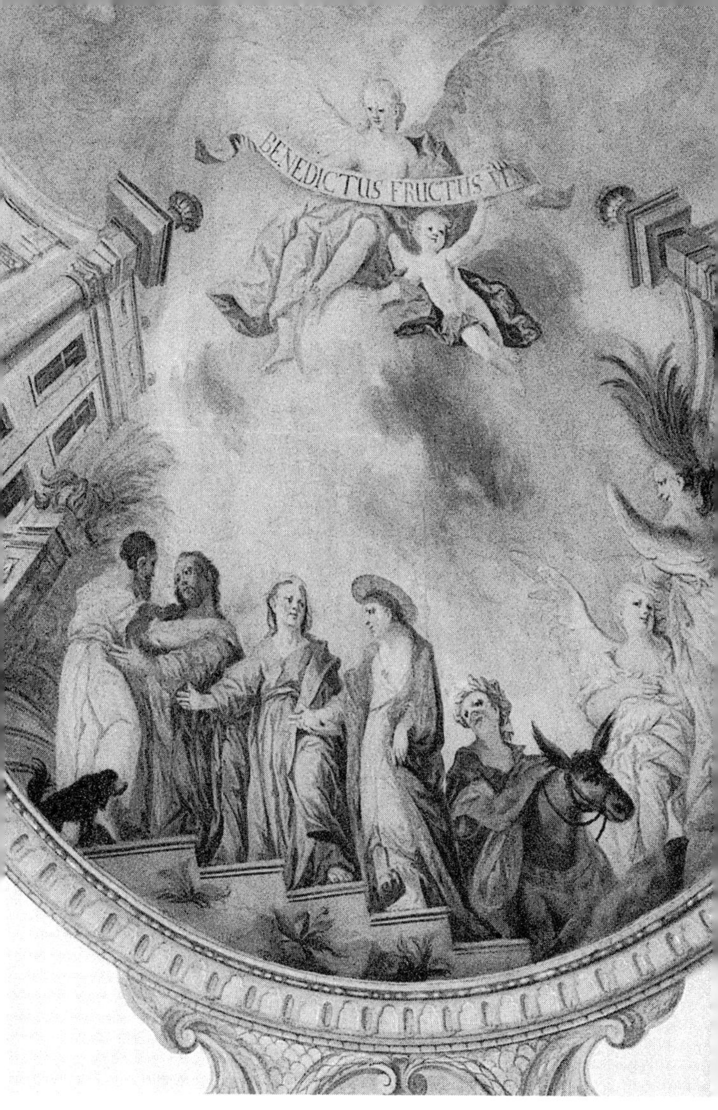

109 Heubach-Lautern. Deckenfresken mit Szenen aus dem Marienleben von Johann N. Nieberlein in der Pfarrkirche St. Maria

Heubach-Lautern

1345 erstmals urkundlich erwähnt anläßlich der Übertragung des Patronatsrechts an das Heilig-Geist-Spital in Gmünd, das im Laufe der Zeit den größten Teil des Grundbesitzes im Ort erwarb. Daneben Grundbesitz der Woellwarths, die 1555 für ihre Untertanen die Reformation einführten, während der Ort selbst katholisch blieb.

Pfarrkirche St. Maria (kath.). Die ursprünglich dem hl. Martin geweihte Kirche 1783–1785 erbaut von → *Johann Michael Keller.* Im ummauerten Kirchhof stehend, Westturm mit achteckigem Obergeschoß und barocker Haube, Langhaus und eingezogener Chor mit halbrundem Abschluß. In der Turmvorhalle von der Vorgängerkirche die gotischen Schlußsteine mit Martin und Katharina.
Inneres mit Ausstattung des Spätrokoko, Deckenfresken von → *Johann Nepomuk Nieberlein,* 1784. Themen aus dem Marienleben: »Einführung Marias in den Tempel«, »Verkündigung«, »Opferung im Tempel«, »Mariä Heimsuchung«. Fresko im Chor: »Christus am Kreuz«, Figuren der damals bekannten vier Erdteile Europa, Asien, Afrika und Amerika.
Hochaltar von 1791 mit großen Skulpturen der hll. Ulrich und Afra. Hochaltarbild neu von 1947. Im Auszug des Altars Darstellung der Heiligen Dreifaltigkeit (1791). Die beiden Seitenaltäre vom ehem. Gmünder Kloster Gotteszell um 1808 erworben. In ihnen Gemälde des Malers *Johann Georg Wolcker,* Augsburg, von 1735: rechts Rosenkranzaltar (Maria und Kind reichen Dominikus und Katharina Rosenkränze), links Altar mit dem hl. Wendelin, dem Patron der Bauern. Über der Sakristeitür Tafelgemälde von Wolcker, Darstellung einer heiligen Nonne. Kreuzwegstationen, 1785, von *Johann Georg Strobel,* Gmünd.

HEUCHLINGEN

Erstmals 1240 urkundlich erwähnt, bis 1540 im Besitz der Herren von Rechberg, gelangt Heuchlingen nach deren Aussterben zur Fürstpropstei Ellwangen und bildet zusammen mit Abtsgmünd ein eigenes ellwangisches Amt. Ellwangen erwirbt 1609 die Burg, die bis ins späte 12. Jh. zurückreicht. 1802 an Württemberg.

Pfarrkirche St. Veit (kath.) – auch der hl. Maria vom Berge Karmel geweiht. Bau von 1733 in der Höhe links der Lein in ummauertem Bezirk, erweitert 1851, 1947 renoviert. Weiter Saalraum mit eingezogenem Chor. Im marmorierten Hauptaltar Christus (barock), in der Hand den Weltapfel haltend, der Erzengel Michael und der hl. Sebastian. An den

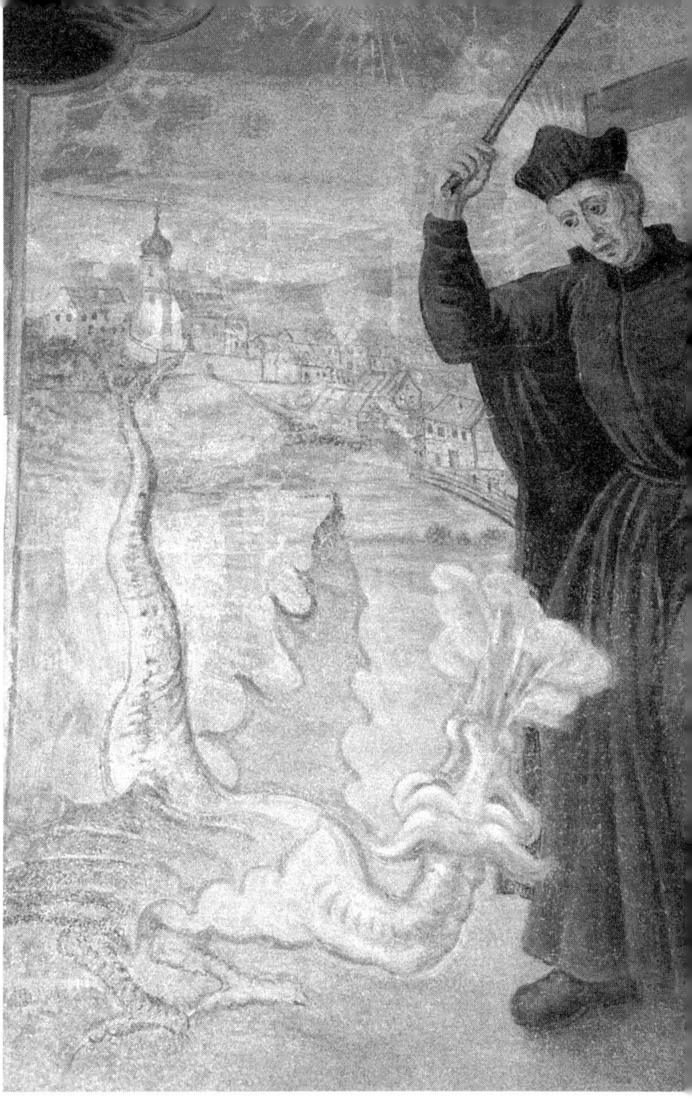

110 *Heuchlingen. Fresko an der Südwand der Pfarrkirche St. Veit*

Chorwänden Figuren von Petrus und Paulus sowie des Kirchenpatrons Veit. Die Seitenaltäre, links Maria, rechts Antonius geweiht. An den Langhauswänden Figuren der Anna selbdritt und des Josef mit dem Kind, auf Tragstangen Figuren der Muttergottes und des hl. Veit.
An der Nordwand des Schiffes frühbarocke Kanzel, mit Bildern der vier Evangelisten und des Kirchenpatrons, auf dem Schalldeckel Christus als Weltenrichter. An der Südwand Fresken zu Ehren des Missionars Franz Xaver und des Jesuitenpaters Jakobus Silvius aus Ellwangen, der Heuchlingen rekatholisiert hatte. Wandbilder und Deckenfresken von → *Johann Michael Zink* (1751).
St.-Georgs-Kapelle. Erbaut 1486, 1757 und 1886 verändert. Langhaus mit Glockentürmchen. Dreiseitig geschlossener Chor. Choraltar mit hl. Georg zwischen spiralförmigen Säulenpaaren. An den Nebenaltären Gemälde mit Christus und den Bauernheiligen Patrizius, Leonhard und Wendelin sowie Schmerzensmutter. In der Mitte der Kapelle ein Heiliges Grab mit lebensgroßem Christus aus dem 15. Jh. An der Nordwand ein Kerkerheiland und Kruzifix, an der Südwand Figur des Auferstandenen (z. Z. 1989 wird die Kapelle renoviert).
Die ehem. *Burg,* aus der Stauferzeit stammend (Buckelquader), heute verbaut. Sie liegt auf einem Burghügel östlich der Lein und zu dieser steil abfallend. Gegenüber der Bergseite tiefe, an einigen Stellen aufgefüllte Burggräben. Gewölbter Keller aus staufischer Zeit, jedoch nicht zugänglich.

Holzleuten *Kapelle zur Heiligen Dreifaltigkeit*, 1752 erbaut, 1988 umfassend renoviert. Moderner Altartisch. Im Chor barockes Bild »Aufnahme Mariens in den Himmel«. Im Schiff Barockfiguren: hl. Wendelin, Geißelheiland, Pietà, Strahlenkranzmadonna.

Himmlingen → Aalen
Hirlbach → Ellwangen-Pfahlheim
Hofen → Aalen
Hofherrnweiler → Aalen
Hohenberg → Rosenberg
Hohenstadt → Abtsgmünd
Hohlenstein → Neresheim-Kösingen
Holzleuten → Heuchlingen
Horlachen → Gschwend

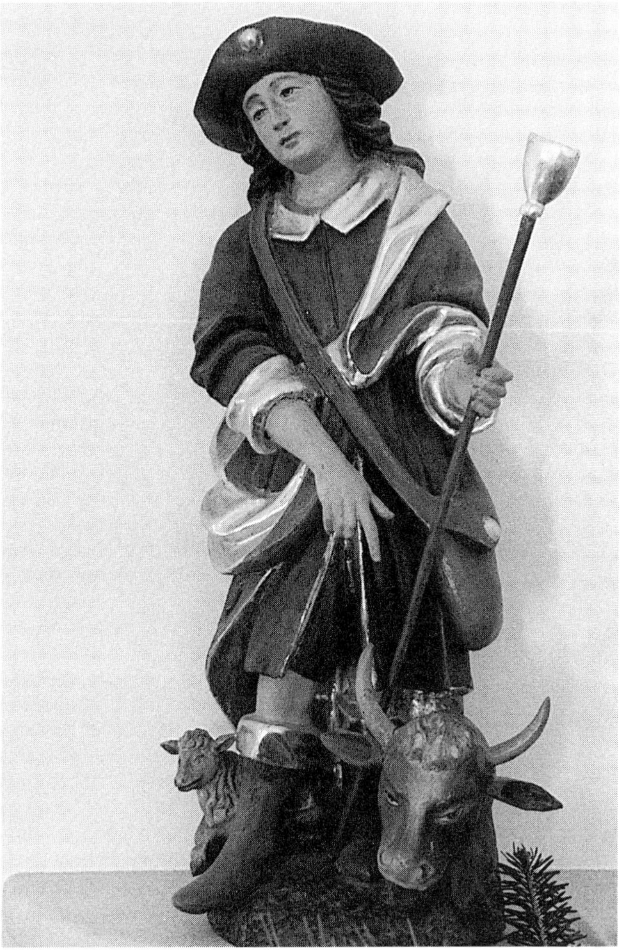

111 Heuchlingen-Holzleuten. Hl. Wendelin in der Dreifaltigkeitskapelle

HÜTTLINGEN

Der am Kocherknie südlich des römischen Limes gelegene Ort durch Reihengräberfunde als alamannische Siedlung erwiesen. 1024 erste urkundliche Erwähnung als Grenzort des Ellwanger Virngrundwaldes. Hüttlingen gehörte zur Burg Niederalfingen, deren Besitzer die Herren von Seckendorf, seit 1368 die Herren von Hürnheim waren, die die Burg von den Grafen von Württemberg als Pfand erhalten hatten. 1551 wurden Burg und Ort an die Augsburger Handelsfamilie der Fugger veräußert. 1806 kam Hüttlingen an Württemberg.

Die das Ortsbild beherrschende *Pfarrkirche St. Michael (kath.)* vereinigt verschiedene Stilepochen: Turm von der 1501 erbauten gotischen Kirche, 1739 Neubau einer barocken Kirche, von der Chor und zwei Joche des Schiffes noch erhalten sind, 1921 Bau der neuen Kirche nach Plänen des Kirchenbaumeisters *Hans Herkommer,* Schwäbisch Gmünd. Der Neubau in bewußter Abwendung vom Historismus, in Formen des Jugendstils mit Tonnenwölbung über Säulen sowie großen Halbovalfenstern im rechten Winkel zum barocken Kirchenschiff errichtet. 1985 Renovierung, durch die in gelungener Weise der Bau der zwanziger Jahre mit der alten Barockkirche vereinigt wird: Die letztere kann sowohl als eigenständiger Raum als auch als Bestandteil des gesamten Kirchenraums durch die Möglichkeit, das Gestühl zu drehen, genutzt werden.
Im Chor des Hauptkirchenraums Altar im Jugendstil aus der Erbauungszeit, darüber ein altes Kruzifix in modernem bronzenem Rahmen, Sinnbild eines »Lebensbaums«. Die spätgotisch anmutende Madonna links des Chors aus der Gegenwart, gegenüber barockes Taufbecken mit Darstellung der Taufe Jesu auf dem Deckel. Hinten im Kirchenschiff sehr gute Ölberggruppe vom Ende des 15. Jh.
Im barocken Teil der Kirche, sich nach Osten vom rechten Seitenschiff aus öffnend, wieder die beiden Seitenaltäre: links Altar mit »Beweinung Christi«, rechts Altar des hl. Bernhard von Clairvaux. Am Chorende an seinem ursprünglichen Platz das große barocke Altarblatt mit der Darstellung der Kreuzauffindung durch die hl. Helena. Im Chor noch weitere, volkstümliche Barockbilder von Heiligen.
Links vom alten Chor Zugang zur Turmkapelle, in ihr die Kopie einer holzgeschnitzten Gruppe Christus und Johannes von 1350, eine für diese Zeit typische Darstellung der »Johannes-Minne«. (Das Original bis um 1890 in der Kirche, zusammen mit anderen wertvollen Figuren zur Finanzierung der Orgel verkauft, heute im Württenbergischen Landesmuseum Stuttgart). An der Nordseite der Kirche, gegenüber Pfarrgasse, eindrucksvoller barocker *Kerkerheiland.*

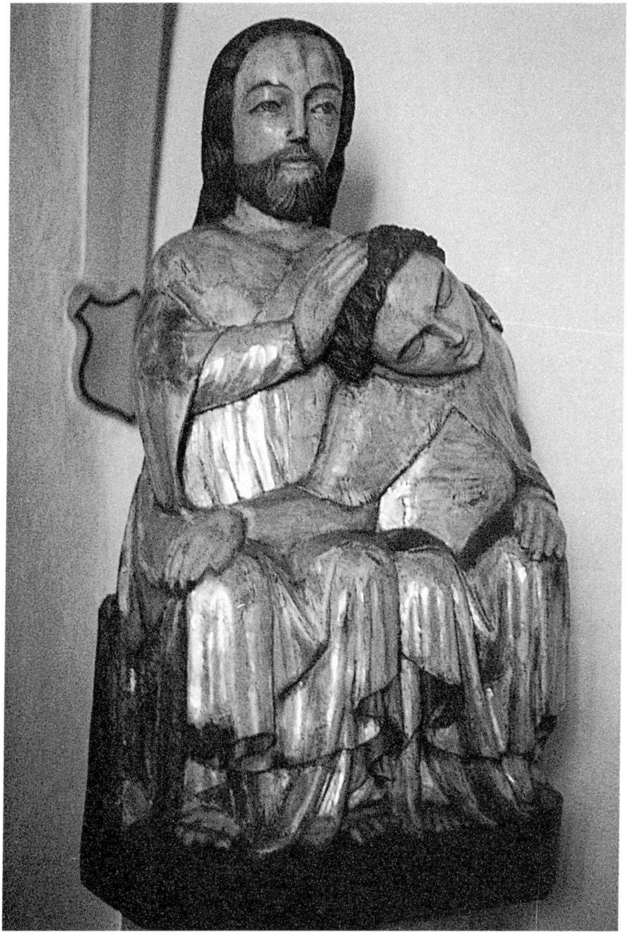

112 Hüttlingen. Johannes-Minne (Kopie) in der Turmkapelle der kath. Pfarrkirche

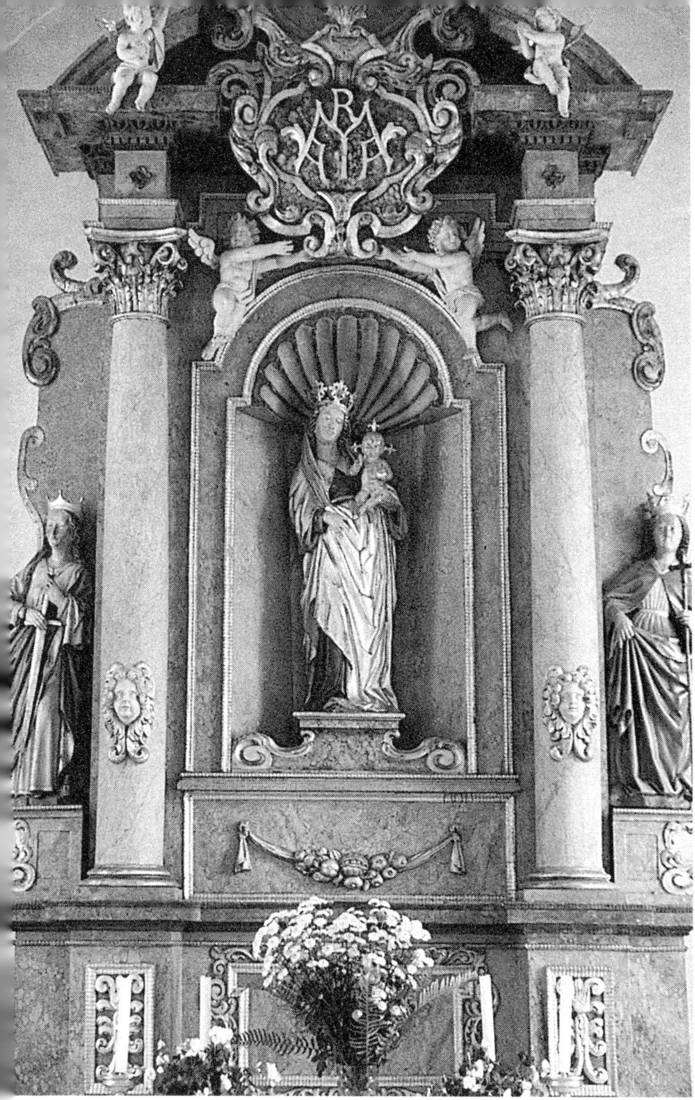

113 Hüttlingen. Hauptaltar in der Marienkapelle

114 Hüttlingen. Hl. Wendelin am linken Seitenaltar der Marienkapelle

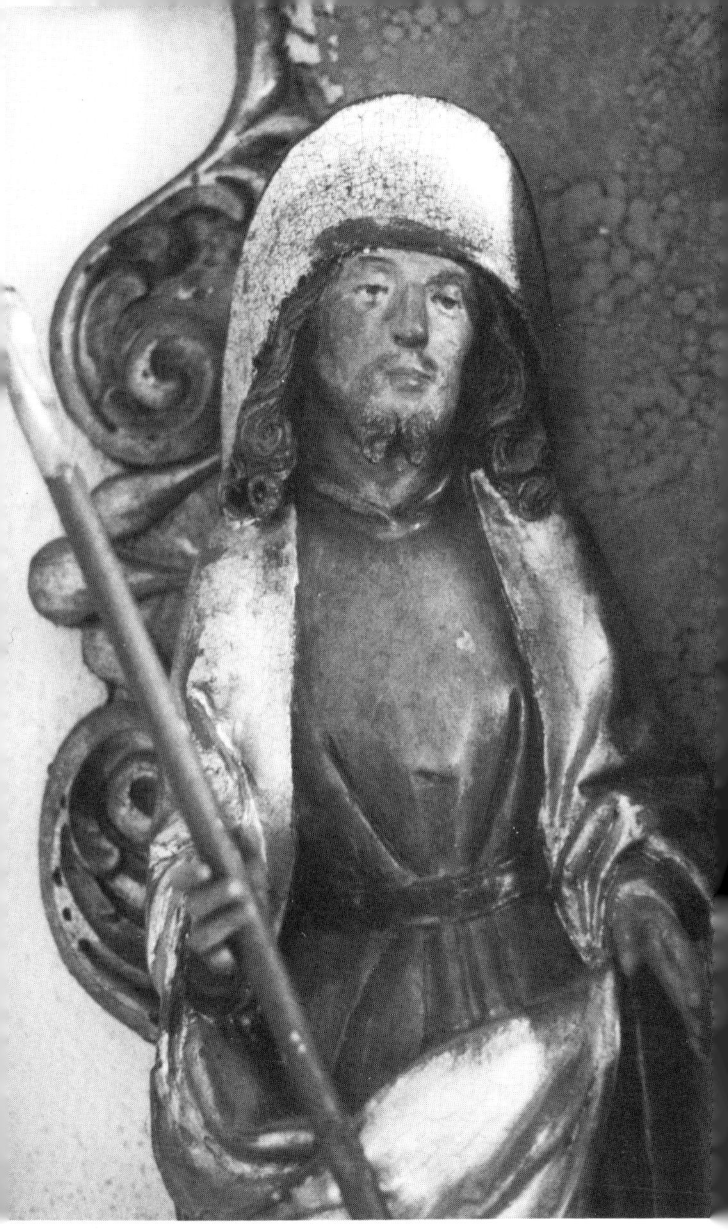

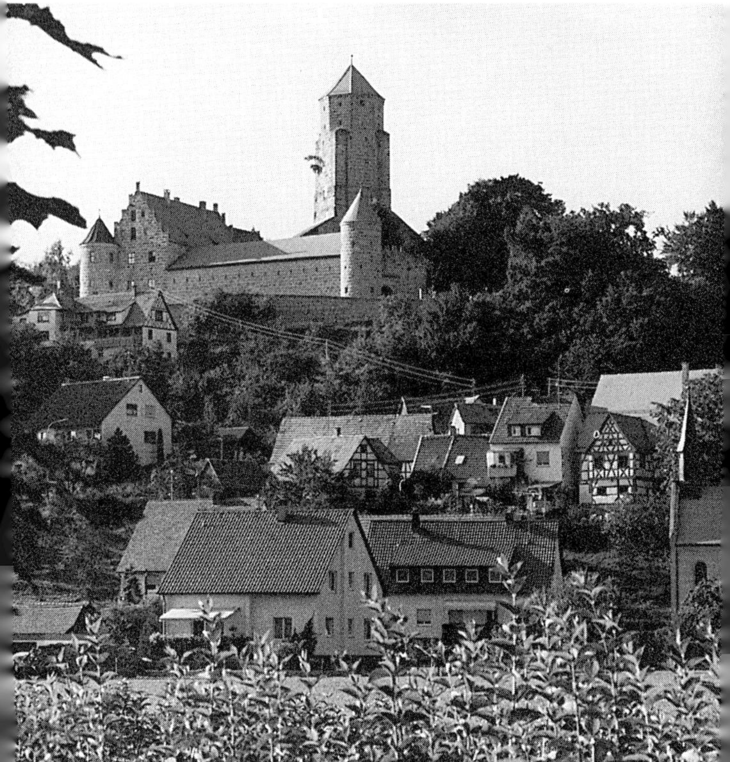

115 Hüttlingen-Niederalfingen. Die Burg

Marienkapelle, neben dem Friedhof. Der kreuzrippengewölbte Chor hinter kräftigem gotischem Chorbogen, aus dem 13. Jh., Rest einer ehem. Chorturmkirche. Langhaus 1413 errichtet.
Die Kapelle besitzt drei barocke Altäre mit spätgotischen Schnitzfiguren (1500) von höchster Qualität: Hauptaltar mit Statue der Madonna, flankiert von Margaretha und Katharina. An der Chorwand zwei weitere Heilige, Barockfiguren. Linker Seitenaltar in der Mitte mit Figur des hl. Bernhard, flankiert von Wendelin und Jakobus. Rechter Seiten-

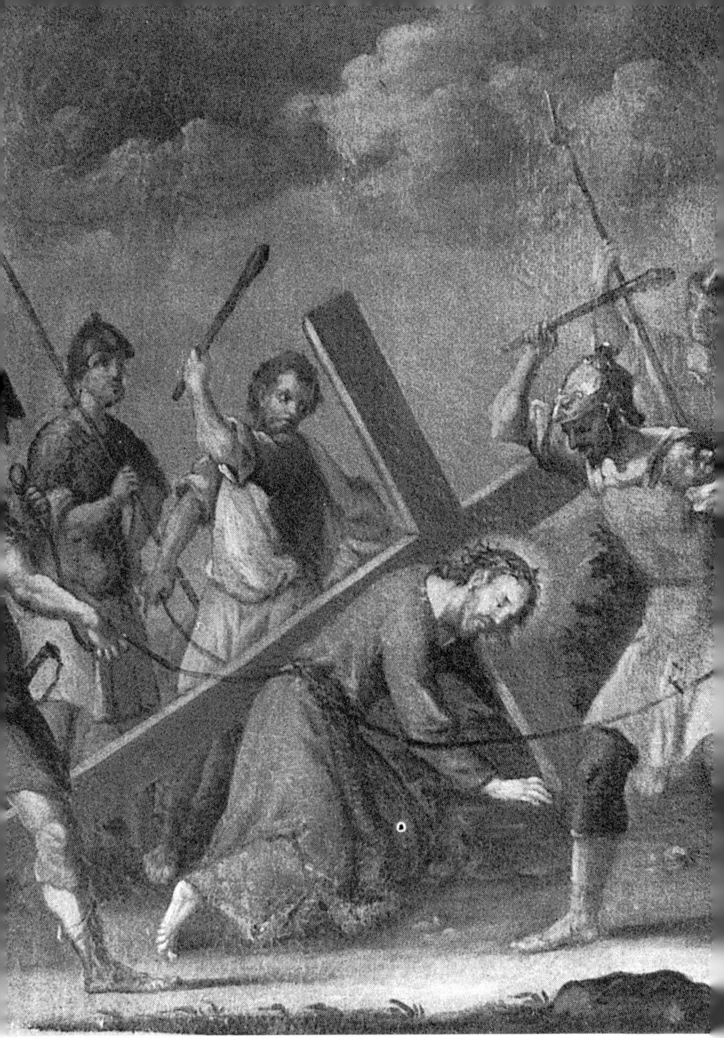

116 Hüttlingen-Niederalfingen. Barocker Kreuzweg in der Marienkapelle

altar mit in der Mitte spätgotischer, eindrucksvoller Pietà, flankiert von zwei barocken Heiligenfiguren.
An der oberen Kocherbrücke *Golgatha-Gruppe* aus der Mitte 18. Jh. Christus zwischen den beiden Schächern sowie Maria und Johannes.

Limesanlage am Kocher mit rekonstruierter Mauer und Palisade, Kopie eines am Ort gefundenen Pinienzapfens sowie Pflastermosaik als Karte der Provinz Rätien.

Niederalfingen Die *Burg* seit 1551 im Besitz der Fugger, seit 1575 vom Augsburger Baumeister *Veit Mießer* in historisierendem Stil als mittelalterliche Burg mit Buckelquadern, gewaltigen Mauern und Bergfried erbaut. Obwohl die Burg den Charakter einer klassischen mittelalterlichen Wehrburg zeigt, war sie nicht zur Verteidigung bestimmt, sondern ist Zeugnis einer frühen Burgenromantik der Renaissance. Ein Teil der Gebäude nach 1840 abgebrochen. Seit Ende der zwanziger Jahre im Besitz der katholischen studierenden Jugend (Bund Neudeutschland), dient der Jugenderholung.
Eine besonders malerische Baugruppe ist der Renaissancegiebel der alten Schloßkapelle neben dem Rest eines runden Eckturms. In der neuen Burgkapelle, in einem anderen Eckturm, Fresken von *Sieger Köder.*
Vogteigebäude (Heimatmuseum). Unterhalb der Burg stattliches, schönes Fachwerkhaus, errichtet 1539 als Amtshaus der Vögte der Hürnheimer Landesherren, später der Fugger. In den zum Teil historischen Räumen nach geglückter Renovierung heute Heimatmuseum: Funde aus Vor- und Frühgeschichte, Möbel und landwirtschaftliche Geräte sowie Sammlung von Werkzeugen der Waldarbeiter und Wannenmacher. Außerdem ostdeutsche Heimatstube mit Trachten der Wischauer Sprachinsel.
Öffnungszeiten: jeden 1. und 3. Sonntag im Monat 9–12 und 14–17 Uhr sowie nach Vereinbarung Tel. (0 73 61) 7 34 23.
Die 1896 erbaute, architektonisch anspruchslose *kath. Marienkapelle* besitzt im Innern sehr gute Kreuzwegstationsbilder von 1754. Im Chor unter barockem Kreuz kleine qualitätvolle Barockfiguren der vier Evangelisten.

Sulzdorf Die 1729 erbaute *Johanneskapelle (kath.)* im letzten Jahrhundert neugotisch ausgestattet, 1979 renoviert. Reste der barocken Ausstattung sind die beiden Seitenaltäre, allerdings ohne Figuren. Altar neugotisch.

Hussenhofen → Schwäbisch Gmünd-Herlikofen

IGGINGEN

Das auf dem Höhenrücken zwischen Rems und Leintal an einer uralten Höhenstraße gelegene Dorf wird erstmals 847 erwähnt. Vom 13. bis 15. Jh. im Besitz eines mit der Familie der Adelmann verwandten Ortsadels, geht das Dorf im späten Mittelalter in den Besitz der Reichsstadt Schwäbisch Gmünd sowie des Klosters Gotteszell über, das die Pfarrei bereits 1372 inkorporiert hatte. 1802 an Württemberg.

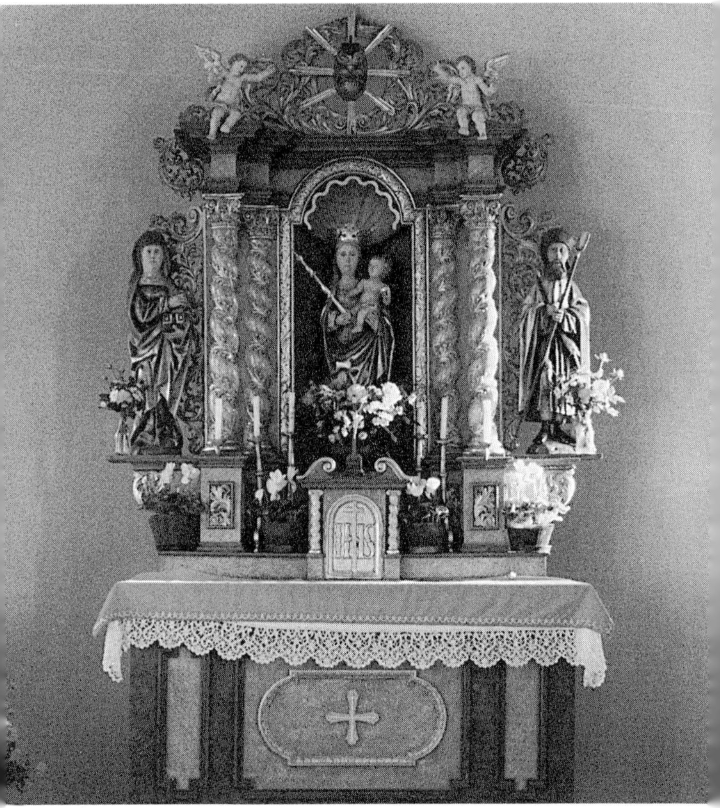

117 Iggingen-Schönhardt. Altar der Ottilienkapelle mit spätgotischen Figuren

Altes Vogtshaus, stattliches Fachwerkhaus, 1650 erbaut, Amtssitz des Vogtes der Reichsstadt Gmünd.
Pfarrkirche St. Martin (kath.). Erbaut 1856–1859 von *Gottlieb W. Wepfer* im klassizistischen Rundbogenstil. Neben der zeitgenössischen Ausstattung an der Nordwand spätgotische Pietà guter Qualität. Kreuzweg an den Langhauswänden und überlebensgroße Altarfiguren des Gekreuzigten mit Maria und Johannes von *Emil Sutor* (1939). Farbfenster von *Sternbacher* (1974). *Pfarrhaus* und *Pfarrscheuer* neben der Kirche mit Barockportal (1783) und Fachwerk.

Brainkofen Im Innern der *St.-Ulrichs-Kapelle* barocke Schmerzensmutter.

Schönhardt *Kapelle St. Ottilie und St. Wendelin.* 1928 erbaut, im Innern frühbarocker Altar mit Spiralsäulen und Laubranken. Die gekrönte Madonna im Altar spätgotisch, um 1520, ebenso die flankierenden Figuren der hll. Ottilia und Wendelin.

Itzlingen → Bopfingen-Kerkingen
Jagsthausen → Westhausen
Jagstheim → Kirchheim am Ries

JAGSTZELL

Von Ellwangen aus um 1170 Gründung eines Frauenklosters. Von 1460 bis 1802 untersteht der Ort Ellwangen, allerdings gehört ein kleiner Teil des Ortes Ende des 18. Jh. zur Markgrafschaft Ansbach.

Pfarrkirche St. Veit (kath.) Der stattliche Bau im Kern gotisch (1498), 1757 von → *Arnold Friedrich Prahl* grundlegend umgebaut. Turm mit für die Landschaft typischer Welscher Haube.
Der weite Saalraum der 1967 gründlich renovierten Kirche mit eingezogenem Chor vermittelt den Eindruck einer einheitlich ausgestatteten hellen Rokokokirche. Die Deckenfresken von → *Anton Wenzeslaus Haffer* mit Szenen aus der Legende des Kirchenpatrons. Kanzel und Altaraufbauten in guter Barockarchitektur. Die qualitätvollen Altarblätter von → *Josef Anton Koch,* im Hauptaltar »Martyrium des hl. Veit«. An der Orgelempore Holzfiguren »Christus zwischen den Aposteln«, vom Ende des 16. Jh. Weitere gute barocke Heiligenfiguren und Kreuzwegstationsbilder an den Langhauswänden.

Dankoltsweiler *St.-Barbara-Kapelle (kath.).* Im netzgewölbten gotischen Chor qualitätvoller Rokokoaltar mit Altarblatt, die hl. Barbara,

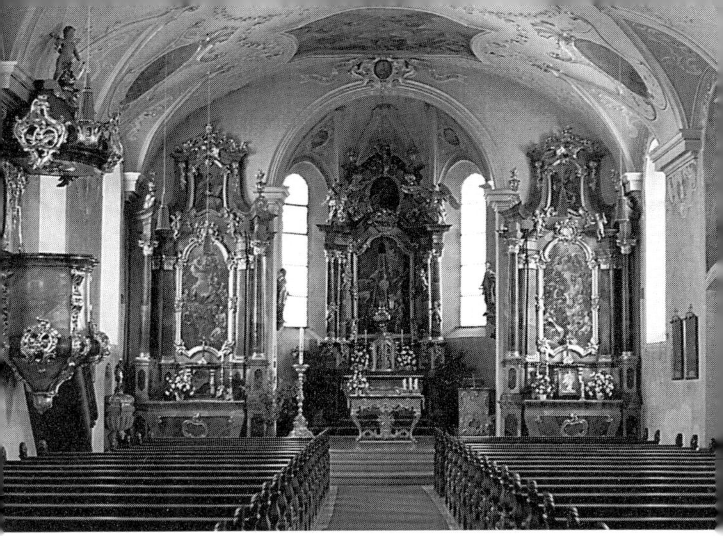

118 Jagstzell. Die kath. Pfarrkirche St. Veit

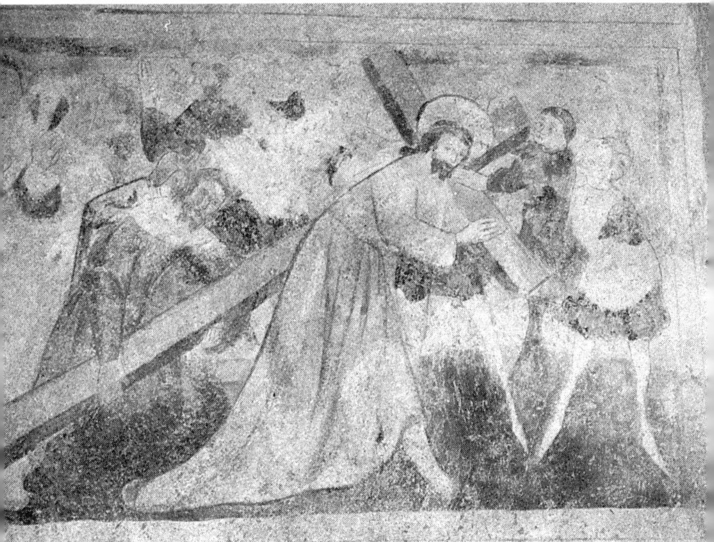

119 Jagstzell-Keuerstadt. Spätgotische Fresken in der Nikolauskapelle

Beistand der Sterbenden. Rechts und links des Altars flankierend Figuren von Madonna und Josef.

Keuerstadt *St.-Nikolaus-Kapelle (kath.).* Im Wald nördlich von Ellwangen einsam gelegene Kapelle, nur zu Fuß zu erreichen (Schlüssel beim Staatlichen Forstamt Ellwangen im Schloß).
Der Bau geht auf das 13. Jh. zurück. Einfacher, flach gedeckter Saalraum mit rechteckigem Chor. Nach Renovierung 1970 sind die sehr guten spätgotischen Fresken wieder freigelegt: Szenen aus der Leidensgeschichte Christi sowie aus dem Leben von Nikolaus und Veit.

Kapfenburg → Lauchheim
Kerkingen → Bopfingen
Keuerstadt → Jagstzell
Killingen → Ellwangen-Röhlingen
Laubach → Abtsgmünd

KIRCHHEIM AM RIES

Sehr früher Siedlungsplatz unterhalb des Blasienberges am Rande des Rieses. Römische Besiedlung ist nachgewiesen durch Fundamente unter der Martinskirche sowie mehrerer Gutshöfe. Großes Reihengräberfeld bezeugt frühe alamannische Besiedlung. Erste urkundliche Erwähnung des Ortes 1153. Das Zisterzienserinnenkloster wird 1267 von Graf Ludwig VI. von Oettingen gegründet als Grablege der Oettinger. Das reich mit Gütern ausgestattete Kloster entwickelt sich zu beachtlicher Bedeutung und widersetzt sich während der Reformation erfolgreich der von den Oettingern angestrebten Aufhebung. Während das Dorf endgültig seit 1552 evangelisch wurde, blieb das Kloster katholisch. 1803 Säkularisation des Klosters, seit 1810 bei Württemberg.

Ehem. Zisterzienserinnenkloster St. Maria. Zugang zum Klosterbereich an der Nordseite des Bezirks durch das Klostertor mit stattlichem Turm. Viergeschossiger Bau, errichtet 1723, sowohl zur Hof- wie zur Straßenseite reich gegliedert und mit Statuen geschmückt: zur Straßenseite die hll. Bernhard und Humbelina, in der Mitte Statue der Madonna; zur Hofseite die hll. Sebastian, Josef und Afra. Darüber das Wappen einer Äbtissin. Hinter dem Tor die heute als Wohnungen genutzten Wirtschaftsgebäude des Klosters. Nach ca. 150 m der West-Ost verlaufende Abteiflügel, der sich nach Osten hin fortsetzt in der Klosterkirche. Im Eingang des 1682 erbauten Abteiflügels sehr eindrucksvolles expressives Kruzifix (um 1700).
Südlich der Klosterkirche der noch aus gotischer Zeit erhaltene Kon-

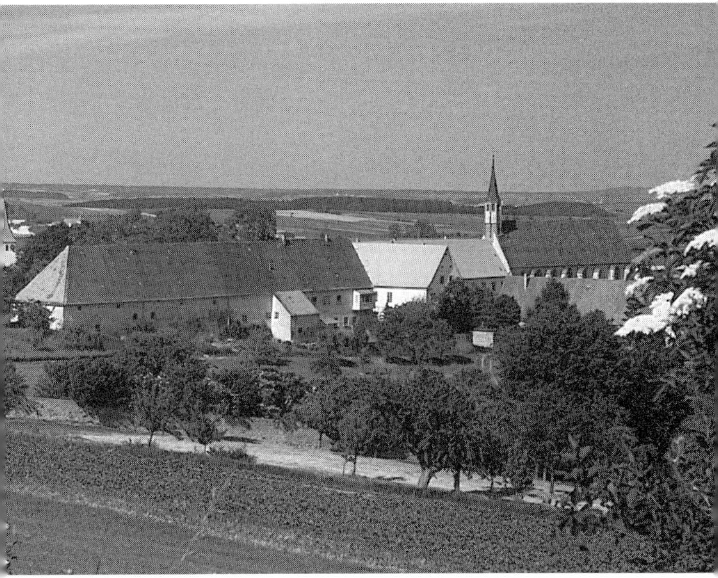

120 Kirchheim a. R. Das ehem. Zisterzienserinnenkloster St. Maria

ventflügel mit Frauenchor und Stiftskapelle, während Kreuzgang und die südöstlichen Teile des Konvents nach der Säkularisation abgetragen wurden.

Ehem. Klosterkirche – Pfarrkirche Mariä Himmelfahrt (kath.) Der vom Ende des 13. Jh. stammende Bau in der für den Zisterzienserorden typischen Bauweise: langgestrecktes Schiff mit Strebepfeilern außen, Dachreiter über dem Westgiebel, hochangesetzte kleine Fenster im Schiff, Polygonchor mit Fenstern in voller Höhe.

Man betritt die Kirche von der Nordseite durch die Münsterkapelle (geweiht 1502), die gleichzeitig als Portalvorhalle dient. In ihr prachtvoller Rokokoaltar von 1772, der eine vorzügliche Pietà in Terrakotta (um 1420) enthält, ein eindrucksvolles Beispiel des sog. »Weichen Stils«. Neben dem Altar Kerkerheiland, 18. Jh., in vergitterter Nische, daneben Prager Jesuskind in Prunkgewand.

Trotz der Stuckdekoration von 1720 läßt der schlanke, hohe Raum seinen gotischen Charakter gut erkennen. Besonders vorzügliche Stuckierung über den vier westlichen Jochen, die die Nonnenempore über-

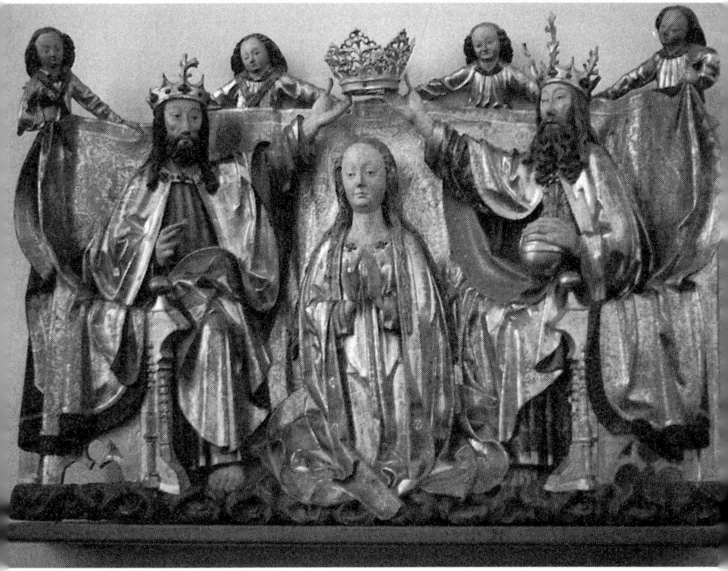

121 Kirchheim a. R. Marienkrönung in der ehem. Klosterkirche

spannen. Auf der Empore Uhrturm von 1678. An den Wänden des Schiffes großartige Skulpturen der Spätgotik: Marienkrönung um 1500, eines der wertvollsten und schönsten Holzschnitzwerke unserer Gegend, vermutlich aus Tirol stammend (Südwand). An der gegenüberliegenden Nordwand Statue der Anna selbdritt, ebenso um 1500, ein besonders feines Werk, eingerahmt von üppigem barockem Rankenwerk mit Halbfiguren der Propheten. Daneben Kruzifix, Mitte 14. Jh.
Die beiden Seitenaltäre und die Kanzel in schwerem Frühbarock, 1672, hoher Altaraufbau mit schwarz-goldenen gewundenen und von Weinlaub umrankten Säulen. Links Anbetung der Hirten von *Johann Pichler*, umgeben von den Statuen der hll. Joachim und Anna. Rechts Kreuzigungsbild, flankiert von Petrus und Paulus. Der Hochaltar von 1756 beherrscht den Chorraum. Auf beiden Seiten je drei Säulen, dazwischen Statuen der hll. Benedikt und Bernhard. In der Mitte des Altars Madonnenstatue um 1510, vermutlich Ulmer Schule. Über der Gebälkzone Aufnahme Mariens in den Himmel, von Engeln umgeben. Hinter dem Hochaltar befinden sich drei in ihrer Qualität überragende Grabsteine: links das Stifterpaar Graf Ludwig von Oettingen, neben

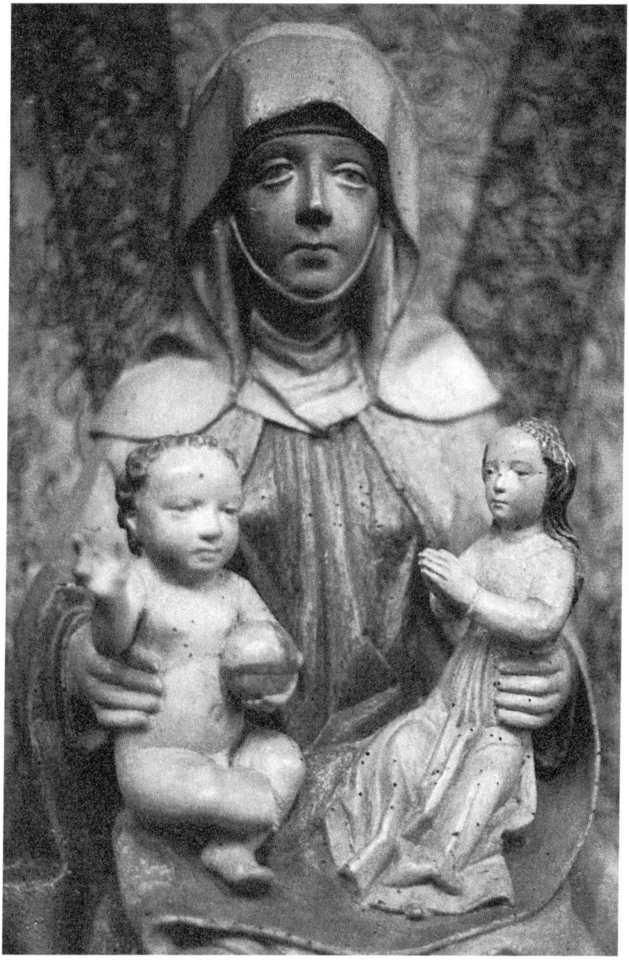

122 Kirchheim a. R. Anna selbdritt in der ehem. Klosterkirche

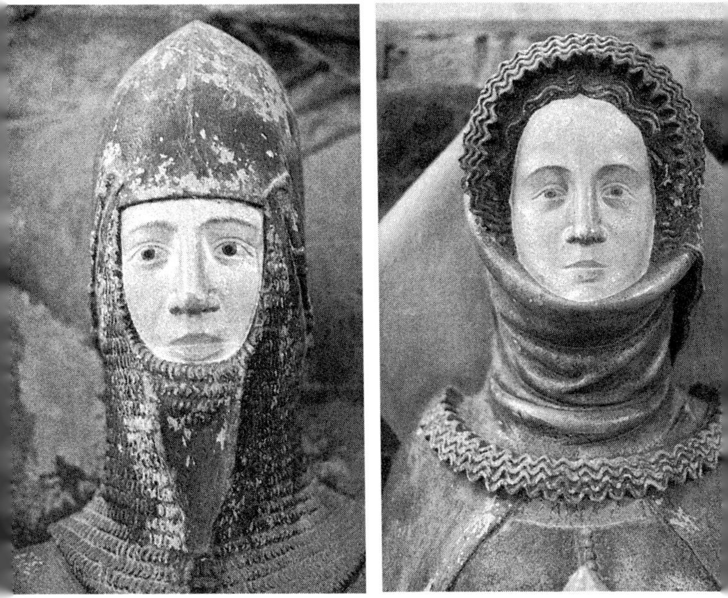

123 Kirchheim a. R. Grabplatten des Stifterpaares in der ehem. Klosterkirche

ihm seine Frau Adelheid, beide mit dem Kirchenmodell in der Hand sich als Stifter ausweisend. Die Grabsteine von 1358 gehören zu den besten gotischen Plastiken Süddeutschlands. Auf der rechten Seite Grabmal von Ludwig IX. »im Bart«, 1430, Hofmeister bei Kaiser Sigismund, in für seine Zeit charakteristischer böhmischer Tracht.
Im Chor noch das ehem. Nonnengestühl mit geschnitzten Wangen. An der rechten Chorwand sehr gute Figur der hl. Birgitta von Schwaben (1500).
Die Stephanuskapelle unterhalb der Nonnenempore ist durch schmalen Ausgang im Westen der Kirche zu erreichen. In ihr verschiedene Grabplatten Oettinger Grafen und von Äbtissinnen, überwiegend in sehr guter Qualität. An der Ostwand Altarziborium aus dem 14. Jh. und Reste gotischer Bemalung (Krönung Mariens, Christophorus und Stephanus).
Stiftskapelle. Bau vom Ende des 13. Jh. am südlichen Ende des Westflügels des Konventgebäudes. Quadratischer Raum, Kreuzrip-

pengewölbe mit kräftiger Mittelsäule und sehr schönen Blattkapitellen, Schlußsteine mit Evangelistensymbolen, im Osten kleiner Polygonchor mit fünf Maßwerkfenstern. In der Kapelle zwei Altäre aus dem 18. Jh., in einem sehr schöne spätgotische Madonna auf Mondsichel. Gesticktes Antependium, eine Arbeit der Klosterfrauen. Im zweiten Altar Schmerzensmutter von 1750, daneben mehrere Votivtafeln.
Nördlich der Stiftskapelle, mit dieser durch zwei Maßwerkfenster verbunden und dadurch reizvolle Durchblicke ermöglichend, befindet sich der ehem. Frauenchor, später Allerheiligenkapelle. Ein 8,7 × 11,6 m großer Raum mit originaler flacher Holzdecke, von fünf Rundstützen getragen. In der Mitte der Doppelgrabstein der Äbtissin Kunigunde von Heideck und ihrer Schwester Anna (1399/1403). Die Besonderheit dieses Raumes ist die erhaltene spätgotische Wandbema-

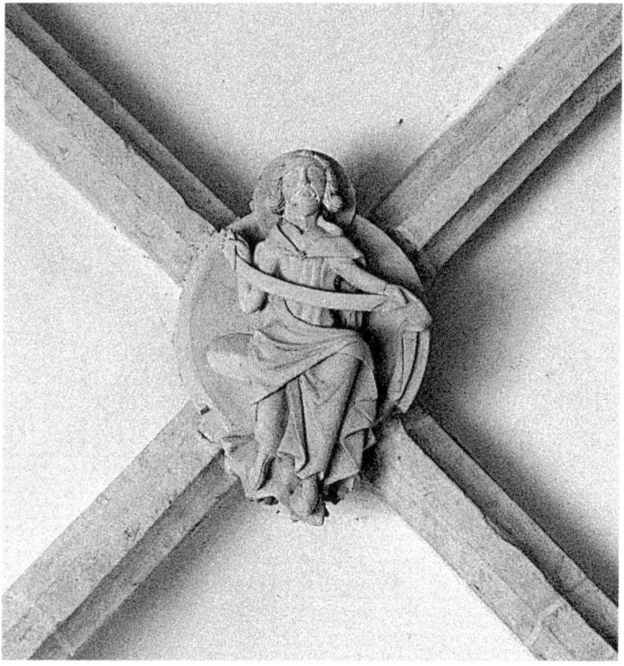

124 Kirchheim a. R. Schlußstein mit dem Evangelisten Matthäus in der Stiftskapelle der ehem. Klosterkirche

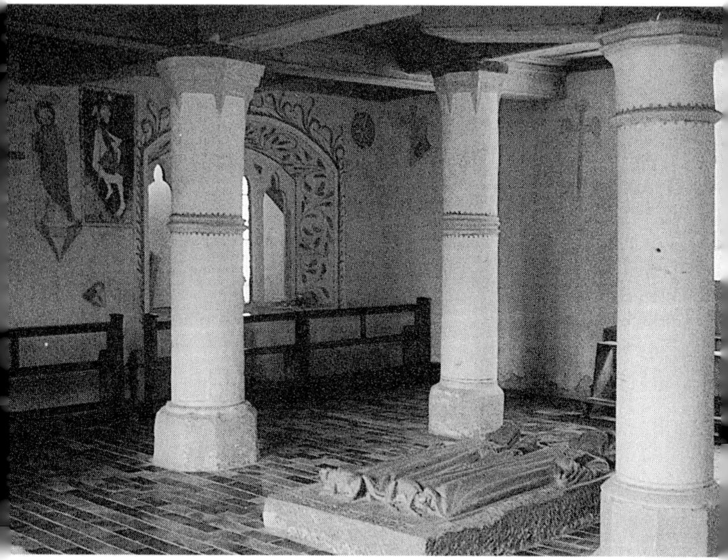

125 Kirchheim a. R. Frauenchor, auch Allerheiligenkapelle genannt, im ehem. Konventgebäude

lung von hervorragender Qualität: Apostel und Heilige, Szenen aus dem Leben Mariens und Jesus (Farbtafel 4).
Schlüssel für Frauenchor im Pfarrhaus oder Altenheim.
Die *ev. Pfarrkirche (ehemals St. Jakob)*, 1497 erbaut anstelle einer romanischen Vorgängerkirche, von der das Portal mit interessantem Tympanon noch erhalten ist. Im einschiffigen Innern gotische Pietà und Statue des hl. Jakobus. In der Halle des Turms Wandmalereien von 1512.
Die *ev. Friedhofskapelle (ehemals St. Martin)* im unteren Dorf mit kreuzrippengewölbtem Chor ist eine der Urkirchen des Rieses, die vermutlich dem Ort den Namen gegeben hat. Besonders bemerkenswert der erst bei der Renovierung 1981 wiederentdeckte Altar der Kirche, Sockel eines römischen Altars mit Weiheinschrift an den Sonnengott. Der reich profilierte Stein steht umgekehrt auf den noch erkennbaren Voluten, Sockel nach oben, was den Sieg des Christentums über den alten Glauben symbolisiert und gleichzeitig die außergewöhnlich frühe Verwendung dieses Steins als Altartisch einer christlichen Kirche be-

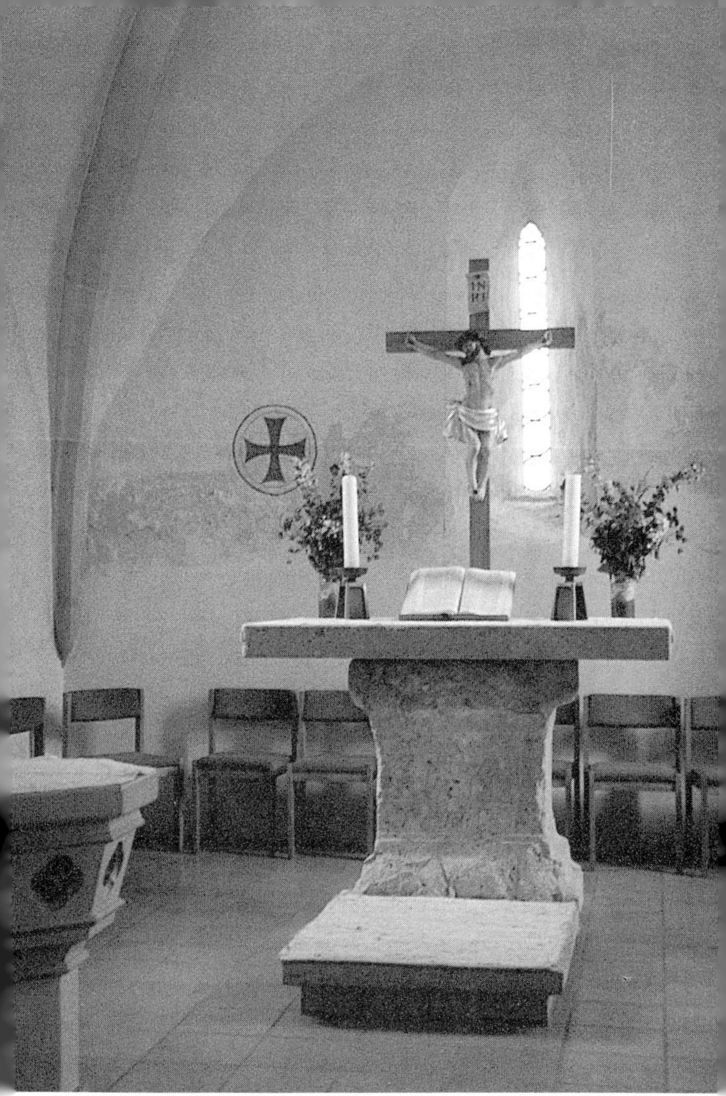

126 Kirchheim a. R. Der römische Altarstein in der Friedhofskapelle St. Martin

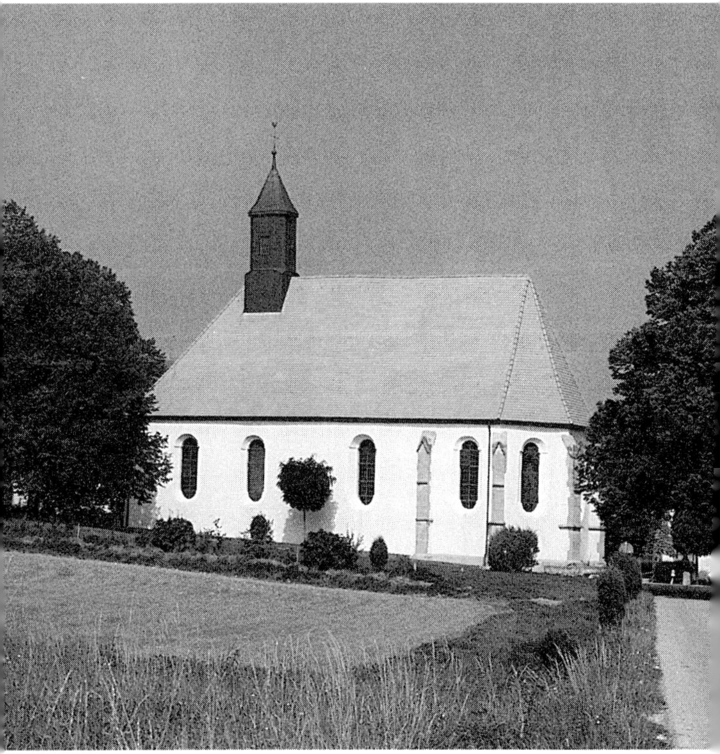

127 Kirchheim-Jagstheim. Die Marienkapelle

zeugt. An der Kanzel und an der Empore barocke Bilder von Christus, den Aposteln und den Evangelisten.
Alamannenmuseum. Im Foyer der Alamannenschule im unteren Dorf, die sich über einem alamannischen Reihengräberfriedhof aus dem 6.–8. Jh., mit ca. 1000 Bestattungen, befindet. Im Museum Originalfunde aus den Gräbern: Grabbeigaben wie Schmuck, Töpfe und Waffen, auch Skelette. Umfangreiche Bild- und Textdokumentationen. Öffnungszeiten: Während der Schulzeit, sonst nach Rücksprache mit Gemeindeverwaltung (Tel. 0 73 62/74 30).

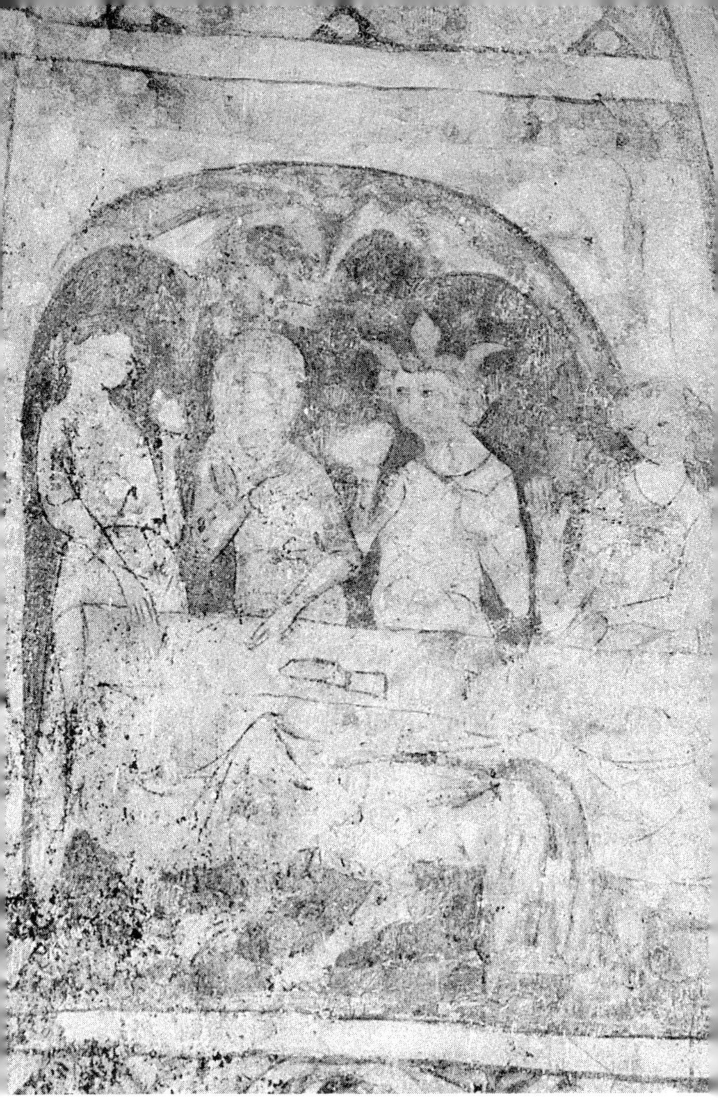

128 Kirchheim-Benzenzimmern. Frühgotisches Fresko »Tanz der Salome« in der ev. Kirche

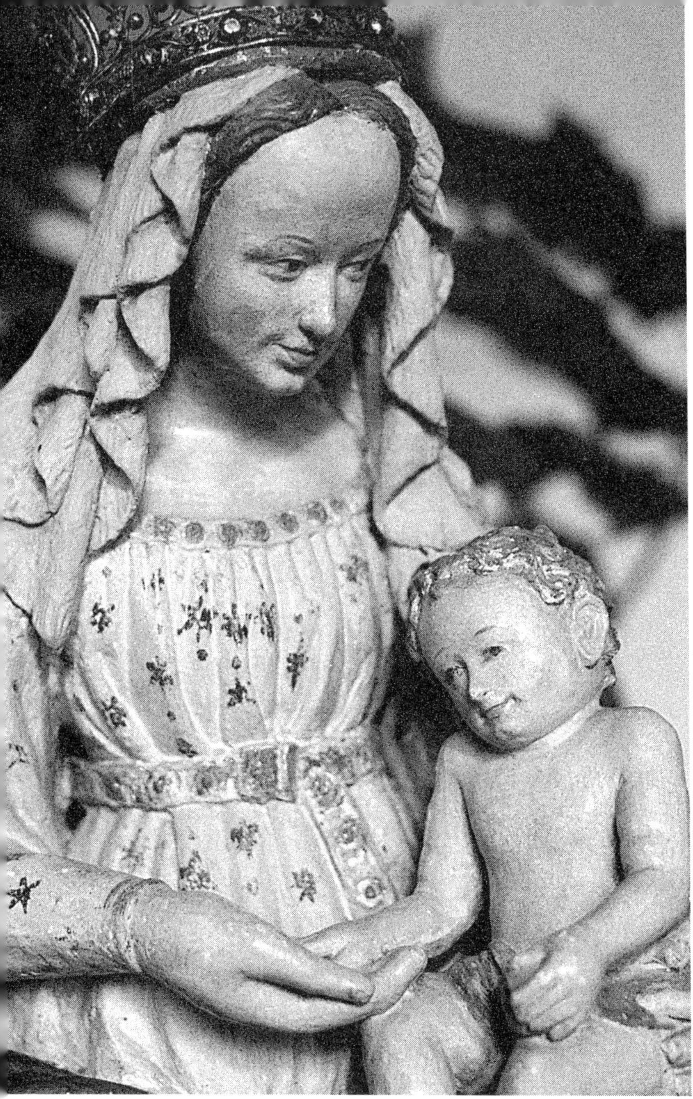

129 *Kirchheim-Dirgenheim. Madonna um 1420*

Jagstheim Die stattliche *Marienkapelle (kath.),* erstmals 1399 urkundlich erwähnt, seit dem 15. Jh. Ziel einer Marienwallfahrt. Im Innern Altäre aus dem frühen Barock vom Ende des 17. Jh. Hochaltar mit Altarblatt »Aufnahme Mariens in den Himmel«, die Altarblätter der Seitenaltäre »Heilige Familie« und »Maria mit dem hl. Bernhard«. Vor dem Hauptaltar das Gnadenbild, eine sehr gute gotische Sitzmadonna mit Kind. An der rechten Chorwand Gruppe der Anna selbdritt, um 1500, an der linken Chorwand auf Konsole spätgotische Madonna, begleitet von zwei kleinen Engeln (Ulmer Schule). Bemerkenswert das schöne, reich ornamentierte Gestühl aus dem Rokoko.
100 m südlich des Weilers an der Straße nach Kirchheim im Wald gut erkennbare Wälle einer keltischen *Viereckschanze.*

Kirchheim-Benzenzimmern

Erste Erwähnung der Ortes 1197, seit 1481 beim Kloster Kirchheim. 1552 Einführung der Reformation durch die Oettinger, 1810 an Württemberg.

Ev. Pfarrkirche (ehemals St. Johannes). Die innerhalb des Friedhofs gelegene Chorturmkirche von 1197 enthält im Innern des Chors frühgotische Wandmalereien (um 1250). Dargestellt die Legende Johannes d. T., wobei die Szenen »Tanz der Salome« und »Enthauptung des Täufers« noch gut erhalten sind. Barocke Bilder von Christus und Evangelisten an der Kanzel, Deckengemälde von 1727.

Kirchheim-Dirgenheim

Frühe alamannische Besiedlung, bezeugt durch Reihengräber. Im Mittelalter im Besitz des Klosters Kirchheim sowie des Spitals von Bopfingen, später oettingisch.

Pfarrkirche St. Georg (kath.). Moderner Kirchenbau von 1966 mit guten Glasfenstern. An der Nordwand eine sitzende Madonna, Steingußfigur von 1420, ein hervorragendes Stück des »Weichen Stils« aus der alten Kirche. Hinten links spätgotischer Johannes d. T.
Alte Kirche, Friedhofskapelle, neben der Pfarrkirche, mit markantem Chorturm aus dem 13. Jh.
Annakapelle am Südende des Dorfes, erbaut 1557, verändert 1696.

Kösingen → Neresheim
Laubach → Abtsgmünd

LAUCHHEIM

Der Ort wird erstmals 1248 urkundlich erwähnt und gelangt im 13. Jh. über die Herren von Gromberg ab 1363 in den Besitz des Deutschen Ordens, der Lauchheim 1431 die Stadtrechte verleiht. Im Dreißigjährigen Krieg weitgehend zerstört, danach planmäßiger Wiederaufbau im heutigen Stadtgrundriß.

St.-Barbara-Kapelle (ev.). Die um 1400 erbaute Kirche erfuhr 1610/20 eine grundlegende Erneuerung, aus der das große Renaissanceportal an der Straßenseite stammt. Ab 1780 als Magazin und Spritzenhaus zweckentfremdet, wurde sie erst 1951 der evangelischen Gemeinde übergeben und wieder ihrem ursprünglichen Zweck als Kirche zugeführt. Gründliche Renovierungen der Kirche 1951 und 1978.
Der bemerkenswerteste Schatz der Kirche sind die erst 1951 entdeckten Wandmalereien von 1520. Die gesamte Chorwand (Nordosten), mit Ausnahme des zugemauerten Chorbogens und zweier später eingelassener Nischen, ausgefüllt mit Darstellungen der Passionsgeschichte

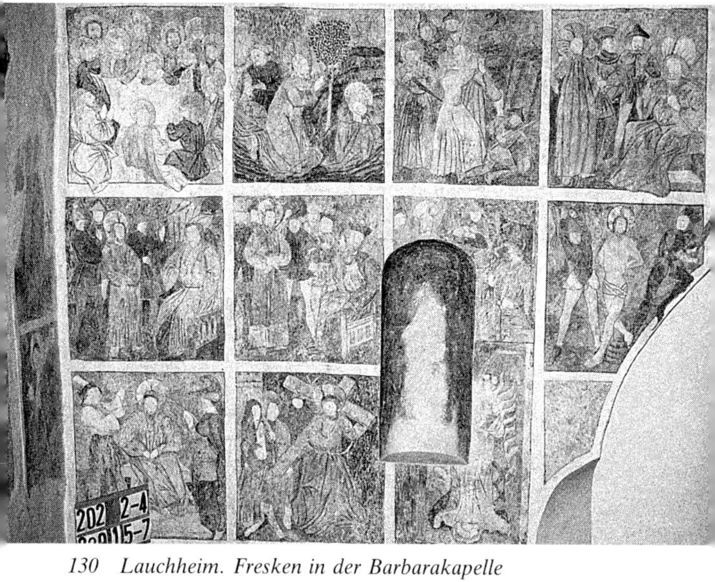

130 Lauchheim. Fresken in der Barbarakapelle

(links) und der Barbaralegende (rechts), in drei Bildstreifen jeweils vier bzw. drei Bildfelder. An der Südwand sowie in Resten noch erhalten an der Nordwand Darstellungen von Aposteln sowie der hll. Georg und Dorothea. Um die Fenster gemalte Ornamente aus der Renaissance. Aus dem Barock stammen die gemalten Apostelldarstellungen an der Empore.
Wenn geschlossen, Schlüssel bei Stadtapotheke daneben.

Pfarrkirche St. Peter und Paul (kath.). Der markante Bau mit West- und Ostturm ein Werk des Neubarock (→*Morlock*, 1869/70). Von einer Vorgängerkirche des 15. Jh. stammt lediglich der Westturm mit achteckigem Oberbau.
Das 1972 renovierte Innere überrascht durch die große Helle und Weite des an italienische Barockkirchen erinnernden Raumes. Unter den historisierenden Kirchenbauten aus der Mitte des letzten Jahrhunderts ist die Lauchheimer Kirche eines der gelungensten Beispiele. Das Dekkengemälde aus der Erbauungszeit »Christus zwischen Engeln schwebend«, im Obergaden des Langhauses in Bildfeldern die Kreuzwegstationen.
Die Kirche verfügt über bemerkenswerte Einzelstücke: im Chor barokkes Kruzifix, der geschnitzte Körper auf Ölbild mit Golgathaszene als Hintergrund. Am Ostende des linken Seitenschiffes hervorragende frühbarocke Madonna, dahinter Ölgemälde »Die hl. Anna lehrt Maria« in bester Barockqualität. Über dem Bild zwei Putten. Im linken Seitenschiff barocke Pietà. An der Ostseite des rechten Seitenschiffs Schnitzfigur des Josef mit Jesuskind, um 1520. Hinten rechts qualitätvolles Barockbild „Kreuzabnahme" (1654).

Oberer Torturm. Letzter Rest der ursprünglichen Stadtbefestigung, 1612 verstärkt, zeitweilig als Gefängnis genutzt. Über dem quadratischen Unterbau erhebt sich der achteckige Oberbau mit Kuppelhaube. Rechts und links Reste der Stadtmauer, z. T. in Hausbauten einbezogen. An der Außenseite des Tores große Tafel mit Wappen des Deutschen Ordens sowie verschiedener Deutschordensstädte. 100 m südlich weiterer Rundturm erhalten.
Im Oberen Tor das *Heimatmuseum* mit Funden aus der Vor- und Frühgeschichte Lauchheims, Urkunden und Bilder zur Stadtgeschichte, Uniformen und Requisiten der Lauchheimer Bürgerwehr, Keramik und Möbel.
Geöffnet: nach Vereinbarung mit dem Geschichts- und Altertumsverein (Tel. 07363/4126) oder mit der Stadtverwaltung (Tel. 07363/850).
Der *Marktbrunnen*, 1711 gestiftet, mit neuerer Steinfigur des Apostels Petrus. Gegenüber das *Rathaus*, ein stattlicher Barockbau aus der

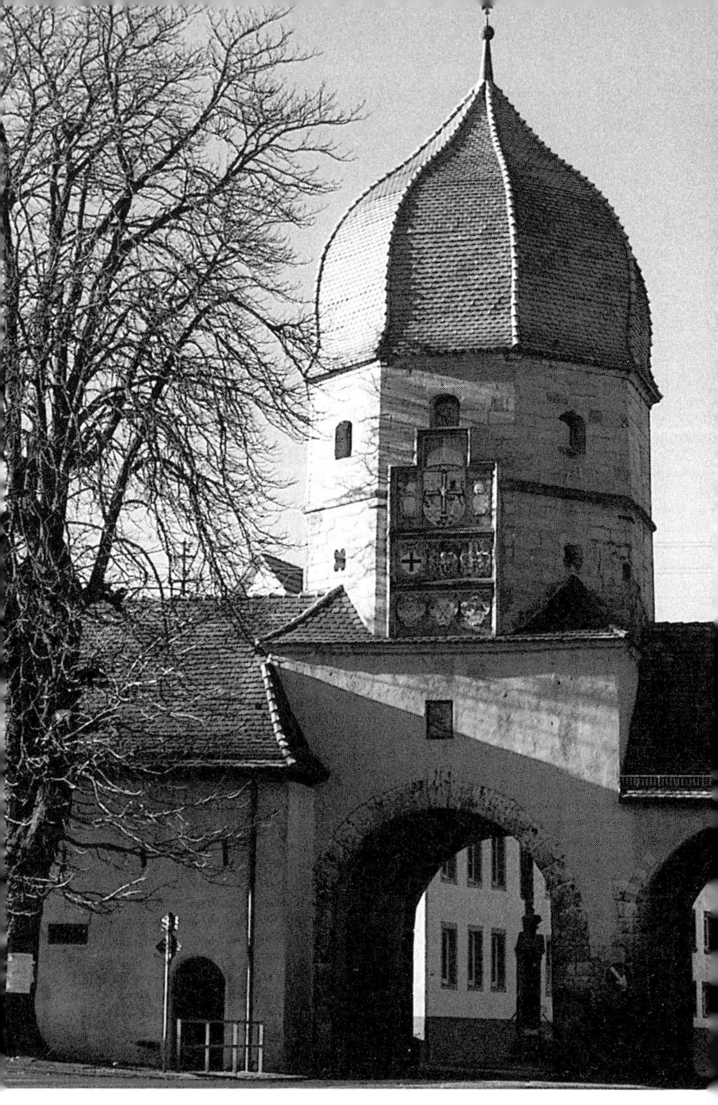

131 *Lauchheim. Das Obere Tor*

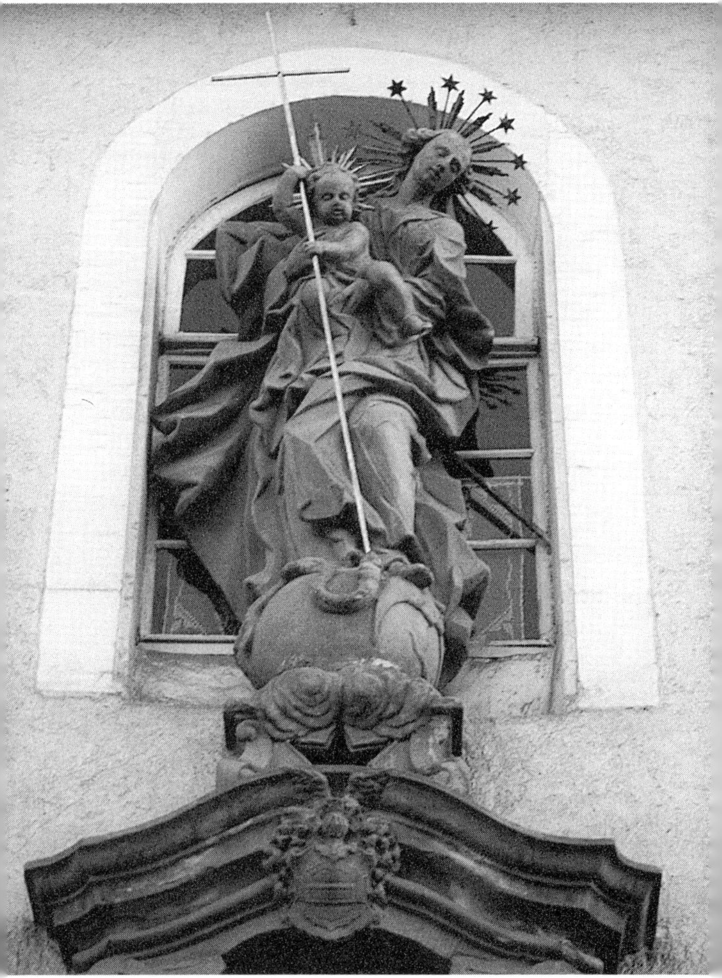

132 Lauchheim. Portalmadonna an der Hauptstraße

Deutschordenszeit. Vor der Barbarakapelle kleines hölzernes *Brunnenhäuschen*.
Wenige Meter innerhalb des Torturmes an der Südseite der Straße steht ein *Haus* mit sehr schönem Barockportal, darüber eine ausgezeichnete Portalstatue der Maria Immaculata (Madonna über der Weltkugel).
Friedhofskapelle St. Christophorus. Östlich des Torturms führt ein großes steinernes Renaissanceportal (1619) mit Relief »Christus am Kreuz mit Maria und Johannes« zum Friedhof. Die Kapelle, 1584 erbaut, heute Aussegnungshalle. An der Außenwand Deutschordenswappen. Links vom Renaissancetor kleine Rokokokapelle (1760) mit eindrucksvollem Kerkerheiland.
Kalvarienbergkapelle. Nördlich des Ortes, rechts der Straße nach Lippach, die 1822 erbaute Kapelle um einen 1681 errichteten Bildstock mit großer Kreuzigungsgruppe »Christus zwischen den Schächern«, Ziel jahrhundertelanger Verehrung.
Ruine Gromberg. Nordöstlich von Lauchheim, links der Bundesstraße, von der ehem. Burg nur noch wenige Mauerreste an der südwestlichen Ecke erhalten, davor tiefer Graben.

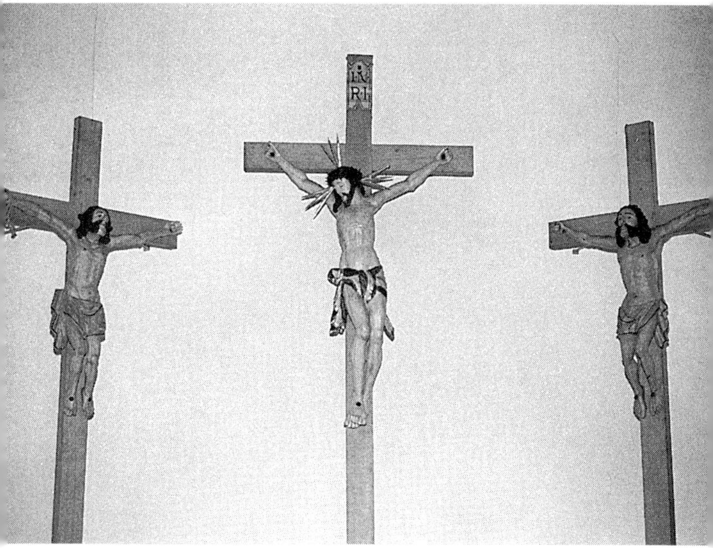

133 Lauchheim. Kreuzigungsgruppe in der Kalvarienbergkapelle

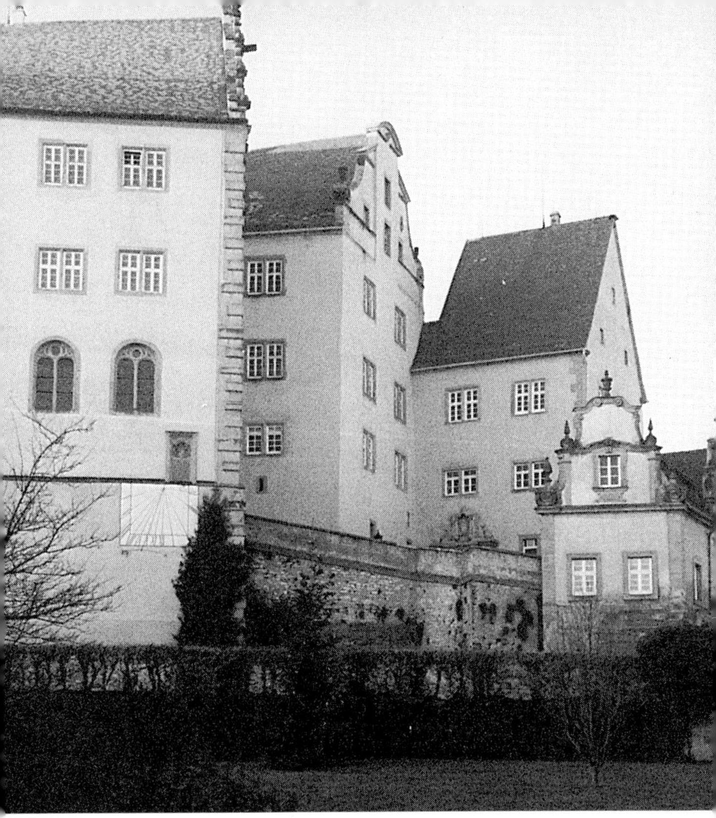

134 Lauchheim. Westernach-, Hohenlohe- und Grombergbau sowie Oberes Tor der Kapfenburg

Kapfenburg. Die Burg auf steil abfallendem Bergrücken, weit die Landschaft beherrschend, geht ins 11. Jh. zurück und befand sich ab 1379 im Besitz des Deutschen Ritterordens, der in der Burg eine Kommende einrichtete. Sie erfuhr ab 1532 wesentliche Umbauten im Stil der Renaissance und des frühen Barock. 1806 im Besitz des Königreichs Württemberg.

Einziger Zugang zur Burg über die 1532 errichtete festungsartige Bastei an der Südseite. Davor der ehemals äußere Graben mit großer und schöner Johannes-Nepomuk-Statue. Nach Durchschreiten des Tors Blick auf die Hauptgebäude der Burg mit den gestaffelten Giebeln. Um

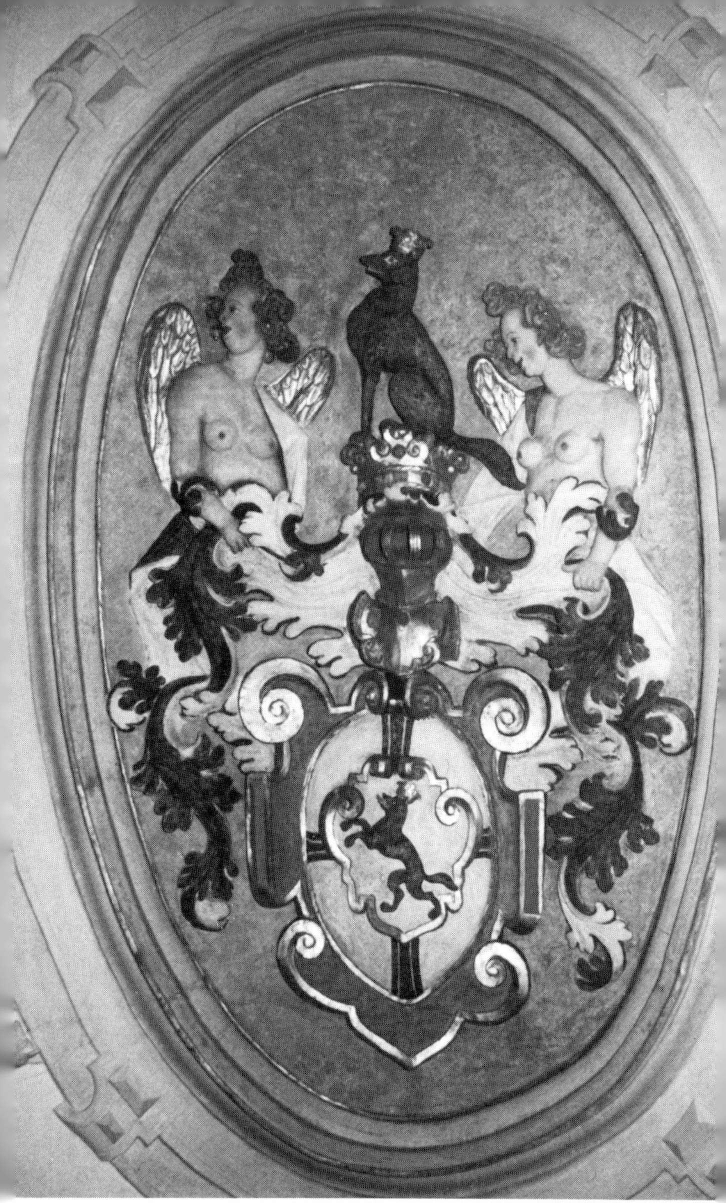

den unteren Teil des Burghofes die ehem. Wirtschafts- und Wohngebäude (um 1720): rechts Brauhaus, Marstall, links Braukeller, Bandhaus, Fruchtkasten und Meiereigebäude sowie das ehem. Finanzgebäude (Trysolei).

Die auf dem Weg zur Hochburg rechts liegende, 1716 errichtete *Lorenzkapelle* dient heute als Kirche der ev. Gemeinde Lauchheim. Im letzten Jahrhundert als Lagerraum zweckentfremdet, fehlt ihr die ehem. üppige barocke Ausstattung, lediglich Stuckzier in Andeutungen noch vorhanden. Am Westgiebel die Ordenspatrone Elisabeth, Georg und Maria.

Über dem inneren Graben das 1743 errichtete Obere Torhaus vor den drei Giebeln der Hauptbauten. Rechts der noch mittelalterliche Grombergbau (altes Schlößle), in der Mitte der Hohenlohebau, errichtet 1717 von →*Franz Keller* mit barockem Volutengiebel (heute Schloßgaststätte). Links der Westernachbau, 1591–1595 unter Komtur Johann Eustach von Westernach errichtet, mit markantem Renaissancegiebel und zwei Rundtürmen an der Südseite. Man betritt den Westernachbau durch ein großes Renaissanceportal mit Deutschordenswappen, der Weg geht zum Oberen Burghof.

An der Südostecke des Westernachbaus die Schloßkapelle in gotisierenden Formen (Netzgewölbe) mit beachtlichen Fresken um 1586: an den Wänden Christus und die 12 Apostel, im Gewölbe Evangelisten, Propheten und Engel, Schlußsteine mit Wappen. Über dem Eingang Madonna. An der Westseite der Kapelle beachtliches frühbarockes Epitaph des Komturs von Bubenhofen (1619).

Vom inneren Burghof aus durch ein Renaissanceportal Eintritt in den Ritter- oder Jagdsaal, Beispiel eines schönen Profanraumes der deutschen Renaissance. Der säulengestützte Raum mit hervorragendem Stukkatur-Schmuck von *Gerhard Schmid* (1591): in Medaillons Frauengestalten, die vier Elemente und die vier Erdteile symbolisierend, sowie Wappen, gehalten von Genien. An den Wänden in den Zwickeln lebhafte und realistische Tierdarstellungen in Stuck. Außerdem Porträts der Hochmeister aus dem 16.–18. Jh.

Museum auf der Kapfenburg. Das neu eingerichtete Museum links vom Rittersaal enthält Dokumente zur Geschichte des Deutschen Ordens und der Kapfenburg.

Geöffnet: nach Vereinbarung mit der Schloßführerin (Tel. 07363/5608).

135 Lauchheim. Wappen-Medaillon im Rittersaal der Kapfenburg

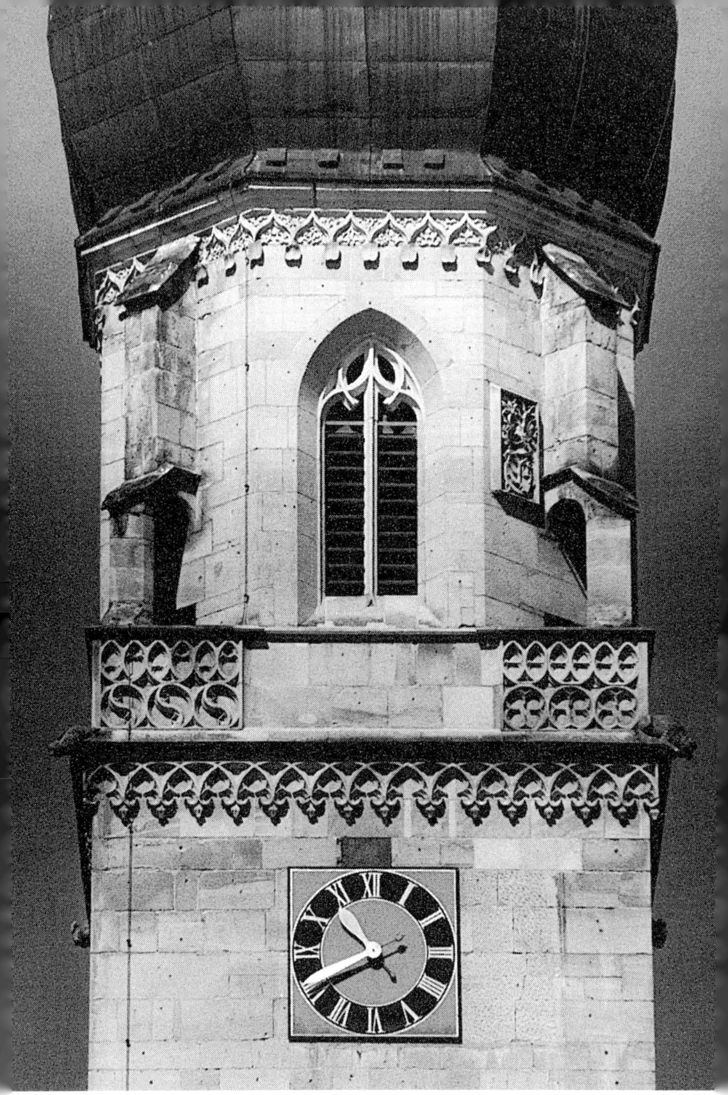

136 Lauchheim-Röttingen. Turm der St.-Gangolf-Kirche

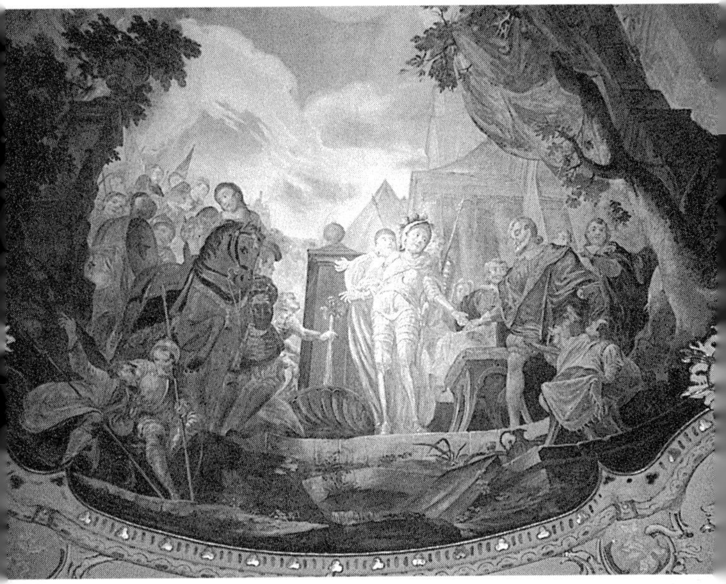

137 Lauchheim-Röttingen. Deckenfresken von Anton Wintergerst in der St.-Gangolf-Kirche

Lauchheim-Röttingen

Der Ort urkundlich erstmals 1120 erwähnt. Burgen der Ortsherrschaften jedoch weiter zurückgehend, insbesondere die ehem. Turmhügelburg »Ipfle«, 10. Jh. Im Mittelalter ist Röttingen im Besitz der Schenken von Schenkenstein, ab 1676 bei der Herrschaft Oettingen-Baldern, seit 1810 bei Württemberg.

Pfarrkirche St. Gangolf (kath.) 1480–1519 anstelle einer romanischen Vorgängerkirche als Grabstätte der Schenken von Schenkenstein errichtet. Der spätgotische Turm mit barocker Zwiebelhaube gilt als einer der schönsten Kirchtürme im Kreis: auf mächtigem quadratischem Unterbau achteckiges Obergeschoß mit schmalen gotischen Schallöffnungen und Strebepfeilern an den Schrägseiten. Die überaus reichen Zierformen und Steinmetzarbeiten an der Galerie zwischen den Turm-

geschossen und am Chor deuten auf die Nördlinger Bauhütte (Porträt des Baumeisters *Mathis Rosenthaler* aus Nördlingen am östlichen Gewölbe des Chors) und machen die Röttinger Kirche zu einem der Hauptwerke der Spätgotik im Kreis.
Der Innenraum, 1769 barockisiert, überrascht durch überaus reiche Ausstattung sowie Wand- und Deckenmalerei von →*Anton Wintergerst*. Die Deckengemälde stellen Szenen aus dem Leben des Kirchenpatrons dar: Gangolf überführt durch Gottesurteil seine Ehefrau der Untreue, Verherrlichung der Heiligen Dreifaltigkeit durch den hl. Gangolf. Die Wandfresken Szenen aus dem Marienleben. Im Langhaus Kruzifix von 1430 und Statue des hl. Ulrich (1500). Im Chor klassizistischer Hochaltar mit Gangolf-Statue, daneben zwei hervorragende frühbarocke Figuren der hll. Johannes und Stephanus. Im Chor kleines gotisches Gestühl mit geschnitzten Figuren an den Wangen, Frömmigkeit (Mann mit Rosenkranz) und Faulheit (glatzköpfiger Mann) darstellend.
In den Rokoko-Seitenaltären links barocke Madonna, rechts Wendelin. Im Langhaus an der Wand spätgotische Pietà, barock gefaßt. Empore im Westen mit schönen Totenschildern der Herren von Schenkenstein.
Westlich von Röttingen auf dem Berg die 1720 erbaute *St.-Wendelins-Kapelle* mit rundem Chorabschluß. Im Innern neben neugotischen Figuren ein barockes Kruzifix.

Lauterburg → Essingen
Lautern → Heubach
Leinenfirst → Neuler
Leinroden → Abtsgmünd-Laubach
Leinweiler → Schechingen

LEINZELL

1259 unter dem Namen Zella erstmals erwähnt. Die Burg im 9. Jh. von der Reichsabtei Ellwangen gegründet. Burgherren waren die Familien der Thaler, der von Westerstetten und der von Horkheim, seit 1636 bis heute ist das Schloß im Besitz der Familie von Lang, die häufig ellwangische Oberamtleute von Heuchlingen und Wöllstein/Abtsgmünd waren. Seit Mitte des 18. Jh. gezielte Ansiedlung von Gewerbetreibenden und Handwerkern, was im Ortsbild an den kleinen Häuschen der angesiedelten Bürger noch zu erkennen ist.

Schloß. Ursprünglich ein befestigter Turm (»Burstel«), etwa 9. Jh., mit einem Ellwanger Lehensmann besetzt. Im 12. Jh. Erweiterung zur

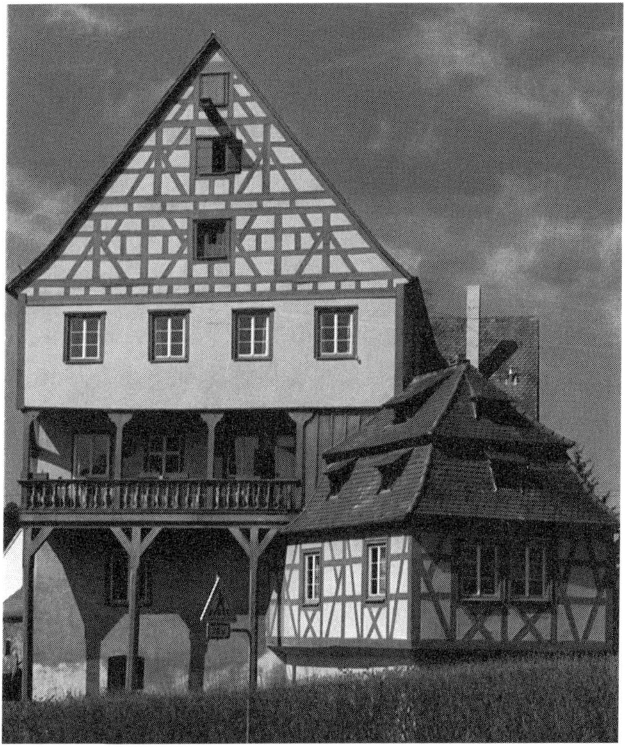

138 Leinzell. Das Schloß

Burg mit Rundturm, Steinhaus, Mauer mit drei Türmen und Gräben (Wasserburg). Nach der Zerstörung im Dreißigjährigen Krieg Wiedererrichtung ab 1650 auf den Fundamenten der ehem. Burg mit zwei Fachwerkobergeschossen. Charakteristisch die Holzpfostengalerie, auf der das obere Geschoß aufliegt. Der Rundturm ist in den Neubau einbezogen mit der Funktion des Treppenturms. Die Räume des Schlosses sind heute als Wohnungen genutzt.

Pfarrkirche St. Georg (kath.). Oberhalb der Lein innerhalb des ummauerten Friedhofs gelegen, mit markantem Turm. Der noch roma-

nisch wirkende Chor erbaut um 1330, das Langhaus 1776–1783 als großer Saalraum mit flacher Decke. Beachtlich das Deckenfresko von → *Johann Nepomuk Nieberlein*, 1785, darstellend Mariä Himmelfahrt und Szenen aus der Georgslegende. Erweiterung des Schiffes im Süden 1950, Fenster mit Passionsszenen von *K. Hirth* (1960).
Der netzgewölbte Chor öffnet sich vom Langhaus her unter einem spitzbogigen Triumphbogen. Im Chor Renaissanceepitaph mit Wappenschilden des Burgherrn Rudolf von Westerstetten (gest. 1504) und seiner Frau. Über dem Chorbogen spätgotische Darstellung der Heiligen Dreifaltigkeit. Über dem Seitenaltar Madonna und die 14 Nothelfer, über der Kanzel hl. Georg.

Lindach → Schwäbisch Gmünd
Lindorf → Westhausen-Lippach
Lippach → Westhausen

LORCH

Um 150 n. Chr. römisches Kohortenkastell zum Schutz der Rems und des Limes. Seit der Mitte des 11. Jh. ist Lorch im Besitz des schwäbischen Geschlechtes derer von Büren und damit der späteren Hohenstaufen, die um 1060 die auf dem ehem. Kastell stehende Kirche (heutige ev. Pfarrkirche) in ein Stift umwandeln. Herzog Friedrich von Schwaben gründet 1102 auf dem Burgberg nordöstlich des Dorfes ein Benediktinerkloster mit Mönchen aus Hirsau, bestimmt als Grablege des Geschlechts. Nach dem Aussterben der Staufer übernehmen die Württemberger die Vogtei über das Kloster, um es schließlich ganz in Besitz zu nehmen. Nach Einführung der Reformation (1535, endgültig 1556) wird das Kloster, das seine klosterähnliche Struktur unter einem Abt auch in evangelischer Zeit beibehält, zunächst Bildungsstätte, danach wichtiger württembergischer Verwaltungssitz. Das immer zum Kloster gehörende Dorf mit Marktrecht wird 1860 zur Stadt erhoben.

Römisches Kastell. Beim ev. Gemeindezentrum, Kirchstraße 30, restauriertes Fundament vom Turm des Westtores des Kastells, von dem sonst überirdisch nichts mehr zu sehen ist.

Ev. Pfarrkirche. Der Bau von 1474 mit netzgewölbtem Chor und mächtigem Turm an der Nordseite überrascht durch beachtliche und qualitätvolle Ausstattung. Das Langhaus an drei Seiten umschlossen von großer Empore, 1728. Die sehr guten Bilder an den Brüstungen der Empore, Szenen aus dem Alten und Neuen Testament darstellend, sind

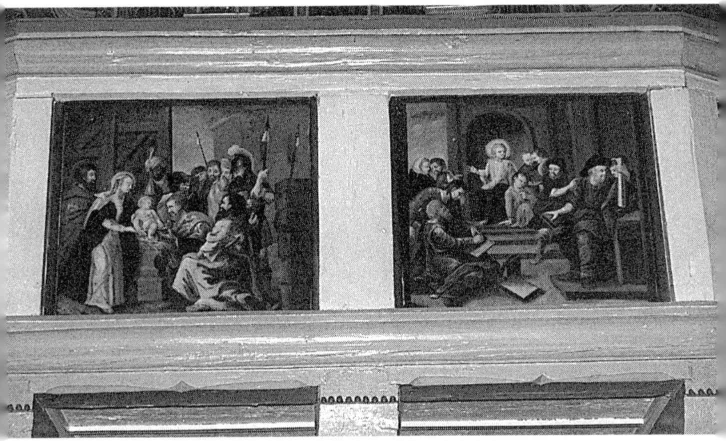

139 Lorch. Empore der ev. Pfarrkirche

ein Zeichen dafür, daß im Zeitalter des Barock auch in den ev. Kirchen die bildliche Darstellung wieder ihren eigenständigen Platz finden konnte.
Rechts vom Chorbogen die Kanzel (1499), getragen von frühbarockem Atlanten, Kanzelkorb mit originellen Ritzdarstellungen der Kirchenväter. Unter dem Chorbogen hinter dem gotischen Taufstein, Altar mit spätgotischem, eindrucksvollem großem gestütztem Kruzifix. Im Chor beachtliche wappengeschmückte Grabmäler aus Spätgotik und Renaissance. Links Sakramentshaus mit spätgotischen Fresken, Darstellung von Engeln und Propheten.
Wenn geschlossen, Schlüssel im gegenüberliegenden Gemeindehaus.
Im Ort verschiedene stattliche und schöne *Fachwerkhäuser*, so das alte Rathaus an der Kirchhofmauer, das alte Pfarrhaus und die heutige Kreissparkasse.
Pfarrkirche St. Konrad (kath.). Der moderne Bau, Architekt *Hans Werner Merkle*, 1959, birgt im Innern eine sehr gute Figur des Kirchenpatrons Konrad, Bischof von Konstanz, sowie rechts eine barocke Madonna.

Ehem. Benediktinerkloster (heute Alten- und Pflegeheim). Das nördlich von Remstal und Stadt hoch auf dem Burgberg liegende, markant die Landschaft beherrschende Kloster verfügt noch über seine gesamte

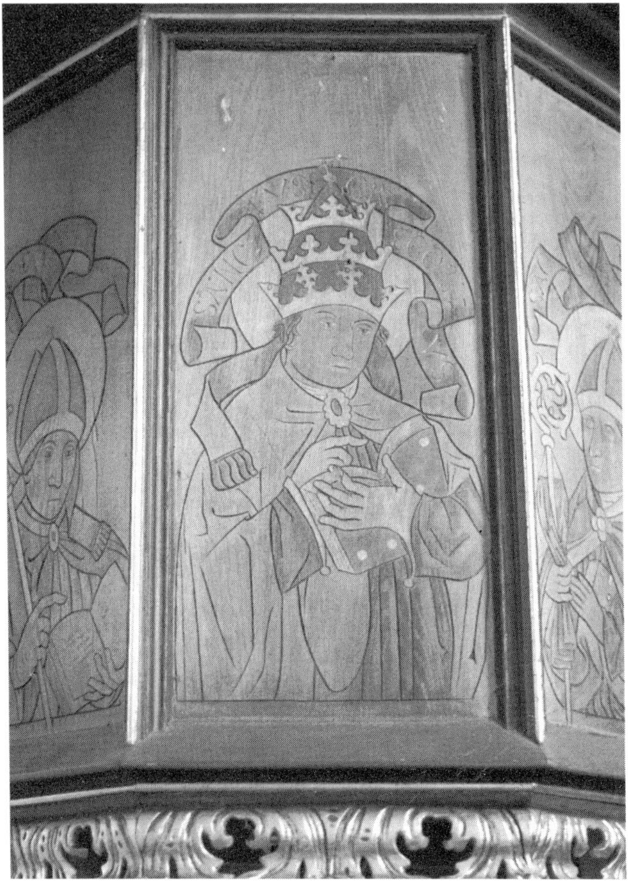

140 Lorch. Kanzel der ev. Pfarrkirche

mittelalterliche Mauerbefestigung sowie wesentliche Teile der Klosteranlage. Man betritt das Kloster von Osten, vorbei an der Pforte und dem Fruchtkasten, einem stattlichen Fachwerkbau rechts vom Eingang des Klosters. Noch im äußeren Klosterbezirk steht das Abtshaus, ein

großer Fachwerkbau, Ende des 15. Jh., zu Repräsentationszwecken bewußt außerhalb des Klausurbereichs erbaut. An der Südwand des Hauses das Wappen des Abtes Laurentius Uttenrieth, der nach den Verwüstungen des Bauernkriegs das Kloster wieder saniert hatte. Südlich des Abtshauses malerische Baugruppe des Back-und Waschhauses sowie des Türmchens »Lug ins Land« über der Klostermauer.
Die *Kirche* im inneren Klosterbezirk ist eine der großen und bedeutenden Schöpfungen der Romanik in Südwestdeutschland. Der querschiffähnliche Westbau, flankiert von zwei seitlichen Rundtürmen (nur der südliche davon heute erhalten), deutet auf Einflüsse aus dem Rheinland (Maria Laach), insbesondere, wenn man sich das heute verschwundene »Paradies«, die Vorhalle vor dem Westportal, hinzudenkt. An der äußeren Klostermauer vor der Westseite der Kirche noch das ursprüngliche romanische Portal mit Zickzack-Ornament erhalten. Über dem Westportal sind zwei Bruchstücke eines römischen Architravs, vermutlich einst Türsturz über einem Lorcher Kastelltor, eingemauert. Der Chor im Osten der Kirche ist gotisch, erbaut nach 1470, in origineller Weise den Westflügel des Kreuzgangs überbrückend.
Das Innere der Kirche ist im Längsschiff eine Pfeilerbasilika ohne jeden ornamentalen Schmuck, die Pfeiler ohne Kapitelle direkt in die Wand übergehend, die Längsschiffwand nur durch einfachen Fries gegliedert. Das Westwerk ist im Innern vom Langhaus durch hohe Bögen getrennt, was dem Raum beim Blick nach Westen eine besondere Monumentalität verleiht. Die mächtigen Vierungspfeiler dagegen mit reichster spätromanischer Ornamentik: Tierfiguren, Band- und Pflanzengeschlinge, Knospenkapitelle aus dem 13. Jh.
Beim gotischen Chor auffallend die in mehreren Stufen ansteigende Höhe über dem Niveau des Kirchenschiffs, bedingt durch den Bau über den Kreuzgang.
Von der ursprünglichen reichen Ausstattung ist nur noch wenig in der Kirche erhalten. Das bedeutendste Kunstwerk ist das große Kruzifix vor dem Chor von →*Jörg Syrlin d. Ä.*, eines der schönsten klassischen Kruzifixe der Spätgotik.
Im netzgewölbten Chor rechts Altarnische unter reich verziertem spätgotischem Bogen mit zwei gemalten Engeln, ein Tuch haltend, vor dem ursprünglich Heiligenfiguren gestanden sind.
An den Pfeilern des Langhauses Darstellungen der Stifter des Klosters, vom Ende des 16. Jh., jedoch über älteren Vorzeichnungen. Der Stifter des Klosters, Herzog Friedrich von Schwaben, am ersten Pfeiler von Westen rechts zusammen mit seiner Frau Agnes. Am dritten Pfeiler rechts Kaiser Friedrich Barbarossa, am vierten Kaiser Heinrich VI. Auf der linken Seite am ersten Pfeiler nach der Vierung Kaiser Friedrich II., am dritten Pfeiler von der Vierung aus Konradin, darüber Szene der

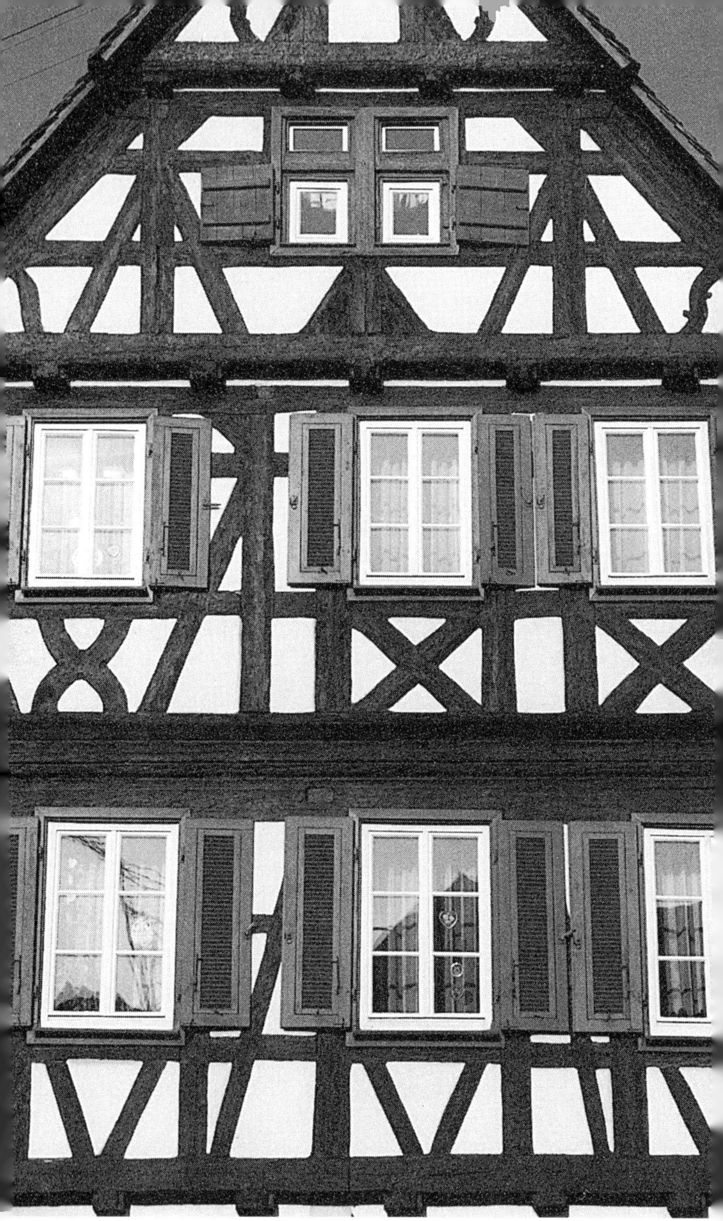

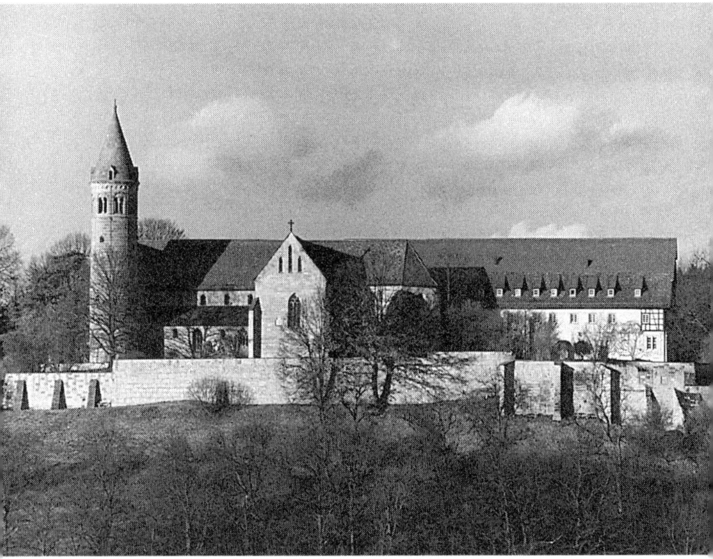

142 Lorch. Das ehem. Benediktinerkloster

Hinrichtung 1268 in Neapel. Am ersten Pfeiler von Westen kommend links König Philipp mit seiner Frau Irene von Byzanz. Im Mittelgang des Langhauses die Hohenstaufen-Tumba von 1475, auf der Deckplatte das von zwei Engeln gehaltene Stauferwappen unter dem Stauferadler, an den Ecken Statuen der Stifter.
Im nördlichen Querhaus spätmittelalterliche Grabdenkmäler von Mitgliedern der Adelsfamilie von Woellwarth, die enge Verbindungen zum Kloster hatte. Die Verstorbenen jeweils in voller Ritterrüstung mit den Zeichen ihres Standes, ganz links Grabmal des Ulrich von Woellwarth (gest. 1505) als überaus realistisch dargestelltes Gerippe. Von weiteren zahlreichen Grabmälern sind noch zu erwähnen das des Reformabts Nikolaus von Arlberg am südlichen Westwerkpfeiler und das des Abtes Sebastian Sitterich am nördlichen. An der Westwand des südlichen Querhausarms Grabmal des ersten ev. Abtes Georg Udal (1576).

141 Lorch. Fachwerkhaus am Marktplatz

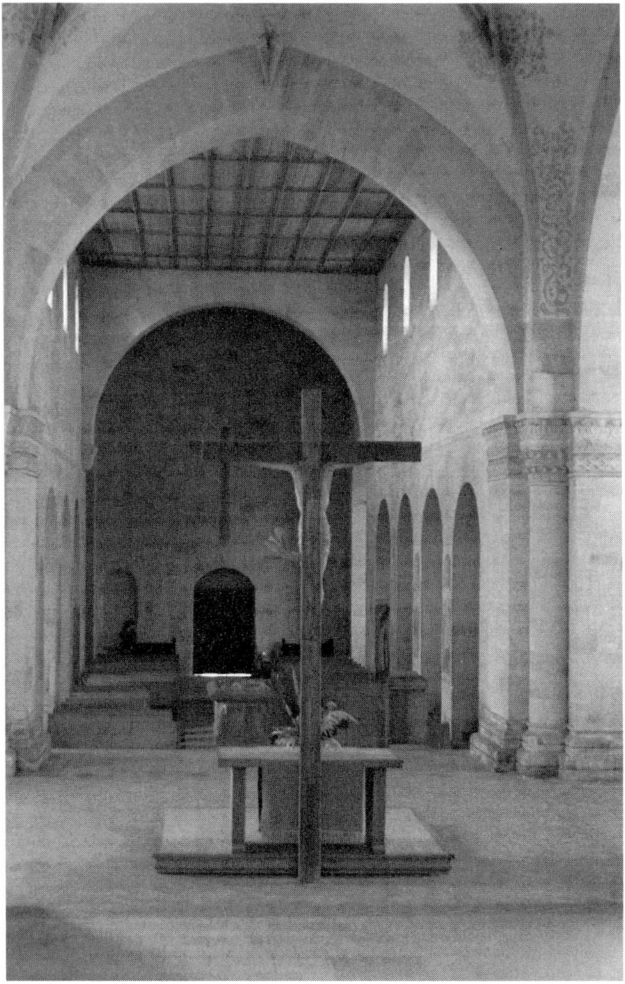

143 Lorch. Inneres der ehem. Klosterkirche nach Westen

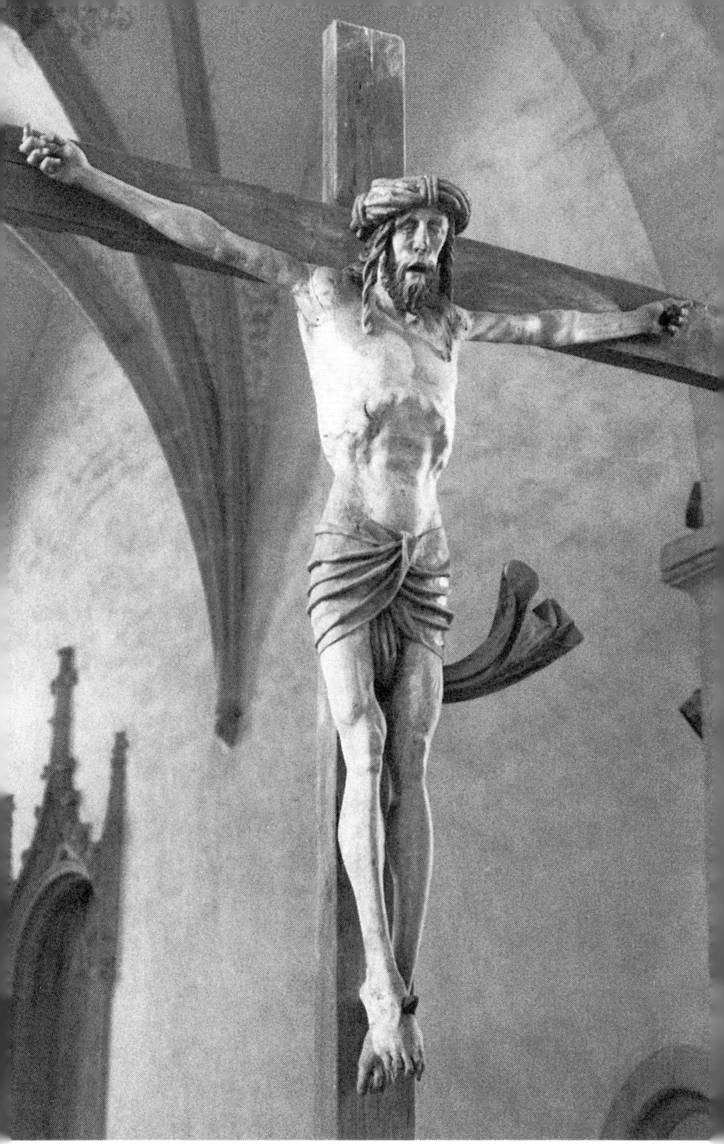

144 *Lorch. Kruzifix von Jörg Syrlin d. Ä. in der ehem. Klosterkirche*

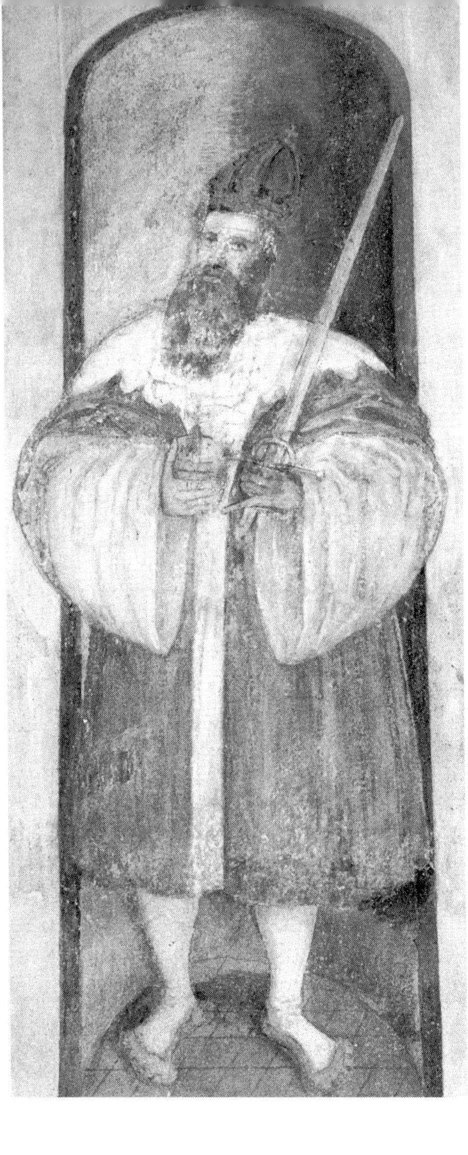

145 Lorch. Kaiser Friedrich Barbarossa, Wandbild an einem der Wandpfeiler der ehem. Klosterkirche

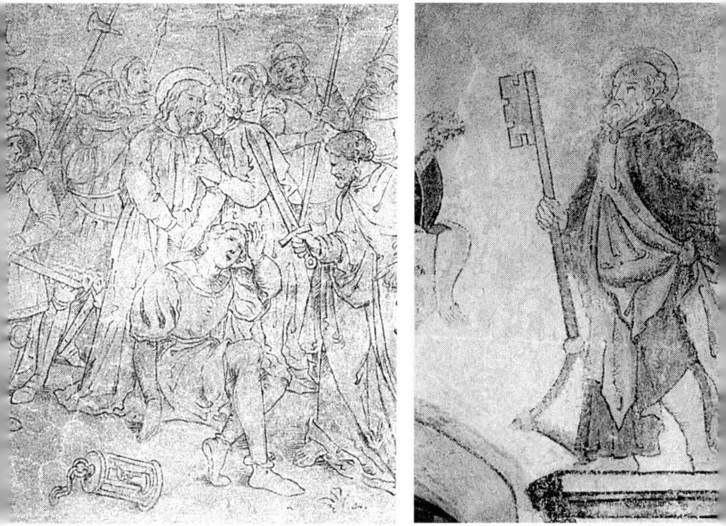

146 Lorch. Klostergebäude. Wandbilder im Refektorium: links Passionsszene, rechts der Apostel Petrus über dem Eingang

Klostergebäude. Von den Gebäuden der ehem. Klausur noch erhalten der nördliche Flügel des Kreuzgangs mit Netzgewölbe. Das Refektorium, Speisesaal der Mönche, ein Raum mit Balkendecke auf Holzpfeilern, um 1530. Besonders beachtlich die Wandbilder aus dem 16. Jh. mit Passionsszenen, wobei als Vorlage Dürers Kleine Holzschnittpassion diente. Über dem Eingang Madonna und die Apostel Petrus und Paulus. Im Obergeschoß des Gebäudes Zellen des ehem. Dormitoriums (Schlafraum).
Kapitelsaal und Heimatmuseum. Balkengedeckter Raum, gestützt von reich gemusterten Holzsäulen, heute Heimatmuseum mit Funden aus der Römerzeit sowie aus der Geschichte des Klosters und Zeugnissen des Aufenthaltes von Eduard Mörike in Lorch (1867–1869).
Öffnungszeiten: Kloster und Heimatmuseum täglich 8.30–11.30 und 13–17 Uhr.
Vor dem Kloster auf der Höhe über dem Tal steht ein rekonstruierter *Limeswachtturm* in Holzbauweise.

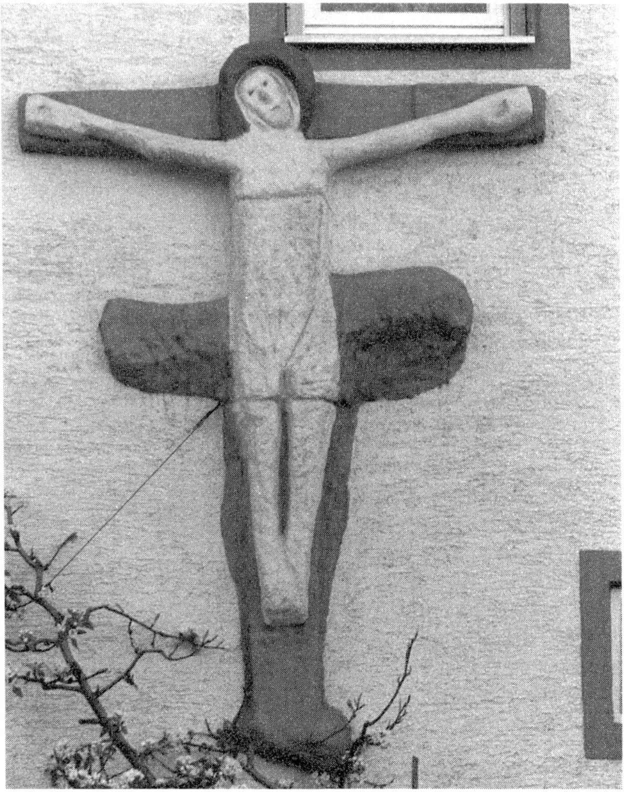

147 Lorch-Waldhausen. Kruzifix an einem Bauernhaus im Vogelhof

Lorch-Waldhausen

Auf dem *Elisabethenberg*, dem Platz einer ehem. Burg, heute ein Pflegeheim. Innerhalb dieses Heimes, über dem Eingang zum Speisesaal, spätromanisches Tympanon der ehem. Burgkapelle mit Gotteslamm und Tierornamentik.
An der Hauswand eines Bauernhofes im Weiler *Vogelhof* unterhalb des Pflegeheims überlebensgroßes steinernes Kruzifix, das trotz seiner urtümlichen Gestaltung ins späte 15. Jh. datiert wird.

MÖGGLINGEN

Erste urkundliche Erwähnung des Ortes 1143. Die Siedlung war im Besitz der Reichsstadt Schwäbisch Gmünd, des Gmünder Spitals sowie des Klosters Gotteszell, deshalb blieb Mögglingen während der Reformation katholisch.

Pfarrkirche St. Petrus und Paulus (kath.). Von der ursprünglichen Kirche ist erhalten der mächtige Glockenturm (1140/50). Gotische Erweiterung 1442, eine weitere Renovierung und Vergrößerung Anfang des 17. Jh. 1835 Neubau, der 1956 einem modernen Kirchenbau weichen mußte (Architekt *Albert Hänle)*. Über dem Hauptportal Glasbetonfenster (*Rudolf-Walter Haegele*) »Ausgießung des Heiligen Geistes«.
Das Innere der großen Kirchenhalle in Stahlpfeilerkonstruktion mit Fensterbändern (Haegele). Der Chor wird von links durch eine große Fensterfläche erleuchtet. Altar, Kommunionbank und Ambo aus Muschelkalk, gestaltet von *Otto Herbert Hajek*: Altar mit Posaunenengeln, St. Michael und Opferlamm, Ambo mit lehrendem Christus und Aposteln. Über dem Altar ein gotisches Kruzifix.

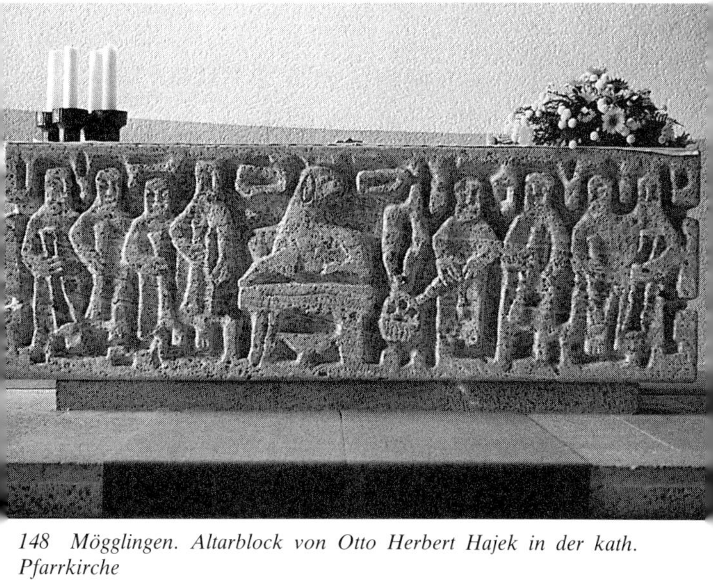

148 Mögglingen. Altarblock von Otto Herbert Hajek in der kath. Pfarrkirche

An der Südostseite Opferaltar mit Muttergottesstatue sowie den hll. Urban und Ottilia, spätgotisch, an der Westwand barocke Bilder eines Kreuzwegs.
Hinten links Durchgang zum Turm mit der Taufkapelle im ehem. Altarraum, Taufstein und Reliefs von *Hajek*, Glasfenster »Taufe Christi« und »Kreuzigung« von *Sepp Baumhauer* (Schwäbisch Gmünd).
Östlich der Kirche das stattliche *Pfarrhaus*, von → *Johann Michael Keller* 1760 erbaut. Bemerkenswert die Freitreppe und das reich mit Pilastern und Gesims geschmückte Portal.

MUTLANGEN

Erste urkundliche Erwähnung im 12. Jh. Ursprünglich zur Herrschaft der Rechberger gehörend, kam Mutlangen 1581 in den Besitz der freien Reichsstadt Gmünd. Außer der Stadt hatten auch Kloster Gotteszell, das Dominikanerkloster sowie das Gmünder Spital Besitz im Ort. Eigene Pfarrei seit 1783.

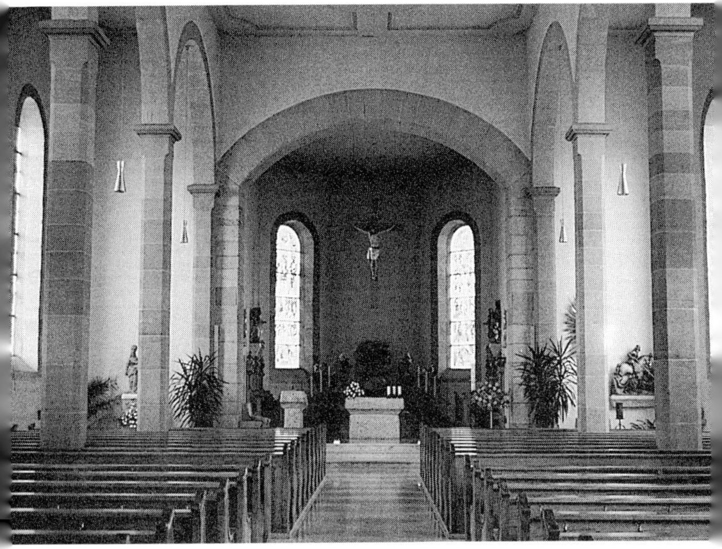

149 Mutlangen. Inneres der kath. Pfarrkirche St. Georg

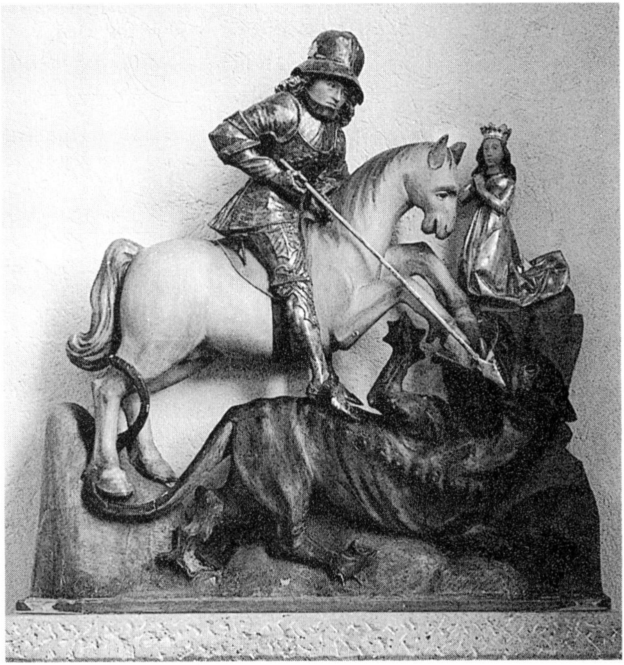

150 Mutlangen. Spätgotischer St. Georg in der kath. Pfarrkirche

Pfarrkirche St. Georg (kath.). Der 1847 von *Gottlieb W. Wepfer* errichtete Bau, 1979/80 renoviert, beeindruckt durch den lichten Hallenraum mit schlanken Sandsteinpfeilern. Ein Schmuck der Kirche sind die zahlreichen, qualitativ sehr guten Plastiken. Neben den Seitenportalen die Apostel Petrus und Paulus. An der Nordwand barocke Schmerzensmutter; sehr beachtenswert die silbernen Halbfiguren der hll. Josef und Joachim, über ihnen auf einer Schüssel das Haupt des Johannes d. T. An der Südwand barocker kreuztragender Christus und hl. Sebastian. Aus der alten, abgebrochenen Georgskapelle stammt der hervorragende gotische St. Georg, der den Drachen erlegt und die Königstochter rettet (an der Stirnseite des südlichen Seitenschiffs). Links darüber eine Maria im Strahlenkranz, im Chorbogen ein großes Kruzifix. Links vom Chorbogen eine Pietà um 1350 aus der ehem. Nikolauskapelle (Kopf der Maria neu geschnitzt).

Im neu gestalteten Chor Tabernakel mit vorzüglichem Barockrelief der Heiligen Dreifaltigkeit, von der ehem. Kanzel stammend. Chorfenster 1964 von *Wilhelm Geyer*, Ulm. An den Chorwänden mehrere holzgeschnitzte Statuen, besonders bemerkenswert die hl. Katharina mit Schwert und Rad, 15. Jh.
Das 1785 erbaute *Pfarrhaus* ist ein typischer Bau → *Johann Michael Kellers*. 1945 in den letzten Kriegstagen zerstört, ist es im ursprünglichen Stil wiedererrichtet.

NERESHEIM

Die Geschichte Neresheims und der umliegenden, heute großenteils eingemeindeten Dörfer ist bestimmt durch die Geschichte des Klosters. Um 1000 gründen die Grafen von Dillingen auf dem Neresheimer Berg eine Burg, die 1095 Graf Hartmann in ein Chorherrenstift, später in ein Benediktinerkloster umwandelt und dem Papst unterstellt. Das der Reform von Hirsau anhängende Kloster wird vom Papst mit dem Privileg der freien Wahl von Abt und Vogt ausgestattet (1125). Kirchenpolitisch gehört die Abtei zum Bistum Augsburg, Patrone des Klosters sind die Augsburger Ortsheiligen Ulrich und Afra. Nach der Verwüstung des Klosters 1246 durch König Konrad IV. von Hohenstaufen übernehmen die Grafen von Oettingen die Vogtei über das Kloster, woraus eine jahrhundertelange Rivalität zwischen Oettingen und Bistum Augsburg entsteht. Nach Niedergang und Wiederaufstieg zu geistigem Rang und politischer Macht im 15. Jh. schließt sich das Kloster der »Reform von Melk«, einem Bündnis reformwilliger Abteien, an (1497). Im 16. Jh. Ausbau der Bibliothek, Zusammenarbeit mit der Universität Dillingen, Einrichtung der für das ganze Härtsfeld wichtigen Klosterschule im 17. Jh. Nach den Verwüstungen des Dreißigjährigen Krieges erlebt das Kloster einen erneuten Aufschwung, von dem der Neubau der Konventgebäude vom späten 17. Jh. an sowie der Abteikirche im 18. Jh., außerdem die Erlangung der Reichsunmittelbarkeit 1764 Zeugnis ablegen. Nach der Säkularisation des Klosters 1802 geht das Kloster in den Besitz des Hauses Thurn und Taxis über, der Ort Neresheim wird württembergisches Oberamt. Seit 1920 sind wieder Benediktinermönche im Kloster, angeschlossen der Beuroner Kongregation.

Die Benediktinerabtei. Das hoch über dem Ort das Härtsfeld überragende Klosterensemble betritt man durch den ältesten heute erhaltenen Bauteil, die Prälatur. Dieser viergeschossige Bau mit Treppenturm und Erkertürmchen verbindet als Torbau die Konventgebäude mit den sich nach Süden und Westen anschließenden Wirtschaftsbauten. Der Bau vom 15. Jh., in den oberen Stockwerken von 1682, soll

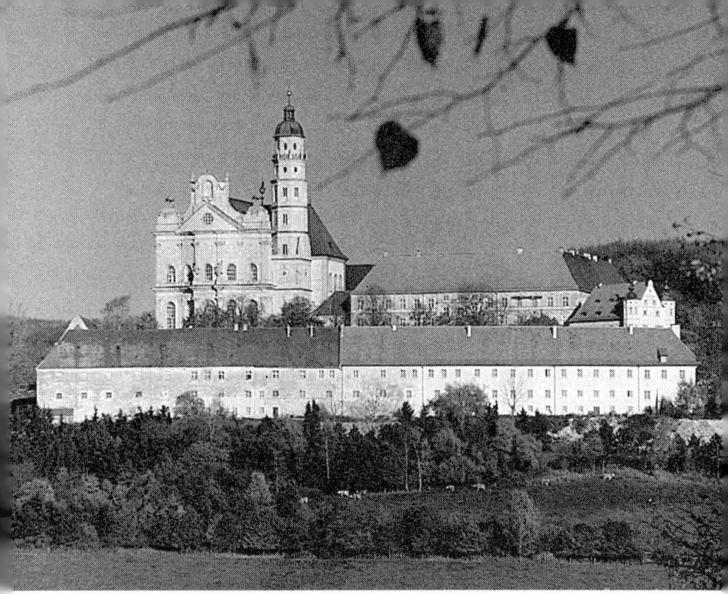

151 Neresheim. Die Benediktinerabtei

mit seinem reich stuckverzierten oberen Saal später Klostermuseum werden.

Der in Richtung Westen zu den Wirtschaftsgebäuden hin abfallende Klosterhof wird im Osten begrenzt durch den Westflügel des 1699–1714 von *Michael Wiedemann* errichteten Konventbaus. Horizontalgesimse zwischen den drei Geschossen, flache Pilaster und Wechsel zwischen Giebeln und Segmentbögen über den Fenstern geben der West- und der Südfront ein schloßähnliches Gepräge. Über dem Portal, zu dem eine doppelläufige Freitreppe führt, eine sehr schöne Madonnenfigur des Ellwangers → *Melchior Paulus*, 1712.

Das Innere des Konventgebäudes Klausurbereich, deshalb der Öffentlichkeit nicht zugänglich. Im Erdgeschoß die Korridore sowie der Kapitelsaal von → *Melchior Paulus* (1717) mit großartigen Stuckreliefs geschmückt: Szenen aus der Geschichte des Klosters.

Refektorium, großer säulengestützter Saal mit frühbarocker Stuckdecke, Deckenfresken teilweise erhalten; im Obergeschoß der Festsaal, gestaltet von → *Dominikus Zimmermann*, 1719, an den Wänden Stuckreliefansichten von acht Benediktinerklöstern, an der Decke Fresken von → *Johann Michael Zink*. Am eleganten Deckenstuck ist der spätere Stil Zimmermanns als Meister der Rokokoarchitektur bereits erkennbar. Alte Bibliothek mit prachtvoller frühbarocker

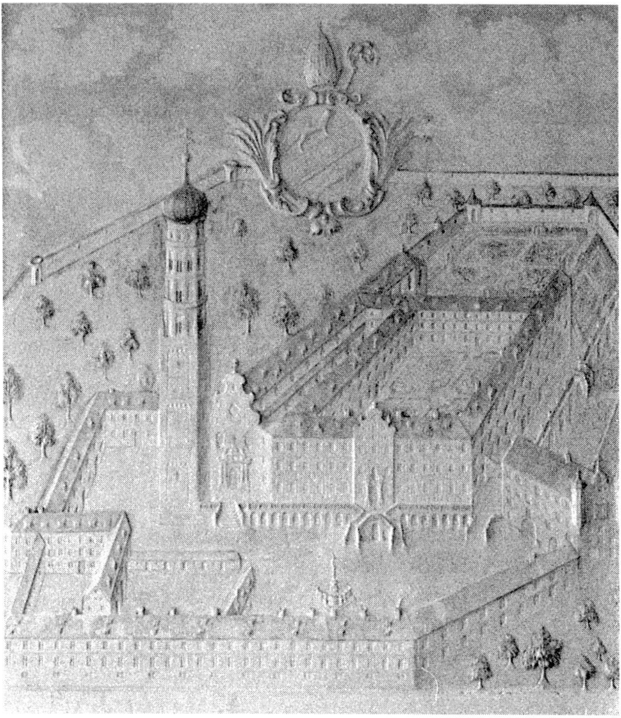

152 Neresheim. Relief der Klosteranlage im Festsaal des Konventbaus

Stuckdecke (1704) von dem Wessobrunner *Schmuzer*, in der Mitte Deckenfresko von 1719; die »Verehrung der Wissenschaften durch die Benediktiner«. Der besondere Schatz der Bibliothek ist der fast vollständig erhaltene Bestand an alten Büchern, die Neresheim im 18. Jh. als ein Zentrum der kirchlichen Aufklärung ausweisen. In der Neuen Bibliothek eleganter Deckenstuck des frühen Rokoko.

Im Klosterhof in reizvoller Grünanlage der schöne *Röhrenbrunnen*, auf der Barocksäule Figur des Erzengels Michael, 1720.

Die *Abteikirche* anstelle der romanischen Kirche, die wegen Baufälligkeit abgebrochen werden mußte, ab 1745 errichtet. Architekt war → *Balthasar Neumann*, der von Abt Aurelius Braisch gewonnen werden konnte. Bauleitung hatte *Johann Baptist Wiedemann*, der nach dem

Tode Neumanns 1753 verantwortlich den Bau weiterführte, wobei die 1764 vollendeten Kuppeln abweichend vom Plan Neumanns nicht als Stein-, sondern als Holzkonstruktion ausgeführt wurden. Von 1770 bis 1775 wurde → *Martin Knoller* mit der Ausführung der Kuppelfresken beauftragt, während die übrige plastische Ausstattung, Kanzel, Altäre und Stukkatur → *Thomas Schaidhauf* zwischen 1778 und 1790 übertragen wurde. Weihe der Kirche 1792, 1802 säkularisiert. Umfassende Renovierung der Kirche 1965–1975.

An der Ecke zwischen Konventgebäude und Abteikirche steht der 1617–1625 errichtete, 1789–1791 auf seine heutige Höhe von 65 m gebrachte Turm. Romanische Zierformen entsprechen der Neigung zu historisierenden Rückgriffen in der Architektur des beginnenden 17. Jh. Die großen Skulpturen an der Westseite des Turms von 1619: Christus als Erlöser mit Maria (Uhrengeschoß), darunter Ulrich (links), in der Mitte Benedikt als Ordensgründer und rechts Afra.

Die Westfassade ist der einzige Bauteil des im übrigen einfach gestalteten Äußeren der Kirche, der eine reiche Gestaltung und Gliederung aufweist. Die vornehme Kalksteinfassade in der Mitte sich vorbiegend,

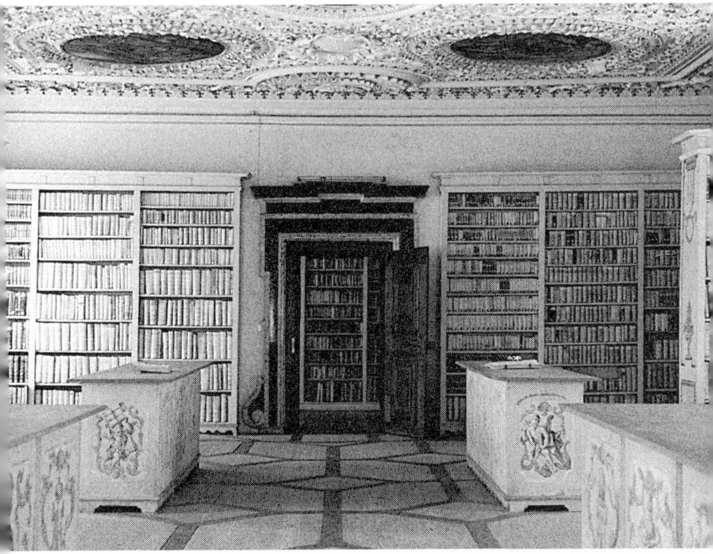

153 Neresheim. Die alte Bibliothek im Konventbau

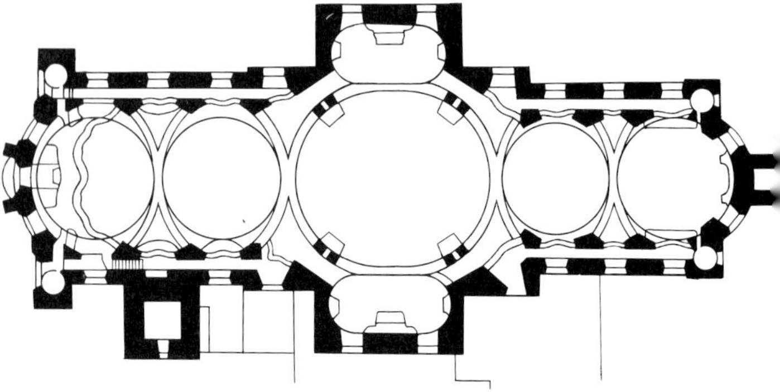

154 Neresheim. Grundriß der Abteikirche

vertikal durch Säulen gegliedert. In der Mitte große Fensternische, links und rechts die vier Meter hohen Statuen von Ulrich und Afra, Meisterwerke des Dillinger Bildhauers *Johann Michael Fischer*, 1767. Im Innern erweist sich die Abteikirche als einer der größten und schönsten Barockräume der europäischen Baukunst. Es ist das Zusammentreffen der reifsten Architektur → *Neumanns* mit den großartigen Fresken → *Knollers*, die dem Eintretenden den überwältigenden Raumeindruck vermitteln. Das Fehlen – ursprünglich vorgesehener – üppiger Barock- und Rokokoornamentik und Marmorverkleidung läßt die Feinheit der Architektur und die leuchtende Malerei noch deutlicher zum Ausdruck kommen. (Maße des Kirchenraums: Länge 83 m, Breite des Schiffs 21 m, Breite im Querhaus 35 m, im Chor 18 m, Höhe der Hauptkuppel 32 m.)

Der Kirchenraum verbindet die Baugedanken eines kreuzförmigen Kirchengrundrisses mit dem kuppelüberwölbten Zentralraum. Die große Hauptkuppel, 23 m lang, 21 m breit, über der gestühlfreien Mittelzone teilt den Raum in zwei etwa gleich lange Hälften des Langschiffs und des Presbyteriums und Chorraums, jeweils unter zwei querovalen Kuppeln. Die Hauptkuppel wird rechts und links flankiert von Querschiffnischen unter kleineren Ovalkuppeln. Wandpfeiler gliedern die zweischaligen Wände von Langhaus und Chorraum, vier diagonal gestellte Säulenpaare tragen die Hauptkuppel.

Der Schmuck des großartigen, überaus hellen Raums sind die Kuppelfresken von → *Martin Knoller*, des zweiten am Bau der Kirche beteilig-

155 Neresheim. Inneres der Abteikirche

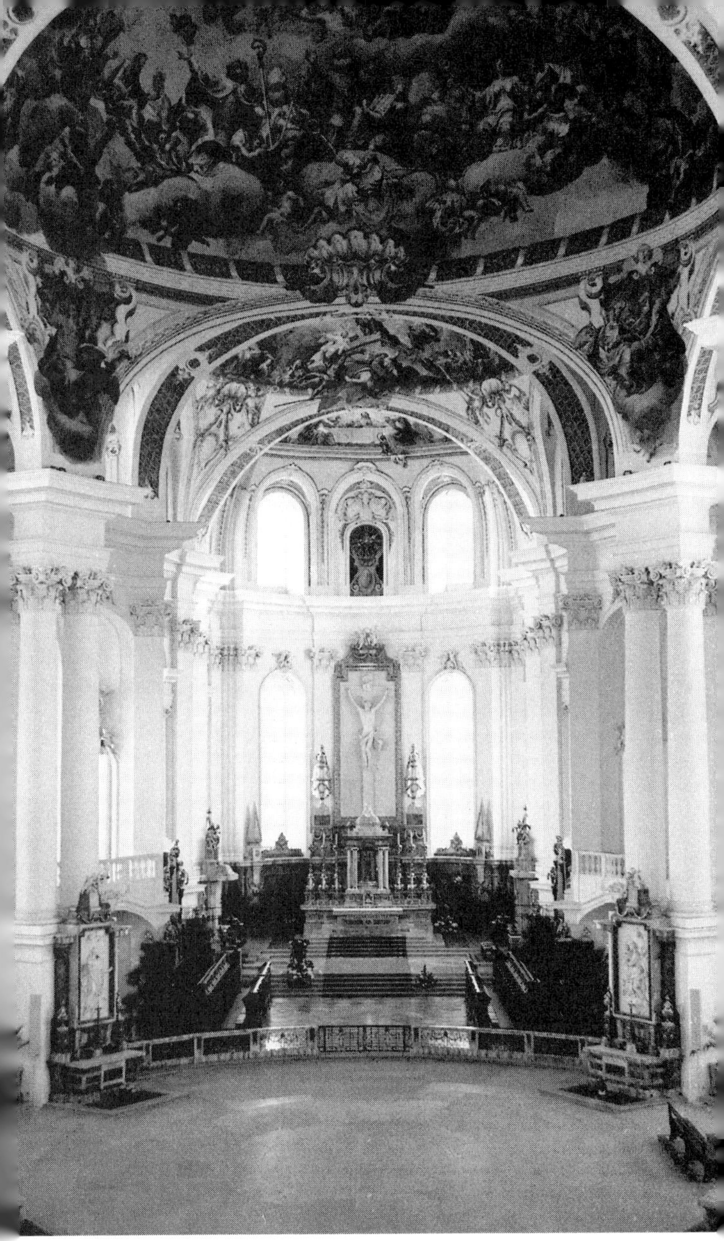

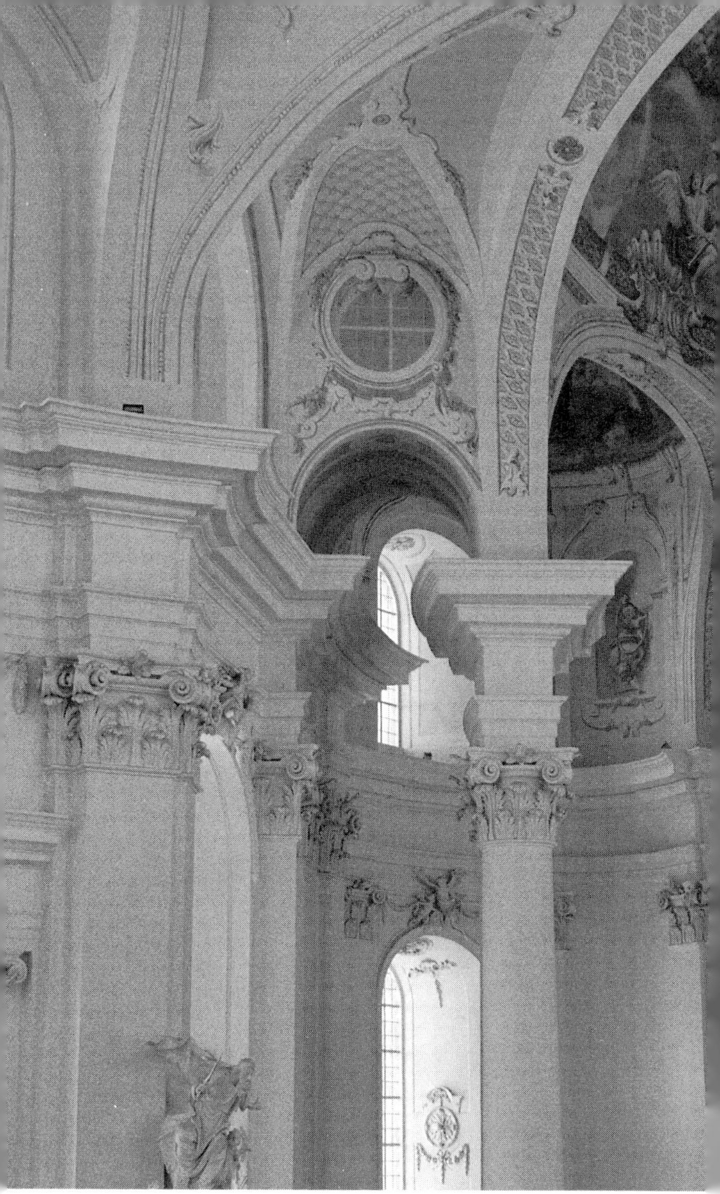

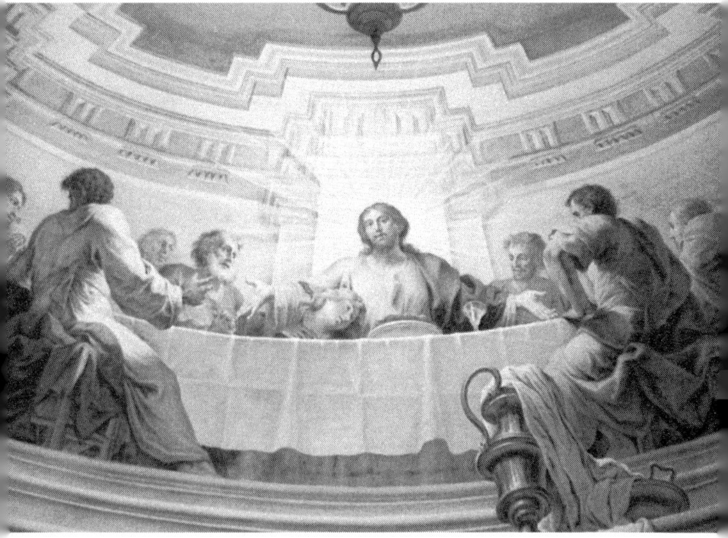

157 Neresheim. Abendmahl von Martin Knoller in der Kuppel über dem Hochaltar

ten Künstlers von überragendem europäischem Format. Die virtuose Beherrschung der Perspektiven und Raumillusionen steht noch ganz in der Tradition der Barockmalerei, seine kräftigen, leuchtenden Farben der Gewänder, die leichten pastellhaften Farben des Himmels und der Bildhintergründe erinnern an die zeitgenössische italienische Malerei. Das Bildprogramm entspricht der liturgischen Bedeutung der Raumabschnitte. Über der Eingangszone »Austreibung der Wechsler aus dem Tempel«, über der Kanzel »Der zwölfjährige Jesus unter den Schriftgelehrten«. Über dem Mönchschor »Auferstehung Christi« (Farbtafel 13), über dem Hochaltar »Abendmahl«. Die Mittelzone der Kirche wird von der Hauptkuppel überwölbt, dem Himmel mit allen Heiligen, der sternenbekrönten Maria Immaculata und im Zentrum Heilige Dreifaltigkeit. Über den Querschiffen links (Taufkapelle) »Taufe Christi«, rechts, über dem Marienaltar, die »Darstellung Jesu im Tempel«.
Die plastische Ausstattung der Kirche, insbesondere der Stukkaturschmuck, ist im Vergleich zu anderen Barockkirchen sparsam, aber an

156 Neresheim. Wandgliederung in der Abteikirche

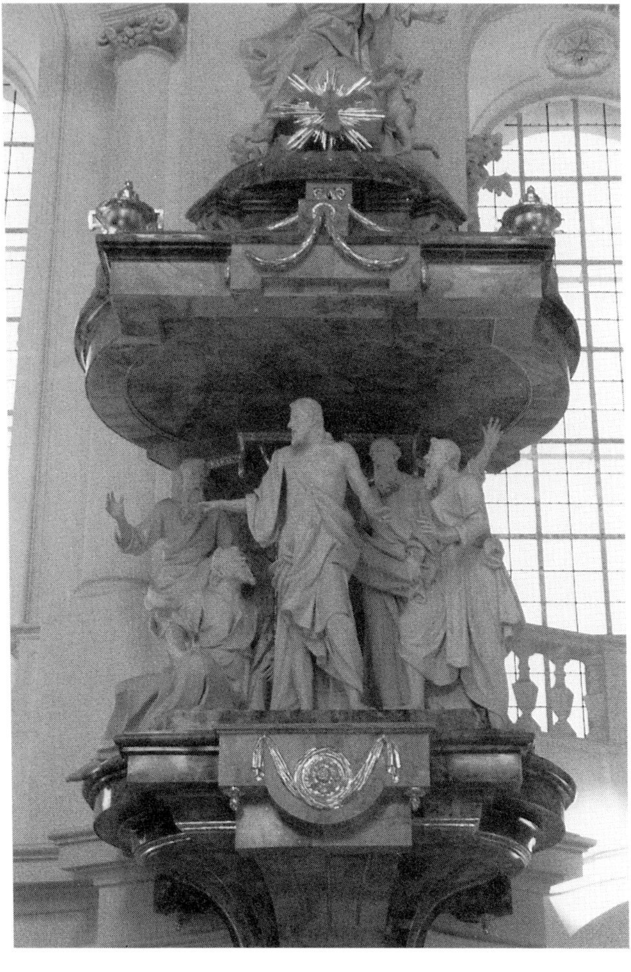

158 Neresheim. Aussendung der Jünger, Figurengruppe von Thomas Schaidhauf gegenüber der Kanzel der Abteikirche

den Fensterbrüstungen besonders reizvoll. Altäre, Kanzel und Taufstein von → *Thomas Schaidhauf* (1778–1790) von vornehmer klassizistischer Zurückhaltung, die dadurch Raum und Malerei in besonderer Weise zur Geltung kommen lassen. Anstelle der dem Barock eigenen geschwungenen Formen dominiert bei den Altären die gerade Linie, anstelle des Schmuckornaments, der Kartusche, die antike Vasen- und Girlandenform, anstelle der Farbe das reine Weiß des Gipssteinreliefs. Der Hauptaltar wird dominiert von der Kreuzigung, die Altäre in den Querschiffen und vor den Sockeln der Säulenpaare zeigen in den Reliefdarstellungen die Heilige Dreifaltigkeit (links), flankiert von den kleineren Altären mit Andreas und Ulrich. Im rechten Querschiff Altar der Verkündigung, davor frühbarocke Madonnenfigur im Strahlenkranz, flankiert von den Altären der hll. Afra und Johannes. Die Altäre in den Diagonalen des Kuppelraumes Benedikt und Scholastika (links), Josef und die Apostel Petrus und Paulus (rechts).
Im Langhaus rechts Kanzel, auf dem Schalldeckel Moses mit den Gesetzestafeln, am Kanzelkorb Relief predigender Paulus. Der Kanzel gegenüber der Taufstein, oben mit Figurengruppe »Christus sendet die Apostel aus«, auf dem Deckel Gottvater. Das Chorgestühl klassizistisch, mit reizvollen goldenen Putten. Die Hauptorgel von *Johann Nepomuk Holzhay* aus Ottobeuren, 1796.
Bei der Betrachtung der Themen von Gemälden und Altären in der Kirche fällt auf, daß, anders als bei vielen anderen Barockkirchen, alle Darstellungen auf Christus bezogen sind bei Verzicht auf jegliche Darstellung von Heiligenlegenden. Im Bildprogramm drückt sich der aufgeklärte Geist, der zur Bauzeit der Kirche das Kloster beherrschte, aus.
Von der Stadt zur Abtei führt die *Klosterallee*, mit mehreren *Barockhäusern* von Klosterbeamten, um 1770. Oben der *Abt-Michael-Brunnen* von 1790.

Die *Pfarrkirche St. Maria (kath.)* im Ort von 1468, 1715 umgestaltet. Die Deckenfresken von → *Michael Zink* (1716) mit Darstellung der hl. Katharina, an den Wänden sehr schönes Verkündigungsbild und Maria Immaculata.
Am Hauptaltar großes Altarbild »Aufnahme Mariens in den Himmel«, vermutlich aus Oberschwaben stammend, erst bei der letzten Renovierung in die Kirche gelangt. An der Südseite des Chors außen barocke Ölbergkapelle. Auf dem neu gestalteten Vorplatz der Kirche moderner Marienbrunnen mit Kalksteinplastik von *Ernst Steinacker*.
Im 1733 erbauten *Pfarrhaus* sehr schönes und originelles Gemälde von → *Michael Zink*, »Weinberg des Herrn«, im Hintergrund Stadt und Kloster Neresheim. Über dem Eingang des Pfarrhauses barockes Fresko mit den Klosterstiftern und Maria.

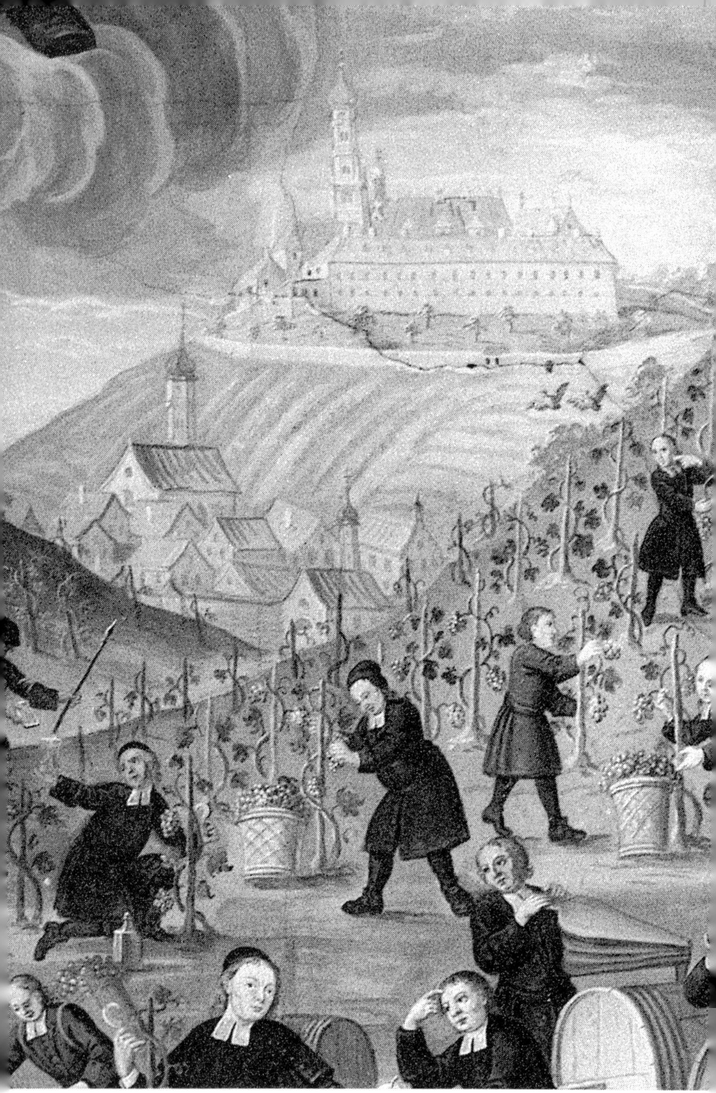

159 Neresheim. Deckenfresko von Johann Michael Zink »Weinberg des Herrn« im Pfarrhaus

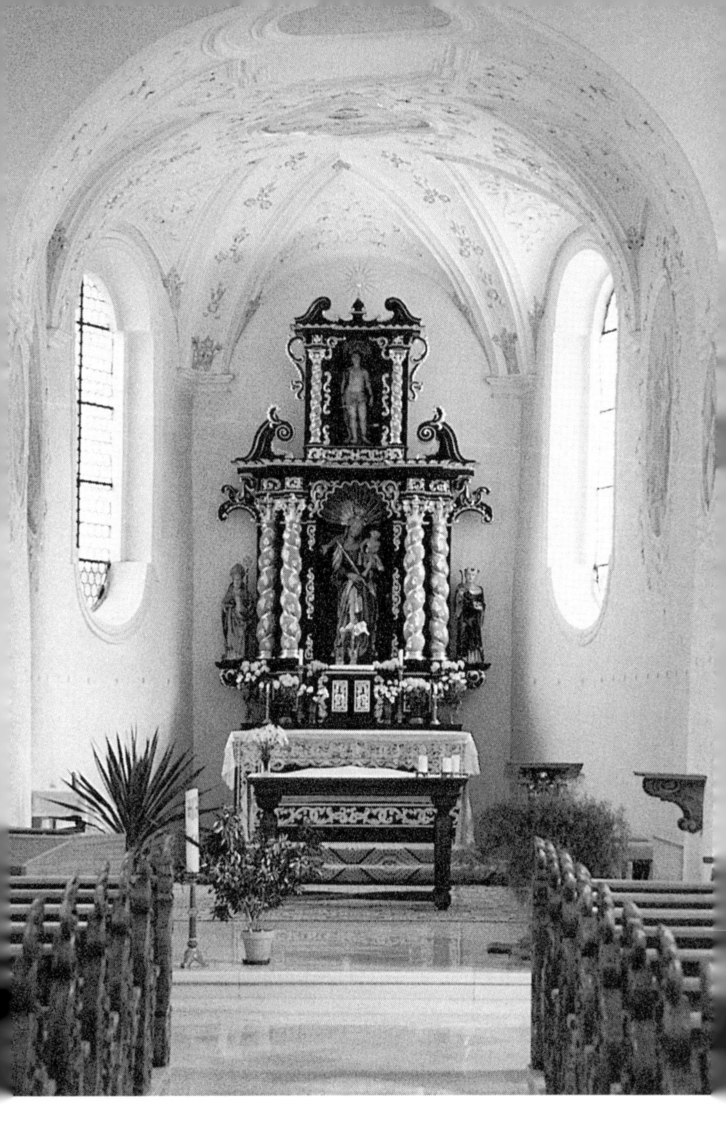

160 Neresheim. Die Friedhofskapelle

Friedhofskapelle. Das barocke Kirchlein mit dem »schiefen Turm« hat drei hochbarocke Altäre aus der früheren Abteikirche. Besonders beachtlich der Hauptaltar im Chor mit Marienfigur zwischen den gedrehten Altarsäulen, darüber Figur des hl. Sebastian.

Härtsfeld-Heimatmuseum. Neben dem Rathaus das neu eingerichtete Museum mit Funden aus der Zeit der Alamannen und Merowinger, Dokumenten zur Stadtgeschichte, Hausrat und Trachten des Härtsfeldes, Einrichtung einer Apotheke, Eisenbarth-Stube sowie Dokumenten zur Härtsfeldbahn.
Öffnungszeiten: Jeder 1. Sonntag im Monat von 14–17, Dienstag und Freitag von 9–11 Uhr. Nach Vereinbarung (Tel. 07326/291).
Härtsfeldbahn-Museum. Im alten Bahnhof Relikte und Erinnerungen an die beliebte Nebenbahnstrecke.
Geöffnet jeden 1. und 3. Sonntag von 14–18 Uhr.
Im Wald nördlich des Klosters die *Wallfahrtskapelle Maria Buch*, 1889 anstelle einer früheren Kapelle errichtet, 1929 von Beuroner Mönchen im Nazarenerstil ausgemalt.

Stetten In der *Kapelle* von 1749 drei frühbarocke, aus der alten Abteikirche Neresheim stammende Altäre mit Szenen der Apostel Andreas und Johannes sowie Hauptaltar mit Anbetung der Gottesmutter durch den hl. Florian und andere Heilige.

Neresheim-Dorfmerkingen

Pfarrkirche St. Maria, St. Moritz und St. Georg (kath.). Der große und beachtliche Barockbau mit markantem Zwiebelturm hat Deckenfresken von → *Johann Michael Zink*, im Hauptbild die Maria Immaculata mit sternengekröntem Haupt, die Schlange auf der Erdkugel zertretend. In den Zwickeln Szenen aus dem Leben der Kirchenpatrone. Im barocken Hauptaltar Bild mit Szene des Märtyrers Mauritius, linker Seitenaltar mit sehr guter hochbarocker Madonna, rechts mit Josef.
In Richtung Elchingen die kleine *Kapelle St. Leonhard*, im wesentlichen anspruchsloser Bau mit an der Rückwand bemerkenswertem barockem Tafelbild, vermutlich aus der alten Abteikirche Neresheim stammend.

Neresheim-Elchingen

Die *Pfarrkirche St. Ottmar (kath.)*, 1724 erbaut, mit hohem Kirchturm überragt weit die Umgebung. Die Altäre von → *Thomas Schaidhauf* mit bereits klassizistischen Schmuckmotiven. Hochaltar mit Kreuzi-

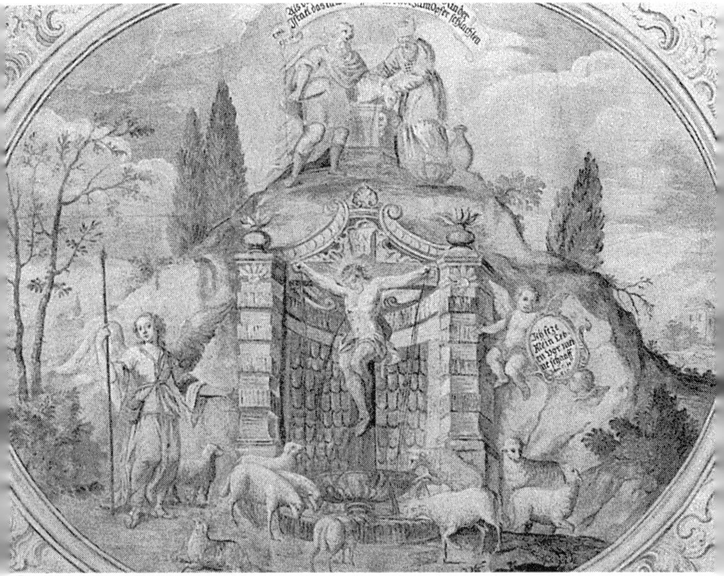

161 Neresheim-Dorfmerkingen. Deckenfresko von Johann Michael Zink in der kath. Pfarrkirche

gung sowie den hll. Wendelin links und Sebastian rechts. Linker Seitenaltar mit sehr guter Madonna, rechts mit Schutzengel.
Der besondere Schmuck der Kirche ist der großartige Taufstein hinten in der Kirche. Um 1740 vermutlich von *Johann Ludwig* aus Ellwangen noch für die alte Neresheimer Klosterkirche gefertigt, gelangte er 1771 in die Elchinger Kirche. Das Becken wird getragen von den eindrucksvollen Figuren der vier Evangelisten mit ihren Symbolen.

Neresheim-Kösingen

Pfarrkirche St. Maria, St. Veit, St. Sola (kath.). Von der ursprünglichen Chorturmkirche ist der untere Teil des Turms aus dem 12. Jh. noch erhalten, der Turm 1710 erhöht und mit einer markanten Zwiebelhaube versehen. Das Kirchenschiff um 1720 an den Turm angebaut.
Der kreuzrippengewölbte Turmchor, heute Sakristei, hat sehr wertvolle und guterhaltene gotische Fresken, 1961 entdeckt und freigelegt.

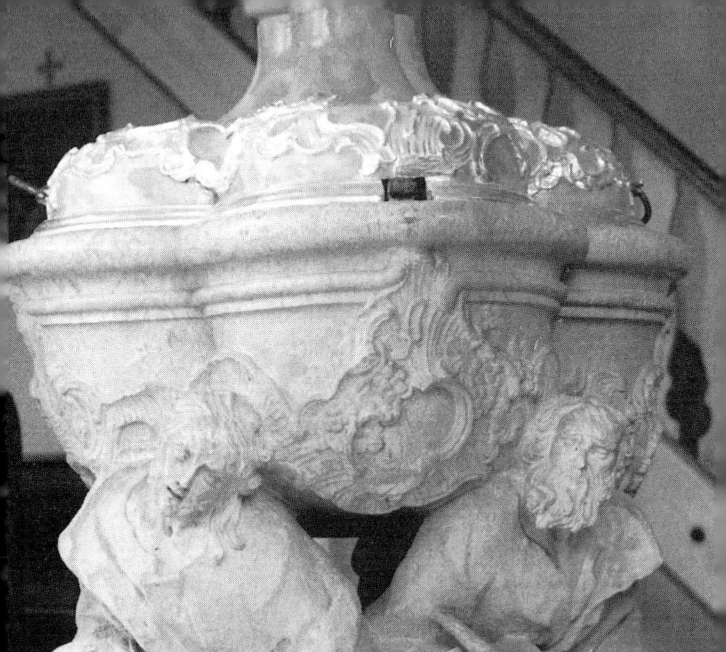

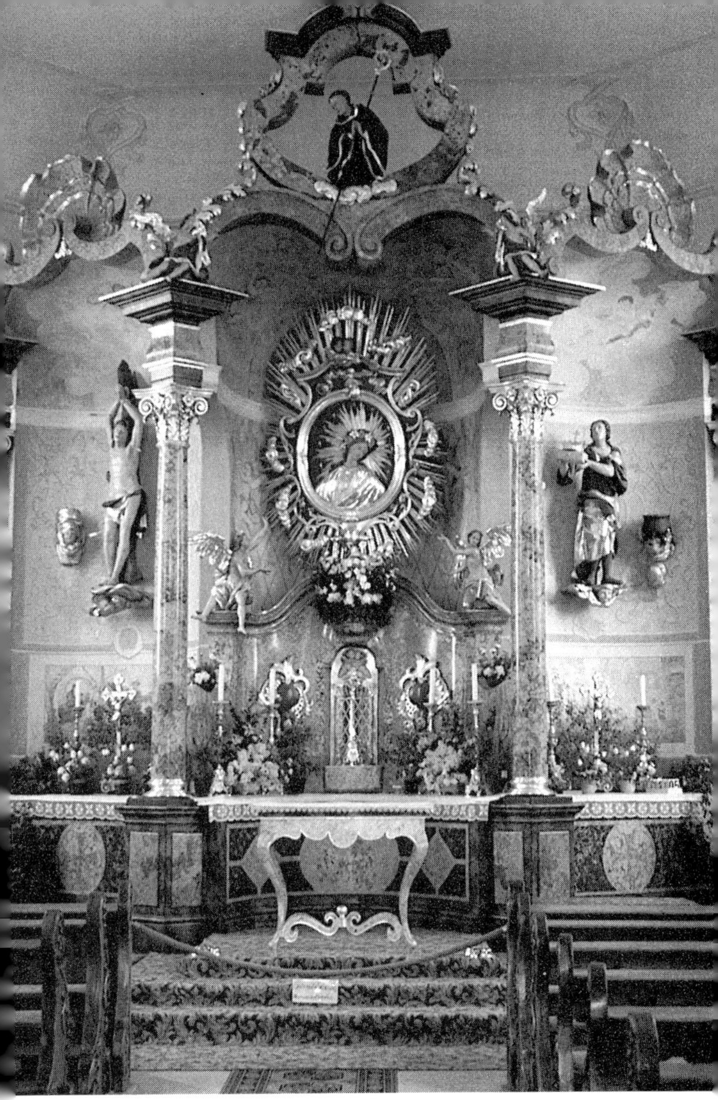

163 Neresheim-Kösingen. Der Hochaltar von Dominikus Zimmermann in der kath. Pfarrkirche
162 Neresheim-Elchingen. Barocker Taufstein in der St.-Ottmar-Kirche

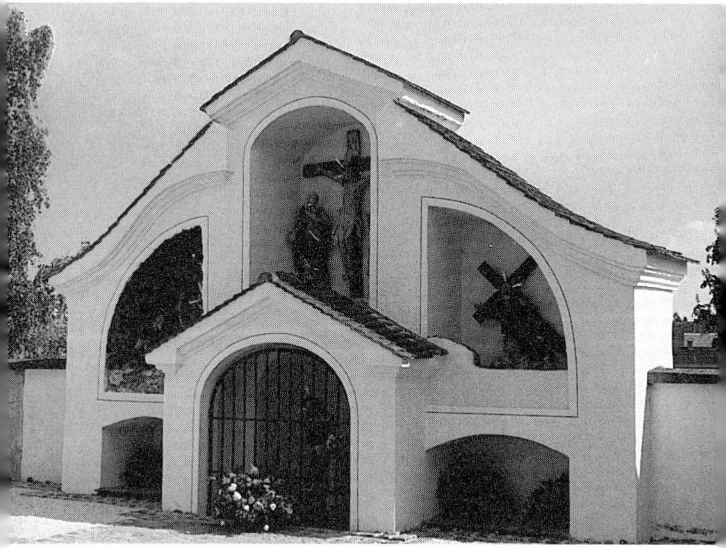

164 Neresheim-Kösingen. Der große Ölberg

An der Ostseite links Margaretha (mit Drachen), Veronika (mit Schweißtuch) und weitere heilige Frau, rechts Kreuzigung mit Maria und Johannes. In den Feldern zwischen den Kreuzrippen des Gewölbes die Symbole der Evangelisten sowie die vier abendländischen Kirchenlehrer (Farbtafel 6) vor mit roten Sternen verziertem Hintergrund (Augustinus fehlt wegen späterem Treppendurchbruch). An der Nordwand lebensgroße Darstellung der Kreuzigung, um 1593. Vor dem Chorfenster barocke geschnitzte Kreuzigungsgruppe.
Das Kirchenschiff ist ein einfacher, flach gedeckter Raum. Die gesamte Ostseite wird vom Hochaltar eingenommen, von → *Dominikus Zimmermann*, 1721, damals in Neresheim tätig. Hauptaltar und die beiden Seitenaltäre sind zu einer Einheit zusammengefaßt, wobei die Seitenaltäre in leichtem Winkel vom Betrachter abgeneigt sind. Die Bekrönung des Altars wird von vier freistehenden korinthischen Säulen getragen. Im Mittelteil die Madonna im Strahlenkranz, das Gnadenbild aus Zimmermanns Heimat Wessobrunn, »Mutter der schönen Liebe«, darüber Sola mit Stab. Im linken Seitenaltar Sebastian, rechts Veit mit dem ihm zugeschriebenen Marterwerkzeug, dem Ölkessel.

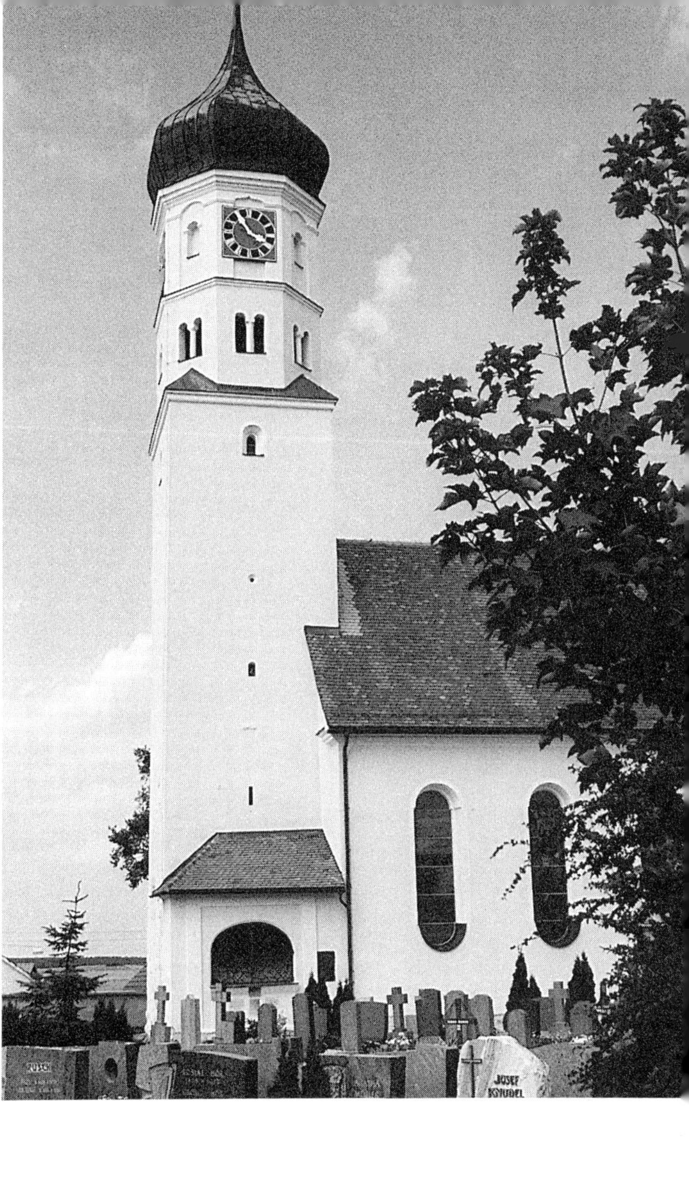

165 *Neresheim-Ohmenheim. Turm der Pfarrkirche St. Elisabeth*

Die Stuckverzierungen und Kanzel aus der Werkstatt Zimmermanns. Kleinere Gemälde von → *Michael Zink*, u. a. sechs Bilder aus dem Leben des hl. Sola. An der rechten Wand des Schiffes vorzügliche Pietà aus dem frühen 16. Jh., insbesondere die Muttergottes mit sehr edlem Gesichtsausdruck.
(Wenn Turmchor geschlossen, Schlüssel bei Mesnerin, Schwesternhaus beim Kindergarten.)
Neben der Kirche, an der Südseite der Kirchhofmauer, eine *Ölberg-Anlage*, um 1720, mit Passionsdarstellungen: Im unteren Mittelteil Kerkerheiland, darüber in einer Nische Kreuzigungsgruppe, in der linken Nische die schlafenden Jünger (Ölberg), rechts: Christus fällt unter dem Kreuz.

Hohlenstein Kleine *Kapelle* mit Zwiebelturm, erst 1924 erbaut. Im Innern hat sie einige ausgezeichnete Figuren aus der Spätgotik: im Chorraum Kreuzigungsgruppe, rechts Anna selbdritt, links Bischof, im Schiff Madonnenfigur (Nachbildung).

Neresheim-Ohmenheim

Pfarrkirche St. Elisabeth (kath.). Große Barockkirche (1727) mit markantem Zwiebelturm. Deckenfresken von → *Johann Michael Zink*, das Leben der hl. Elisabeth darstellend. Die Wandbilder in barocker Manier, jedoch erst 1947. Im linken Schiff originelle Rokokokanzel. Links vom Chorbogen spätgotische Madonnenfigur in puttenverziertem Rokoko-Stuck-Strahlenkranz.
Großer Barockaltar mit Säulen, flankiert von zwei mächtigen barocken Heiligenfiguren, Adalbert und Scholastika, im Altarblatt Aufnahme Mariens in den Himmel. Sehr gut die barocke Figur des hl. Wendelin an der Längsschiffwand.

Dehlingen *Kapelle St. Ulrich (kath.)*. Reizvolle Kapelle von Anfang 18. Jh. mit für das Härtsfeld typischem elegantem Zwiebelturm. Deckengemälde von → *Michael Zink* mit der originellen Darstellung der Weihe des Dehlinger Ulrichbrunnens. Im Langhaus links an der Wand spätgotische sehr schöne Madonnenstatue, rechts barocke Pietà von eindrucksvoller Qualität. Hauptaltar im eingezogenen Chor hochbarock, aus der ehem. Neresheimer Abteikirche, in der Mitte Figur des hl. Ulrich, flankiert von Josef und Sebastian. Links und rechts des Hauptaltars barocke Gemälde mit der Maria Immaculata und Josef. Frühbarocke Kanzel an der linken Seite des Schiffes. An der Empore zwei qualitätvolle barocke Heiligenfiguren.

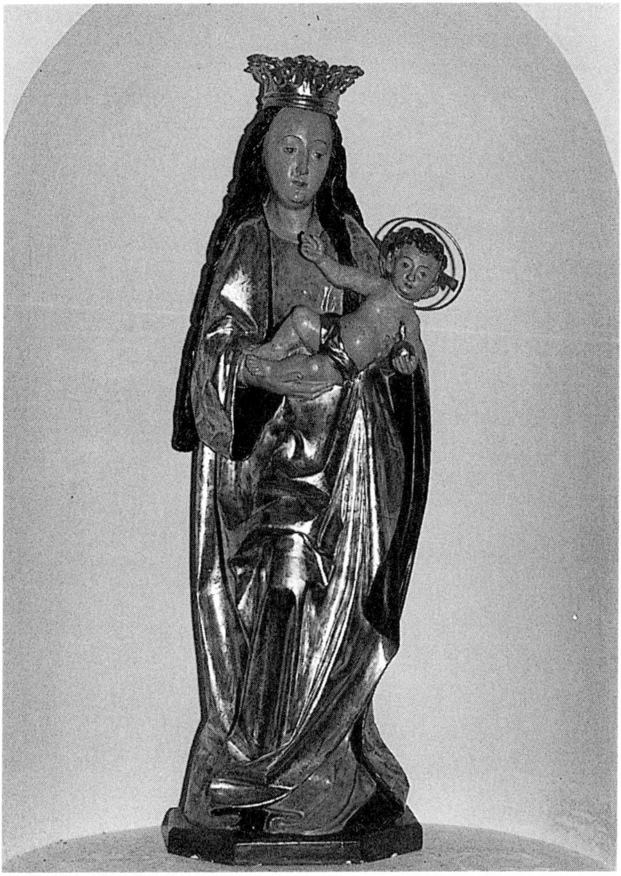

166 Neresheim-Dehlingen. Spätgotische Madonna in der Ulrichskapelle

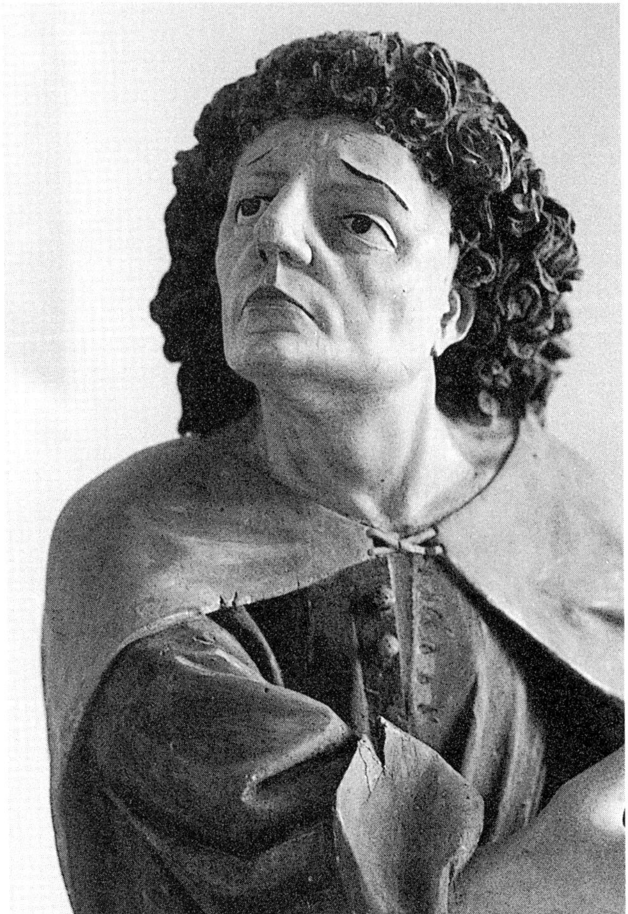

167 Neresheim-Schweindorf. Der Evangelist Johannes von der spätgotischen Kreuzigungsgruppe in der ev. Pfarrkirche

Neresheim-Schweindorf

Da Schweindorf zur Reichsstadt Nördlingen gehörte, wurde es reformiert und ist somit der einzige evangelische Ort im Härtsfeld.

Die *Pfarrkirche (ev.)* im ummauerten Friedhof geht als Chorturmkirche ins 13. Jh. zurück, das heutige Langhaus aus dem 19. Jh. Im alten, kreuzrippengewölbten Turmchor eine sehr gute Kreuzigungsgruppe vom Beginn des 16. Jh. Insbesondere die unter dem Kreuz stehende Muttergottes eine ergreifende Gestalt, ausdrucksstark auch das Gesicht des Johannes. An der Wand im Schiff Stephanus, spätgotisch.

Neubronn → Abtsgmünd

NEULER

Erste urkundliche Erwähnung 1120, jedoch vermutlich Siedlung schon im 7. Jh. Neuler kam, ebenso wie die Dörfer, die heute seine Ortsteile bilden, schon früh an das Kloster und die spätere Fürstpropstei Ellwangen.

Pfarrkirche St. Benedikt (kath.). Der 1746 errichtete Bau ist eine große Saalkirche mit eingezogenem Chor. Die Deckenbilder mit Szenen aus dem Leben des hl. Benedikt von →*Johann Michael Zink*, um 1730. Beachtlich die Kanzel aus dem Frühbarock mit Figuren von Christus und den Evangelisten. Die Altäre schon klassizistisch streng, im Hauptaltar eine barocke Kreuzigungsgruppe, an den Seitenaltären Bilder der Beweinung sowie Martyrium des hl. Sebastian. Qualitätvolle barocke Heiligenfiguren an den Langhauswänden und an den Seitenaltären (rechts guter hl. Wendelin), bemerkenswert vor allem links die Schutzmantelmadonna.
Friedhofskapelle zur »Schmerzhaften Muttergottes«, um 1800, an der Straße nach Abtsgmünd.

Bronnen Die steil über dem Hang gebaute *Ägidiuskapelle (kath.)*, noch aus der Romanik stammend, überrascht im tonnengewölbten Chor (ehem. Chorturm) mit ausgedehntem Freskenzyklus. Die Bilder aus dem 14. Jh., 1886 restauriert und wenig einfühlsam übermalt, entsprechen im ikonographischen Programm den Wandmalereien der Romanik: im Gewölbe Christus als Weltenrichter in der Mandorla, umgeben von Engeln, darunter rechts und links die Apostel. Linke Seitenwand: Kreuztragung, rechts gegenüber: Kreuzigung. Daneben Grablegung (drei Frauen, zwei Apostel, Mann mit Turban).

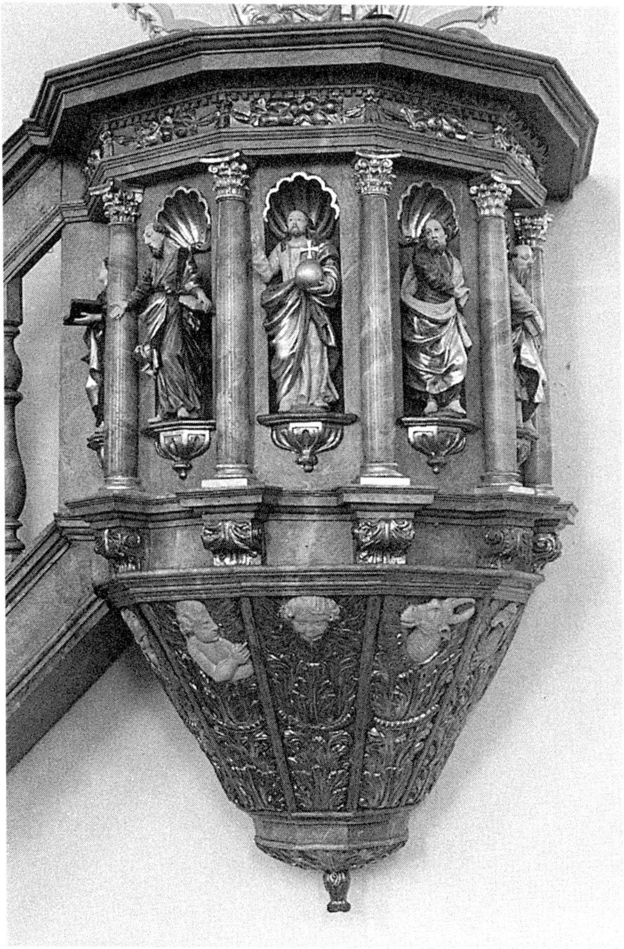

168 Neuler. Frühbarocke Kanzel in der Pfarrkirche St. Benedikt

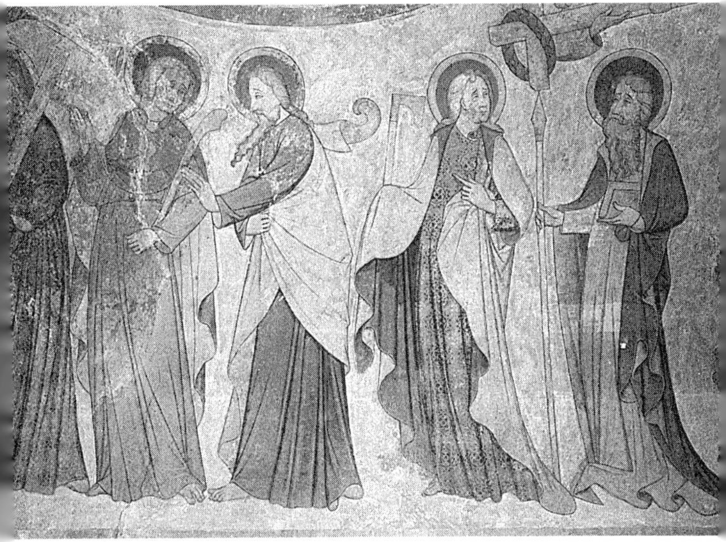

169 Neuler-Bronnen. Chorfresken in der Ägidiuskapelle

An der Ostwand über dem Fenster das Antlitz Jesu auf dem Schweißtuch, von zwei Engeln gehalten. Darunter kniend Maria und Johannes d. T. Rechts und links vom schmalen Ostfenster die Auferstehenden und die Verdammten des Jüngsten Gerichts. In der Leibung des Chorfensters unter dem Wappenschild der Adelmanns: links der hl. Ägidius mit Hirschkuh, rechts ein anderer Heiliger. Unterer Bildstreifen links neben dem Sakramentshäuschen: Kreuztragung, rechts Kreuzigung, daneben Grablegung.
Weitere Bildwerke: eine sehr eindrucksvolle spätgotische Pietà und der hl. Ägidius mit Hirschkuh, spätgotisch, sowie Ölbild mit den 14 Nothelfern vom Ende des 16. Jh. Linker Seitenaltar mit Bild der Schmerzensmadonna.
An der Straße nach Neuler stehen sieben hohe *Steinsäulen* mit Passionsdarstellungen, sog. »Kniehalte«, 1729.

Ebnat *Barockkapelle* mit malerischem hölzernem Zwiebeltürmchen. Im Innern interessanter neugotischer Kreuzweg im italienischen Stil, neugotischer Altar. Links vom Chorbogen reizvolle Madonna Immaculata in Rokokonische. Im Chor barocker hl. Wendelin und hl. Anna.

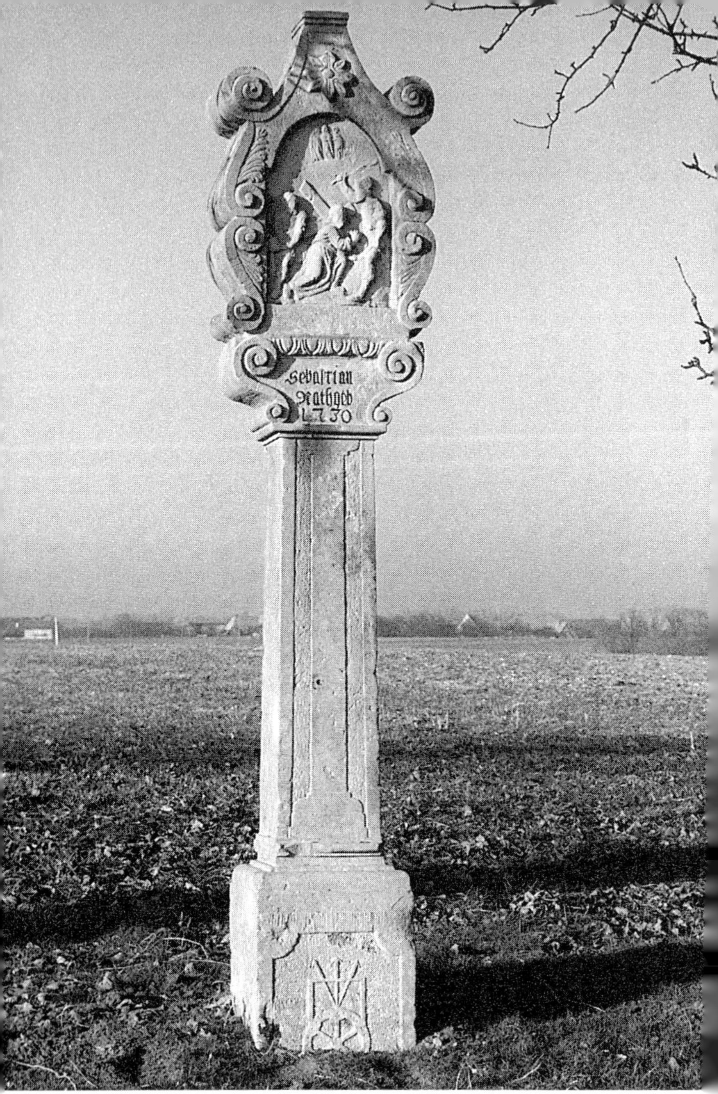

170 *Neuler-Bronnen. Einer der »Kniehalte« an der Straße nach Neuler*

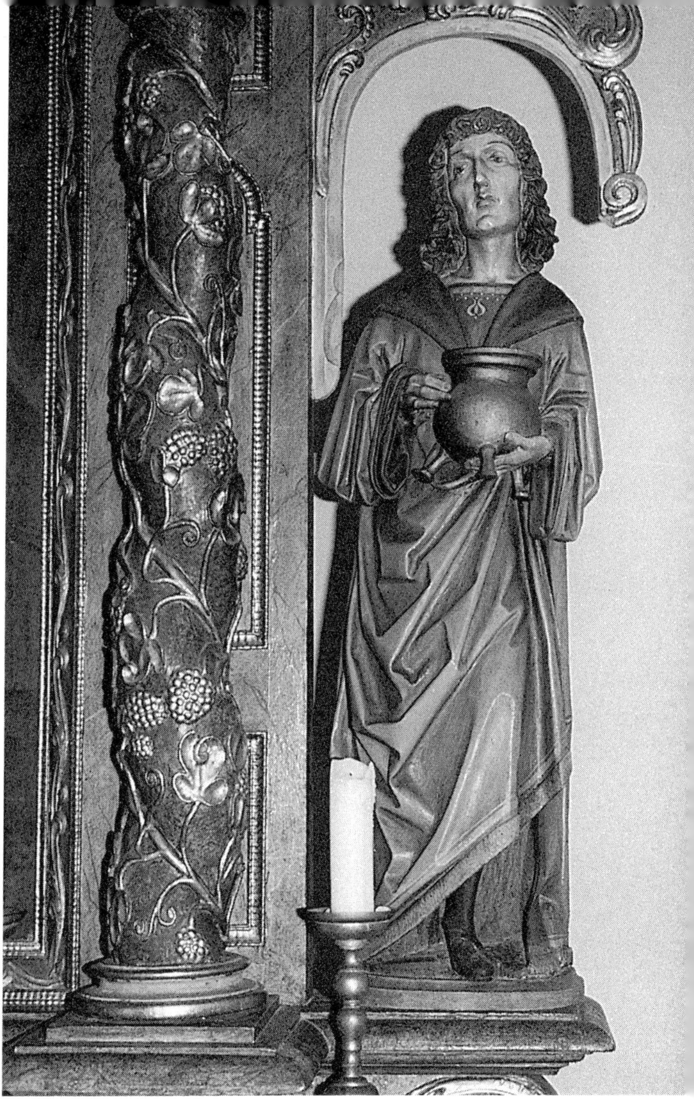

171 Neuler-Gaishardt. Spätgotischer hl. Veit in der Kapelle

Gaishardt In der neugotischen *Kapelle* frühbarocker Hauptaltar mit spätgotischen Figuren der Madonna und des hl. Veit. Im Schiff barocke Pietà und Kruzifix.

Leinenfirst In der 1852 erbauten *Antoniuskapelle* eine Pietà aus Alabaster, 18. Jh., italienische Arbeit, durch Stiftung in die Kapelle gelangt.

Schwenningen Die *Wallfahrtskapelle zum Heiligen Blut (kath.)* gehört wegen ihrer Einheitlichkeit in Architektur und Ausstattung und den hervorragenden Einzelstücken zu den künstlerischen Besonderheiten im Kreis. Die uralte Wallfahrt, dem Schutz der Pferde gewidmet, wird heute noch mit dem sog. Blutritt begangen.
Die Kapelle wurde 1750 von → *Arnold F. Prahl* neu erbaut. Das Innere besticht durch seine hervorragende Ausstattung: Deckenfresko von → *Johann Nepomuk Nieberlein*, 1790, und Barockbilder an der Emporenbrüstung von hoher Qualität. Hauptaltar mit dem leidenden Christus zwischen Engeln, linker Seitenaltar mit Petrus und Paulus sowie der Muttergottes, rechts Altar des hl. Johannes Nepomuk. Auf dem rechten Seitenaltar ein »Erbärmde Christus« von 1480 mit naturalistischen Blutströmen aus den Wundmalen. Am linken Seitenaltar der Gnadenstuhl, eine Holzskulptur um 1500, Gottvater mit dem toten Christus auf dem Schoß, eine eindrucksvolle, in Süddeutschland seltene Darstellung.
An der linken Wand zwei spätgotische, höchst qualitätvolle Holzfiguren: trauernde Maria und hl. Nikolaus. Auf der Empore originelles gutes Barockbild einer Stifterfamilie, gemeinsam mit Maria die Heilige Dreifaltigkeit anbetend.

Neunheim → Ellwangen-Röhlingen
Neunstadt → Ellwangen-Röhlingen
Niederalfingen → Hüttlingen
Niederroden → Stödtlen
Nordhausen → Unterschneidheim
Oberalfingen → Aalen-Hofen
Oberdorf → Bopfingen

172 Neuler-Schwenningen. Spätgotischer Gnadenstuhl in der Wallfahrtskapelle zum Heiligen Blut

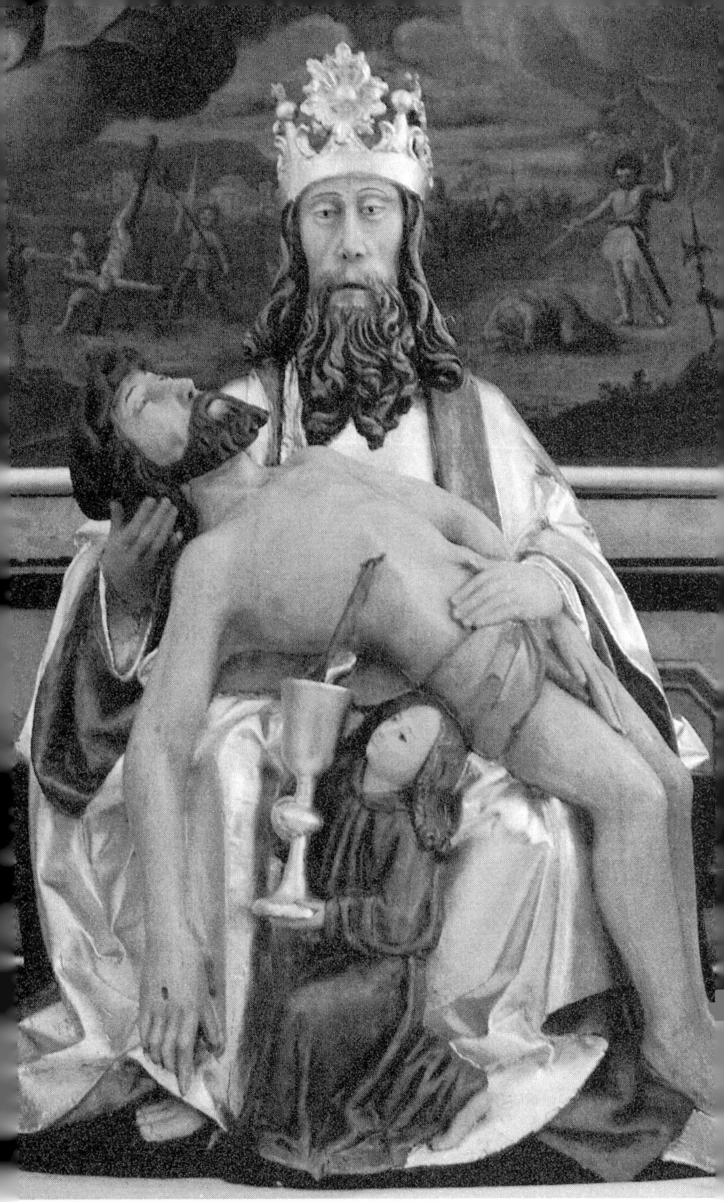

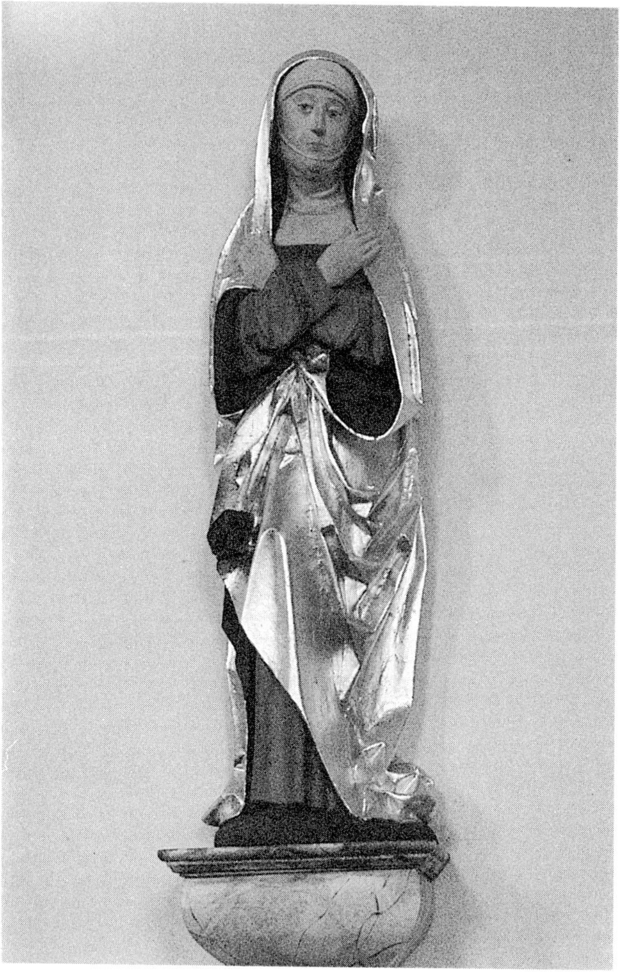

173 Neuler-Schwenningen. Spätgotische Schmerzensmutter in der Heilig-Blut-Kapelle

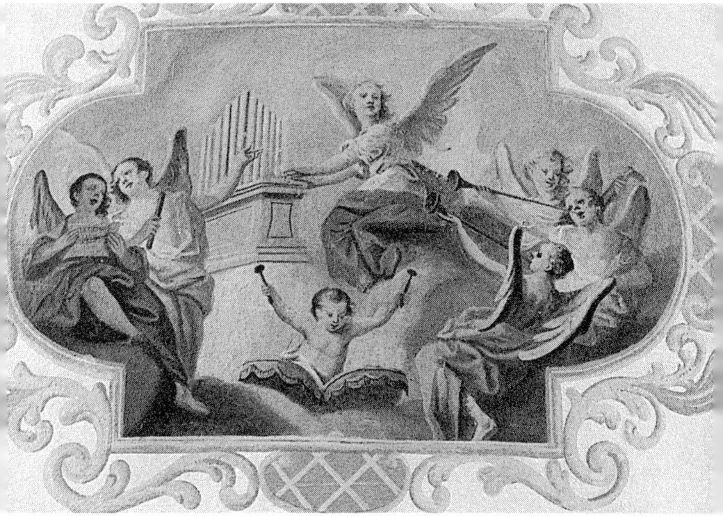

174 Neuler-Schwenningen. Fresken an der Empore der Heilig-Blut-Kapelle von Johann N. Nieberlein

OBERGRÖNINGEN

Der am nördlichen Rand der Frickenhofener Höhe gelegene Ort wird erstmals 1248 in einer Urkunde des Klosters Comburg erwähnt. Ursprünglich den Herren von Rechberg gehörend, ging das Dorf 1496 an die Schenken von Limpurg über, deshalb früh reformiert.

Ev. Pfarrkirche (ehemals St. Nikolaus). Ein typisches und rein erhaltenes Beispiel einer Chorturmkirche innerhalb eines ummauerten Friedhofs. In der Anlage romanisch, lediglich das Südportal, die Maßwerkfenster und das Kreuzgewölbe im Chorturm sind gotisch, die Fenster des Langhauses aus dem 18. Jh.
Im Chor Sakramentsnische von 1427: über dem Tabernakel ein Engel mit Schweißtuch der Veronika. Im geschnitzten Apostelaltar besitzt die Kirche ein herausragendes Kunstwerk der Spätgotik, vermutlich von → *Valentin Schopf d. Ä.* Im zentralen Schrein Christus, rechts und

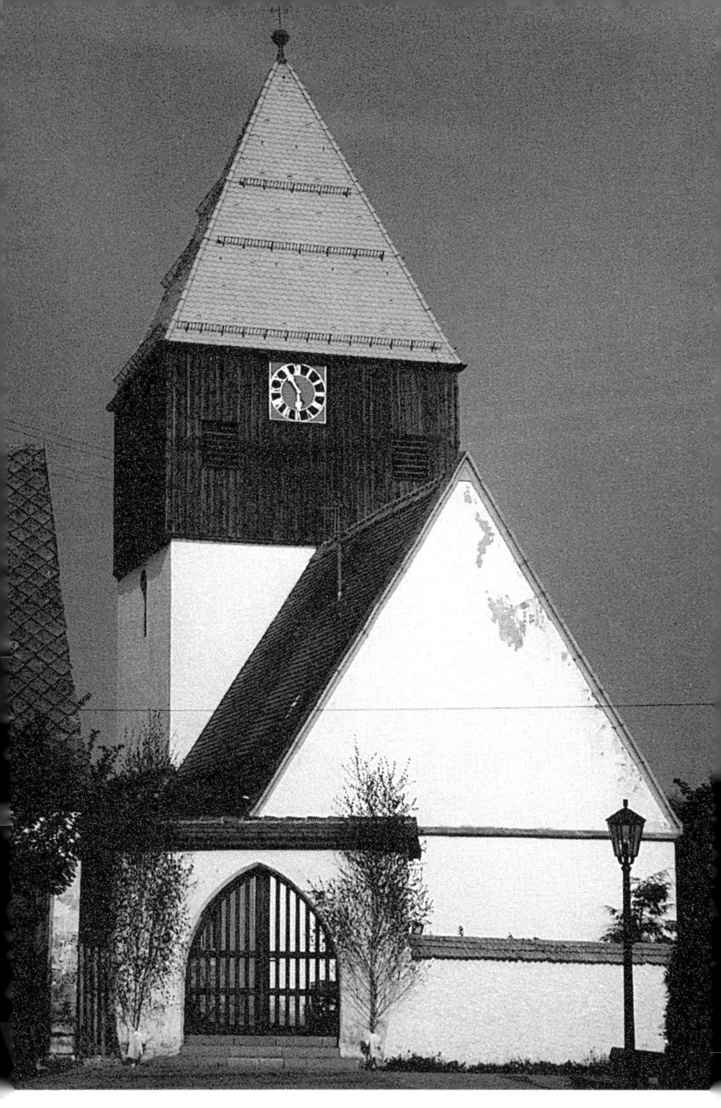

175 Obergröningen. Die ev. Pfarrkirche

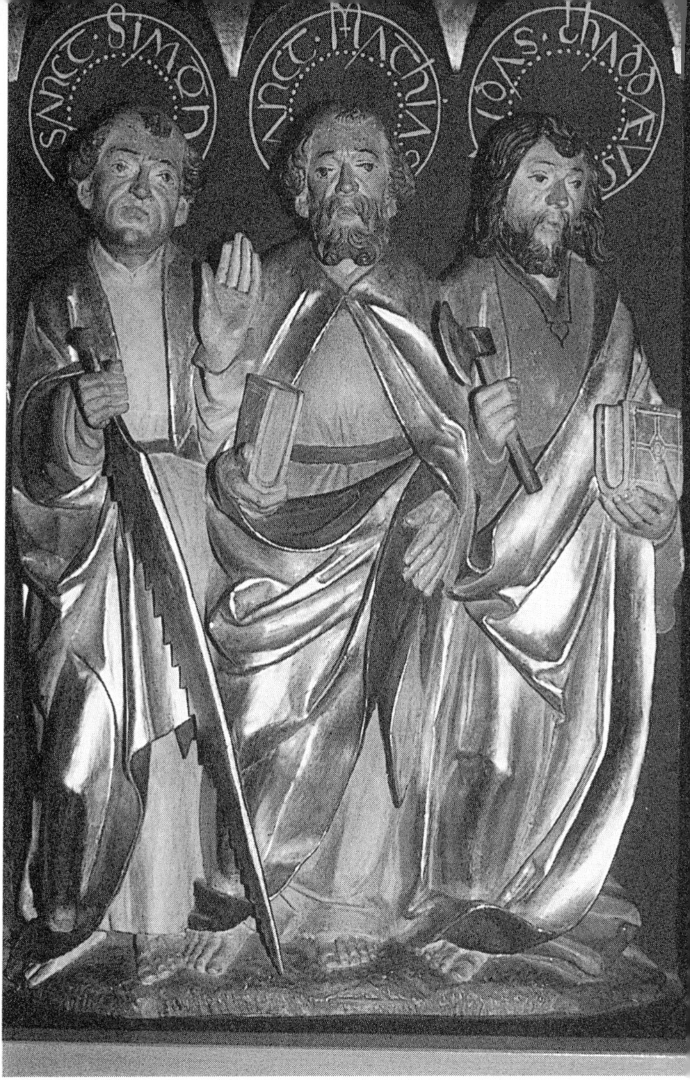

176 *Obergröningen. Apostelfiguren in der ev. Pfarrkirche*

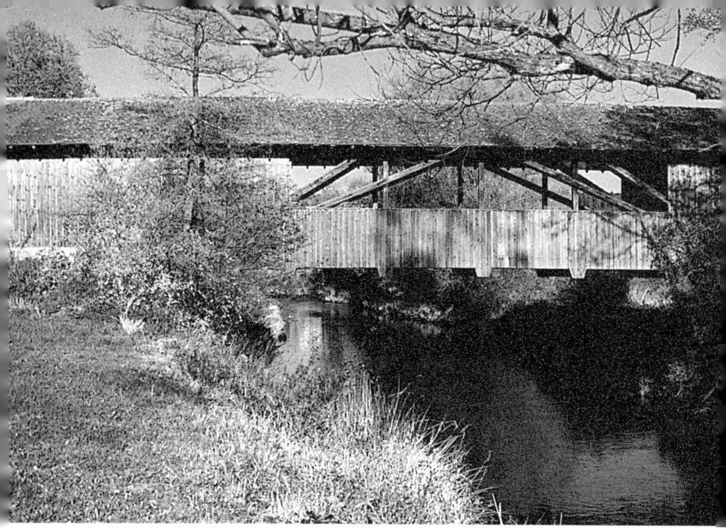

177 Obergröningen-Algishofen. Gedeckte Holzbrücke über den Kocher

links, je zu Dreiergruppen zusammengefaßt, die 12 Apostel, etwas kleiner als Christus, jeweils mit ihren Attributen. Vermutlich war der Altar ursprünglich die Predella eines größeren Schnitzaltars. Die Figuren, zeitweise an der Anfang des 18. Jh. eingebauten Empore angebracht, sind erst seit 1953 wieder im Altarschrein zusammengefaßt. Im Langhaus einige Epitaphien aus dem 17. Jh.

Algishofen Eine der für das Kochertal typischen überdachten Holzbrücken noch in Gebrauch. Im Ortsteil Fach wurde eine ähnliche Brücke 1988 originalgetreu wieder errichtet.

OBERKOCHEN

Altes Siedlungsgebiet, wie jungsteinzeitliche Funde, Reste eines römischen Gutshofes sowie alamannische Reihengräber beweisen. Um 1240 beginnt die Zugehörigkeit zu zwei verschiedenen Herrschaften: Von den Grafen von Dillingen gelangt durch Schenkung der nördliche, größere Teil des Ortes an das Kloster Ellwangen, der andere an die Grafen von Helfenstein, von denen dieser Ortsteil im 14. Jh. an das Zisterzienserkloster Königsbronn übergeht. Das Königsbronner Drittel des Ortes, württembergisch geworden, wird 1553 reformiert, so daß Oberkochen ein paritätischer Ort wird, in dem beide Konfessionen mit Kirchen, Schulen und Pfarrern nebeneinander existieren. Im »Aalener Protokoll« von

1749 wird dieses Nebeneinander der Konfessionen durch einen Vertrag zwischen Württemberg und der Fürstpropstei Ellwangen geregelt mit Toleranzverpflichtungen beider Seiten.

Pfarrkirche St. Petrus (kath.). Die heutige Kirche, 1900 geweiht, renoviert 1980/81, ein neuromanischer Raum von Weite und Helligkeit mit Querschiff und großer Apsis. Die Fundamente und Erdgeschosse des Turms noch von der romanischen Vorgängerkirche, die durch eine spätgotische größere Kirche ersetzt und 1663 im Barockstil umgebaut wurde.
Die zahlreichen qualitätvollen Kunstwerke stammen aus der gotischen und barocken Zeit der Kirche: an der Westseite des linken Seitenschiffs drei hervorragende spätgotische Figuren: Ulrich, Sebastian und Wendelin. An der Rückseite des südlichen Seitenschiffs, rechts vom Eingang, spätgotischer Ölberg mit Christus und den schlafenden Aposteln, darüber barocke Kerkerheilandfigur. Im linken Querschiff sehr gute frühbarocke Pietà, im rechten Querschiff, über einem neueren holzge-

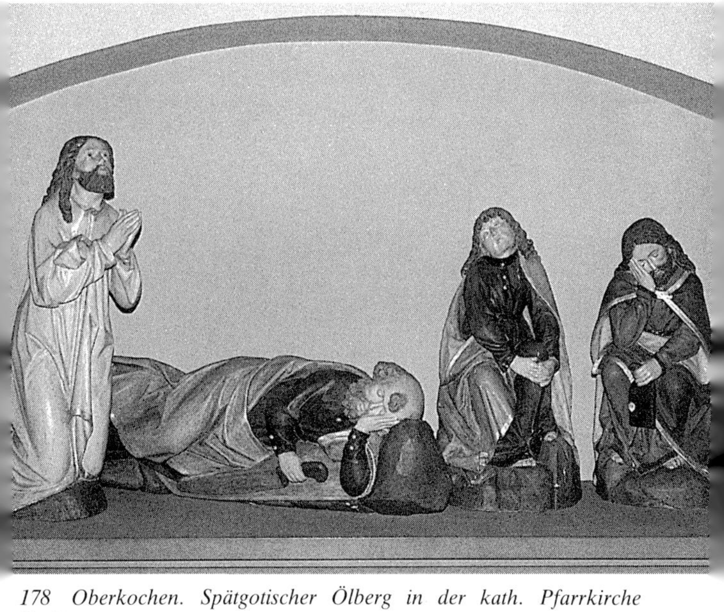

178 Oberkochen. Spätgotischer Ölberg in der kath. Pfarrkirche St. Petrus

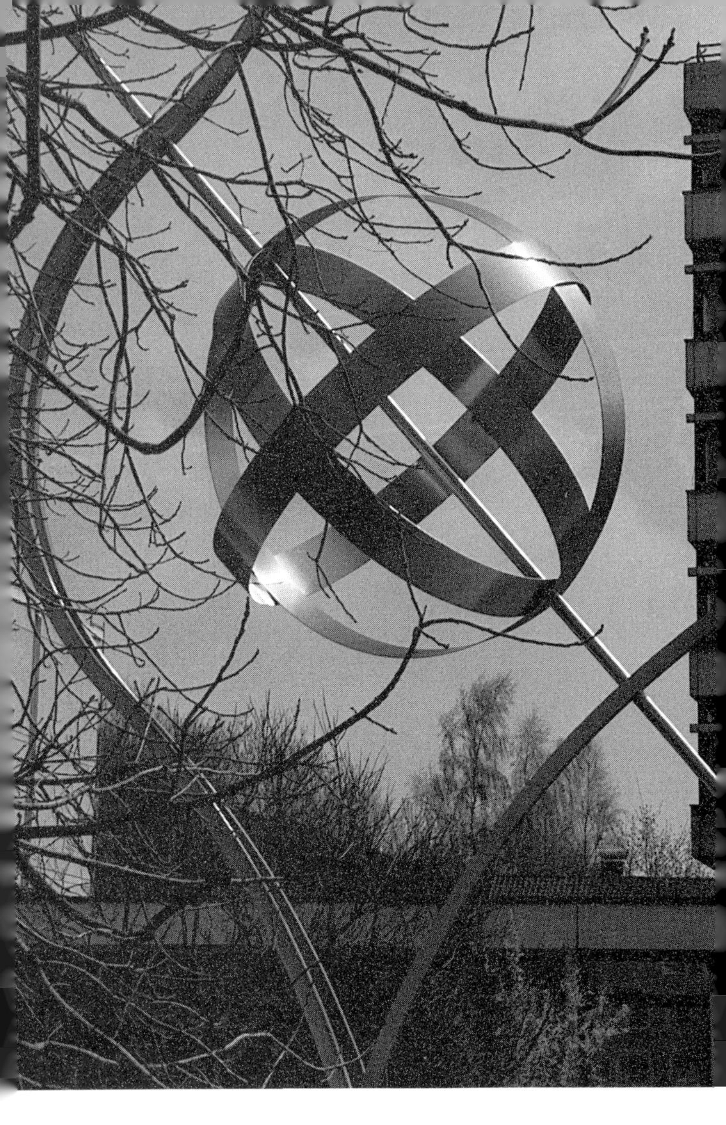

179 Oberkochen. Die Sonnenuhr am Rathausplatz von Ernst Wanner

schnitzten Josef, Barockbild mit Darstellung des hl. Johannes Nepomuk. Über dem Chorraum mit modernem Altar spätgotisches Kruzifix hängend, zwischen den Chorfenstern spätgotische Figuren, die bessere davon die des hl. Petrus. An der linken Chorwand zwei barocke, reich bewegte Figuren. In der ehem. Sakristei links vom Chor sind einige Stücke der neugotischen Ausstattung noch aufbewahrt. Beachtenswert sind die Glasfenster von 1957 (*Habel/Sternbacher*).
Die an der Hauptstraße stehende *ehem. ev. Kirche*, seit 1968 Stadtbibliothek, geht, wenn auch im letzten Jh. grundlegend umgebaut, auf den Kirchenbau von 1581 zurück. Der Bau, der keine künstlerischen Besonderheiten aufweist, ist von historischem Interesse, mußte er doch von der evangelischen Gemeinde, unterstüzt vom Herzogtum Württemberg, gegen den Anspruch der Fürstpropstei Ellwangen politisch und mit Hilfe eines Prozesses vor dem Reichskammergericht in Speyer durchgesetzt werden.
Die *Versöhnungskirche (ev.)* 1968 in zeitgemäßer Stahlbeton/Glasarchitektur errichtet.
Am Kocher, in der Nähe des Bahnhofs, die *Ottilienkapelle*. Anspruchsloses kleines Kapellchen, erbaut Anfang des 17. Jh.
Maria-Schutz-Kapelle. Auf der Anhöhe über dem Friedhof anstelle der alten Wiesenherrgottskapelle 1950 erbaut. Innen sind noch die barokken Gestühlwangen. Die übrige Ausstattung ist neu.
Rathausplatz. Vor dem modernen, 1968 errichteten Rathaus großzügige Platzgestaltung mit großer Sonnenuhr des Aalener Künstlers *Ernst Wanner,* die einen Bezug zur in Oberkochen gepflegten Technik und Wissenschaft des Messens und der Optik herstellt.
Optisches Museum der Firma Carl Zeiss, Am Ölweiher 15. Entwicklungsgeschichte der optischen Instrumente mit Originalinstrumenten von den Anfängen bis zur Gegenwart, Gemälde, Plastiken, Schautafeln, Modelle; verschiedenste optische Instrumente wie Brillen, Fernrohre, Mikroskope, Vermessungsgeräte, Fotogeräte.
Öffnungszeiten: Montag bis Freitag 10–13, 14–16, Sonntag 9–12 Uhr, an Feiertagen und während der Schulferien geschlossen.
Östlich der Landesstraße nach Unterkochen, 1 km nördlich von Oberkochen, konserviertes Nebengebäude eines *römischen Gutshofs*. Bemerkenswert der Keller an der Südseite mit guterhaltenem Mauerwerk (2./3. Jh. n. Chr.).

Ohmenheim → Neresheim
Onatsfeld → Aalen-Wasseralfingen
Pfahlheim → Ellwangen
Pflaumloch → Riesbürg
Pommertsweiler → Abtsgmünd

RAINAU

Durch das Gebiet der Gemarkung Rainau verläuft der römische Limes, gesichert durch ein Kastell in Buch. Die Gemeinde ist 1975 durch den Zusammenschluß von Dalkingen und Schwabsberg mit Buch entstanden. Beide Teilorte haben eine gemeinsame Geschichte als Besitzungen der Herren von Schwabsberg, Truchsessen des Stiftes Ellwangen. Schwabsberg 1147 erstmals urkundlich erwähnt, Dalkingen 1339. Seit dem 15. Jh. werden beide Gemeinden vom Kloster bzw. Stift Ellwangen verwaltet. In Dalkingen seit dem 14. Jh. außerdem Besitz des Spitals von Dinkelsbühl, das das Patronat über die St.-Nikolaus-Kirche ausübte. Der Ortsteil Buch bis 1287 oettingisch, danach beim Kloster Ellwangen.

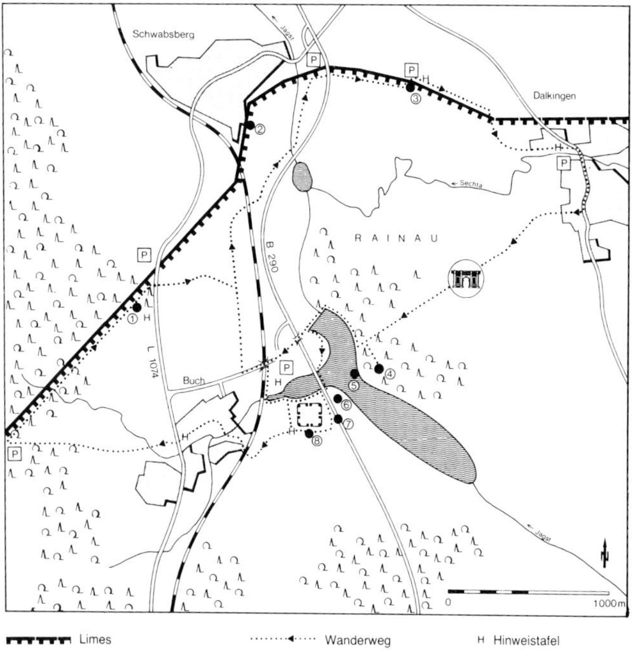

180 Rainau-Buch. Freilichtmuseum am rätischen Limes. Gesamtplan mit Eintragung des Wanderweges. 1 Mahdholz, 2 Limespalisade Schwabsberg, 3 Limestor Dalkingen, 4 röm. Gebäude, 5 röm. Ziegelei, 6 Kastellbad Buch, 7 röm. Steinbauten, 8 Kastell Buch

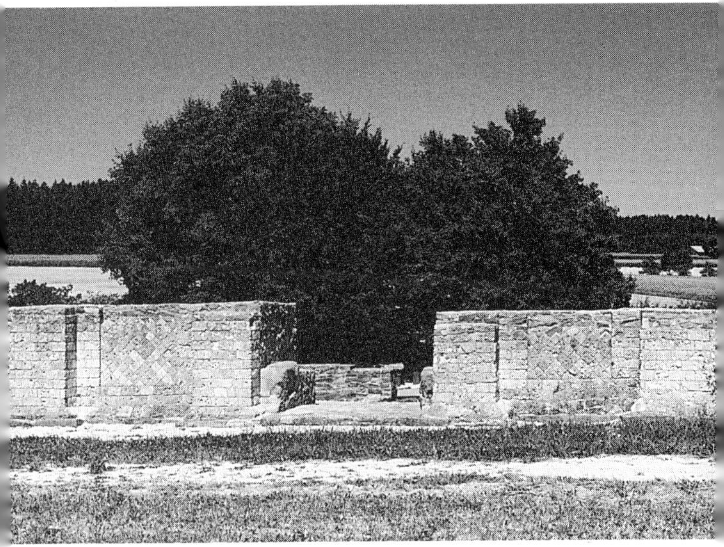

181 Rainau-Dalkingen. Das Limestor

Freilichtmuseum am rätischen Limes. Das vom Ostalbkreis, dem Landesdenkmalamt und dem Zweckverband Erholungsgebiet Rainau-Buch angelegte Freilichtmuseum weist alle am rätischen Limes bekannten Befestigungsarten und Türme (Schwabsberg-Mahdholz), ein Kastell (Buch), ein Bad und Reste der Zivilsiedlung (am Stausee) sowie ein Limestor (Dalkingen) auf. Das *Tor* mit repräsentativer Ausgestaltung der Südseite mit Rautenmuster wird gedeutet als Triumphbogen, errichtet, als Kaiser Caracalla 213 n. Chr. vermutlich von hier aus seinen Feldzug gegen die Germanen am Main antrat.
Die Anlagen sind durch Wanderwege, die einen geschlossenen Rundgang ermöglichen, erschlossen. Von zwei Aussichtspunkten innerhalb des Erholungsgeländes am Stausee guter Überblick, umfassende Informationen durch Hinweistafeln. Parkplätze am Mahdholz und beim Erholungszentrum.
Die bei den Ausgrabungsarbeiten in den Jahren 1975–1978 gefundenen, sehr qualitätvollen Bodenfunde befinden sich heute im Limesmuseum Aalen, so der in einem Brunnen gefundene Schatz wertvoller Gefäße sowie die wenigen bronzenen Reste einer Kaiserstatue am Limestor.

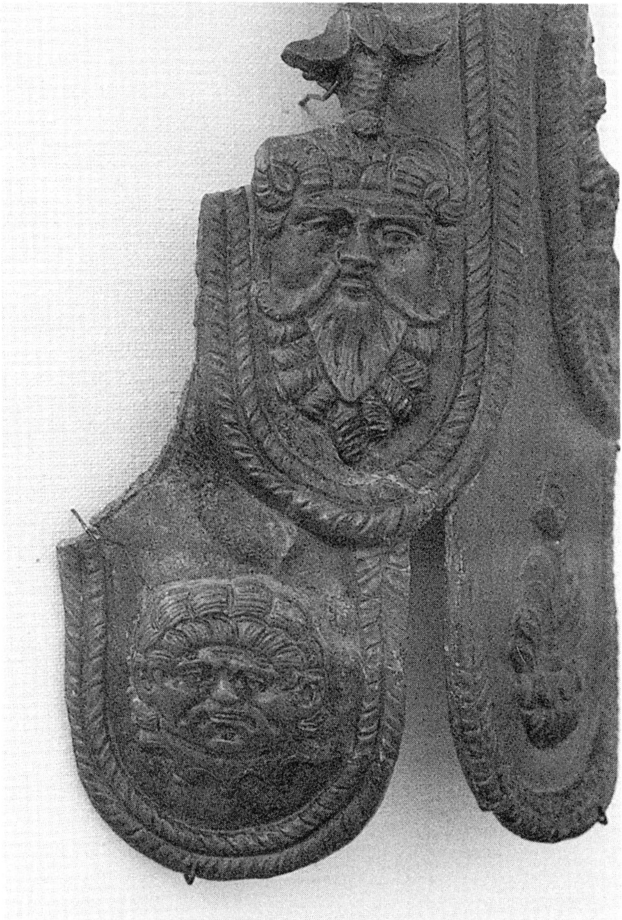

182 Rainau-Dalkingen. Teil des Brustpanzers der bronzenen Statue eines römischen Kaisers am Limestor (Limesmuseum in Aalen)

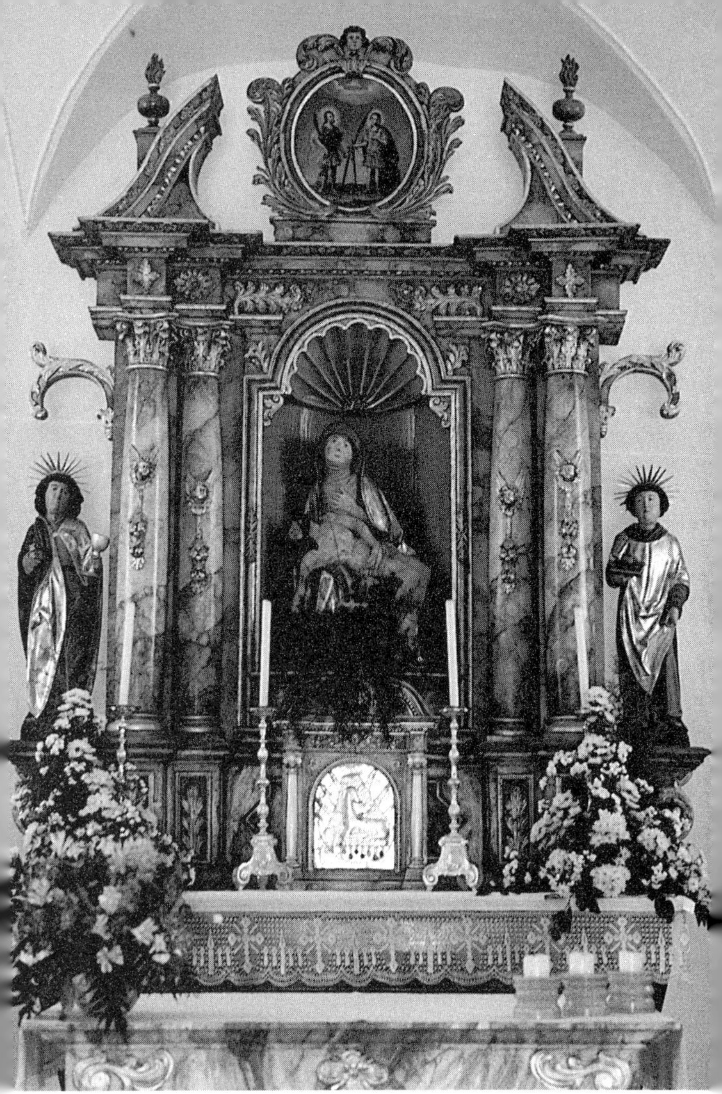

183 Rainau-Buch. Barocker Hochaltar mit spätgotischen Figuren in der Marienkapelle

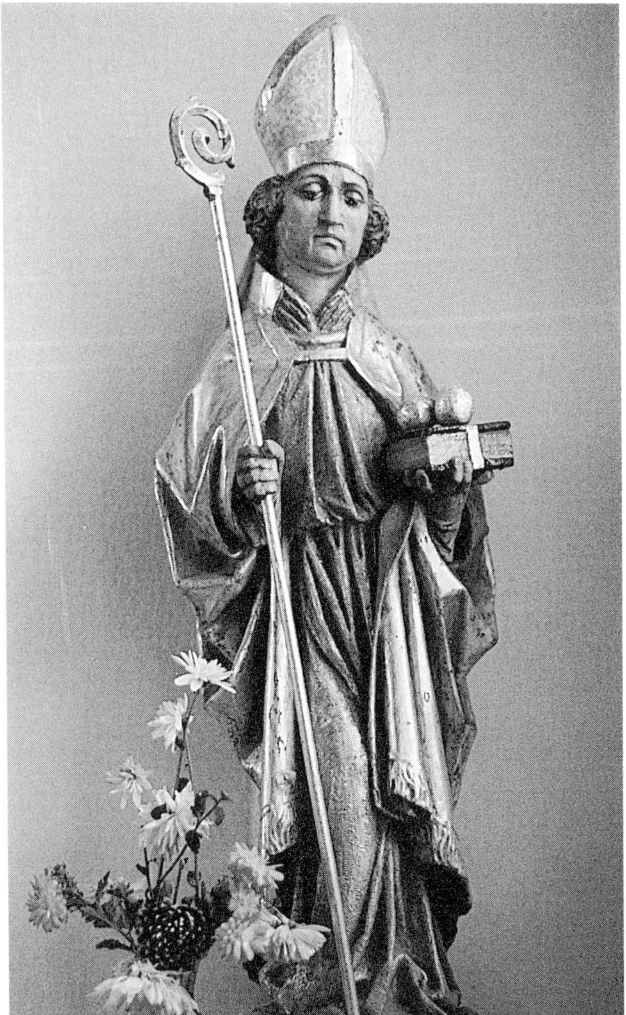

184 Rainau-Weiler. Spätgotischer hl. Nikolaus in der Katharinenkapelle

Rainau-Buch

Marienkapelle (kath.). Chorturmkirche gotischen Ursprungs, heutiger Bau von 1699, der Turm im Erdgeschoß mit Chorraum ist älter. Sehr gute Innenausstattung: im Chor der barocke Hauptaltar mit hervorragender spätgotischer Pietà im Mittelteil, flankiert von den spätgotischen Figuren der hll. Johannes Ev. und Stephanus. An den Wänden sehr gute spätgotische Madonna sowie kleinere barocke Heiligenfiguren. Barocke Seitenaltäre mit guten Altarblättern.

Rainau-Dalkingen

Die neugotische *Pfarrkirche St. Nikolaus (kath.)* anstelle eines spätgotischen Vorgängerbaus von 1514, von dem der Turm im unteren Teil stammt. Außen am Turm an der Südwestecke spätgotische Statue des hl. Nikolaus. Von der Innenausstattung ist besonders hervorzuheben eine vorzügliche Madonna mit Jesuskind, eine Taube haltend, um 1500, links vom Chorbogen. Barocke Kreuzigungsgruppe am linken Längsschiff, neugotische Glasfenster.

Weiler Die 1784 erbaute *Katharinenkapelle* in einer Wiese südlich des Ortes enthält eine Reihe hervorragender Kunstwerke: Deckenbild »Marienkrönung«, im Chor barockes Bild der hl. Katharina vor der Muttergottes. Links vom Chorbogen spätgotische Madonna, rechts spätgotischer Nikolaus, beides vorzügliche Holzschnitzarbeiten, vermutlich aus Ellwangen.

Rainau-Schwabsberg

Die *Pfarrkirche St. Martin (kath.)*, 1733 von → *Arnold F. Prahl* erbaut, Turm an der Nordseite des mehreckigen Chors. Die Innenausstattung vornehm klassizistisch, insbesondere die Kanzel, das Chorgestühl und die Orgel. Ein besonderer Schmuck der Kirche sind die spätgotischen holzgeschnitzten Figuren der hll. Nikolaus und Sebastian an der Südwand. Altarblatt des barocken Hauptaltars mit dem Kirchenpatron. Vor dem linken Seitenaltar barocke Strahlenkranzmadonna auf der Mondsichel.

Saverwang In der neuen *Kapelle* kleine barocke Figuren der Madonna sowie eines Geißelheilands, der hll. Barbara und Katharina. An der Rückwand spätbarocke Pietà unter zwei Putten. An der linken Wand qualitätvolles Barockbild der Maria Immaculata.

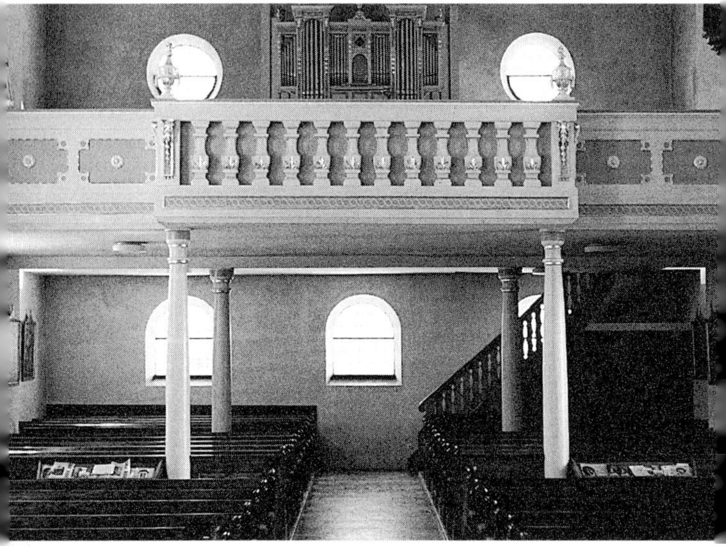

185 Rainau-Schwabsberg. Klassizistische Empore in der kath. Pfarrkirche

Rattstadt → Ellwangen-Rindelbach
Rechberg → Schwäbisch Gmünd
Reichenbach → Aalen-Dewangen
Reichenbach → Westhausen

RIESBÜRG

Riesbürg-Goldburghausen

Der sich 60 m über das Ries markant erhebende Goldberg ist einer der Plätze mit frühester kontinuierlicher Besiedlung in unserem Gebiet: Aufeinanderfolgende Siedlungen von der Jungsteinzeit über Bronze- und Hallstattzeit sind nachgewiesen bis zur keltischen Höhenburg um 600 v. Chr. Im Mittelalter wird der Ort erstmals erwähnt um 1200 mit Ortsadel auf einer Turmhügelburg, später im Besitz des Nördlinger Spitals, Einführung der Reformation 1543.

Goldberg-Museum im ehem. Rathaus. Das außerordentlich sehenswerte Museum birgt Zeugnisse der Besiedlung aus der vor- und Frühgeschichte am Goldberg: Geräte, Werkzeuge, Münzen, außerdem Rekonstruktionen jungsteinzeitlicher Häuser und Geräte.
Öffnungszeiten: 1. April–31. Oktober sonntags von 14–17 Uhr. Nach Voranmeldung auch werktags (Tel. 09081/7016).

Riesbürg-Pflaumloch

Der erstmals 1246 urkundlich erwähnte Ort ist seit dem Mittelalter im Besitz der Grafen von Oettingen und kommt 1806 zunächst an Bayern, 1810 an Württemberg. Bedeutsam für den Ort ist die Ansiedlung von Juden seit Ende des 15. Jh.

Pfarrkirche St. Leonhard (kath.). Romanische Chorturmkirche aus dem 12. Jh. Flachgedecktes Schiff, hinter dem Chorbogen der tonnengewölbte, flachgeschlossene Chorraum. Der größte Schmuck der Kir-

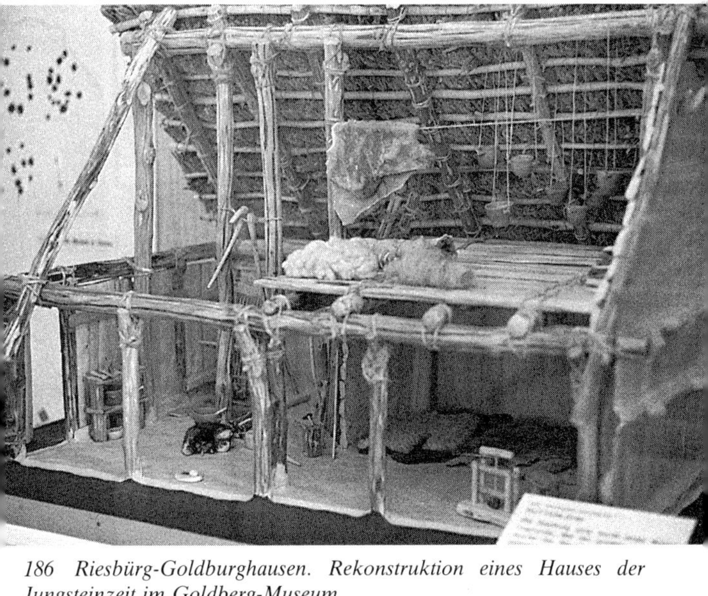

186 Riesbürg-Goldburghausen. Rekonstruktion eines Hauses der Jungsteinzeit im Goldberg-Museum

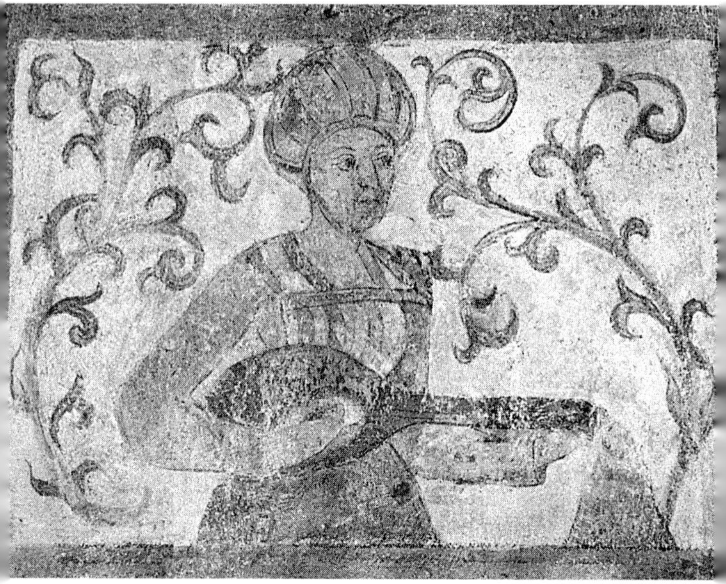

187 Riesbürg-Pflaumloch. Wandbild am Chorbogen der St.-Leonhards-Kirche

che sind die, sowohl nach künstlerischer Qualität als auch nach Erhaltungszustand sehr guten Wandmalereien, entstanden um 1500 . Im Chorbogen je fünf kluge und törichte Jungfrauen, am Chorbogen Richtung Chor oben Christus, links und rechts kniende Stifterfiguren. Im Gewölbe des Chorraums die vier Kirchenlehrer Augustinus, Hieronymus, Ambrosius und Gregor gegenübergestellt den Symbolen der Evangelisten. Abendmahl und Kreuzigung an der Nordwand. An der Ostwand des Chors gotische Kreuzigungsgruppe mit Maria und Johannes, flankiert von ebenfalls gotischen Figuren der hll. Ulrich und Barbara. Im Schiff links vom Chorbogen sehr gute spätgotische Madonna auf der Mondsichel, rechts barocke Josefsfigur. In einer Nische rechts im Schiff spätgotische Figur des hl. Wendelin neben dem auf die Nischenwand gemalten Christophorus.
Die *ev. Kirche* ist ein neugotischer Bau von 1862.

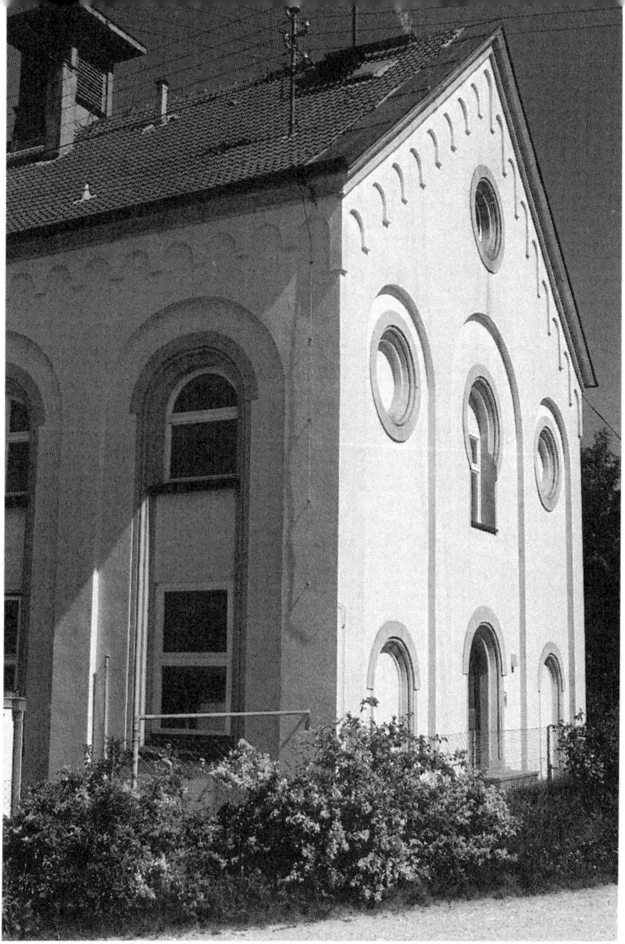

188 Riesbürg-Pflaumloch. Die ehem. Synagoge, heute Rathaus

Rathaus, ehem. Synagoge. Das 1703 als großzügig eingerichtete Synagoge errichtete Gebäude, nach Brand 1844 neu erbaut, wurde 1907 der bürgerlichen Gemeinde geschenkt und wird heute als Rathaus benutzt. Der Charakter der Synagoge ist insbesondere an den Fensterbögen noch deutlich zu erkennen.
Neben dem christlichen Friedhof *jüdischer Friedhof* mit schönen Grabmälern.

Riesbürg-Utzmemmingen

Ein Ort sehr früher und kontinuierlicher Besiedlung. Im Mittelalter teilten sich der Deutsche Orden und die Grafen von Oettingen die Herrschaft über den Ort.

Pfarrkirche St. Martin und Sebastian (kath.). Der 1729 errichtete Barockbau mit markantem Zwiebelturm hat Deckenfresken von → *Johann Michael Zink*: Marienkrönung, Szenen aus dem Leben des hl. Martin. Barocker Hochaltar mit Altarblatt »Martin teilt sein Gewand«, rechts und links barocke Figuren der Ordensgründer Bernhard und Benedikt. Im Langhaus frühbarocke Pietà.
Das am Fuße des Kirchbergs stehende alte *Pfarrhaus* hat seit seiner Restaurierung 1981 wieder die ursprüngliche barocke Architekturmalerei.

Ofnethöhlen (Gemarkung Holheim, Bayern). 1 km südöstlich des Ortes, bereits auf bayerischem Gebiet, liegen die Ofnethöhlen, zwei 17 bzw. 9 m tiefe Höhlen am Felshang, die schon in der Altsteinzeit vor 40 000 Jahren besiedelt waren. Unterhalb des Höhleneingangs wurde eine steinzeitliche Schädel-Begräbnisstätte gefunden. Über den Höhlen auf der Höhe Reste einer *Wallanlage* aus der Latènezeit.
Unterhalb der Ofnethöhlen die konservierten Grundmauern eines *römischen Gutshofs* mit Herrenhaus, Wirtschaftsbauten und Bad.
Alte Bürg. Im Wald, zugänglich von der Straße Nördlingen-Neresheim, das einsam gelegene Erholungsgebiet Alte Bürg unterhalb eines hohen Burghügels. Auf diesem als letztem Rest der ehem. Burg die *Hypolitkapelle* mit gotischem Torbogen.

Rindelbach → Ellwangen
Röhlingen → Ellwangen
Röthardt → Aalen-Wasseralfingen
Rötlen → Ellwangen-Röhlingen
Röttingen → Lauchheim

ROSENBERG

Der an einer alten Straße zwischen Ellwangen und Schwäbisch Hall gelegene Ort, 1344 erstmals urkundlich erwähnt, gehörte zur Fürstpropstei Ellwangen, die Pfarrei jedoch zum BistumWürzburg. Der ev. Ortsteil Hummelsweiler war Gebiet der Markgrafschaft Ansbach, die sich in diesem Gebiet mit der Fürstpropstei um Besitzverhältnisse stritt.

Die 1742 erbaute *kath. Pfarrkirche St. Franziskus (Zur schmerzhaften Muttergottes)* wurde 1882 nach Westen verlängert, der wenig ins Land-

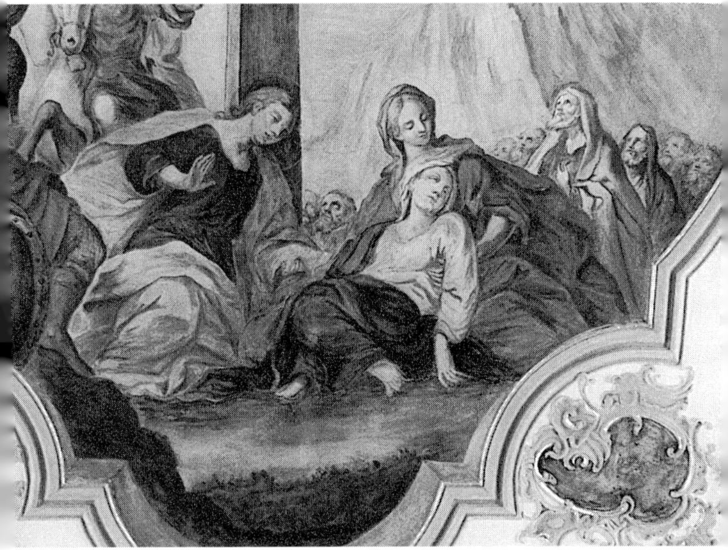

189 Rosenberg. Deckenfresko von Josef Anton Koch in der kath. Pfarrkirche

schaftsbild passende Turm mit flachem Abschluß stammt aus den dreißiger Jahren dieses Jahrhunderts. Die sehr bemerkenswerten Deckenfresken, im Chor Marienkrönung, im Langhaus Kreuzigung, von → *Josef Anton Koch d. Ä.*, 1765, außerdem reizvolle, von Rokoko-Stuck-Ornament eingerahmte Medaillons mit Szenen aus dem Marienleben. Zwei Altarblätter, ebenfalls von Koch, heute als Bilder an den Langhauswänden: an der Nordwand eine Beweinung Christi, an der Südwand sehr qualitätvolles Bild »Maria als Königin«, beide von 1745. Der Chorraum der 1986/87 renovierten Kirche wird beherrscht vom großen Flügelaltar des in Rosenberg lebenden Pfarrers und Malers *Sieger Köder*, 1987. Der Künstler verbindet in der für ihn typischen Weise die biblische Ikonographie mit den Menschheitsfragen der Gegenwart. Bei geöffnetem Zustand (Festtagsseite) in der Mitte das Mal der Jünger von Emmaus vor dem großen Licht des sich ihnen eben geoffenbarten Auferstandenen. Links die Weihnachtsszene, rechts, in Anlehnung an Darstellungen des Jüngsten Gerichts, ein Auferstehender, den Blick auf das himmlische Brautpaar Christus und die Kirche gerichtet.

Im geschlossenen Zustand (Werktagsseite) die beiden inneren Flügel mit der Schmerzensmutter, ihr gegenüber die Trauernden Maria Magdalena, Josef von Arimatea u. a. Linker Flügel der Gekreuzigte mit Menschen der Gegenwart, die um ihres Glaubens willen verfolgt und geschunden werden (KZ-Häftling), rechter Flügel die um ihr Kind trauernde Rachel gemeinsam mit trauernden Frauen der Gegenwart.
In der Predella der Apostel Jakobus, der Patron der Hohenberger Kirche, und der Ellwanger Pater Philipp Jenningen, im Hintergrund der Schönenberg, der Hohenberg und der »Berg der Freude«, von dem aus die Jakobuspilger den ersten Blick auf Santiago de Compostella hatten. Der Chorraum mit moderner Altarmensa, einem Tabernakel in Form eines Sakramentshauses sowie Glasfenster. Links eine frühbarocke Strahlenkranzmadonna auf der Mondsichel. An der Nord- und Südwand des Schiffes sechs Passionsbilder von *Sieger Köder*. Die Westwand durchbrochen von modernem Betonglasfenster, vor dem sich im Gegenlicht die Bronzestatue »Jesus als Weltenherrscher« (*Scheble*) abhebt.

Hohenberg Die im 12. Jh. von Ellwangen aus gegründete *Propsteikirche St. Jakobus (kath.)* steht markant auf dem die Landschaft der Ellwanger Berge beherrschenden Hügel über dem Ort. Sie war Station am uralten Jakobuspilgerweg nach Santiago de Compostella in Spanien. Die heutige Kirche, 1896 wesentlich erneuert, aber eng orientiert an Grund- und Aufriß der romanischen Basilika, von der die Wände des Untergeschosses und die Hauptapsis stammen. Seitenportal mit Ornamentschmuck spätes 12. Jh. (Band- und Zickzackfries).
Im Innern, das den romanischen Charakter gewahrt hat, im Chor Kruzifix aus dem 16. Jh. zwischen barocken Figuren der Maria und Johannes Ev.. Rechts vom Chorbogen sehr gute Barockfigur Christus als Lehrer, links barocke Madonna. Geschnitzte Beichtstühle aus dem Rokoko. Moderne Glasfenster von *Sieger Köder*: im südlichen Seitenschiff in überwiegend rot gehaltenen Farben: Weihnachten, Passion und Ostern, nördlich gegenüberstehend, in überwiegend blauen Farben, die jeweils alttestamentarischen Entsprechungen. Zwei neue Glasfenster vom selben Künstler an den Stirnseiten des Querschiffes: links Welterschaffung, rechts Wurzel Jesse.
Das *Pfarrhaus* vor der Kirche ist an der Ostseite über die gesamte Wandfläche einschließlich Giebel geschmückt mit einem Fresko der Jakobuslegende, an der Ostseite mit einem in dunklen, schwarz-grauen Farben gemalten Totentanz, beide von *Sieger Köder*, ebenso die Glasfenster der *Aussegnungshalle*.
Vom Ort hinaus zur Kirche führt ein neugotischer *Kreuzweg* vom Ende des letzten Jahrhunderts.

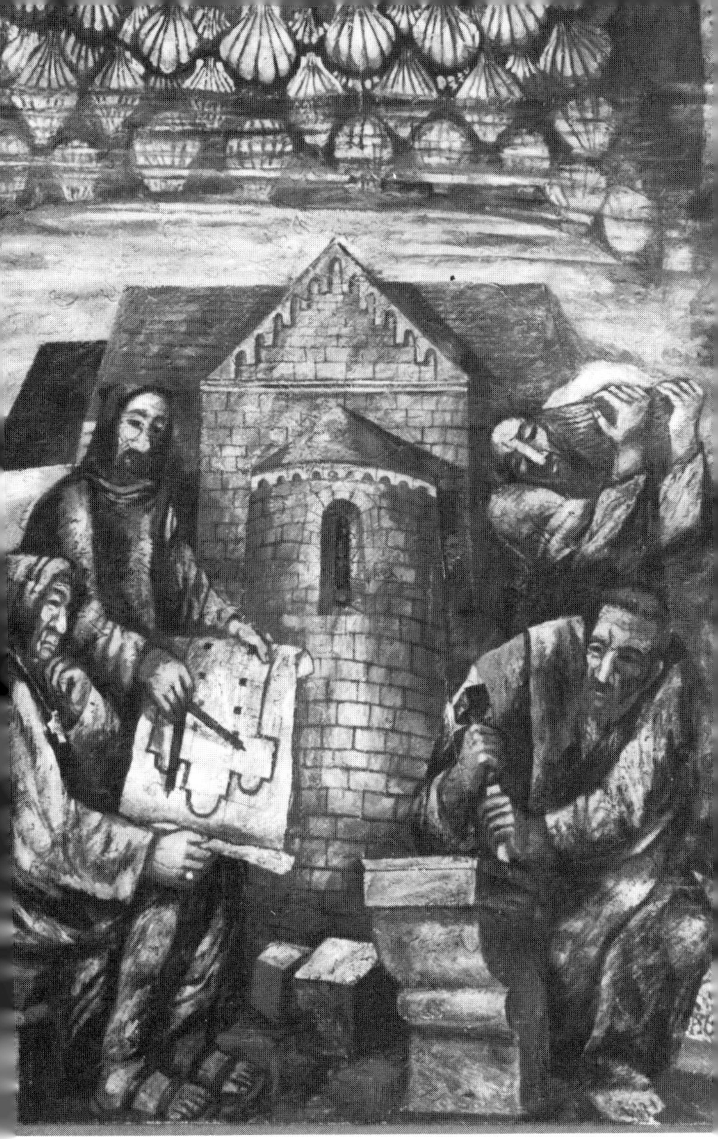

190 Rosenberg-Hohenberg. Großes Wandbild von Sieger Köder am Pfarrhaus: »Bau der Hohenberger Jakobskirche«

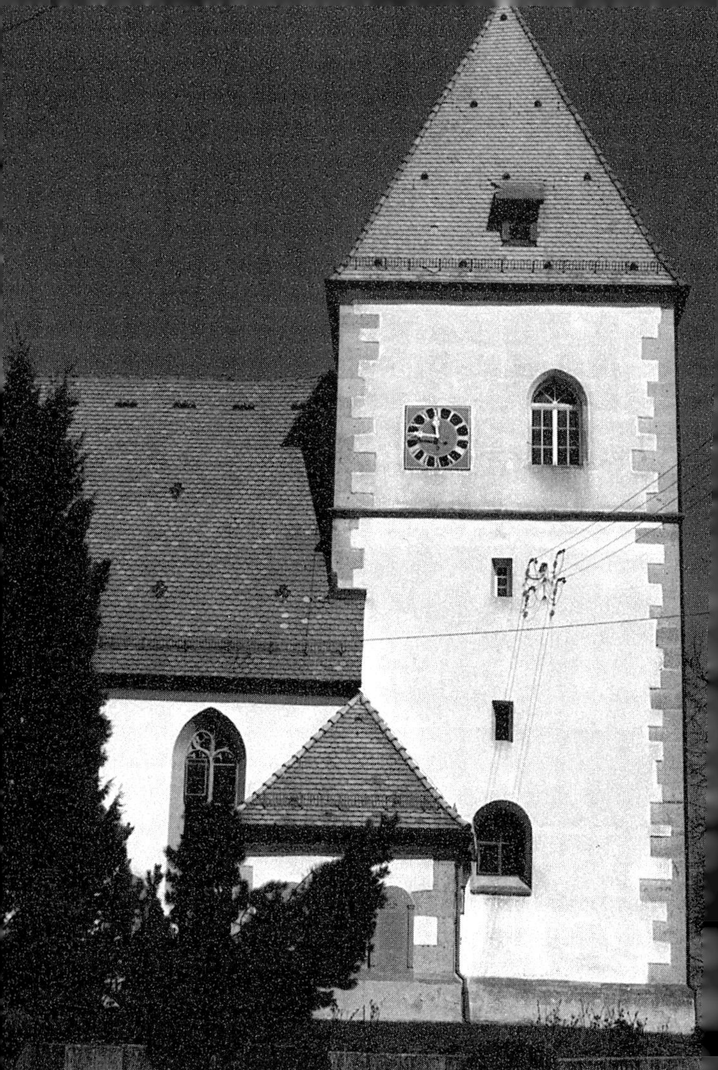

191 *Ruppertshofen-Tonolzbronn. Die ev. Pfarrkirche*

Rotenbach → Ellwangen-Schrezheim

RUPPERTSHOFEN

Zur Zeit der Hohenstaufen wurden im Gebiet um Gschwend sowie auf der Frickenhofer Höhe freie Bauern mit dem Privileg eigener Gerichtsbarkeit angesiedelt. Ruppertshofen war der Gerichtsort der sog. »Waibelhube«. Seit dem 15. Jh. gerieten die Bauern unter die Hoheit der Schenken von Limpurg, der Württemberger und z. T. der Reichsstadt Gmünd.

St.-Nikolaus-Kapelle (kath.). Aus gotischer Zeit stammend, mit dreiseitig geschlossenem Chor. Im Innern Empore mit schmuckloser Holzbrüstung, über dem Altar im Chorhaupt Kruzifix.
Im Ortskern einige ältere *Bauernhöfe* mit Fachwerk aus dem 18. und 19. Jh.

Tonolzbronn Die 1357 erstmals erwähnte *ev. Kirche (ehemals St. Stephanus)* ist ein besonders rein erhaltenes Beispiel einer Chorturmkirche. Das Portal an der Südseite mit Hohlkehlen und überschneidenden Stäben aus der Spätgotik, Maßwerkfenster an der Südseite. Im Innern klassizistische Empore ohne Schmuck, winkelförmig eingebaut. Chorbogen vom Ende des 15. Jh., im Chor unterhalb des Turms schönes spätgotisches Sterngewölbe, Schlußstein mit Stephanus. Über dem Altar spätgotisches Kruzifix.

Saverwang → Rainau-Schwabsberg

SCHECHINGEN

Seit dem 13. Jh. Ortsadel, dessen Burg bis 1757 bestand, danach Neubau des heutigen Schlosses. Seit 1435 ist die Herrschaft Schechingen mit Leinweiler im Besitz der Familie Adelmann als Lehen des Klosters Ellwangen, seit 1492 von Kaiser Friedrich III. mit Marktrecht und Gerichtsbarkeit ausgestattet. Bis zu Beginn des vergangenen Jahrhunderts noch Ortsbefestigung mit drei Toren.

Pfarrkirche St. Sebastian (kath.). Die mächtige, das Ortsbild bestimmende Barockkirche in ihrem Ursprung eine romanische Chorturmkirche, im unteren Teil des Kirchturms an der Ostseite noch zu erkennen. Das heutige Kirchenschiff eine Erweiterung von 1484 durch Georg Adelmann, dessen Grabplatte zusammen mit der seiner Frau sich in der Westapsis der Kirche befindet. Der Umbau zur heutigen Kirche er-

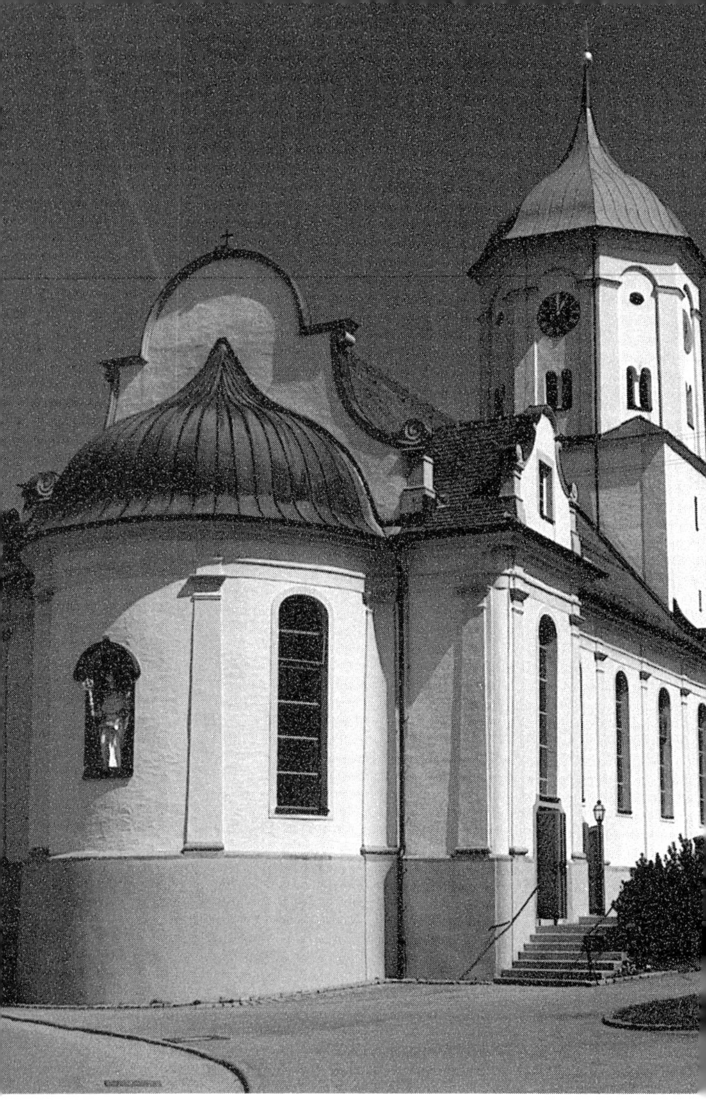

192 Schechingen. Die kath. Kirche St. Sebastian

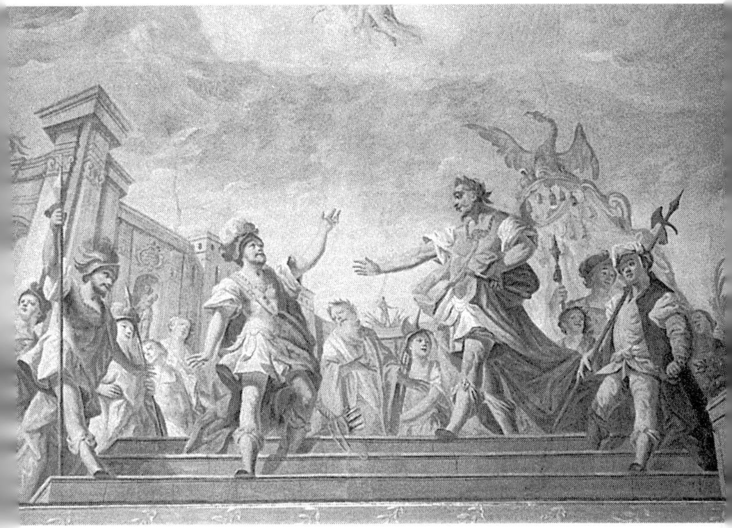

193 Schechingen. Deckenfresken von Johann N. Nieberlein in der kath. Pfarrkirche

folgte 1781, wobei das Langhaus in westlicher Richtung mit Westchor und -querhaus erweitert und die Kirche in Westrichtung umorientiert wurde. Sehr markant die Westfront der Kirche mit Figur des hl. Norbert, des Gründers der Prämonstratenser, in einer Nische der Apsis. Aus derselben Zeit die Erhöhung des Turms um einen Achteckbau mit Welscher Haube. Bei der Renovierung 1873 wurde die Kirche wieder nach Osten orientiert mit Altar im alten Turmchor.

Das Langhaus im Innern durch Wandpfeiler mit Pilastern und Kapitellen gegliedert. An der Decke Stuckmedaillons mit nach Westen, zum ehem. Westchor blickenden Aposteln. An der Decke sehr gutes großes Deckenfresko (1774) von → *Johann Nepomuk Nieberlein* mit Szenen aus dem Leben und Martyrium des hl. Sebastian. Ein weiteres Deckenbild, z. T. von der Orgel verdeckt, über der Empore mit der Krönung Mariens und Aufnahme in den Himmel. Der barocke Hauptaltar mit zwei wertvollen seitlichen Holzfiguren der hl. Katharina und des hl. Nikolaus, beide um 1500, aus Buchau stammende spätere Erwerbungen. Bedeutsam auch die Stuckaltäre seitlich des Chorbogens, links mit einer spätgotischen Muttergottes, rechts mit barocker Josefsfigur. Barocke Kanzel und spätgotische Pietà im Langhaus.

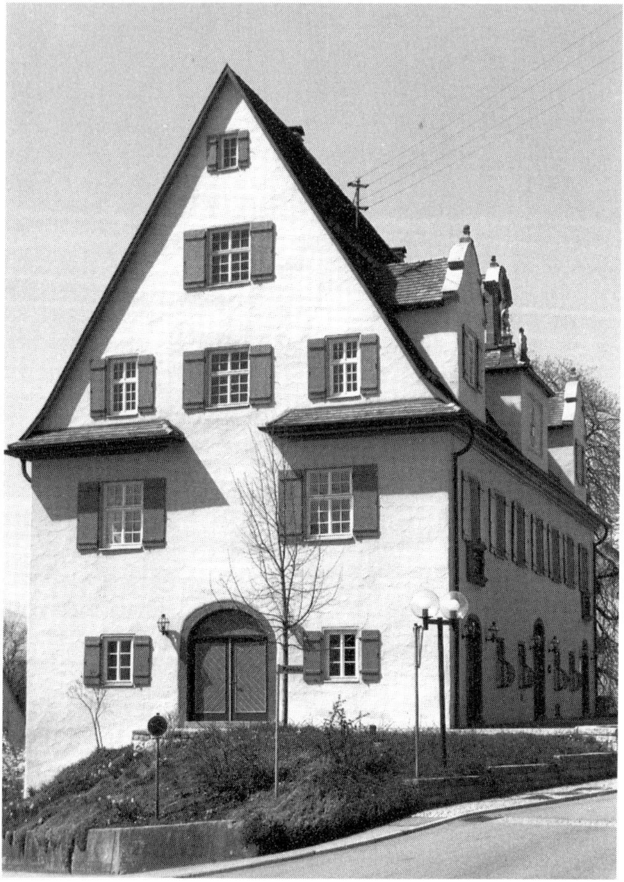

194 Schechingen. Das ehem. Schloß, heute Rathaus

Schloß. Der stattliche Bau, seit 1981 Rathaus, 1757–1759 von Joseph Anselm Reichsgraf Adelmann von Adelmannsfelden aus den Baumaterialien der ehem. mittelalterlichen Burg errichtet. Stattlicher zweigeschossiger Bau mit hohem Satteldach; die Breitseite gegenüber dem

Marktplatz ist Fassade des Hauses, in einer Nische St. Michael mit dem Schwert, seitlich die hll. Sebastian und Aloisius.
Am Ortsausgang nach Hohenstadt die *Heilig-Kreuz-Kapelle*, errichtet 1763. Über dem achtseitigen Zeltdach ein kleiner Dachreiter. Der von vier Fensteröffnungen hell erleuchtete Innenraum ein Zentralraum mit Umgang und Umgangsempore. Altar mit Kreuz im Gegenlicht vor dem Fenster. Barocke Kreuzwegbilder. Die Kapelle wird zur Zeit (1988/89) renoviert, nicht zugänglich.

Leinweiler *St. Laurentiuskirche (kath.)*. Der innerhalb der Friedhofmauer stehende Bau eine aus dem 14. Jh. stammende Chorturmkirche. Im Hochaltar von 1859 Laurentius mit dem Rost sowie Rochus (auf Pestsäule weisend) und Wendelin (mit Stier), der Patron der Bauern. Die ebenfalls aus dem Ende des letzten Jahrhunderts stammenden Seitenaltäre mit einer spätgotischen, etwas derben Muttergottesstatue. Im Kirchenschiff barocke Figuren der Madonna, des hl. Isidor (mit Spaten, Bauernheiliger), des hl. Ulrich sowie gutes Kruzifix. Im Kanzelkorb Bildnisse der vier Evangelisten mit ihren Symbolen. Beachtlich das Deckenfresko mit Darstellung der Passionswerkzeuge. Am Eingang hölzerner barocker Opferstock von 1729. Kirchengestühl mit reich geschnitzten Wangen aus der Barockzeit.

Schlechtbach → Gschwend
Schönhardt → Iggingen
Schrezheim → Ellwangen
Schwabsberg → Rainau

SCHWÄBISCH GMÜND

Im Schirenhof römisches Kohortenkastell mit Siedlung und Bad zwischen 150 und 250 n. Chr. zum Schutz des wenig nördlich vorbeiziehenden rätischen Limes. Nach der alamannischen Landnahme gelangt Gmünd früh in fränkischen Besitz: 783 erste urkundliche Erwähnung als Besitz des Abtes Fulrad von Saint Denis. Später zum Kernland der Staufer gehörend, wird Gmünd 1162 erstmals als Stadt urkundlich erwähnt und gilt damit als früheste staufische Stadtgründung. Die Erweiterung der Stadtmauer um 1230 sowie noch einmal Anfang des 14. Jh. dokumentiert die durch Bevölkerungswachstum und Wohlstand zunehmende Bedeutung der Stadt. Wichtig für die Entwicklung Gmünds ist die frühe Niederlassung der Ordensgemeinschaften der Franziskaner (um 1228), der Augustiner (1284) sowie der Dominikaner (1294). Später wurden diese Klöster zusammen mit den Spitälern durch ihren reichen Besitz eine wesentliche Grundlage für den Reichtum und das große Territorium der

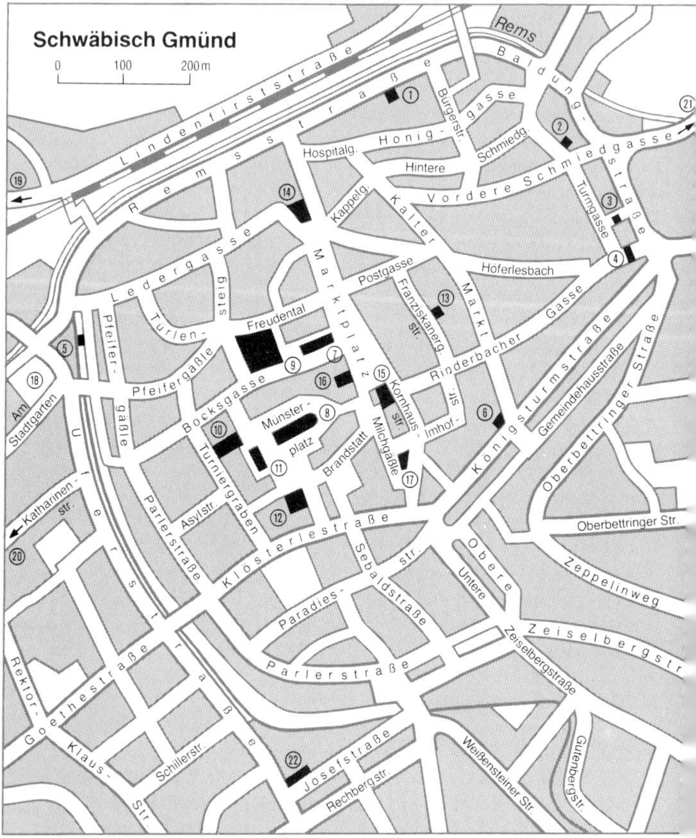

195 Schwäbisch Gmünd. Innenstadt. 1 Faulturm, 2 Schmiedtorturm, 3 Wasserturm, 4 Rinderbacher Tor, 5 Fünfknopfturm, 6 Königsturm, 7 Johanniskirche, 8 Heilig-Kreuz-Münster, 9 Prediger, 10 Augustinerkirche, 11 Lateinschule, (Stadtarchiv), 12 »Fuggerei«, 13 Franziskanerkirche, 14 »Amtshaus« des Spitals, 15 Rathaus, 16 Grät, 17 Kornhaus, 18 Stadtgarten, 19 zum Salvatorberg, 20 zur Katharinenkapelle, 21 zur Leonhardskirche und Herrgottsruhkapelle, 22 Josefskapelle

Stadt. Nach dem Aussterben der Staufer zur freien Reichsstadt geworden, finden auch in Gmünd die typischen Auseinandersetzungen zwischen Zünften und Patriziern statt mit dem Ergebnis, daß den Zünften 1360 die Mitwirkung im Rat der Stadt zugestanden wird. Wahrzeichen der selbstbewußten und reichen Bürgerschaft ist der Anfang des 14. Jh. begonnene Bau des Heilig-Kreuz-Münsters. Als eine der wenigen Reichsstädte bleibt Gmünd katholisch, was für die weitere Entwicklung der Stadt von großer Bedeutung ist.
Sensen- und Waffenschmiede sind die wichtigsten Gewerbe der mittelalterlichen Stadt mit reger Exporttätigkeit, nach deren Niedergang im Dreißigjährigen Krieg abgelöst durch die Gold- und Silberschmiede. Der anhaltende Wohlstand der Stadt und ihrer Bürger zeigt sich in der durchgreifenden Barockisierung der Bürgerhäuser, insbesondere im Bereich des Marktplatzes unter Leitung des Stadtdirektors → Johann Michael Keller.
1803 kommt Gmünd an das Königreich Württemberg. Die Stadt nimmt an der industriellen Entwicklung des 19. Jh. teil. Im ZweitenWeltkrieg von Zerstörungen verschont, zeigt Schwäbisch Gmünd in den wesentlichen Zügen und dem Bestand seiner mittelalterlichen und barocken Bausubstanz noch sein historisches Stadtbild.

Kastell Schirenhof. Von dem Kohortenkastell im Westen der Stadt oberirdisch nichts mehr zu erkennen. Dagegen sind vom Kastellbad 120 m westlich des linken Lagertores die Grundmauern bis 1 m über der Bodenfläche erhalten und konserviert. In einer Apsis Kopie einer bei den Ausgrabungen gefundenen Quellnymphe, die als Wasserspeier diente (Original im Predigermuseum. Weitere Funde aus der Römerzeit im Limesmuseum Aalen).
Limes im Rotenbachtal. Am östlichen Talhang des Rotenbachtals unterhalb der Straße nach Großdeinbach, an der Grenze zwischen Obergermanien und Rätien, ist der Limeswall noch deutlich zu erkennen. 1983 Freilegung und Restaurierung des Beginns der rätischen Mauer, Zugang durch Wanderweg mit Beschilderung. Auf der rekonstruierten Mauer Abguß eines hier gefundenen, den Grenzgottheiten geweihten verzierten Altarsteins. 200 m westlich davon als quadratische Schanze im Wald erkennbar das Kleinkastell Kleindeinbach.

Stadtbefestigung. Am Verlauf der Straßenzüge Kalter Markt und Waldstetter Gasse läßt sich die ehem. Stadtmauer aus der Stauferzeit noch erkennen. Seit dem 14. Jh. werden die fünf Vorstädte (Leonhards-, Rinderbacher-, Sebaldus-, Eutighofer- und Josen-Vorstadt) in die neue Stadtbefestigung einbezogen. Von dieser fast 5 km langen Stadtmauer, die größtenteils zwischen 1830 und 1870 abgebrochen wurde, sind heute

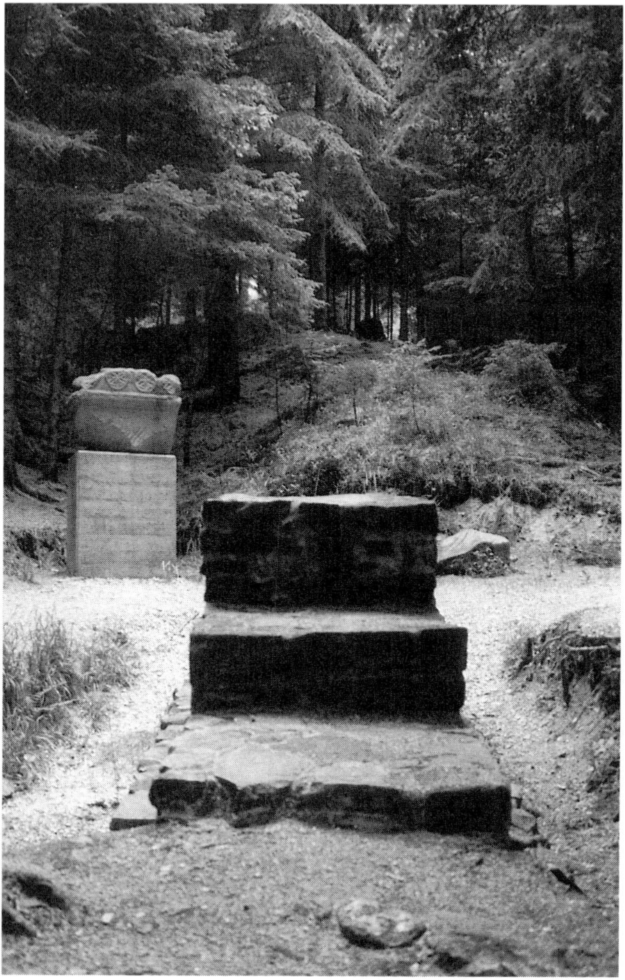

196 Schwäbisch Gmünd. Beginn des rätischen Limes im Rotenbachtal

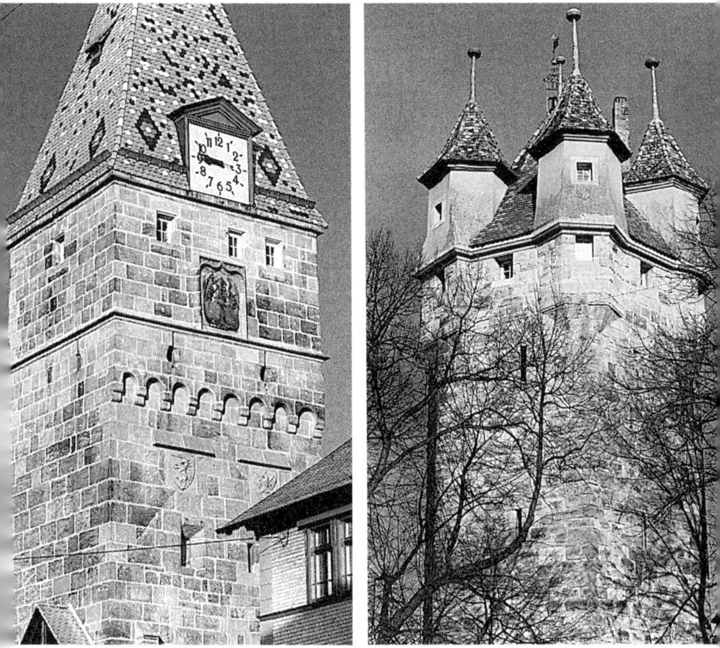

197 Schwäbisch Gmünd. Schmiedtor- und Fünfknöpflesturm

noch sechs Türme sowie einige wenige Mauerreste erhalten: im Westen der fünfeckige *Knöpflesturm*, im Süden der die Stadt überragende 40 m hohe *Königsturm* mit prächtiger Aussicht über die Stadt (Öffnungszeiten: Mai bis September Sonntags 10–12 und 14–16 Uhr), im Osten das *Rinderbacher Tor* mit zwei reichsstädtischen Wappentafeln mit Einhorn, dem Wappentier Gmünds, und Reichsadler unter dem Gesims; der *Wasserturm* sowie der *Schmiedtorturm*, der 1984 renoviert und von einem im Tor eingebauten Häuschen befreit wurde. Am oberen Turmgeschoß spätgotische Wappentafel mit einem Engel als Schildhalter. Im Norden, gegenüber der Rems, schließlich der etwas versteckt liegende *Faulturm*, östlich diesem ein in den vergangenen Jahren von Anbauten befreites, gut erhaltenes längeres Mauerstück vor der malerischen Honiggasse. Auch wo die Mauer abgebrochen wurde, ist ihr Verlauf durch die Ringstraßen noch erkennbar.

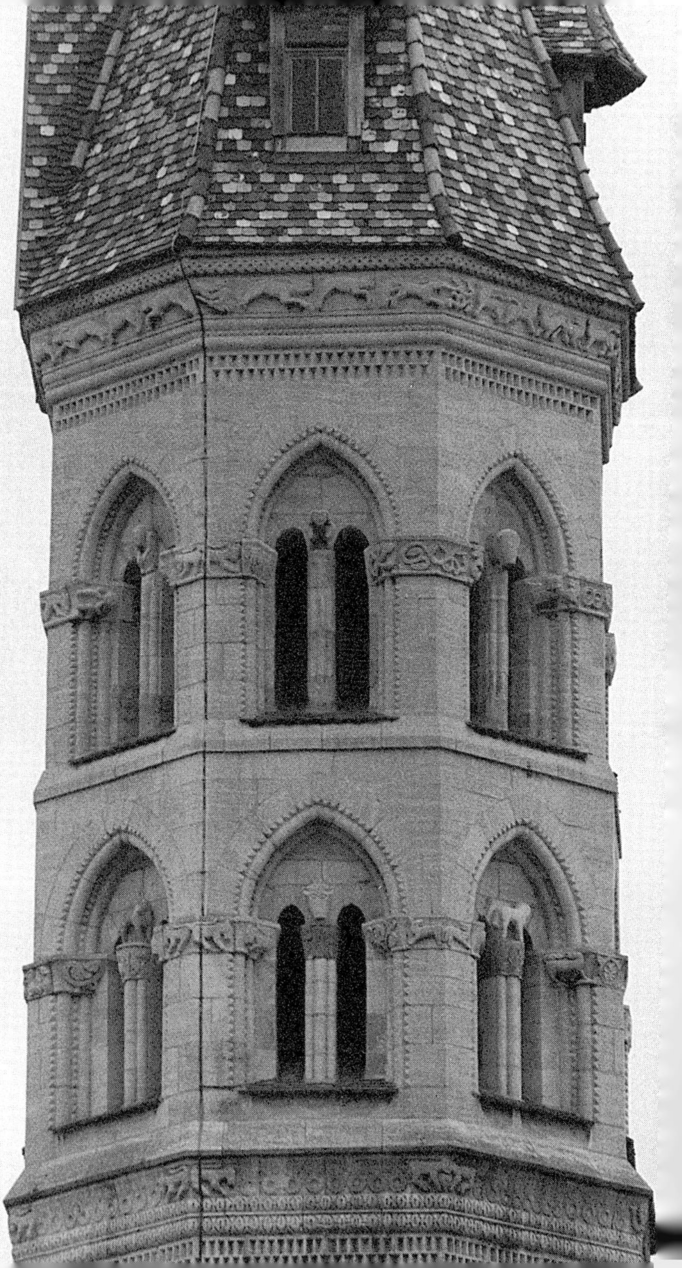

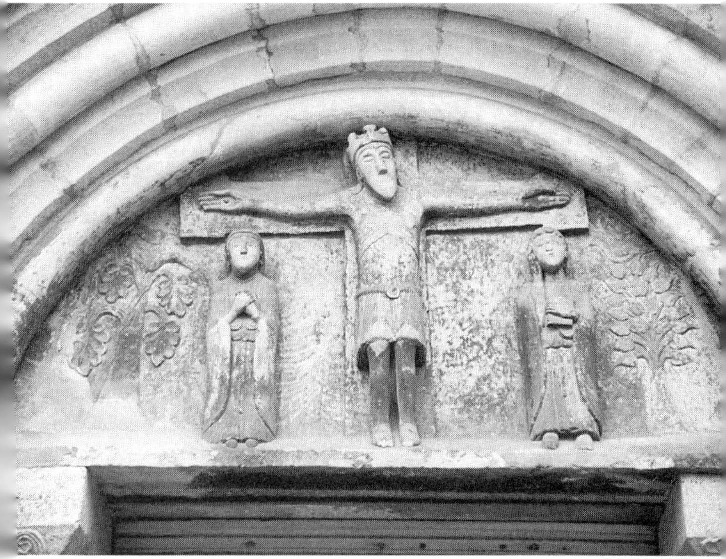

199 Schwäbisch Gmünd. Tympanon am Hauptportal an der Westfassade der Johanniskirche

Johanniskirche. Nach einer Sage wurde die Kirche errichtet an der Stelle, an der die staufische Herzogin Agnes, Tochter Kaiser Heinrichs IV., ihren verlorenen Trauring wiedergefunden hatte. Erbaut um 1200 anstelle einer älteren Kirche, vermutlich als Taufkirche für die benachbarte Pfarrkirche (Patrozinium Johannes d. T.). Bau des Turms um 1230, nach 1406 Anbau eines gotischen Chors, zwischen dessen Strebepfeilern sich Verkaufsläden befanden. Umfassende Barockisierung um 1700, zwischen 1869 und 1880 Renovierung im konsequent historisierenden Sinne: Entfernung der barocken Ausstattung, Neubau eines Chors in romanischen Formen auf den alten Fundamenten. Ausmalung neuromanisch durch *Karl Dehner*, 1878.
Die Kirche ist ein klassischer Bau der staufischen Romanik mit mächtigem Nordostturm, wie ein Kampanile frei neben der Kirche stehend. Dieser Turm ist einer der bedeutendsten architektonischen Leistungen der süddeutschen Übergangszeit zwischen Romanik und Frühgo-

198 Schwäbisch Gmünd. Der frühgotische Turm der Johanniskirche

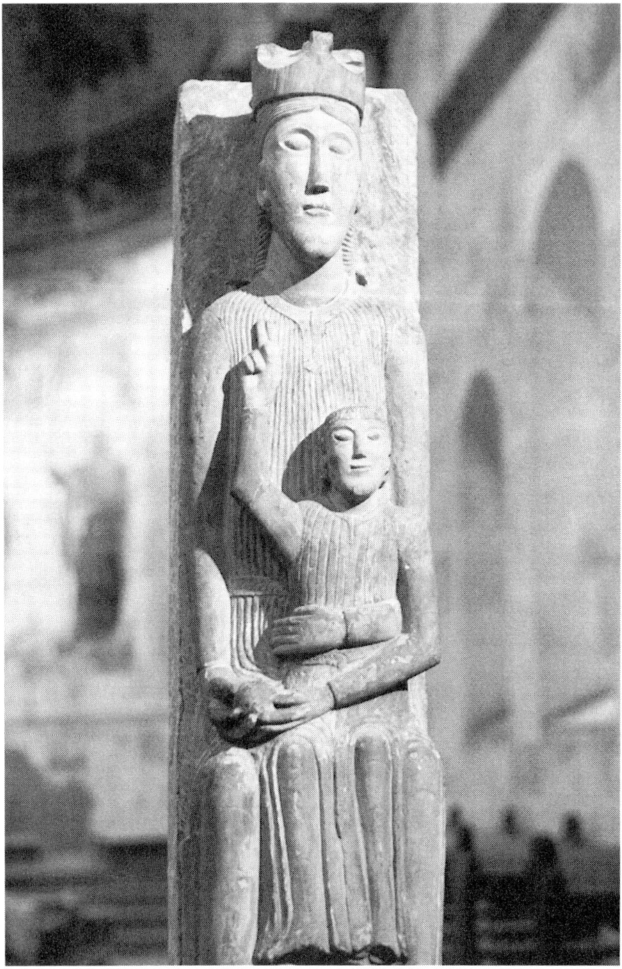

200 Schwäbisch Gmünd. Romanische Madonna in der Johanniskirche

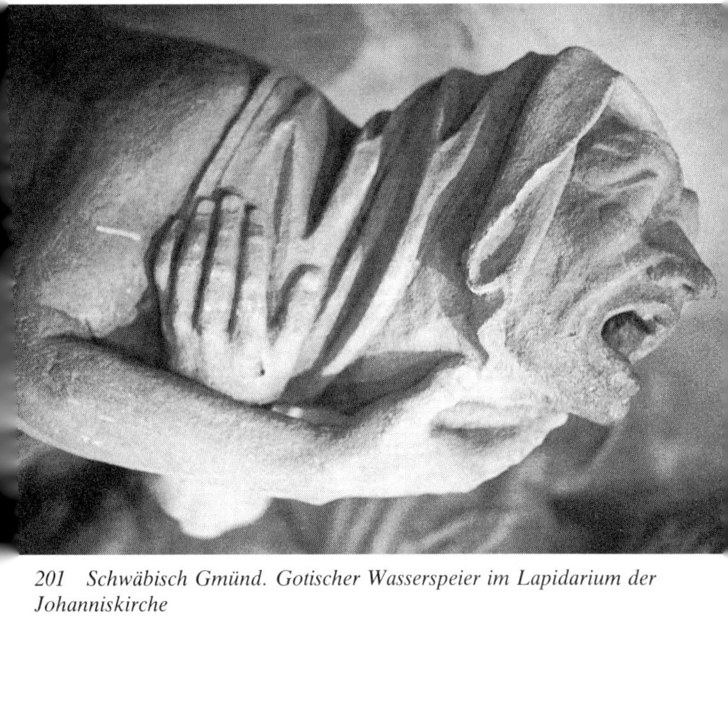

201 Schwäbisch Gmünd. Gotischer Wasserspeier im Lapidarium der Johanniskirche

tik: im Sockelgeschoß quadratisch, in den Obergeschossen Achteckbau mit frühgotischen, durch Pfeiler unterteilten, reich dekorierten Spitzbogenfenstern.

Die an norditalienische Romanik erinnernde Bauplastik der Kirche gehört zu den reichsten ihrer Zeit in Süddeutschland. An den Wänden Bogenfriese mit Fabelwesen und Tieren. Das Hauptportal an der Westseite, aus der Symmetrieachse nach links verschoben, abgestuft und reich gegliedert, im Tympanon der gekreuzigte Christus, Maria und Johannes zwischen zwei Bäumen. Im Tympanon des kleineren Westportals zum südlichen Seitenschiff Petrus sowie ein Bischof. Reiche Bauplastik weist die Südseite auf: Portal, im Tympanon zwei sich gegenübersitzende Löwen, dazwischen ein menschlicher Kopf. Rechts dieses Portals eine große Kreuzigungsgruppe: Christus zwischen Maria und Johannes, darunter eine weitere Figur.

An der Südwestecke der Kirche eine 1,3 m große, thronende romanische Madonna (Abguß, Original im Chor der Kirche): eine überaus eindrucksvolle, majestätische Gestalt von archaischer Strenge und Feierlichkeit. Die gekrönte Maria hält den Jesusknaben, der die segnende rechte Hand erhebt und mit der anderen Hand den Apfel Evas hält. Flach gedeckter basilikaler Innenraum mit quadratischen Pfeilern mit acht Arkadenbögen. Über den Arkaden teilt ein Gesims die Hochwände in gleiche Hälften. Hinter dem Triumphbogen der Chorraum mit der rekonstruierten Apsis mit kräftiger, neo-byzantinischer Ausmalung. Im Chor einziges Ausstattungsstück aus der Barockzeit ein Bild um 1670, das die Agneslegende schildert.
Die Kirche dient heute als Lapidarium: In den Seitenschiffen sind Originale der Bauplastik sowohl der Johanniskirche als auch des Heilig-Kreuz-Münsteres ausgestellt, insbesondere Wasserspeier, Rundbogenfriese. Viele Stücke, die an ihrem Originalstandort sich dem menschlichen Auge entziehen würden. Sie geben einen Eindruck von der Phantasie und vom Können der mittelalterlichen Steinmetzen und Bildhauer. Rechts im Chorraum Original der großen Madonna von der Südwestecke der Kirche.
Öffnungszeiten: April bis Oktober. Sonntag bis Freitag 10–12 und 14–16, Samstag 14–16 Uhr.

Heilig-Kreuz-Münster (kath. Pfarrkirche). Anstelle einer romanischen Vorgängerkirche seit dem Beginn des 14. Jh. als gotische Hallenkirche errichtet. 1351 Grundsteinlegung des Chors, der von den noch stehengebliebenen Osttürmen des romanischen Baus vom Langhaus abgegrenzt war. Zunächst bestimmt von der oberrheinischen Gotik, ist die Baugeschichte seit 1350 geprägt durch die von der Kölner Bauhütte ausgehende Hütte der → *Parler*. Heinrich Parler, der in der Kirche begraben ist, war Baumeister des Langhauses und verantwortlich für die Konzeption der Hallenkirche mit den zur gleichen Höhe wie das Mittelschiff hochgezogenen Seitenschiffen. Heinrichs Sohn → *Peter Parler*, seit 1352 in Prag, war an der Planung des Gmünder Chors beteiligt. Seit 1372 ist Johannes Parler, der Bruder Peters, Baumeister in Gmünd. Nach dem Einsturz der romanischen Türme 1497 anläßlich der Einwölbung des Längsschiffes wird die Unterteilung zwischen Langhaus und Chor außen wie innen weitgehend aufgehoben. Die Pläne für die 1521 vollendete Wölbung von Langhaus und Chor von *Aberlin Jörg*. Ende des 19. Jh. Renovierung, bei der ein Großteil der reichen barocken

202 Schwäbisch Gmünd. Südliche Chorpartie des Heilig-Kreuz-Münsters

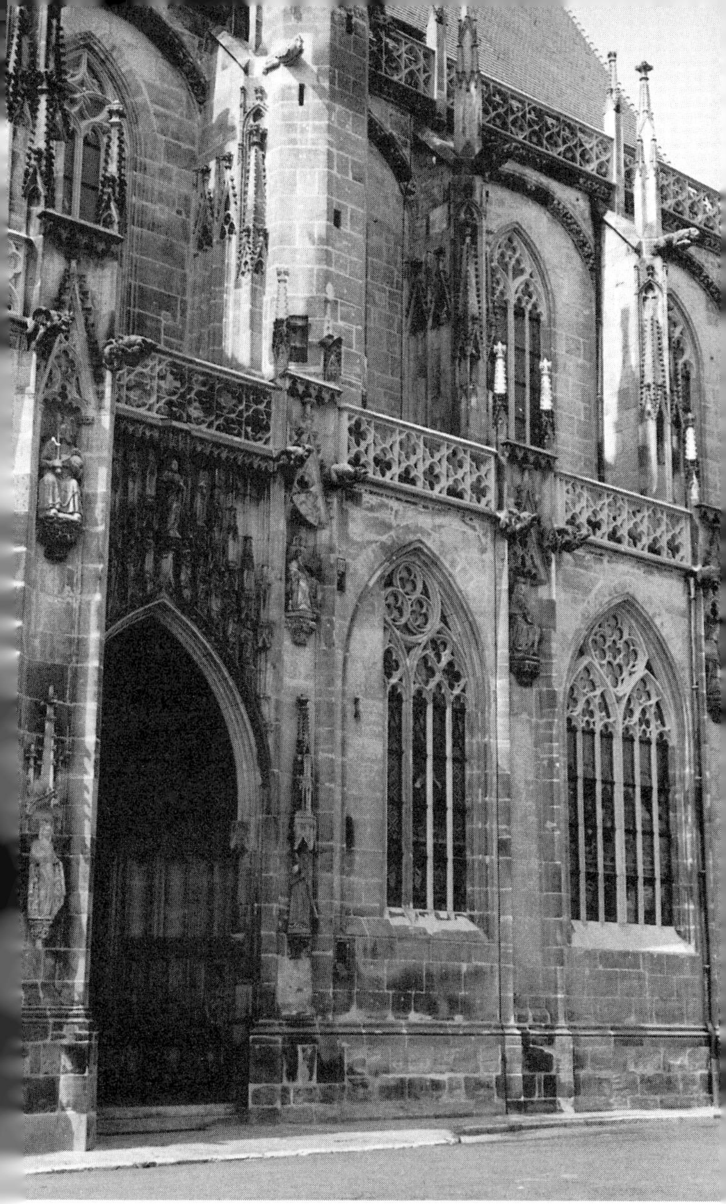

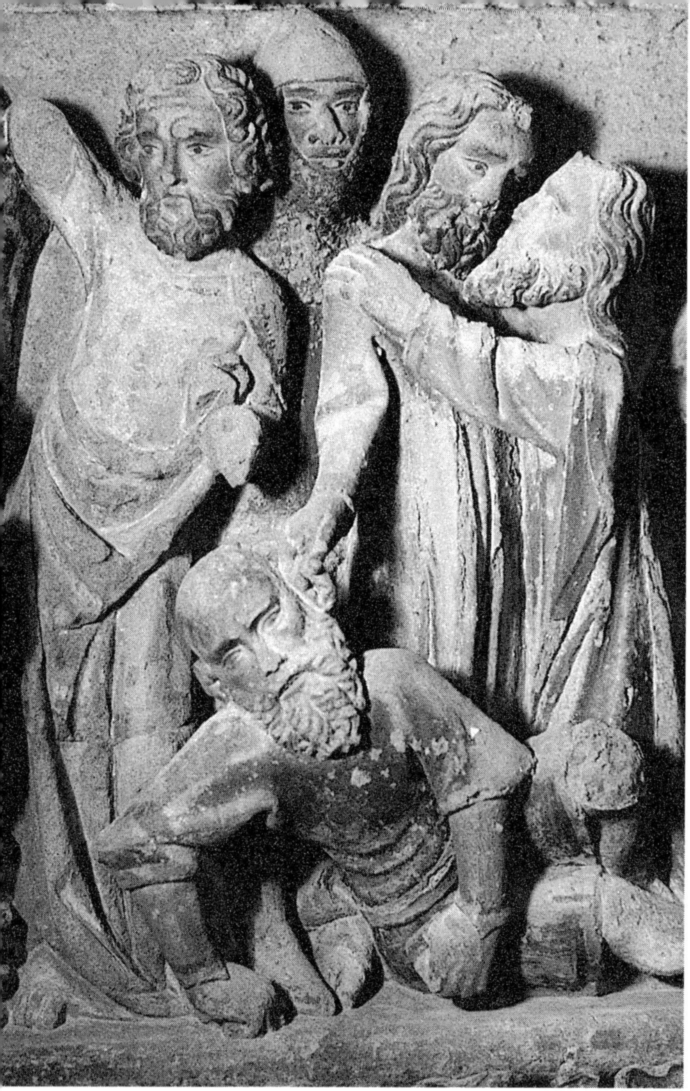

203 Schwäbisch Gmünd. Judaskuß am nördlichen Chorportal des Heilig-Kreuz-Münsters

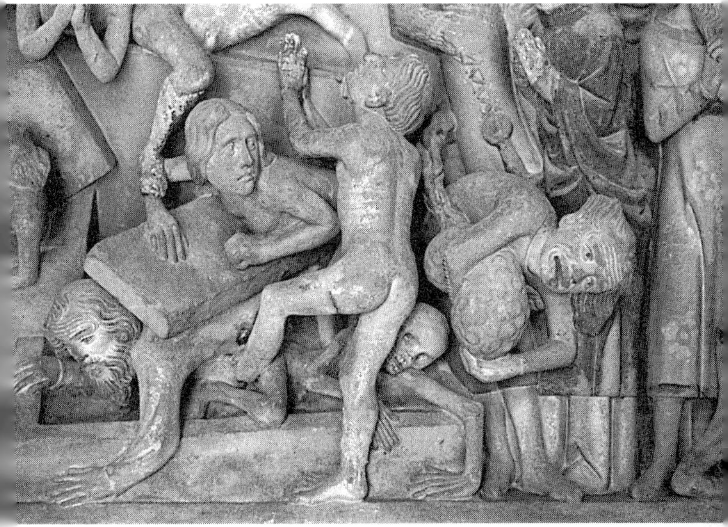

204 Schwäbisch Gmünd. Auferstehende vom Jüngsten Gericht am südlichen Chorportal des Heilig-Kreuz-Münsters

Ausstattung, so insbesondere der Hochaltar, beseitigt und teilweise durch Neugotik ersetzt wurde. Seit 1978 umfangreiche, noch nicht abgeschlossene Renovierungsarbeiten, bei denen insbesondere die Chorgewölbe und die Portale erneuert und saniert wurden.

Mit seinem hohen Dach, lediglich durch kleinen Dachreiter gegliedert, überragt das Münster die Stadt und prägt das Stadtbild. Die Bauformen im einzelnen lassen die Herkunft aus der oberrheinischen Hochgotik erkennen (Strebepfeiler, Wasserspeier, Fialen, Bauplastik), die Gesamtkonzeption des Baus ist jedoch neu: Der Höhendrang wird unterbrochen durch horizontale Gliederung, insbesondere im Chorbau, die Wand erhält als gegliedertes Baumotiv eigenen Stellenwert. Besonders eindrucksvoll die Ansicht von Osten auf den Chor, der zwei deutlich durch ein Kranzgesims voneinander abgegrenzte Geschosse aufweist. Unten sind die Chorkapellen vorgeschoben in den durch die Strebepfeiler begrenzten Raum. Reich das Maßwerk der breiten Chorfenster. An der Stelle der 1497 eingestürzten Türme sind als leicht hervortretende Baukörper erkennbar im Norden die Taufkapelle, im Süden die Sakristei, jeweils mit reichen Maßwerkfenstern. Bescheidener ist die Wand-

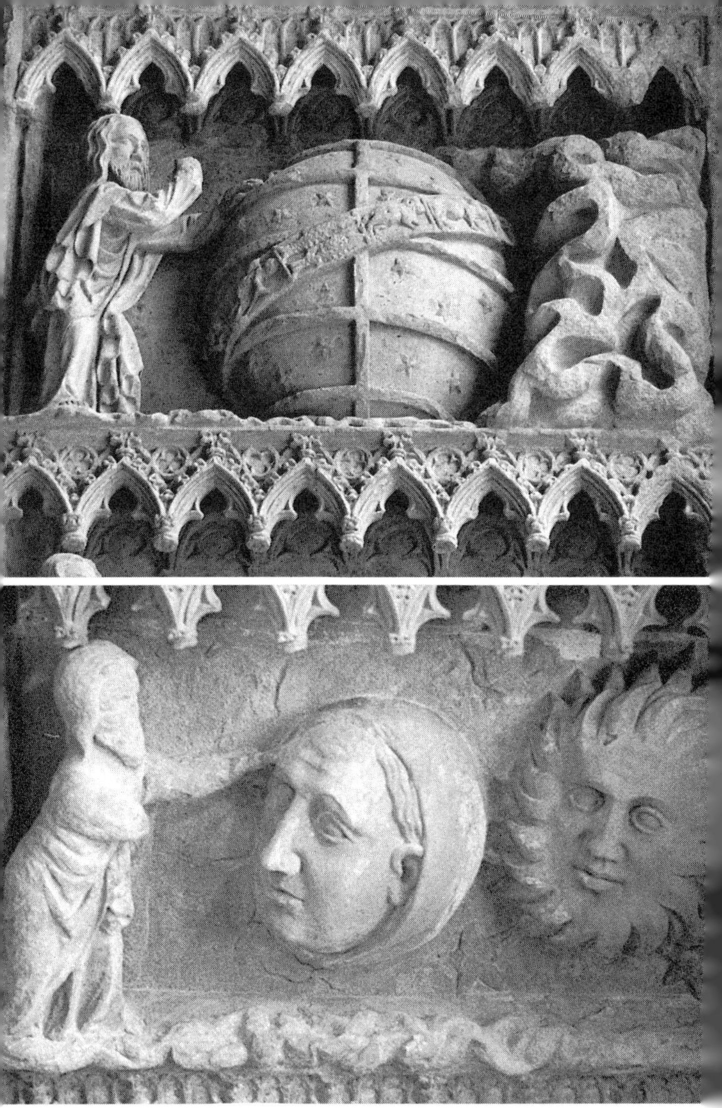

205 Schwäbisch Gmünd. Erschaffung der Welt am südlichen Chorportal des Heilig-Kreuz-Münsters

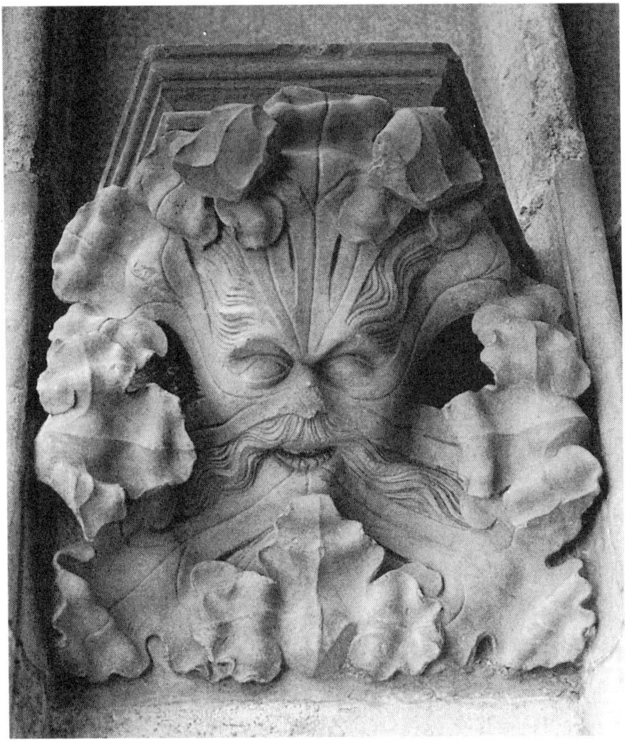

206 Schwäbisch Gmünd. Gotische Blattmaske am südlichen Chorportal

gliederung des Langhauses mit über die volle Höhe durchziehenden Fensterbändern. Im Westen mächtige Wandfassade mit drei Rundfenstern unter dem hohen Giebel.

Die Bauplastik der fünf Portale gehört zu den Spitzenleistungen der süddeutschen Gotik. Am Hauptportal im Westen Marienfigur um 1340 (Kopie, Original im Innern an der Nordseite des Langhauses). Die beiden Seitenportale des Langhauses mit Figuren um 1320, im Stil ähnlich den gleichzeitigen Plastiken in Freiburg und Rottweil. Nordportal: Christi Geburt und Anbetung der Könige, an den Portalwänden

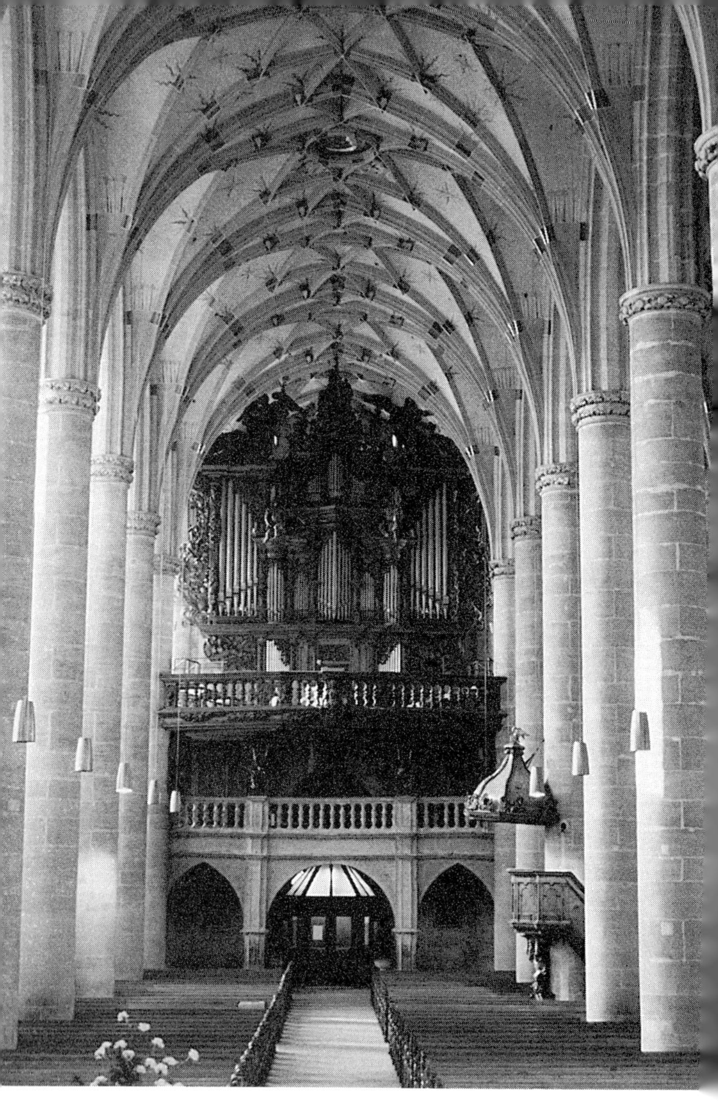

207 Schwäbisch Gmünd. Inneres des Heilig-Kreuz-Münsters nach Westen

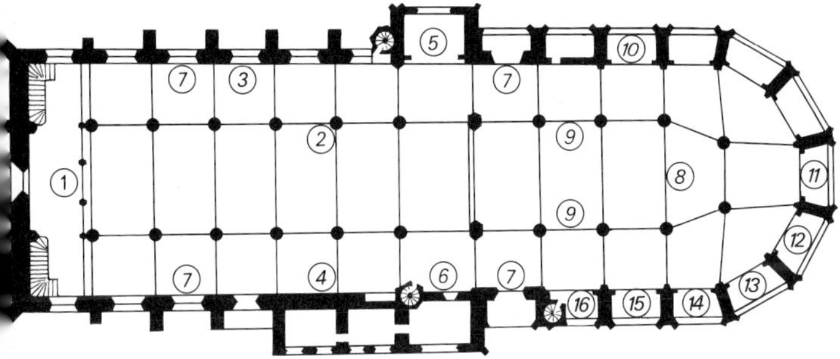

208 Schwäbisch Gmünd. Grundriß des Heilig-Kreuz-Münsters

moderne Verkündigungsgruppe von *Fehrle* anstelle der sich heute im Innern der Kirche befindenden gotischen Verkündigungsgruppe. Südportal: Marientod und Marienkrönung.
Die beiden Chorportale, jeweils mit kleiner Vorhalle mit Figurenschmuck um 1360, in Stil, Gesichtsausdruck, Gestik und Tracht realistischer, den Beginn der Spätgotik ankündigend: Nordportal: in drei Streifen Darstellung der Passion Christi, in den Bogenläufen Martyrien von Heiligen. Die Figuren der klugen und törichten Jungfrauen, ursprünglich am Gewände des Portals, heute in der Taufkapelle. Südportal: im Bogenfeld Jüngstes Gericht, Propheten und Engel mit Passionswerkzeugen. Im Vorhallengewölbe eindrucksvolle und lebendige Darstellung der Erschaffung der Welt. Die ursprünglich an diesem Portal stehenden Prophetenstatuen heute im Innern an der Südwand des Langhauses.
Vom Westportal aus, unterhalb der Orgelempore, öffnet sich der 78 m lange und 22 m hohe Hallenraum als gewaltige, eindrucksvolle Raumschöpfung. Im Langhaus mit sechs Jochen sind Haupt- und Seitenschiffe getrennt durch Rundpfeiler mit blättergezierten Kapitellen. Der Übergang zum Chorraum ist erkennbar an jeweils zwei miteinander verschmolzenen Rundstützen sowie dem deutlich abgesetzten Chorgewölbe. Die Rundstützen im Chor sind schlanker, das Netzrippengewölbe reicher und kleinteiliger und mit schönen Schlußsteinen versehen, die nach der Renovierung 1980 wieder in den alten Farben leuchten. Der Wandaufriß des Chorumgangs mit den zwischen die Strebepfeiler eingefügten Chorkapellen und dem plastisch hervortreten-

den, sich über die Dienste schwingenden Band des Gesimses, ist ein Höhepunkt der Architektur der Spätgotik von europäischem Format.
Rundgang: Im Westen Empore mit ① 11 m hohem gewaltigem Orgelprospekt, der von neun großen Atlantenfiguren getragen wird, eine frühbarocke Schnitzarbeit (1688) von → *Johann Michael* und *Christoph Maucher*.
Links in der Mitte des Langhauses ② die Kanzel, ein Werk → *Adolf Dauchers*, um 1560. Der mächtige, die Kanzel tragende Atlant und der Schalldeckel von 1718.
An den Langhauswänden ehem. Portalfiguren: ③ an der Nordwand Madonna vom Westportal und die Verkündigungsgruppe vom Nordportal. An der Südwand ④ Propheten vom Chorsüdportal.
In der ⑤ Taufkapelle an der Nordseite sehr gute spätgotische Glasfenster (Farbtafel 7), Nürnberger Arbeit, um 1500. An der Westwand der Kapelle die klugen und törichten Jungfrauen vom Chornordportal. Ihnen gegenüber der Sippen- oder Wurzel-Jesse-Altar: Dieser über 7,60 m hohe Altar gehört zu den größten und bedeutendsten Schnitzaltären der Süddeutschen Spätgotik, um 1510. Im unteren Teil des Schreins der schlafende Jesse, Vater Davids, aus dessen Brust das reiche Rankenwerk des Stammbaumes Jesu an beiden Seiten des Altars entlang zur Spitze reicht. Im filigranen Rankenwerk die Büsten alttestamentlicher Könige und Propheten. Im Schrein die Figuren der Muttergottes, die der ihr gegenübersitzenden Mutter Anna das Jesuskind zureicht. Die beiden anderen Frauen sind die Stiefschwestern Marias, Maria Kleophas (links) mit Jakobus d. J. als Kind sowie Maria Salomas (rechts) mit Johannes Ev. Im Gesprenge vier Halbfiguren, die als die Ehemänner der vier im Schrein sitzenden Frauen, nämlich Alphäus, Josef, Joachim und Zepedeus, gedeutet werden. Über dem Schrein der gekreuzigte Jesus, zu dem der Stammbaum als Baum des Lebens hinführt, darüber Gottvater. Der Meister des Altars ist unbekannt, Schrein, Gesprenge und Halbfiguren lassen Beziehungen zu Ulm erkennen, es ist aber auch Entstehung in Gmünd selbst nicht auszuschließen.
Gegenüber der Taufkapelle an der Südseite des Langhauses ⑥ das großartige Sakristeiportal mit reichstem spätgotischem Baldachin, gekrönt von der Figur eines Schmerzensmannes. Daneben das figurengeschmückte Treppentürmchen zum Obergeschoß der Sakristei, um 1515.
In den ⑦ inneren Bogenfeldern der Portale Lünettenbilder aus dem frühen 17. Jh., Epitaphien bedeutender Gmünder Bürger.
Der ⑧ Hochaltar im Chor neugotisch von *Ferdinand Rieß*, 1861, auf der Rückseite Ölbergaltar von *Heinrich Wörmann*, ein Beispiel qualitätvoller Arbeit aus der Neugotik.

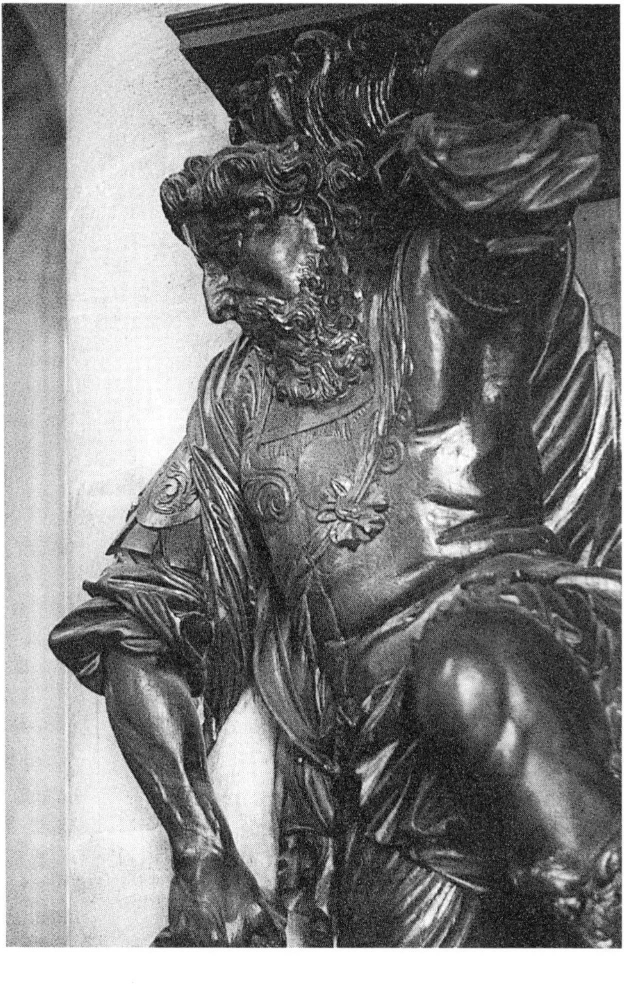

209 Schwäbisch Gmünd. Einer der Atlanten des Orgelprospekts im Heilig-Kreuz-Münster

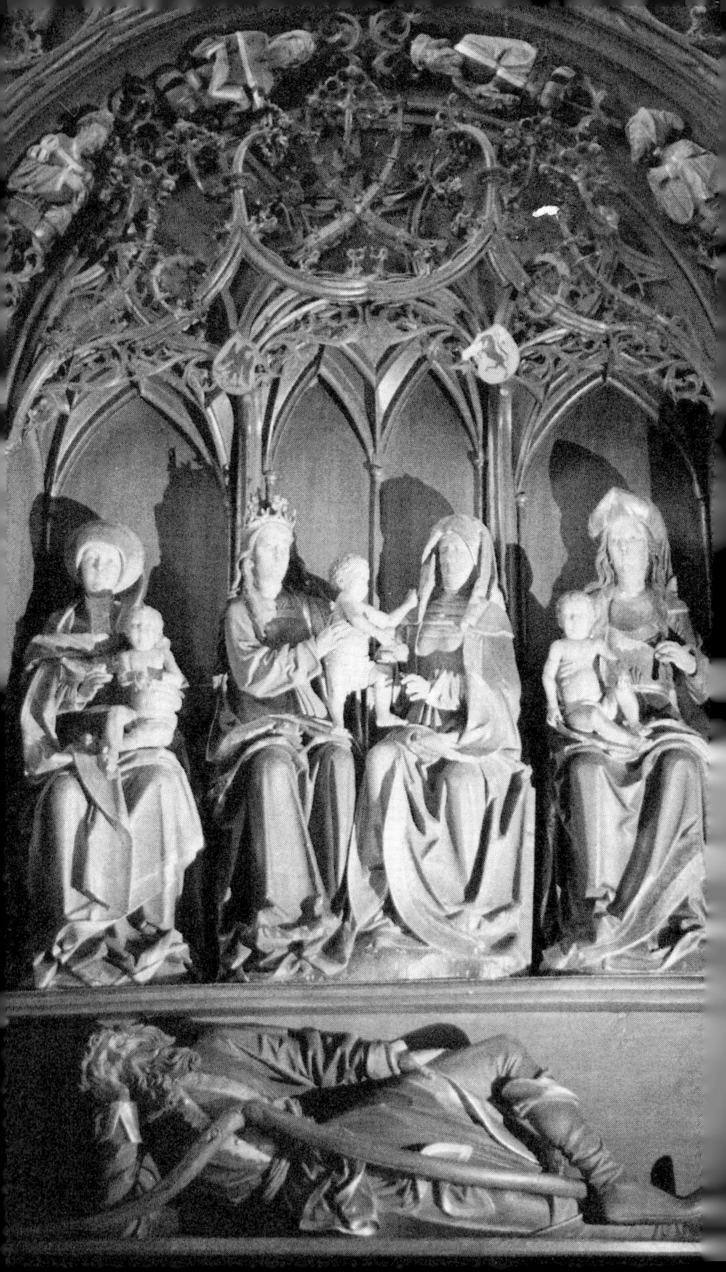

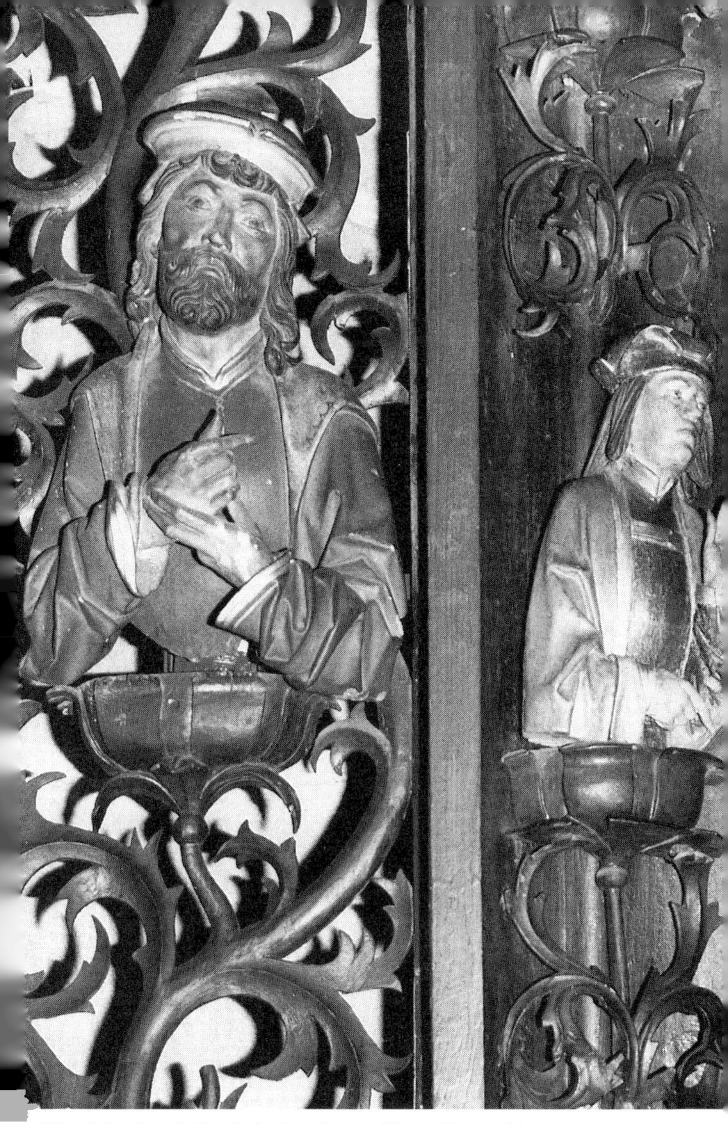

211 Schwäbisch Gmünd. Detail vom Wurzel-Jesse-Altar

210 Schwäbisch Gmünd. Wurzel-Jesse-Altar im Heilig-Kreuz-Münster

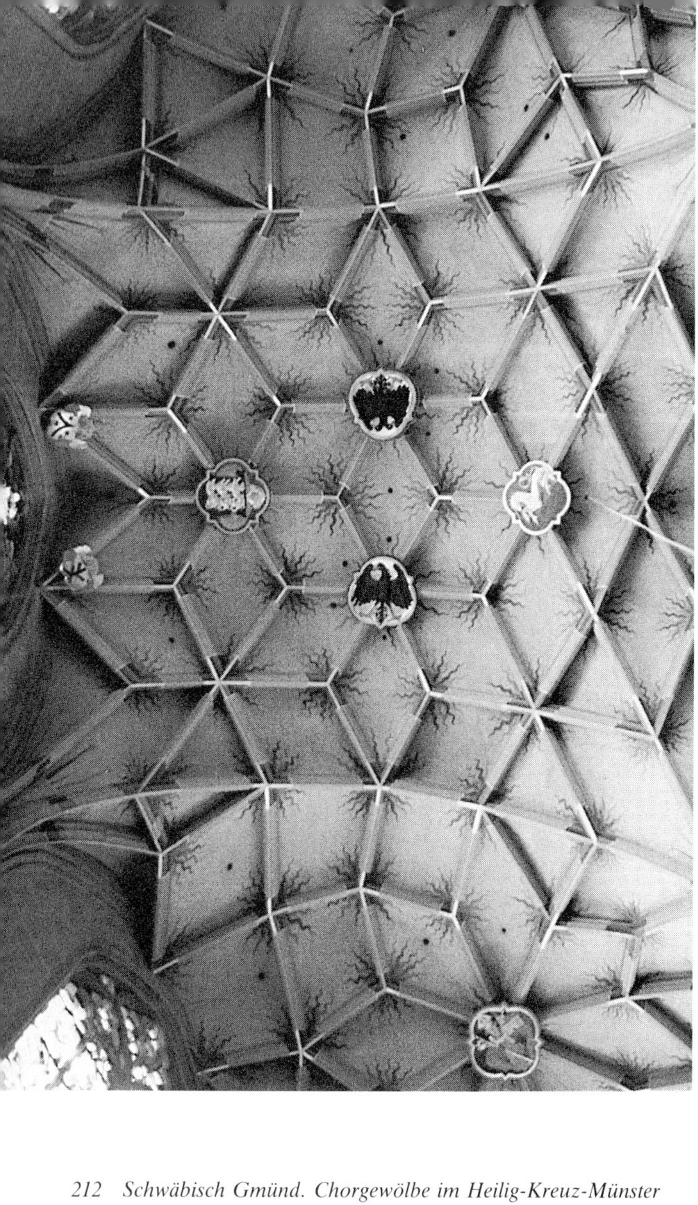

212 Schwäbisch Gmünd. Chorgewölbe im Heilig-Kreuz-Münster

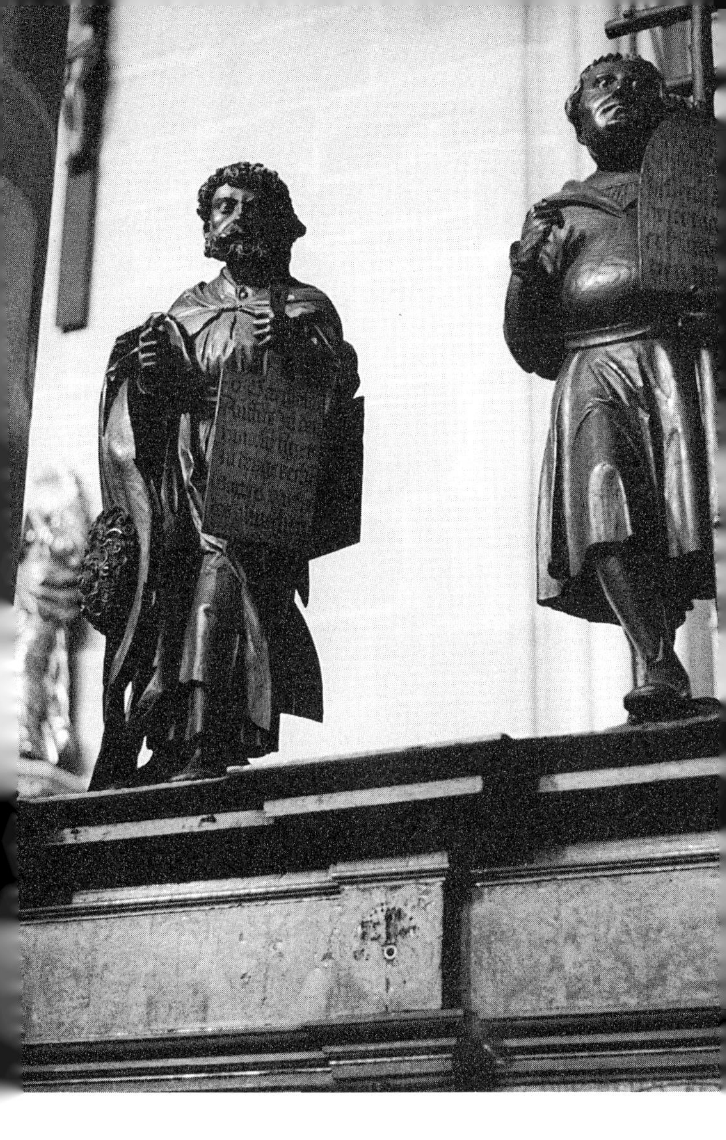

213 Schwäbisch Gmünd. Apostelfiguren über dem Chorgestühl im Heilig-Kreuz-Münster

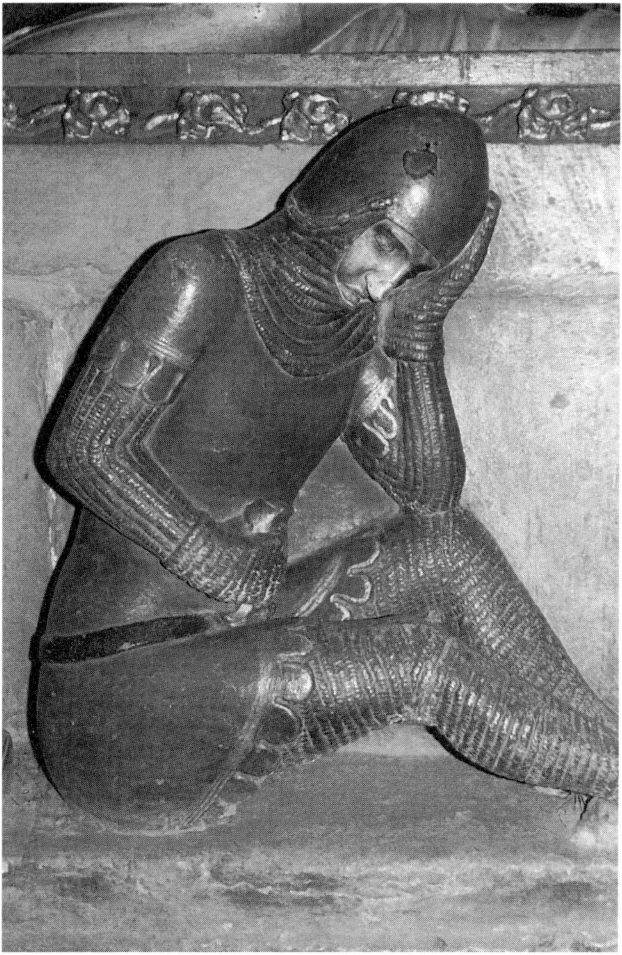

214 Schwäbisch Gmünd. Schlafender Wächter am Heiligen Grab im Heilig-Kreuz-Münster

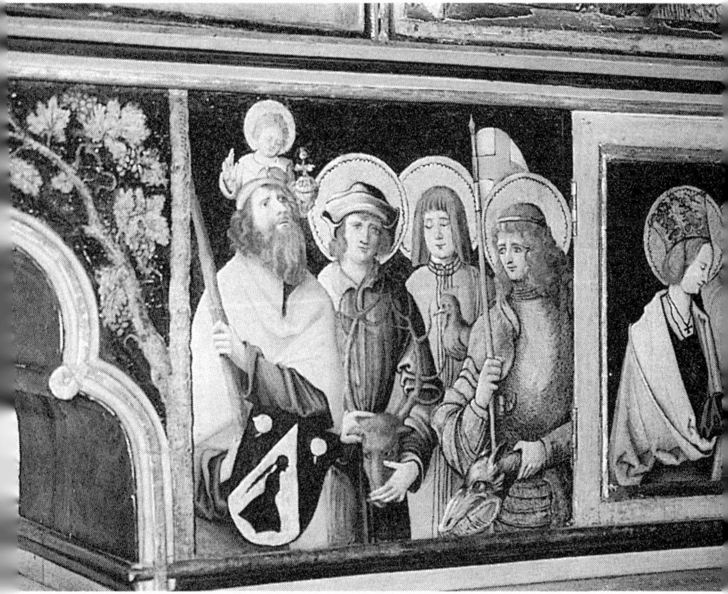

215 Schwäbisch Gmünd. Predella vom Sebaldusaltar im Heilig-Kreuz-Münster

Das ⑨ Chorgestühl, geschnitzt von → *Adolf Daucher d. J.*, 1550. Besonders originell die Doppelfiguren der 12 Apostel (Nordseite) und 12 Propheten (Südseite), je 1,3 m hoch, jeweils sowohl nach innen zum Chor als nach außen zum Umgang blickend. Das Gestühl als Dank für die überstandene Belagerung der Stadt durch protestantische Truppen im Schmalkaldischen Krieg gestiftet.
Chorkapellen: In der 2. Kapelle ⑩ beginnend an der Nordseite, in der unteren Altarnische Pietà um 1500, darüber sehr gute spätgotische Madonna. Die wichtigste Chorkapelle ist die östlichste ⑪ mit dem Heiligen Grab: der steinerne Sarkophag mit dem Leichnam Jesu, davor die schlafenden Wächter, dahinter die drei Marien mit den Salbgefäßen, begleitet von Engeln. Die farbig gefaßten Figuren um 1360 noch ganz im Geist der Hochgotik. An den Seitenwänden der Kapelle Wandbilder, Anfang 15. Jh.: Kreuzigung und Kreuzabnahme,1863 freigelegt und restauriert. Die etwas dunklen Glasfenster von *Wilhelm Geyer*, 1952.

In der 7. Kapelle ⑫ St.-Antonius-Altar mit spätgotischen Figuren von Johannes, Nikolaus und oben Barbara. An der Rückwand der Kapelle sehr schönes spätgotisches Bildstöckchen mit Kreuzigung sowie Sebastian und Nikolaus.
Die 8. Kapelle ⑬ mit überlebensgroßem Christus am Kreuz, 16. Jh. An der Rückwand gotischer Auferstehungschristus in der Mandorla, begleitet von zwei gotischen Engeln. Darunter sehr schöner Grabstein eines Kanonikers, um 1520.
Die 9. Kapelle ⑭ mit St.-Anna-Altar: im Schrein Anna mit dem Jesuskind, Maria als Kind zur Seite. Links und rechts Jakobus d. Ä. und Johannes. Der Schrein, kombiniert mit einem anderen spätgotischen Flügelaltar, mit gemalten Darstellungen aus dem Leben Jesu und Mariens. An der Rückwand der Kapelle ein Denkmal für den aus Gmünd stammenden Bischof Paul Wilhelm von Keppler.
In der 10. Kapelle ⑮ eines der bedeutenden Altarwerke des Münsters, der Sebaldusaltar, gestiftet vom Nürnberger Patrizier Sebald Schreyer, der in Gmünd Zuflucht gefunden und auch die Taufkapelle gestiftet hatte. Der Altar stammt aus der Werkstatt *Albrecht Dürers*, 1508. Im Schrein Sebald, ihm zu Füßen das Stifterpaar, auf den gemalten Flügeln Szenen aus der Legende des Heiligen, eines dänischen Prinzen, der auf seiner Pilgerreise nach Rom mit den Frankenheiligen Willibald und Wunibald zusammenkommt. Über dem Schrein im Gesprenge Martyrium der hl. Apollonia, ursprünglich nicht zum Altar gehörend.
In der 11. Kapelle ⑯ Josefsaltar mit spätgotischer Beweinungsgruppe. Am Treppentürmchen spätgotische Figur des hl. Veit.

Der *Münsterplatz*, insbesondere südlich, mit einer Anzahl stattlicher mittelalterlicher und barocker Pfarr- und Kapitelhäuser. Nach Süden zu die nach Brand 1987 wiederhergestellte *Fuggerei*, ein Gebäude romanischen Ursprungs, daneben malerisches Rosengärtchen. Davor die *Mariensäule* von 1683 mit einer Nachbildung der Schönen Maria von Regensburg. Westlich des Münsters heutiges *Stadtarchiv*, 1578 als Lateinschule erbaut. Im Südosten des Münsters der separat stehende *Glockenturm*, ein massiver Steinbau um 1200, der nach endgültigem Verzicht auf den Bau von Türmen am Münster seine Funktion bis heute beibehielt. Vor dem Chor des Münsters der *Löwenbrunnen* von 1610 mit achteckigem Wassertrog und Geschlechterwappen. Auf der frühbarocken Säule ein Löwe mit Einhorn und Reichsadlerwappen.

Augustinerkirche (ev. Pfarrkirche). Die Klostergründung durch die Augustiner erfolgte 1284, Bau der gotischen Bettelordenskirche um 1309 mit den Maßen der heutigen Kirche. Barockisierung zwischen 1756 und 1798 durch → *Johann Michael Keller* unter wesentlicher Beibehaltung

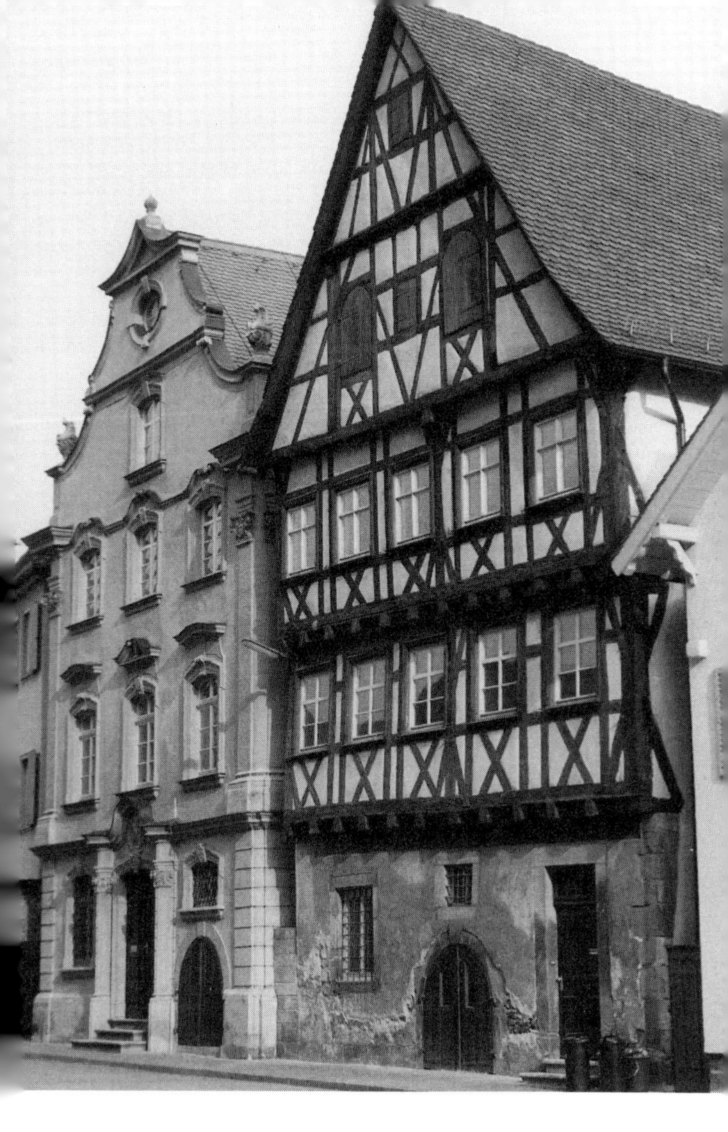

216 *Schwäbisch Gmünd. Südlicher Münsterplatz*

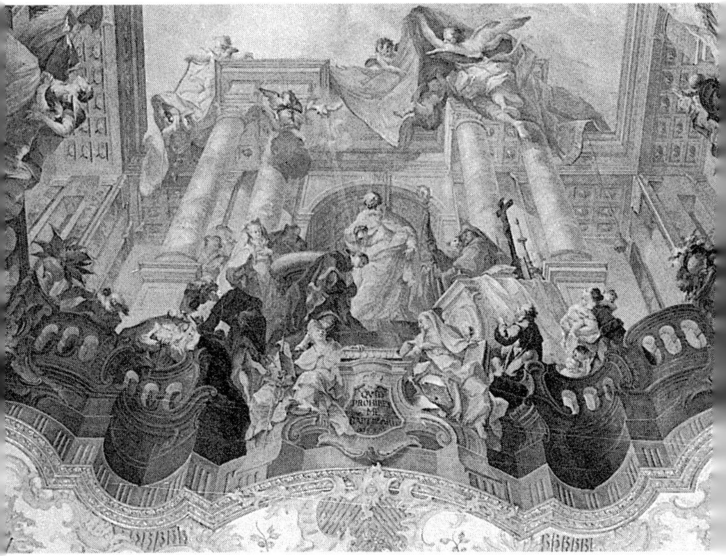

217 Schwäbisch Gmünd. Deckenfresko von Johannes Anwander in der Augustinerkirche

des gotischen Baus, nachdem seit 1732 die heutigen Konventgebäude erbaut worden waren. Nach der Säkularisation wurde die Kirche der ev. Kirchengemeinde als Pfarrkirche übergeben (1806).
Über dem ehem. Haupteingang an der Südseite Figur des Augustinus mit dem Kind. An der Wand des ehem. Kreuzgangs zwei spätgotische Reliefs von 1505, Christus am Kreuz zwischen Maria und Johannes und einem Augustinermönch. Heutiger Zugang zur Kirche an der Nordseite über den Hof (werktags geöffnet).
Großer einschiffiger, dank der vergrößerten Fenster sehr heller Raum mit eingezogenem Chor. Der besondere Schmuck der Kirche sind die Decken- und Wandfresken von → *Johann Anwander.* Das große Chorfresko zeigt die Bekehrung von Augustinus, unter einem Baume vom Lichtstrahl der Erkenntnis des wahren Glaubens getroffen. Die Darstellungen in den Randzonen des großen Bildes versinnbildlichen die weltlichen Neigungen de snoch heidnischen jungen Mannes (Farbtafel 12): die Naturwissenschaften, Musik sowie das ausgelassene Treiben junger Menschen. Die Wandbilder im Chor mit Darstellungen aus dem

Leben des Heiligen. Das große Deckenfresko im Schiff der Kirche (15 x 8 m) ist nicht nur das bedeutendste Werk Anwanders, sondern auch eines der großartigsten Barockbilder Süddeutschlands. Die illusionistische Scheinarchitektur erweckt den Eindruck eines sich nach oben unendlich weitenden Raumes. Zwischen den Säulenportalen im Osten Taufe des Augustinus, im Norden der Heilige im Dienste am Nächsten, im Süden die Weihe von Augustinus zum Bischof von Hippo und im Westen Huldigung des Kirchenvaters durch Ritter, Priester, Mönche und Frauen. In der Mitte des Gemäldes empfängt die Heilige Dreifaltigkeit Augustinus. An der Orgelempore Bilder mit Darstellungen des Todes des Heiligen.
Von der ehem. üppigen Ausstattung ist nur der Hochaltar mit 12 m hoher, marmorierter Holzarchitektur erhalten. Das Altarblatt von 1701 des Würzburger Hofmalers *Oswald Onghers*: Augustinus im Disput mit Irrlehrern. Neben dem Altar die Statuen von Patrizius und Thomas von Millanova. Die Rokokostukkaturen aus der Wessobrunner Schule. Von 1747 das Chorgestühl sowie das Gestühl des Schiffes mit barocken Wangen. Über dem Schalldeckel der Kanzel segnender Christus. Unter der Kanzel Grabplatte eines Kanonikers von 1520, dem Eichstätter Bildhauer *Loy Hering* zugeschrieben. An den Wänden des Langschiffes zwei wertvolle barocke Bilder. Der Taufstein in der Mitte des Langhauses von → *Jakob Fehrle*, 1923.

Prediger, ehem. Dominikanerkloster. Das 1294 gegründete Dominikanerkloster entwickelte sich zum angesehensten und reichsten der Gmünder Prediger-Orden-Klöster. Die Flügel des Konventgebäudes 1724 von → *Dominikus Zimmermann* errichtet, die 1483 erbaute Kirche 1762 von → *Johann Michael Keller* barockisiert. Von der ehem. reichen Ausstattung, insbesondere den Fresken *Johann Anwanders*, ist in der Kirche nichts mehr erhalten. Nach der Säkularisation wurde der gesamte Klosterbau einschließlich Kirche zweckentfremdet und drohte zu verfallen. Durch den Umbau zwischen 1969 und 1973 entstand ein Kulturzentrum mit Vortrags- und Aussstellungsräumen, Stadtbücherei und Museum, der überdachte Innenhof dient als Festsaal. Vom ursprünglichen Barockbau sind noch erhalten: der Kreuzgang mit schönen Gewölben mit Wessobrunner Stukkaturen, das reizvolle Refektorium an der Nordostecke, wegen seiner vollständig erhaltenen farbigen Stukkatur der schönste Barocksaal der Stadt, sowie das östliche Treppenhaus mit einem Fresko des Erzengels Michael, von → *Johann Anwander*.
Im zweiten Obergeschoß befindet sich das *Städtische Museum* mit Zeugnissen der Erd- und Landschaftsgeschichte, der heimischen Tier- und Pflanzenwelt (Aquarien und Terrarien), Bodenfunde aus Vor- und

218 Schwäbisch Gmünd. Stuckornamentik im Refektorium des Predigers

Frühgeschichte sowie hervorragende Beispiele der Kunst des hohen und späten Mittelalters, aus Renaissance und Barock. Besondere Beachtung verdienen der Münsterschatz, Altäre und Skulpturen der Spätgotik aus Gmünd und Umgebung, Gemälde von → *Anwander* und → *Wannenmacher* und die große Passionskrippe aus Gotteszell. Aus dem 19. Jh. Gemälde aus Biedermeier- und Jugendstilzeit, Porträts Gmünder Patrizier und eine Sammlung von Gemälden von → *Hermann Pleuer* und → *Emanuel Leutze*. Ostdeutsche Stube und Brünner Heimatstube.
Öffnungszeiten: Dienstag bis Freitag 10–12 und 14–18, Samstag, Sonntag 10–12 und 14 –17 Uhr.

Marktplatz. Einer der größten und schönsten Stadtplätze ganz Süddeutschlands, erstreckt sich zwischen Rathaus im Süden und Spital im Norden, flankiert von repräsentativen Bürgerhäusern aus Gotik und Barock, quer zum Remstal, entlang des ehemaligen Laufs des Waldstetter Bachs, der im 14. Jh. anläßlich des Baus der neuen Stadtbefestigung nach Westen (Graben) verlegt wurde. Der Charakter des Markt-

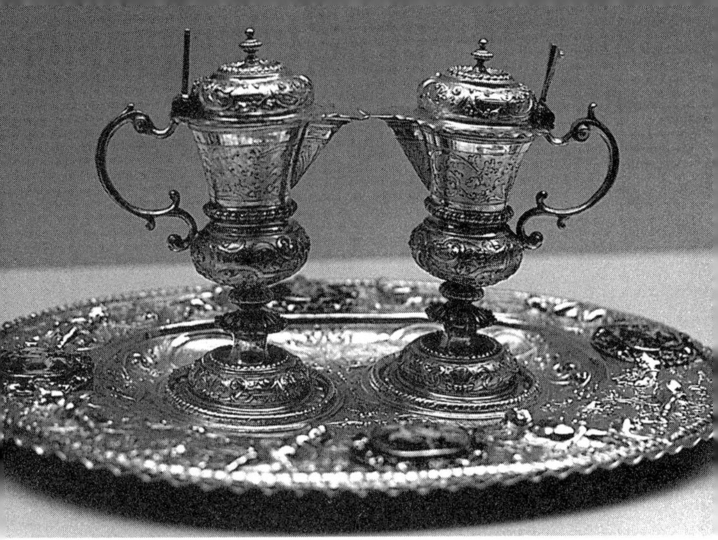

219 Schwäbisch Gmünd. Münsterschatz im Prediger-Museum

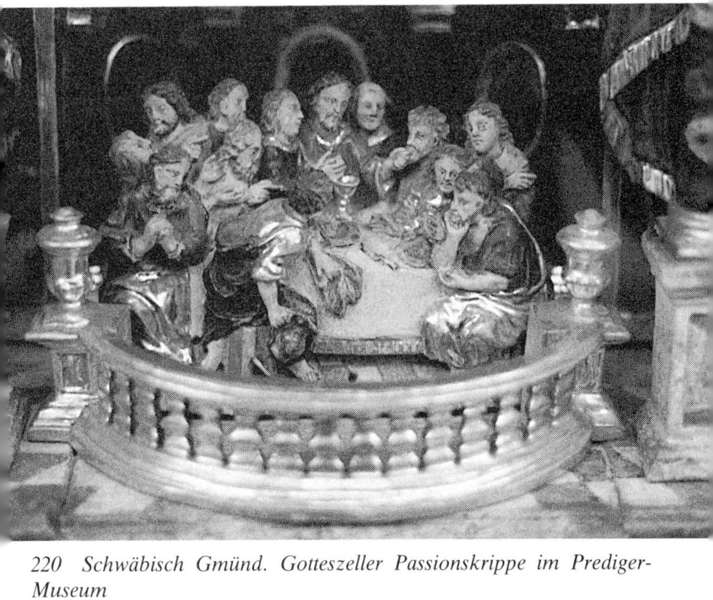

220 Schwäbisch Gmünd. Gotteszeller Passionskrippe im Prediger-Museum

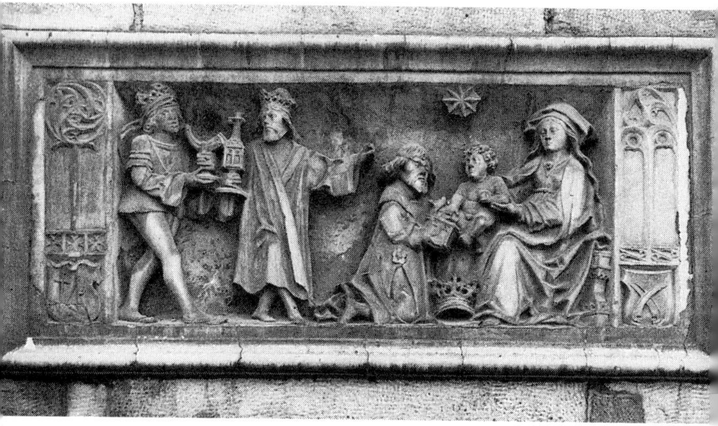

221 Schwäbisch Gmünd. Drei-Königs-Relief an der Grät

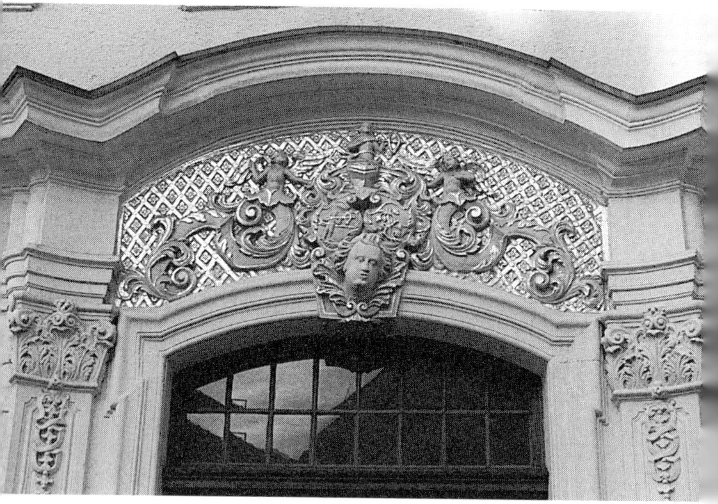

222 Schwäbisch Gmünd. Barockportal des Stahl-Wengert'schen Hauses am Marktplatz 20 (heute Postamt)

223 Schwäbisch Gmünd. Marktbrunnen mit Doppelfigur der Madonna

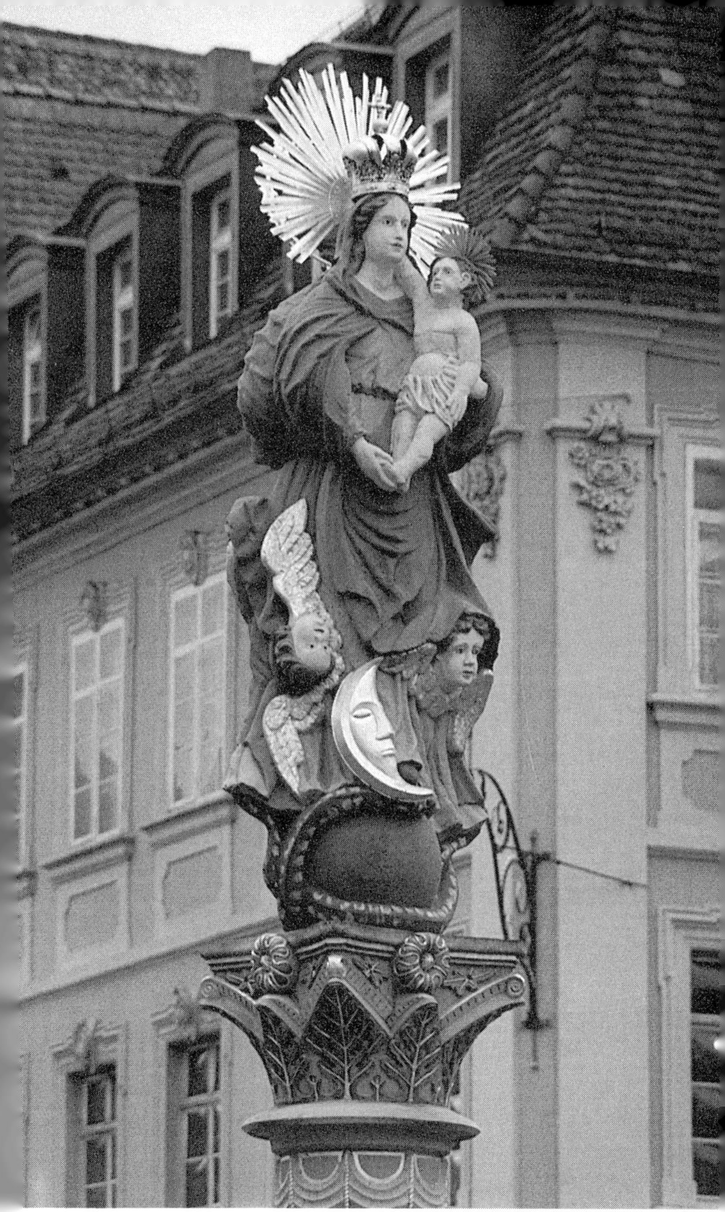

platzes ist im wesentlichen von stattlichen Barockbauten geprägt, wenn auch eindrucksvolle Fachwerkbauten an den Wohlstand des Mittelalters erinnern.
Im Süden wird der Marktplatz abgeschlossen vom *Rathaus*, ursprünglich ein Handelshaus von Melchior Debler, 1783 von→*Johann Michael Keller* zum Rathaus umgebaut. Repräsentativ die Fassade mit Hauptportal mit korinthischen Säulen und darüberliegendem Balkon. Über der Balkontüre Kartusche mit Einhorn und Reichsadler, den Symbolen der freien Reichsstadt Gmünd. Rathausuhr im Volutengiebel. Auf dem Mansarddach ein Glockentürmchen. Westlich des Rathauses ein 1767 ebenfalls von Keller erbautes Mansardhaus, heute durch einen gläsernen Steg mit dem Rathaus verbunden.
Die Grät, das älteste Rathaus von Gmünd (heute städtische Ämter), ist ein Fachwerkständerbau von 1536 mit mittelalterlichem Mauerwerk, darüber viergeschossigem Fachwerkgiebel. Im ersten Geschoß im Innern Renaissance-Architektur-Malereien an der ehem. reichsstädtischen Schatzkammer. An der Außenfassade ein sehr schönes spätgotisches Steinrelief mit der Anbetung der Heiligen Drei Könige.
Stahlsches Haus (heute Café am Markt). Das ursprüngliche Stammhaus des Stahlschen Handelsgeschäfts als prächtiges Barockhaus 1758 erbaut mit besonders reich dekoriertem Portal und eindrucksvoller Frontseite zum Marktplatz. Auf der Höhe der Johanniskirche, an der Grenze zwischen oberem und unterem Marktplatz eines der Wahrzeichen Gmünds, der *Marienbrunnen*, ein achteckiger Röhrenbrunnen mit Geschlechterwappen (1776). Über einer Renaissance-Säule die frühbarocke Doppelfigur der Muttergottes von 1686: nach Norden als Madonna mit Kind, nach Süden, dem Rathaus zu, als Maria Immaculata, für das Heil der Bürger der Stadt betend.
Weitere stattliche Patrizierhäuser, meist nach Plänen von → *Johann Michael Keller* erbaut, sind das heutige *Postamt* (Marktplatz 20), ehemals Handelshaus der Familien Stahl und Wengert, erbaut 1753, mit prachtvollem Portal. Schräg gegenüber die *Mohrenapotheke* (Marktplatz Nr. 25) mit Außenfresken von→*Josef Wannenmacher*, 1763, restauriert 1953, mit allegorischen und biblischen Themen. Im Nordwesten des Platzes Renaissancetorbogen.
Der bedeutendste und markanteste Fachwerkbau Gmünds ist das *Amtshaus des Spitals zum Hl. Geist*, ein 1495–1497 errichteter Fachwerkständerbau mit sechs vorkragenden Geschossen. Das bis vor wenigen Jahren als städtisches Krankenhaus dienende Gebäude heute noch keiner endgültigen neuen Verwendung zugeführt. Reizvoller Innenhof mit Spitalmühle (Fachwerkbau) soll der Öffentlichkeit zugänglich gemacht werden. Uhrstube im hinteren Teil des Gebäudes, mit Renaissancetäfelung und -wandverkleidung, soll Trauzimmer werden. Im

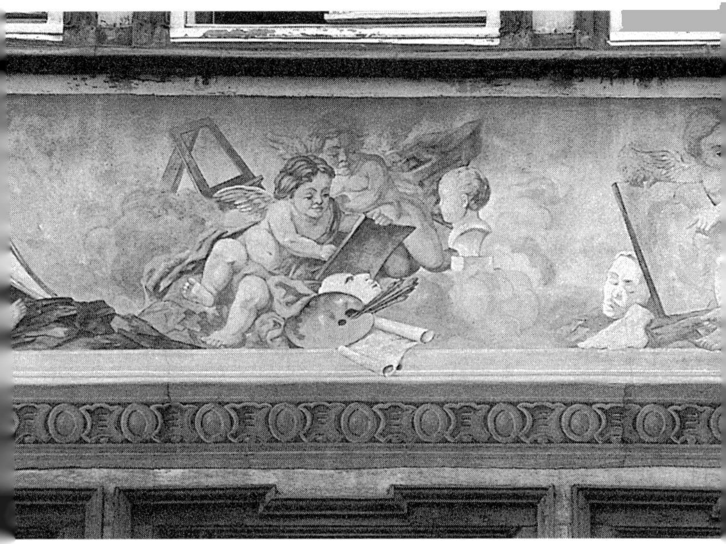

224 Schwäbisch Gmünd. Wandfresken von Josef Wannenmacher an der Mohrenapotheke am Marktplatz

Tympanon der ehem. Spitalkapelle (Ledergasse), Relief „Mariä Verkündigung“ von → *J. W. Fehrle*.
Gegenüber dem Spital als nördliche Begrenzung des Marktplatzes steht die große bronzene Gedächtnissäule von → *J. W. Fehrle*, aus den dreißiger Jahren, an der Spitze die Figur des hl. Michael, 1948.

Weitere Profanbauten außerhalb des Marktplatzes. *Kornhaus*, in der Kornhausstraße, ein hoher Fachwerkbau von 1507, ursprünglich wichtigster Kornspeicher der Stadt, heute mit Ämtern des Rathauses. *Deblersches Palais* (heute Finanzamt), großes Stadtpalais vom 18. Jh., mit bescheidener Bauornamentik. Repräsentative Barockhäuser noch in der Bocksgasse, der Schmiedgasse und der Kornhausstraße mit z. T. prachtvollen Fenstergittern, Portalen und Pilastern. Zwischen Schmiedtorturm und den besonders schön renovierten Häusern der Hinteren Schmiedgasse (Bantelsches Haus) moderner Brunnen von *Fritz Nuss*. Am Marktplatz seit 1988 künstlerisch gestaltete *Bänke* aus verschiedenen Werkstoffen (Stahl, Bronze u. a.) von *K. Hartmann*, *K.-U. Nuß*, *E. Dietz*, *M. Seiz* und *M. Turzer*.

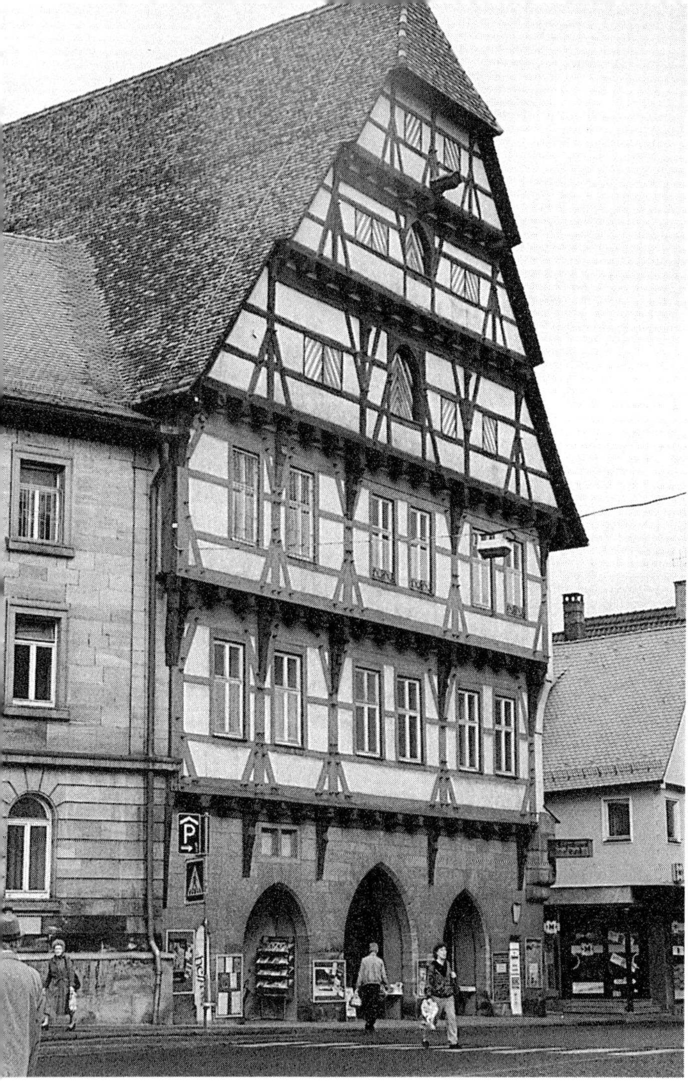

225 *Schwäbisch Gmünd. Amtshaus des Spitals zum Heiligen Geist*

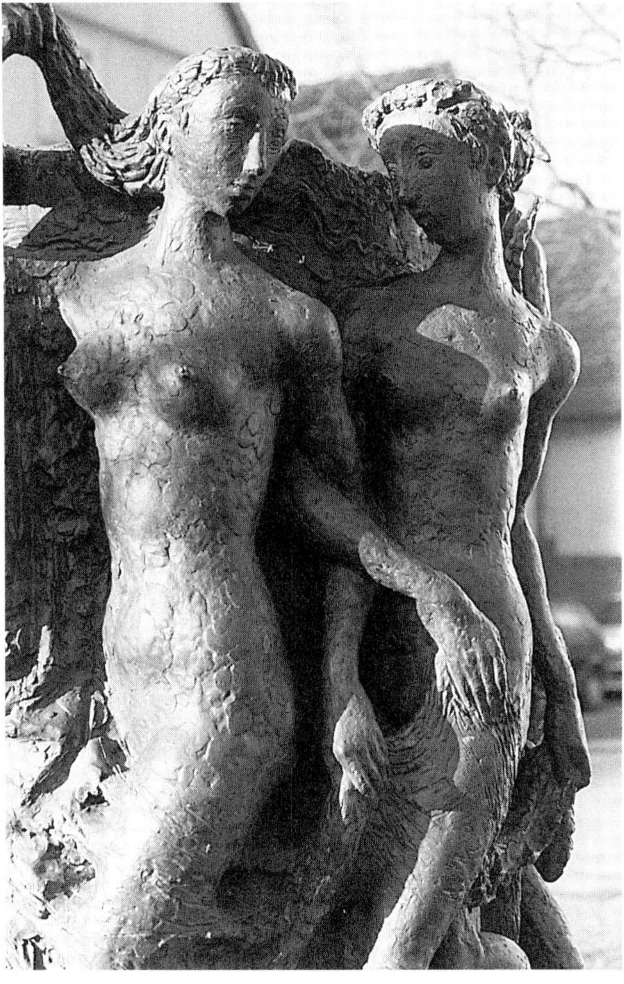

226 Schwäbisch Gmünd. Brunnen von Fritz Nuss in der Hinteren Schmiedgasse

Pfarrkirche St. Franziskus (kath.). Eine der ersten Franziskanerkirchen in Deutschland. Die noch romanische Westfassade stammt aus der ersten Hälfte des 13. Jh., während der gerade geschlossene Chor im Innern frühgotische Formen im Gewölbe, Säulenbündel und Konsolen vorweist. Ab 1718 wird nördlich der Kirche der Konventbau neu errichtet, die Kirche selbst barockisiert. 1803 säkularisiert, wird die ehem. Klosterkirche 1908 zweite Gmünder Pfarrkirche und erhält als Kirchenpatron den hl. Franziskus, nachdem bis dahin der hl. Ludwig von Toulouse, ein Neffe des französischen Königs und Mitglied des Franziskanerordens, Patron der Kirche gewesen war.
Die Kirche, ein bescheidener Bau, läßt in ihrem Westteil noch die romanische Bauform der Bettelordenskirche erkennen. Das barocke Westportal mit Büste Ludwigs von Toulouse im Tympanon, eingerahmt von den Wappen der Franziskaner und der Rechberger. An der Nordwestseite, direkt neben dem Konventbau, ehem. rundbogiges Portal mit Plastik von → *Jakob Wilhelm Fehrle* »Franziskus predigt den Vögeln«.
Einschiffiges Langhaus mit im 18. Jh. eingezogener Decke mit Stichkappen über den Fenstern. Eingezogener tiefer Chorraum mit zwei kreuzrippengewölbten frühgotischen Jochen. Die frühgotischen Säulen, auf halber Höhe der Wand auf Konsolen mit Knospenkapitellen beginnend und schönem Pflanzenornament.
Höhepunkt der Kirche ist der 1751 errichtete Hochaltar, ein von Säulen getragener Baldachin, in diesem eine besonders schöne Madonnenfigur, Maria im Strahlenkranz auf der Weltkugel (Maria vom Siege), vor einem von zwei Putten gehaltenen Baldachinvorhang. An den vorderen Säulen links Ulrich, rechts Ludwig von Toulouse. Der großartige Stuckmarmoraltar wird, nicht unumstritten, → *Dominikus Zimmernann* zugeschrieben. Der linke Seitenaltar mit Altarblatt »Mutter Anna lehrt Maria«, rechts und links die Figuren von Blasius und Silvester. Rechter Seitenaltar mit der Stigmatisation des hl. Franziskus, als Figuren Josef und Johannes Nepomuk. Die beiden Altarblätter von *Johann Georg Strobel* (Wallerstein).
Von besonderer Bedeutung sind die Decken- und Wandfresken von → *Josef Wannenmacher*, 1752. An der Decke des Langhauses in drei Feldern, ausgehend vom Chorbogen, die Fahrt des hl. Franziskus mit dem Wagen in den Himmel, in der Mitte der auf einem Thron sitzende segnende Franziskus, über der Empore die Aufnahme des Heiligen in den Himmel vor der Heiligen Dreifaltigkeit, Maria und den Aposteln. Die Bilder an der Orgelbrüstung der Musica Sacra gewidmet: der tanzende

227 Schwäbisch Gmünd. Chorraum der Franziskanerkirche

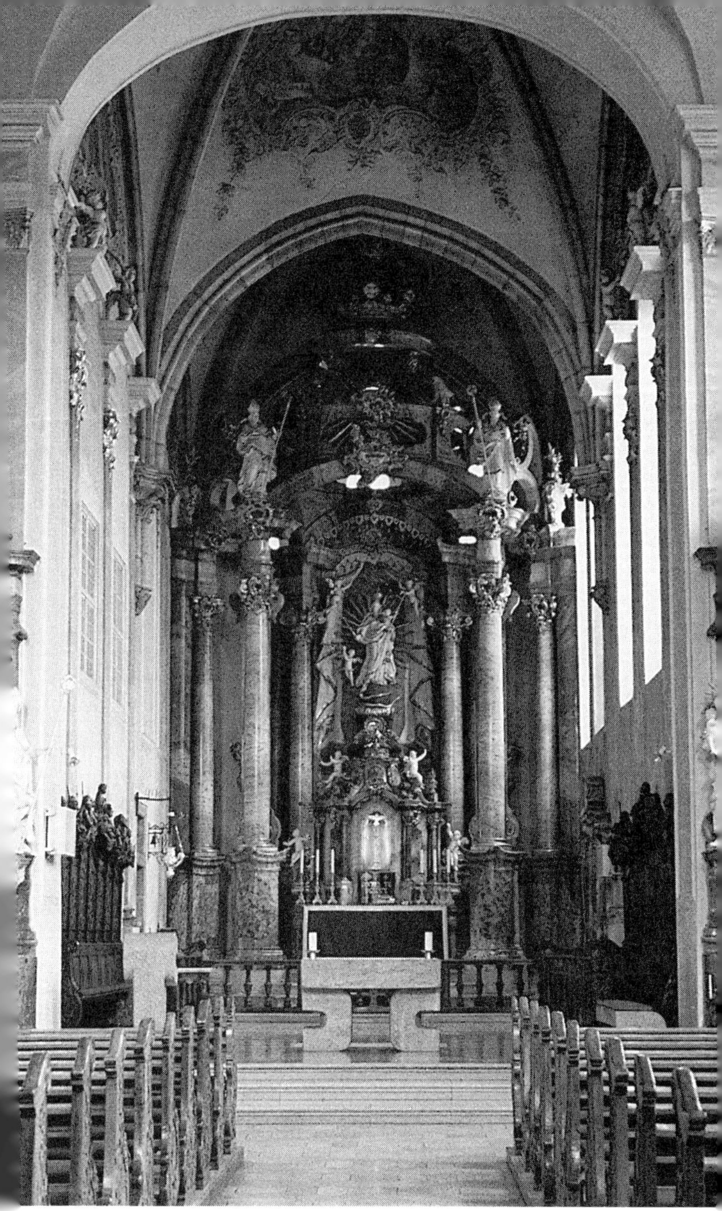

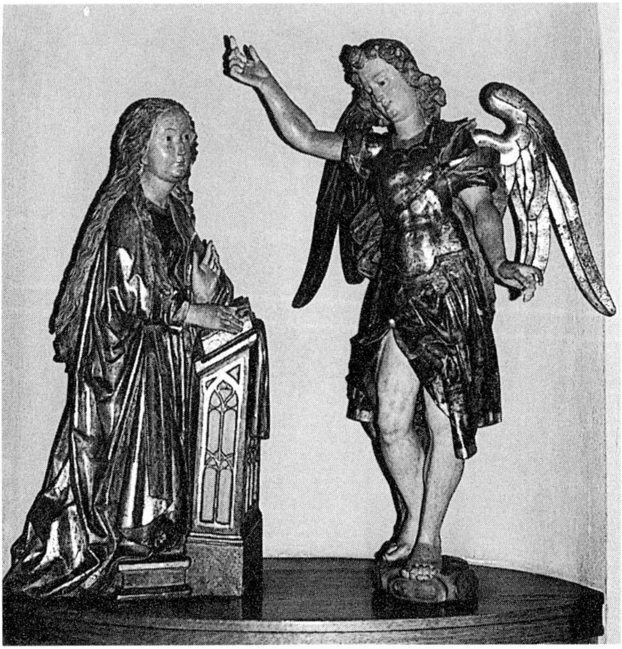

228 Schwäbisch Gmünd. Mariä Verkündigung in der Franziskanerkirche

David, die hl. Cäcilia mit musizierenden Engeln und der israelitische Heerführer Jephte.

In den durch frühgotische Kreuzrippen abgegrenzten Ecken des Chorgewölbes eine großartige Maria vom Siege, begleitet von drei weiteren Frauenfiguren, die christlichen Tugenden von Glaube, Hoffnung und Liebe symbolisierend. Die Fresken im Joch über dem Hochaltar zeigen die vier Erdteile, die der Gottesmutter huldigen. An den Schildbogenwänden Szenen der Geburt Mariens, Verkündigung, Mariä Heimsuchung und Anbetung der Hirten.

Am Kanzelkorb die Symbole der Evangelisten, auf dem von Engeln gestützten Schalldeckel der gute Hirte. Vom einstigen Chorgestühl sind

229 Schwäbisch Gmünd. Grabstein in der Antoniuskapelle in der Franziskanerkirche

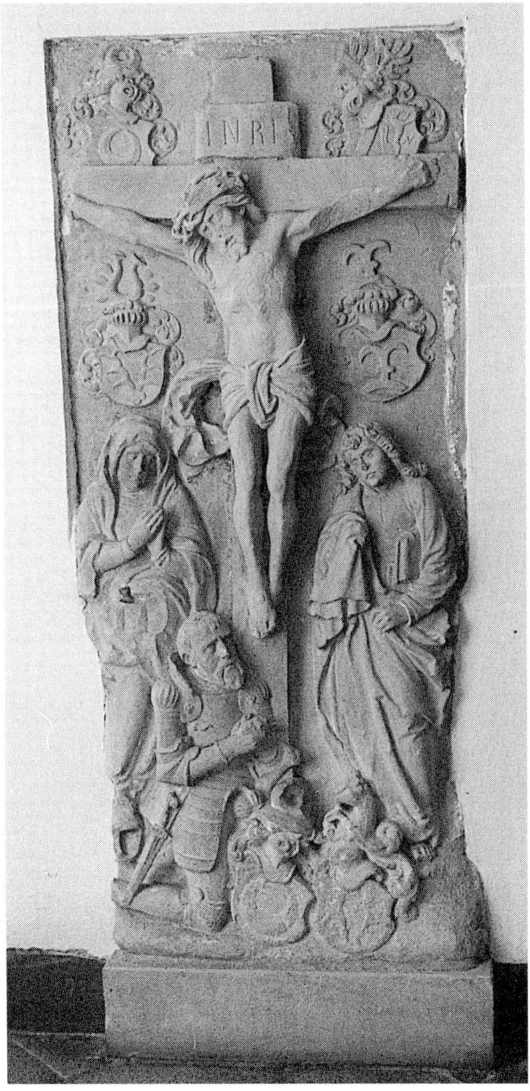
INRI

noch die Rückwände erhalten mit holzgeschnitzten Büsten von Heiligen und Aposteln. Aus der Zeit des Rokokos die Wangen der Kirchenbänke. Sehr schön eine Verkündigungsgruppe an der hinteren Südwand, wobei die Jungfrau Maria spätgotisch (um 1500), der Erzengel Gabriel frühes Barock ist. Daneben auf gotischem Sockel die spätgotische Figur des Ludwig von Toulouse.
Antoniuskapelle: Vom Chor aus links Zugang in die Antoniuskapelle mit barockem Farbrelief an der Kirchenwand: Das Christkind erscheint dem hl. Antonius von Padua. In der Kapelle hervorragende Grabmäler, so der Grabstein des Ritters Jörg von Berk zu Niederbeuren, 1537, sowie der Grabstein (um 1500) des legendären Bruder David, der als erster Franziskaner 1208 nach Gmünd gekommen sein soll, von → *Jakob Woller*. Zwischen Antoniuskapelle und westlichem Eingang zum Konvent barocke Kreuzwegbilder und Kerkerheiland.

»Schwörhaus« oder *»Schmalzgrube«*, heute Städtische Musikschule. Neben der Franziskanerkirche 1589–1591 errichtetes stattliches Renaissancegebäude, ehemals städtisches Amtshaus: Im »Schwörhaus« mußten die Ratsherren ihren Eid ablegen. Eine breite und mächtige Renaissancefassade mit zwei großen rundbogigen Toren, dazwischen das Eingangsportal mit reicher Renaissanceornamentik: Wappen-Engel. Im neugestalteten Obergeschoß großer, holzgetäfelter Festsaal, gestützt auf geschwungene Renaissanceholzsäulen.
Ott-Pausersche Fabrik. In der Nähe des Kornhauses (Milchgässle Nr. 10) steht die ehem. Gold- und Silberwarenfabrik, gegründet von Nikolaus Ott 1820, ein Denkmal der Industriegeschichte mit der komplett erhaltenen Einrichtung einer Fabrik aus dem letzten Jahrhundert. Als Museum zugänglich voraussichtlich ab Herbst 1990.
Musterschau der Edelmetallindustrie in der Franziskanergsse 6. Geöffnet Samstag 10–12 Uhr.

St.-Josefs-Kapelle. An der Ecke Ufer-/Josefstraße in einer Grünanlage nach dem Vorbild der Herrgottsruhkapelle, 1676–1678 erbaut. Das Chorpolygon überwölbt mit Sterngewölbe. Die Kapelle birgt hinter dem Chorgitter eine außerordentlich beachtliche und qualitätvolle Ausstattung: Hochaltar von 1678, in der Mitte Maria und Josef, auf den Jesusknaben hinweisend. Seitlich Anna selbdritt mit Joachim. Der Altarschrein frühbarock mit gedrehten und umrankten Säulen. Im Auszug Verkündigungsszene, darüber Erzengel Michael. Rechts des Altars eine große, geschnitzte und farbig gefaßte Darstellung des Marientodes mit trauernden Aposteln, spätgotische Arbeit von 1518. Ihr gegenüber in ähnlicher Komposition die frühbarocke Darstellung des Josefstodes, 1709, ein in der Kunstgeschichte seltenes Motiv.

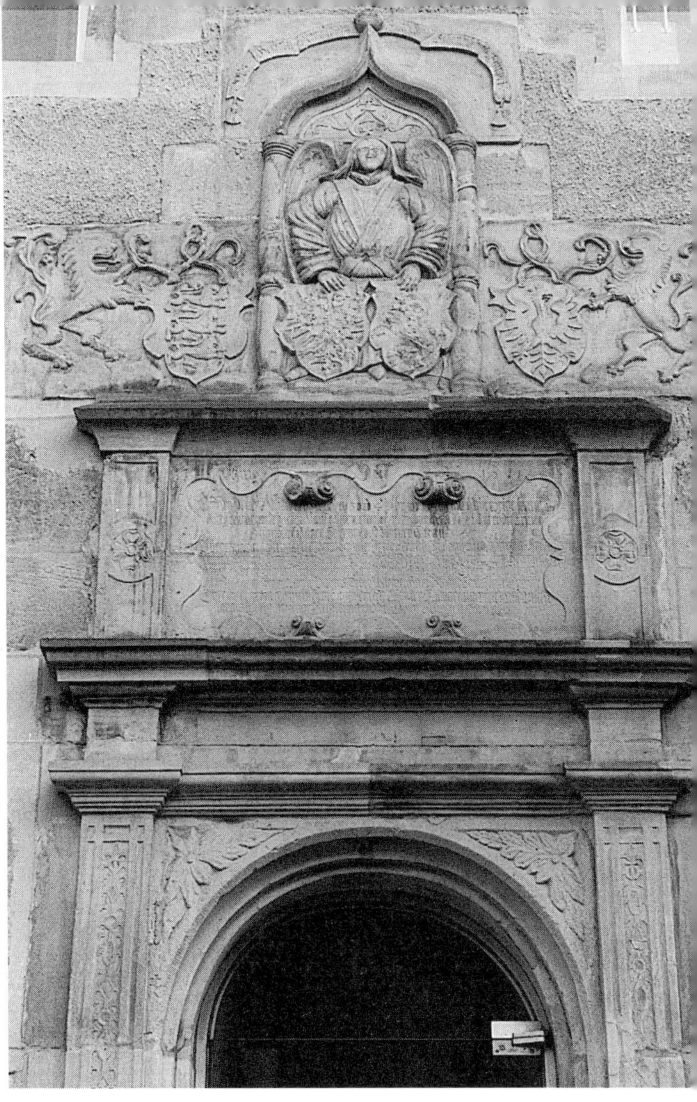

230 Schwäbisch Gmünd. Portal vom Schwörhaus

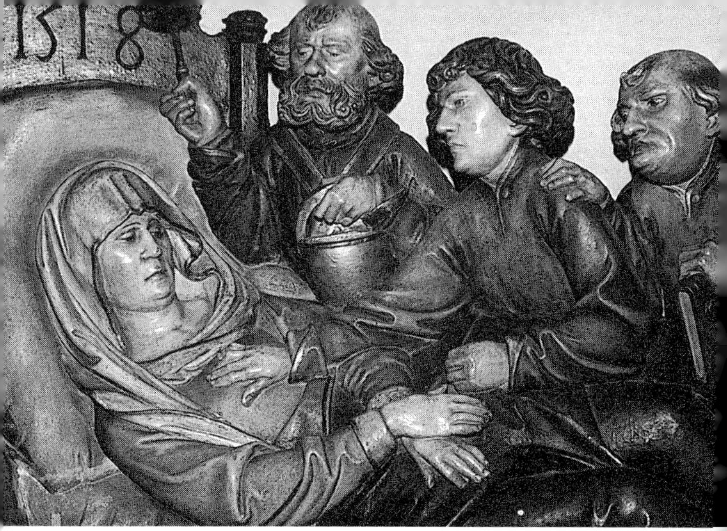

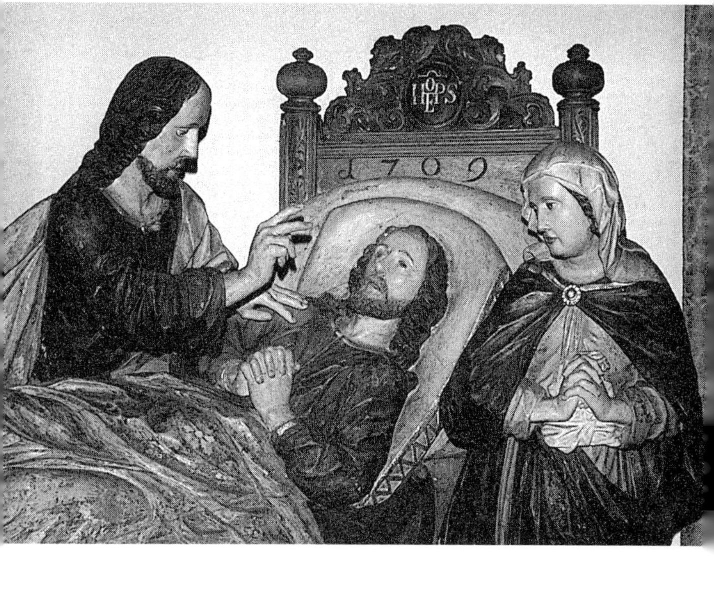

231 Schwäbisch Gmünd. Gotischer Marientod und frühbarocker Josefstod in der Josefskapelle

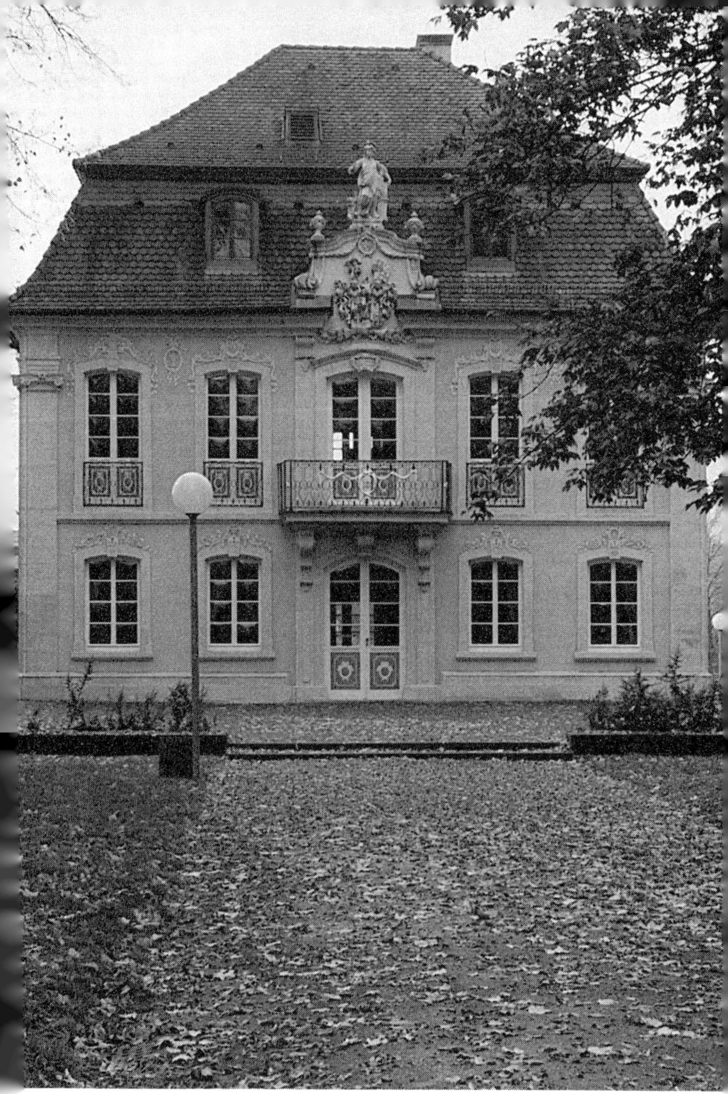

232 Schwäbisch Gmünd. Das Rokokoschlößchen

Rokokoschlößchen. Im heutigen Stadtgarten, dem ehem. »Stahlschen Garten«, steht das 1780 von → *Johann Michael Keller* als Lusthaus errichtete Rokokoschlößchen: ein zweigeschossiger Bau mit Mansarddach, über dem Ostportal ein von geschwungenen Konsolen getragener Balkon, darüber Ziergiebel mit dem Stahlschen Wappen sowie auf dem Postament die Allegorie der Architektur. Im Innern großer und kleiner Festsaal mit vollständig erhaltener Stukkatur an den Wänden und Dekken.

Im Osten des *Stadtgartens*, an der Uferstraße, das barocke Eingangsportal mit schmiedeeisernem Tor, auf den Torpfosten zwei barocke Figuren, die Schauspielkunst und den Überfluß des Lebens darstellend. Im Stadtgarten an der Nordseite das reizvolle »Geigerbrünnele« von *Wilhelm Widemann*, 1906, ein Denkmal im Jugendstil für die Symbolfigur der Stadt. Im Süden der Parkanlage die ehem. barocke Sonnenuhr mit Obelisk.

Neue Stadthalle im Stadtgarten. Hinter dem Rokokoschlößchen der 1980–1984 als moderne Kulturhalle errichtete Bau mit mehreren Sälen (Architekten *Heckmann* und *Kristel*, Stuttgart). An der künstlerischen Innenausstattung waren Künstler der ganzen Stadt beteiligt. Nördlich der Stadthalle, Richtung Stadtgarten, moderne *Brunnenanlage* mit drei lebensgroßen Bronzeplastiken: Frauenfiguren, die Künste darstellend, von den Gmünder Künstlern *Sepp Baumhauer* (Musik), *Eckhart Dietz* (Tanz), *Max Seiz* (Theater).

Katharinenkapelle. Im Westen der Stadt, an der Katharinenstraße, liegt das ehem. Siechenspital, 1326 erstmals urkundlich erwähnt. Hinter der Fachwerkbaugruppe des Spitals die Kapelle St. Katharina, einfacher Bau in den Maßen 17 × 6 m mit kleinem Dachreiter. Im Norden schönes Barockportal mit Figur der hl. Katharina, der Patronin der Kranken und Aussätzigen.

Im Innern hervorragender Freskenschmuck an Decken und Wänden von → *Josef Wannenmacher*: An den Decken Szenen der Heiligenlegende, an den Wänden sechs große Fresken mit Passionsszenen. Hinter dem Chorgitter der Hauptaltar mit hervorragendem Altarblatt von → *Matthäus Günther*, Darstellung des Martyriums der hl. Katharina, flankiert von den großartigen Figuren der Elisabeth (links) und Katharina (rechts), die zum besten der Barockskulptur in Gmünd gehören. Sehr gut die Stuckdekorationen mit Band-und Laubornamenten und die Gestühlwangen aus der Erbauungszeit der Kapelle. Links im Chor gotische Sakramentsnische mit Maßwerk und Gitter.

Wenn geschlossen, Schlüssel bei Mesner Dietrich, Just.-Kerner-Str. 11 (Tel. 0 71 71/6 19 66).

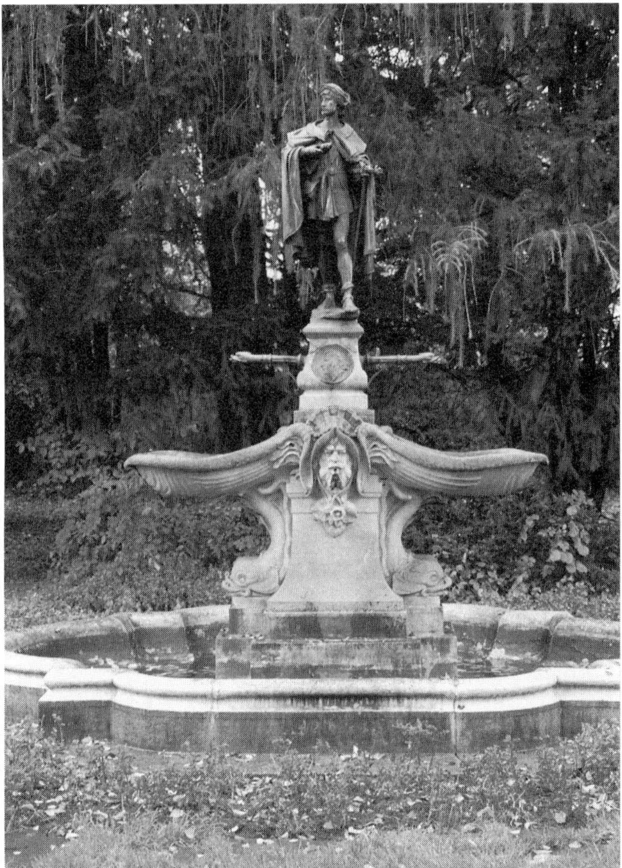

233 Schwäbisch Gmünd. Der Geiger von Gmünd im Stadtgarten

Salvatorberg. Die Felsenkapelle am Nepperberg nördlich des Bahnhofs ist, zusammen mit dem zu ihr führenden Kreuzweg, eine der originellsten Schöpfungen der Kunst des frühen Barock und ein Zeichen lebendiger Volksfrömmigkeit. Die heutige Wallfahrtskapelle 1618–1620 erbaut von → *Kaspar Vogt*.

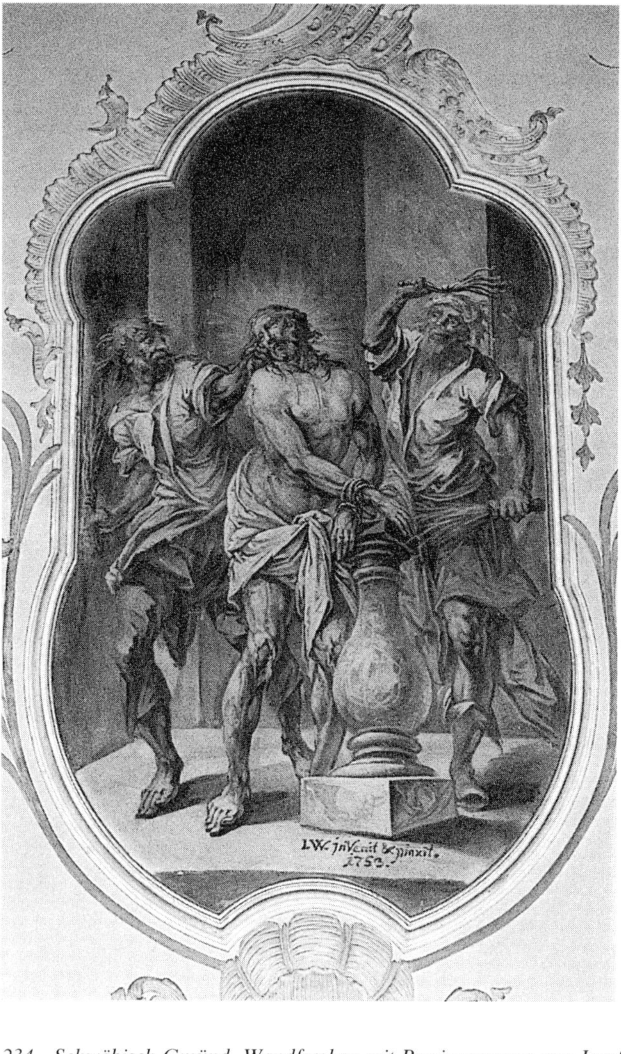

234 Schwäbisch Gmünd. Wandfresken mit Passionsszenen von Josef Wannenmacher in der Katharinenkapelle

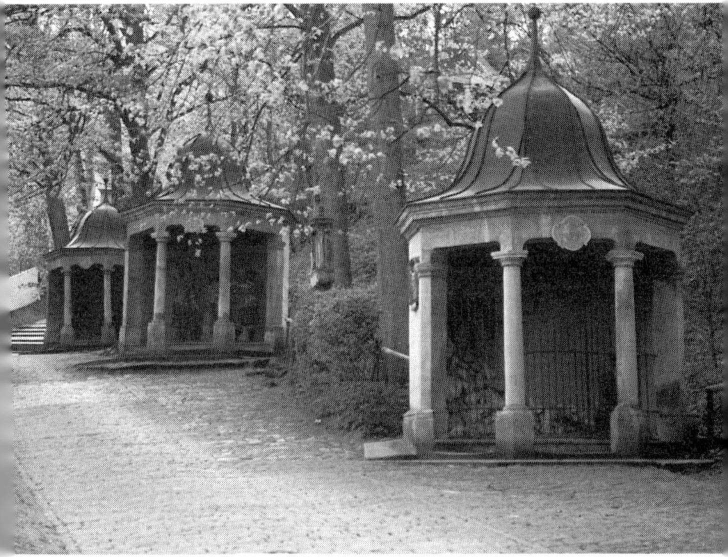

235 Schwäbisch Gmünd. Kreuzwegstationen am Salvatorberg

Kreuzweg. Der 1621–1630 von → *Kaspar Vogt* angelegte Kreuzweg, beginnend beim Faberbrunnen am Fuße des Hanges, besteht aus sechseckigen, 1737 erbauten Kreuzwegkapellen, mit jeweils zwei Freisäulen zum Kreuzweg hin geöffnet, dazwischen die älteren, zum großen Teil von *Vogt* selbst stammenden Bildstöcke. In den Kapellen lebensgroße bemalte holzgeschnitzte Figuren mit lebhaften Szenen der Passion. Am höchsten Punkt des auf halbem Weg nach rechts abzweigenden Kreuzwegs die Plattform des Golgathafelsens mit drei großen Kreuzen: Christus zwischen den beiden Schächern, davor sehr guter Bildstock.
Am Wege vom Golgathafelsen zur Felsenkapelle rechts die Muschelkapelle, 1737 als Grabkapelle erbaut, 1792 umgestaltet. Im dunklen Innern Ausstattung in Art einer Grotte mit Muschelschmuck. An der Chorseite barocke Pietà, flankiert von Engeln. In den Nischen rechts die hl. Magdalena sowie der hl. Hieronymus, links die hll. Eustachius und Alexius. Daneben die Grabkapelle mit klassizistischer Fassade: Im Innern das Heilige Grab von 1737: Drei Frauen mit Salbgefäßen sowie zwei Engel stehen hinter dem liegenden toten Christus.

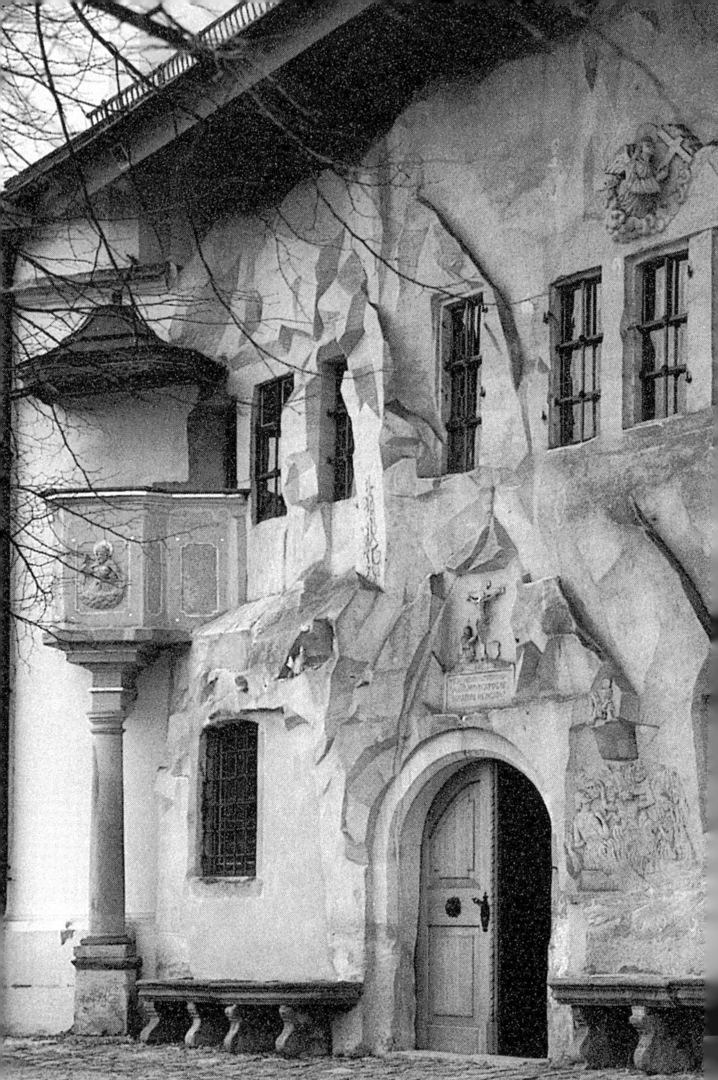

236 *Schwäbisch Gmünd. Außenwand der Felsenkapelle am Salvator*

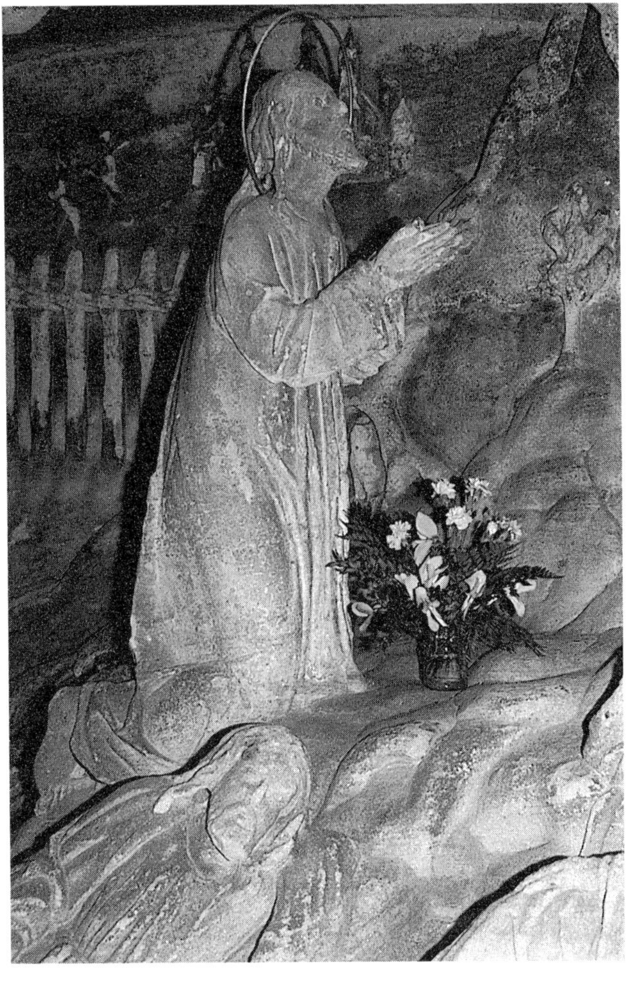

237 Schwäbisch Gmünd. Christus am Ölberg in der Oberen Felsenkapelle

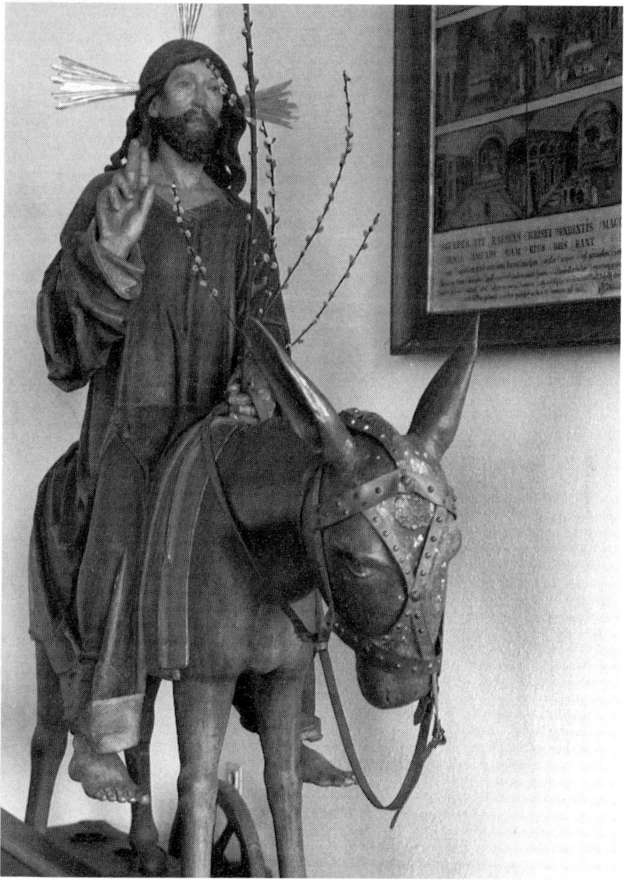

238 Schwäbisch Gmünd. Spätgotischer Palmesel in der Oberen Felsenkapelle

Links am Weg das Benefiziathaus, Haus des Mesners, Bau von → *Johann Michael Keller*, 1770.
Felsenkapelle. Die südliche Außenwand der Kapelle ist eine überaus originelle, in der Kunstgeschichte einmalige Gestaltung einer Felswand mit geradezu kubistisch wirkender Gestaltung von Ecken und Schrä-

gen, Höhlungen, Nischen und Fenstern. Auf der Wand zahlreiche Reliefs wie Arche Noah, Vögel, schwer deutbare Symbole. Neben dem Eingang zur unteren Kapelle klassizistische Außenkanzel, dahinter der die Kapelle überragende Turm.
Untere Kapelle: der dunkle, niedere Raum einschließlich der Pfeiler aus dem gewachsenen Fels (Stubensandstein) herausgehauen. Hinter einem Gitter die Kreuzigungsgruppe, Wallfahrtsbild von Salvator, von 1617, vermutlich Überarbeitung eines schon früheren Werkes aus dem 13. Jh., ebenfalls aus dem Fels gehauen. Links daneben Altar mit der Verklärung Christi, 1617. Vor dem Gitter frühbarocke Anna selbdritt.
Obere Felsenkapelle: Eine Freitreppe führt zur zweijochigen, gewölbten Vorhalle mit großen Südfenstern, 1622. In dieser Vorhalle spätgotischer Palmesel mit lebensgroßem segnendem Christus, ein besonders schönes und gut erhaltenes Stück dieser Gattung. An der Westwand Altarbild der »schmerzensreichen Muttergottes«, ein Werk von 1536: Maria mit den sieben Schwertern in der Brust, neben ihr der tote Christus, eingerahmt von sechs weiteren Szenen in kleinen Medaillons. An der Südwand zwischen den Fenstern ein gotischer Christus mit Weltapfel, gegenüber an der Nordwand frühbarocke Figuren der hll. Jakob und Barbara.
Von der Vorhalle führen Stufen abwärts in die in den Felsen gehauene obere Kapelle, das Felsenheiligtum. Aus dem gewachsenen Felsen gemeißelt sowohl die Wandsäulen mit Kapitellen als auch die eindrucksvolle Ölbergszene rechts in der großen Nische: der betende Christus mit den schlafenden Aposteln, im Hintergrund die Soldaten unter Anführung des Judas. An der Ostwand der ehem. Altaraufsatz mit Kreuzigungsgruppe und Stifterfigur.

Kirche St. Leonhard (kath.). Anfang des 14. Jh. errichtet als Friedhofskapelle, 1776 barockisiert durch → *Johann Michael Keller*, gleichzeitig ausgestattet mit Fresken von → *Josef Wannenmacher*. Die Kirche mit kleinem Dachreiter läßt den ursprünglichen gotischen Kern noch deutlich erkennen, beispielsweise Strebepfeiler am Chor. An der Außenseite des Chors im Osten große steinerne Figur des Kirchenpatrons Leonhard, um 1500. An der Westwand angebaut das barocke Mesnerhaus mit Mansarddach, 1782. Am Nordeingang, gegenüber dem Friedhof, eine Reihe barocker Grabmäler bedeutender Gmünder Familien. Schmuck des harmonischen barocken Innenraums ist der barocke Hochaltar von *Johann Felderer* mit Altargemälde von → *Josef Wannenmacher* (1777). Das Altarbild, darstellend den hl. Leonhard, Maria mit dem Kind anbetend, begleitet von den Märtyrerinnen Margaretha, Apollonia, Barbara und Dorothea, wird flankiert von den frühbarok-

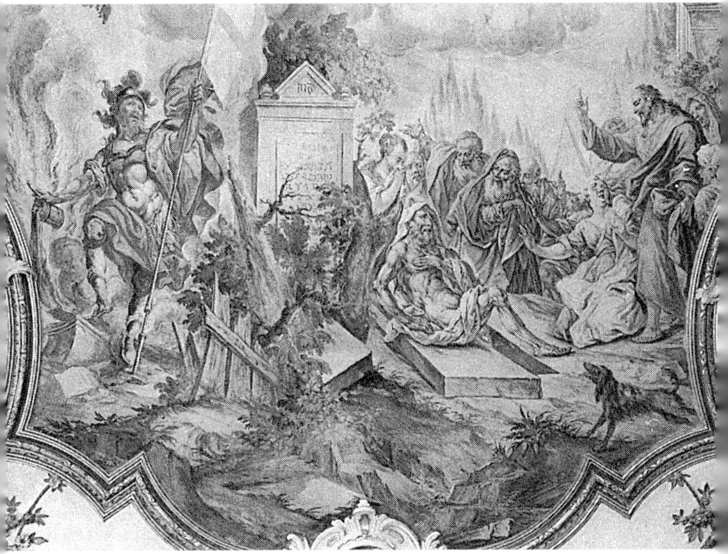

239 Schwäbisch Gmünd. Deckenfresko von Josef Wannenmacher in der St.-Leonhards-Kirche

ken Statuen der Apostel Petrus und Andreas, um 1600, über dem Altarblatt die Heilige Dreifaltigkeit mit Engeln. An den beiden Seitenaltären links die Himmelfahrt Mariens, rechts der hl. Florian. Vor dem linken Altarbild spätgotische Pietà, vor dem rechten sitzender Schmerzensmann.

Als Hauptwerk → *Josef Wannenmachers* gilt der Freskenschmuck. Im Deckenfresko des Schiffes in einem Bild vereinigt vier Szenen: der auf einer Wolke thronende Leonhard in seiner dreifachen Funktion als Patron der Gefangenen, der Bauern sowie der noch im Fegefeuer leidenden armen Seelen. Rechts davon Himmelfahrt Mariens. Auf der Westseite des Freskos links der hl. Florian, rechts die Auferweckung des Lazarus durch Jesus. Das Deckenfresko im Chor zeigt die Auferstehung Christi, die Wandgemälde Szenen des Lebensweges zum ewigen Paradies. An der Westwand das im unteren Teil stark beschädigte Weltgerichtsfresko.

Weitere Ausstattungsstücke sind am linken Chorbogen eine sehr gute Christusfigur von 1510, rechts gegenüber Johannes Nepomuk, 1737.

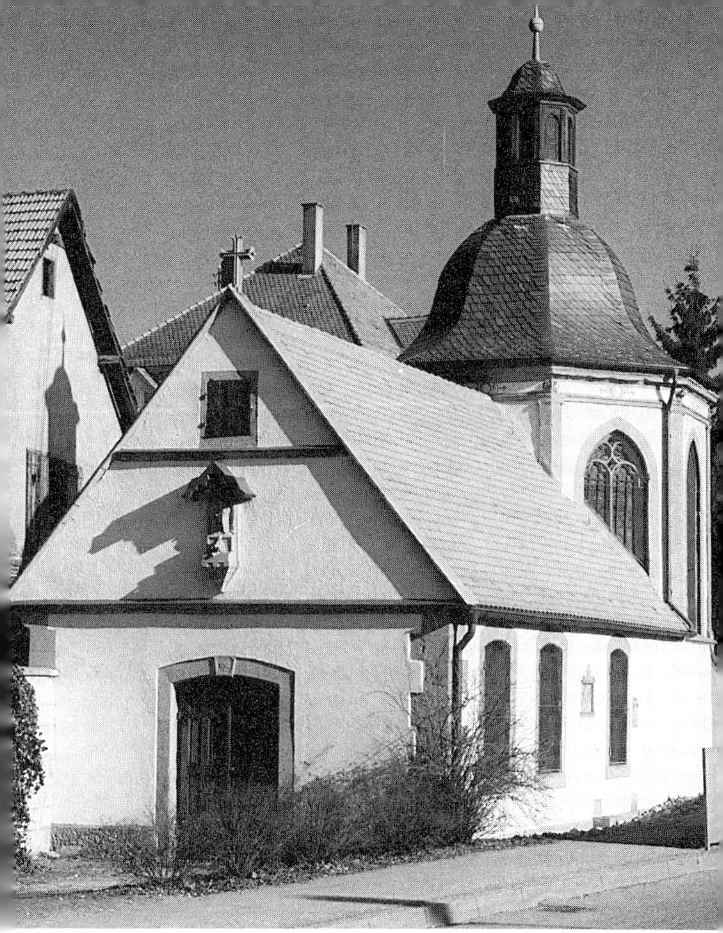

240 Schwäbisch Gmünd. Die Hergottsruhkapelle

Auf den Gesimsen im Chor kleine Apostelstatuen mit Christus und einer Maria Immaculata, Ende des 16. Jh. Über dem Nordportal des Schiffes sehr gutes spätgotisches Kruzifix, um 1520, zu Füßen des Kreuzes die Schmerzensmutter, um 1700. Das Chorgitter von 1747. Aus der Erbauungszeit der Kirche auch die noch erhaltenen Gestühlwangen.

Östlich der Leonhardskirche steht die *Hergottsruhkapelle*, erbaut 1622 von → *Kaspar Vogt*. Ein origineller, ohne Vorbild stehender Bau mit

achteckigem, bewußt historisierend in gotischen Formen erbautem Chorraum mit spitzbogigen Fenstern, Strebepfeilern und kleinem angeschlossenem Langhaus. Über dem Chorpolygon geschweifte Haube mit Laterne. Im Innern Sterngewölbe mit doppelköpfigem Adler als Schlußstein.
Im Chorpolygon sehr schöner Passionsaltar mit gemaltem Hauptbild der Kreuztragung, darunter Abendmahlszene. Die Altararchitektur mit kannelierten Säulen auf Sockeln, links und rechts flankiert von Engeln mit Leidenswerkzeugen. Giebelartiger Altaraufsatz mit den Figuren von Antonius, Ulrich von Augsburg und Jakobus d. Ä. Darüber Schutzengel mit Tobias, ganz oben der auferstehende Christus. Der Altar von 1622 ist eines der bemerkenswertesten Kunstwerke des an künstlerischen Leistungen bescheidenen Frühbarocks vor dem Dreißigjährigen Krieg. Weitere Ausstattungsstücke sind ein spätgotischer Schmerzensmann an der Chorwand und ein gemaltes Epitaph von 1644 für den Bürgermeister Grieb, den Erneuerer der Kapelle. An der Außenwand Relief der hl. Veronika mit dem Schweißtuch, 1622.
Die Kapelle, seit 1978 in Besitz des Arbeitskreises Alt-Gmünd, erfährt zur Zeit eine grundlegende Renovierung.

Ehem. Kloster Gotteszell. Eines der ältesten, reichsten und politisch bedeutsamsten Klöster Gmünds, 1227 erstmals erwähnt, seit 1246 Kloster der Dominikanerinnen (vorher Augustinerinnen). Durch Schenkungen zu großem Besitz im Umfeld von Gmünd gekommen, spielt Gotteszell in der Territorialgeschichte im Raum um Gmünd über Jahrhunderte hinweg eine große Rolle. Nach der Säkularisation 1802 wurde der Gebäudekomplex des außerhalb der Stadt liegenden Klosters Strafanstalt, deshalb bis heute der Öffentlichkeit nicht zugänglich. Erhalten noch die alten Konventgebäude einschließlich Kreuzgang mit gotischem Fenstermaßwerk, Torbau und Ummauerung.
Die Klosterkirche 1551, nach der Zerstörung im Schmalkaldischen Krieg 1546, neu erbaut. Ein Großteil der ehem. reichen Ausstattung heute, sofern nicht zerstört, in verschiedenen ländlichen Kirchen der Umgebung. Am Altar Bild des Würzburger Hofmalers *Oswald Onghers*, Martyrium des hl. Sebastian. An der Nordwand Ölbild von 1783 mit Franz von Assisi. Im Chor der Kirche Rokokochorgestühl sowie barocker Beichtstuhl.
In der Kiesäckersiedlung östlich von Gotteszell die 1964 erbaute *kath. Kirche St. Pius* in Stahlträgerkonstruktion mit hohem Zeltdach. Im Innern neben zeitgenössischer Ausstattung spätgotische Madonna, Ulmer Schule, um 1500, aus der St.-Leonhards-Kirche.
Kirche St. Michael – Schirenhof – (kath.). Moderner Bau von 1968 in Betonarchitektur (*P. Schenk*, Stuttgart). Im Innern über Altar großes

Barockkreuz aus der ehem. Münsterausstattung sowie barocke gekrönte Madonnenstatue. An der Nordwand gestickter Kreuzweg. In der Andachtskapelle sehr gute spätgotische Pietà.
Kirche St. Peter und Paul – Hardt – (kath.). Bau von 1958 (*Hänle*). Über dem Altar Bronzekreuz von *O. H. Hajek*. Rechts gotische Anna selbdritt. Hinten rechts Emailbild der Madonna von *W. Lochmüller*.
Dreifaltigkeitskapelle. Im Süden der Stadt, an der Ausfahrt Richtung Waldstetten, liegt unter einem Berghang die kleine, 1693 gestiftete,

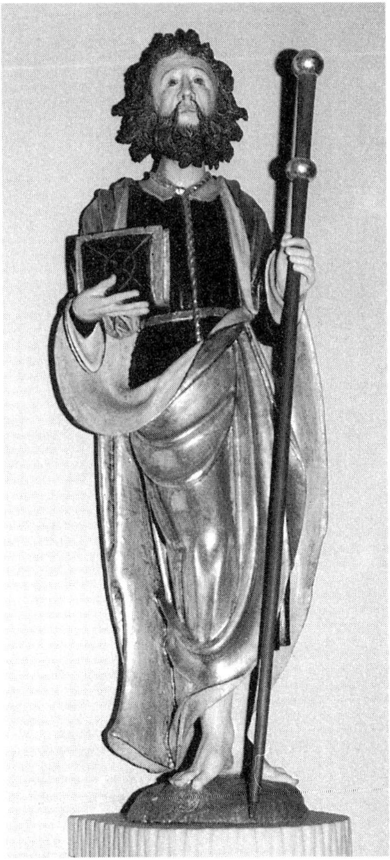

241 Schwäbisch Gmünd-Wetzgau. Hl. Koloman in der Kolomankirche

mehrmals, zuletzt 1987 gut renovierte Deblersche Kapelle. Barocker Altar mit Bild der Heiligen Dreifaltigkeit. An den Wänden drei barocke Halbfiguren: Gottvater, der Apostel Petrus und ein weiterer Heiliger.

Wetzgau-Rehnenhof *St.-Koloman-Kirche (kath.)*. Im Dorf von Alt-Wetzgau stehende, 1496 mit mächtigem Westturm errichtete Kirche mit gotischen Maßwerkfenstern und Netzrippengewölbe im Chor. Hauptaltar und Kanzel neugotisch. An der Nordwand des Langhauses sehr gute große Statue des Kirchenpatrons Koloman vom Anfang des 17. Jh., ihm gegenüber an der Südwand zwei ebenfalls sehr qualitätvolle Barockfiguren der Maria Immaculata sowie der hl. Katharina. Links vom Chorbogen gotischer Taufstein, darüber barockes Kruzifix. An der südlichen Chorwand vier frühbarocke, sehr gute Reliefs der vier Evangelisten.
Wenn geschlossen, Schlüssel im Pfarrhaus der Maria-Königin-Kirche, Rehnenhof.
Maria-Königin-Kirche (kath.). 1959/60 errichteter Kirchenbau mit freistehendem Kampanile. Der trapezförmige Kirchenraum auf den Chor ausgerichtet. In diesem sehr gute Kreuzigungsgruppe mit spätgotischem Kruzifix (um 1470), begleitet von einer Maria-Johannes-Gruppe, um 1500. In der Taufkapelle frühbarockes Relief einer Marienkrönung. Die modernen Glasfenster von *Sepp Baumhauer*.

Schwäbisch Gmünd-Bargau

Die 1911 in neuromanischem Stil erbaute *Kirche St. Jakobus (kath.)* hat moderne Glasfenster von 1964 sowie barocke Kreuzwegbilder an den Wänden, um 1770. Im Chorraum eine barocke Statue des Kirchenpatrons, des Apostels Jakobus d. Ä. mit Jakobusmütze und Wanderstab.

Schwäbisch Gmünd-Bettringen

Pfarrkirche St. Cyriakus (kath.). Die im Ortsteil Oberbettringen 1813 in klassizistischem Stil erbaute, 1913 erweiterte Kirche weist eine Fülle beachtlicher und wertvoller Ausstattungsstücke aus Gotik, Barock und Moderne auf. Glasfenster im Chor von *Wilhelm Geyer*, im Langhaus von *Sepp Baumhauer*. Von letzterem auch der Gekreuzigte am Hauptaltar sowie die moderne Gestaltung des Altars, des Tabernakels und des Ambo (Bronzeguß). Das Querschiff wird ausgefüllt von dem großen gemaltem Kreuzweg (Farbtafel 15), 1988 von *Monika und Regine Baumhauer*, eines der bedeutendsten Werke moderner kirchlicher

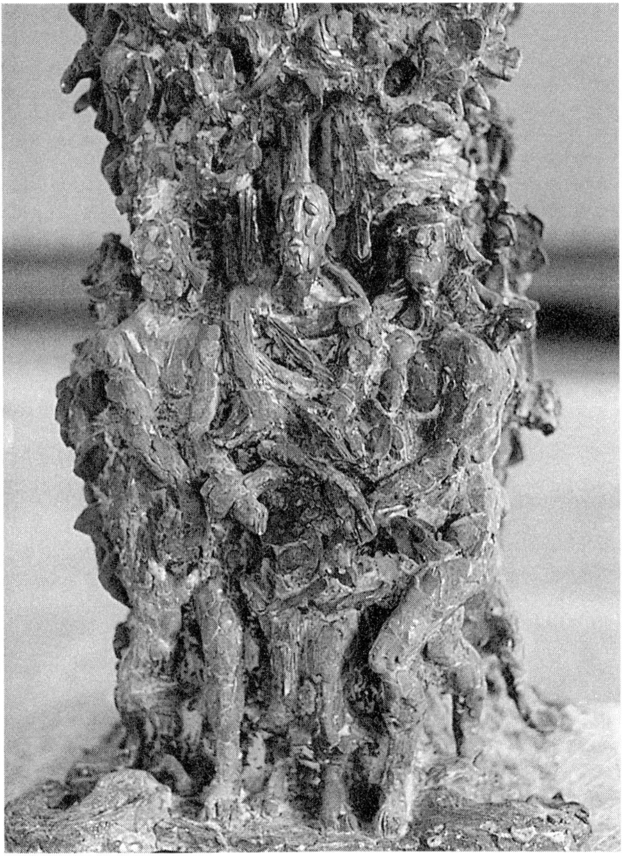

242 Schwäbisch Gmünd-Bettringen. Ambo von Sepp Baumhauer in der Pfarrkirche St. Cyriakus

Kunst im Kreis. Am Marienaltar links barocke gekrönte Muttergottes, daneben einzelstehend spätgotische Figuren der Anna selbdritt und der hl. Katharina. Im rechten Nebenchor eines der wichtigsten Beispiele frühbarocker Malerei im Kreis, der über 3 m hohe Nothelferaltar: Christus als Auferstandener, das Kreuz haltend, umgeben von den Medaillons der 14 Nothelfer mit ihren Symbolen, darüber Medaillon der

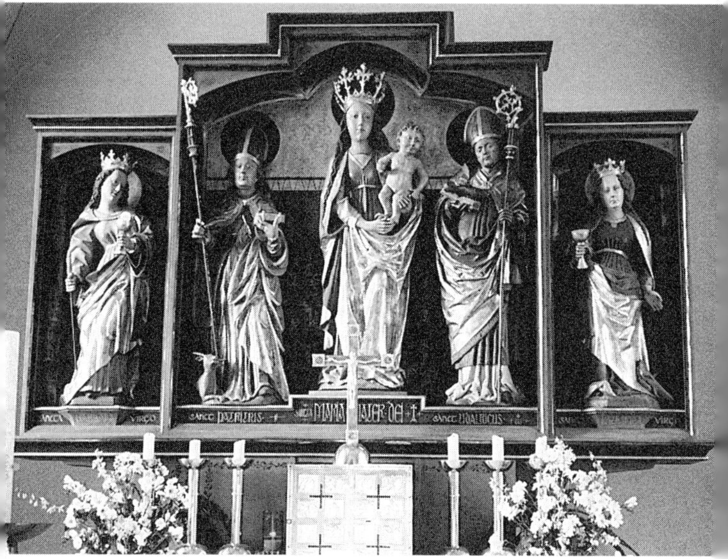

243 Schwäbisch Gmünd-Bettringen. Gotischer Altar in der Ottilienkapelle

Muttergottes. Das Bild stammt vermutlich von der im 19. Jh. entfernten barocken Ausstattung des Heilig-Kreuz-Münsters in Gmünd.
St.-Ottilien-Kapelle (kath.). Die im Ortsteil Unterbettringen, innerhalb des Friedhofes gelegene Chorturmkapelle mit Langhaus von 1757 enthält im kreuzrippengewölbten Chor einen hervorragenden gotischen Altarschrein mit den Schnitzfiguren der Muttergottes, begleitet von Patrizius (links) und Ulrich (rechts), in den Flügeln außen links Barbara, rechts Katharina. Rechts vom Chorbogen besonders schöne Schnitzfigur der hl. Ottilia, der Patronin der Augenleidenden.
Lindenhofkapelle. 1713 erbaute, dem hl. Felix geweihte Kapelle mit Statue des Heiligen an der Chorwand.
Auferstehungskirche (kath.). Moderner Kirchenbau von 1975 in der Lindenfeld-Siedlung. Glasfensterband mit Themen des Lebens Christi von *Sepp Baumhauer*, ebenso die Plastik des Gekreuzigten über dem Altar.

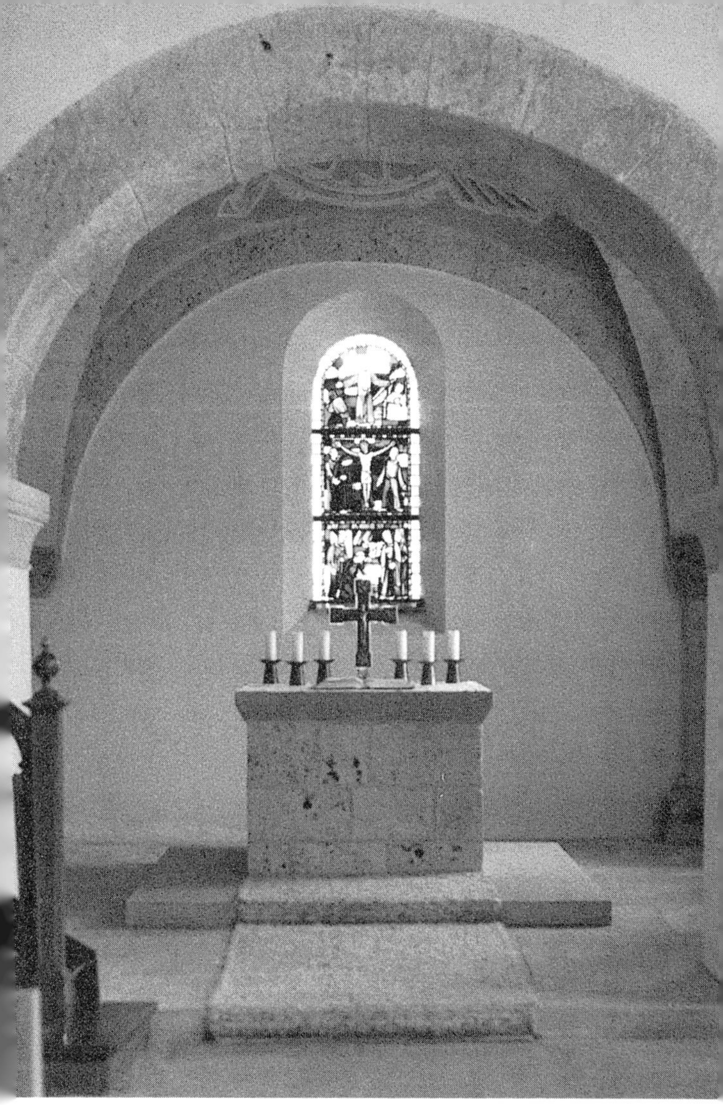

244 Schwäbisch Gmünd-Degenfeld. Chorraum der ev. Kirche

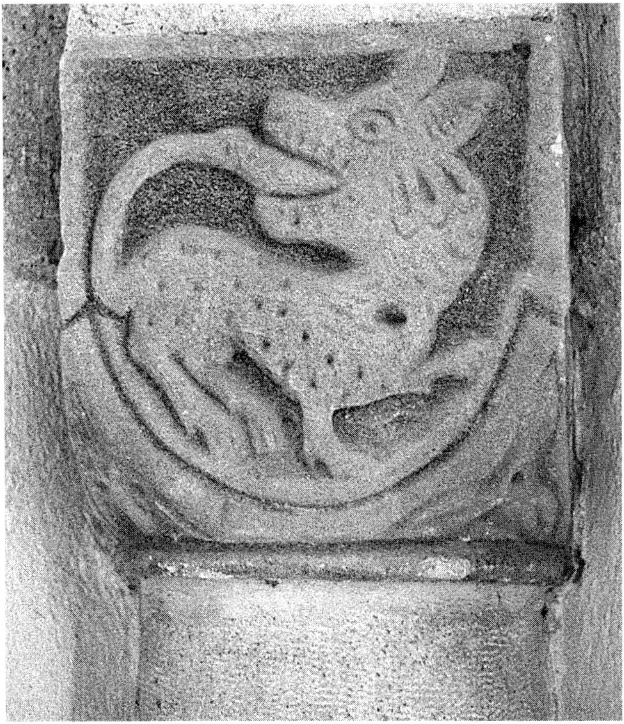

245 Schwäbisch Gmünd-Degenfeld. Romanisches Kapitell im Turmchor der ev. Kirche

Schwäbisch Gmünd-Degenfeld

Der jenseits des Furtlepasses an der Donzdorfer Lauter gelegene, 1270 erstmals genannte Ort befindet sich seit dem Mittelalter im Besitz der Herren von Degenfeld. Der Ortsteil rechts der Lauter seit 1597 bei Württemberg, deshalb evangelisch geworden, während der Ortsteil links der Lauter bei den katholischen Rechbergern verblieb.

Über dem Dorf, innerhalb des ummauerten Friedhofes, liegt die *ev. Kirche*, die den vollendeten klassischen Typ einer romanischen Chor-

turmkirche vertritt (um 1200). Das Fachwerk der oberen Turmgeschosse seit 1958 freigelegt.
Im Innern besonders eindrucksvoll der Chorraum, Abmessungen 5 × 5 × 5 m, mit massiven romanischen Gurtbögen und vier, in den Ecken stehenden, die Gurtbögen tragenden Säulen mit Kapitellen, die Flechtornamente, Tiersymbole und Motive aus der Pflanzenwelt aufweisen. Die Gewölbemalereien mit den Symbolen der vier Evangelisten ebenso wie das Altarkreuz neu von 1978. Im Chorraum ein Epitaph des Junkers Wilhelm von Degenfeld (1757). Das 1490 erweiterte Kirchenschiff mit romanischen Fenstern und alter, mit Renaissanceornamenten versehener Holzdecke.

246 Schwäbisch Gmünd-Herlikofen. Spätgotische Figuren der hll. Apollonia und Stephanus in der kath. Pfarrkirche

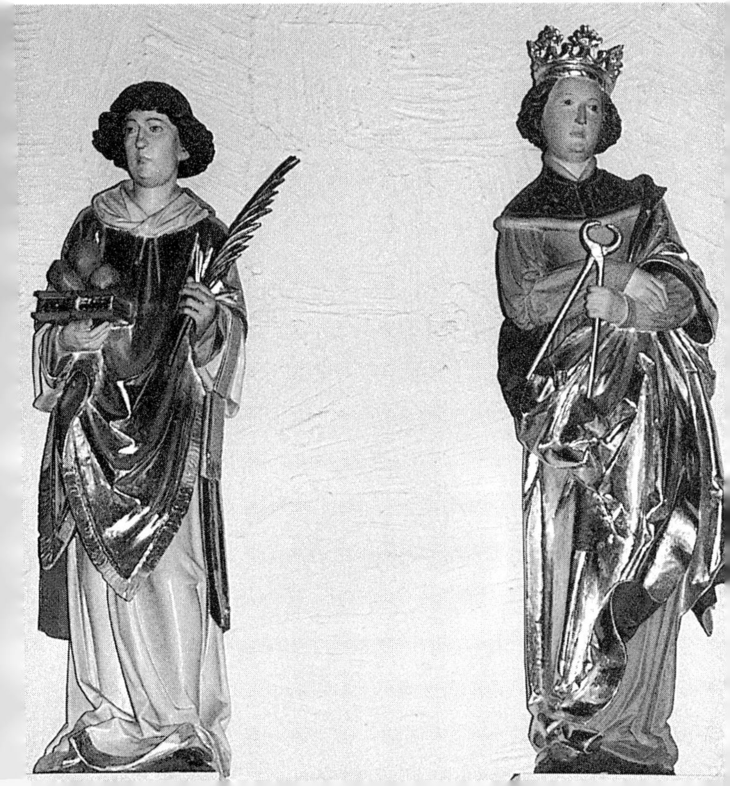

Schwäbisch Gmünd-Herlikofen

Pfarrkirche St. Albanus (kath.). Der erste der von Kirchenbaumeister *Gottlieb Wepfer* rund um Gmünd errichteten Kirchenbauten (1835) an der Stelle einer gotischen Vorgängerkirche. Inneres seit 1967 modern, im Chor Apsisfenster von *Otto Eberle*, »segnender Christus«. An der linken Wand des Schiffes zwei hervorragende spätgotische Figuren der hll. Stephanus und Apollonia (um 1510) sowie sehr ausdrucksstarkes großes Kruzifix von 1650, flankiert von den spätbarocken Figuren von Maria und Johannes. Links vom Chorbogen segnender Auferstehungschristus.

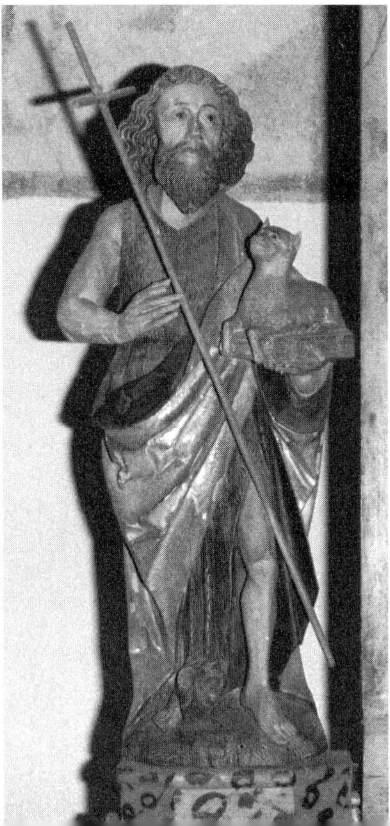

247 Schwäbisch Gmünd-Zimmern. Johannes der Täufer am Hauptaltar der Johanneskapelle

Burgholz Die *St.-Nemesius-Kapelle* wurde 1668 erbaut, im Hochaltar Statuen von Leonhard und Cyriakus vom Anfang des 16. Jh.

Hirschmühle Das alte *Mühlgebäude* noch erhalten mit Wappen von 1786 über dem Portal: zwei Löwen, ein Mühlrad haltend, darüber Hirsch und Putten.

Hussenhofen *Pfarrkirche St. Leonhard (kath.)*. Moderner, 1967 geweihter Kirchenraum auf dem Grundriß eines unregelmäßigen Sechsecks mit hohem, das Remstal dominierendem Kampanile. Große Betonglaswand an der Westseite, das neue Jerusalem in der geheimen Offenbarung darstellend. In der Taufkapelle barocke Pietà.

Zimmern *Johanneskapelle (kath.)*. Die auf einem kleinen Hügel liegende, äußerlich unscheinbare Kapelle aus dem 14. Jh. besitzt besonders wertvolle Ausstattung: an der Chor- und an der Südseite spätgotische, qualitativ und vom Erhaltungszustand her gesehen sehr gute Fresken mit Darstellung der Geburt Jesu und Anbetung der Könige (Farbtafel 2a). Im barocken Hochaltar spätgotische Madonnenfigur, begleitet von Johannes d. T. und Barbara, ebenfalls gotisch. In einer Nische im Chor hinter Gittern eine gotische »Johannesschüssel« mit dem Haupt des Täufers. Über der gotischen Sakramentsnische Wappen der Hacken von Wöllstein, die im Mittelalter das Patronat über die Kirche hatten. Die Holzdecke noch alt mit barocken Ornamenten, ebenso die Empore mit Bildtafeln der 12 Apostel und Christus, von 1727. An den Langhauswänden spätgotische Figur des Johannes d. T. und barocker hl. Leonhard.
Wenn geschlossen, Schlüssel im Haus Nr. 11 unterhalb der Kapelle.

Schwäbisch Gmünd-Lindach

Das heute in Privatbesitz befindliche, als Kurhaus genutzte Lindacher *Schloß* war im Ursprung ein staufischer Wohnturm, von dem das Untergeschoß noch erhalten ist. Ausbau zum Renaissanceschloß erfolgte nach 1577, als es an Württemberg gekommen war.
Ev. Pfarrkirche. Der Bau von 1902 bezieht den spätgotischen Chor der ehem. Nikolauskapelle als netzgewölbtes, mit Malereien versehenes Querschiff mit ein, ebenso den Turm der ehem. Kirche. Im übrigen eine im Innern von den Formen des Jugendstils geprägte Kirche.

Schwäbisch Gmünd-Rechberg

Burgruine Hohenrechberg. Die Stammburg der Grafen von Rechberg und Rothenlöwen ist, selbst als Ruine, eine der größten und mächtigsten Burganlagen auf der Schwäbischen Alb. Die Burgherren zählten als Ministerialen zu den bedeutendsten Geschlechtern während der staufischen Kaiserzeit. Seit der ersten urkundlichen Erwähnung 1179 befand sich die Burg bis 1985 im Besitz derselben Familie, im 16. Jh. folgte der Ausbau der Burg zum Schloß bei gleichzeitiger Erweiterung der gesamten Anlage zur Festung. Im Bauern- sowie im Dreißigjährigen Krieg unversehrt, wurde die Hauptburg erst 1865 durch Brand zerstört.

Eine steinerne Bogenbrücke führt zur Vorburg. Dahinter, über Holzbrücke zu erreichen, der Torturm mit den hölzernen Zugbrücken, dahinter der »äußere Zwinger«, ein durch Mauern und Türme abgesicherter Vorraum vor der eigentlichen Kernburg. Diese, um 1200 erbaut, klassischer staufischer Buckelquaderbau mit Rundbogenfenstern an der Südwand, ein Doppelfenster mit verzierter Mittelsäule. Über den inneren Zwinger gelangt man zum Burghof mit Zisterne, dem Westbau mit Palas sowie alter Kapelle und Ostbau mit gotischem Portal.

Wallfahrtskirche Zur schönen Maria (kath.). Auf der Höhe des Rechberges, am Ende eines Weges mit neugotischen Kreuzwegstationen, steht die Wallfahrtskirche, anstelle eines gotischen Vorgängerbaus 1686–1688 errichtet. Baumeister des im Auftrag der Grafen von Rechberg errichteten Baus war *Valerian Brenner* aus Vorarlberg, die Innenausstattung mit Stukkaturen besorgte der Tessiner *Prospero Breno.* Der frühbarocke Bau von großer Einheitlichkeit. An der Außenseite des Chors in einer Nische große Madonnenfigur, der Turm seitlich des Chors von 1774.

Der Innenraum auf dem Grundriß eines griechischen Kreuzes besticht durch die qualitätvolle Stuckornamentik und Altarausstattung aus dem Frühbarock. Im Chor Gnadenaltar, in dem Engel wie Karyatiden den Altaraufbau tragen, in der Mitte die Nische mit dem holzgeschnitzten Marienbild. Links vom Altar Bernhard von Clairvaux, rechts der Evangelist Johannes, beide Figuren von 1614 von der Vorgängerkirche. Über dem Altar Gottvater inmitten musizierender Engel, auf die Gläubigen herabblickend.

Im rechten Kreuzarm der Bernhardusaltar vom Beginn des 17. Jh., links der Schutzengelaltar, bei beiden die Altarblätter von hervorragenden Stuckengeln gehalten. Ein Meisterwerk frühbarocker Plastik ist die Kanzel, 1689 von Breno vollendet, mit den großen vollplastischen Figuren der vier Evangelisten am Kanzelkorb.

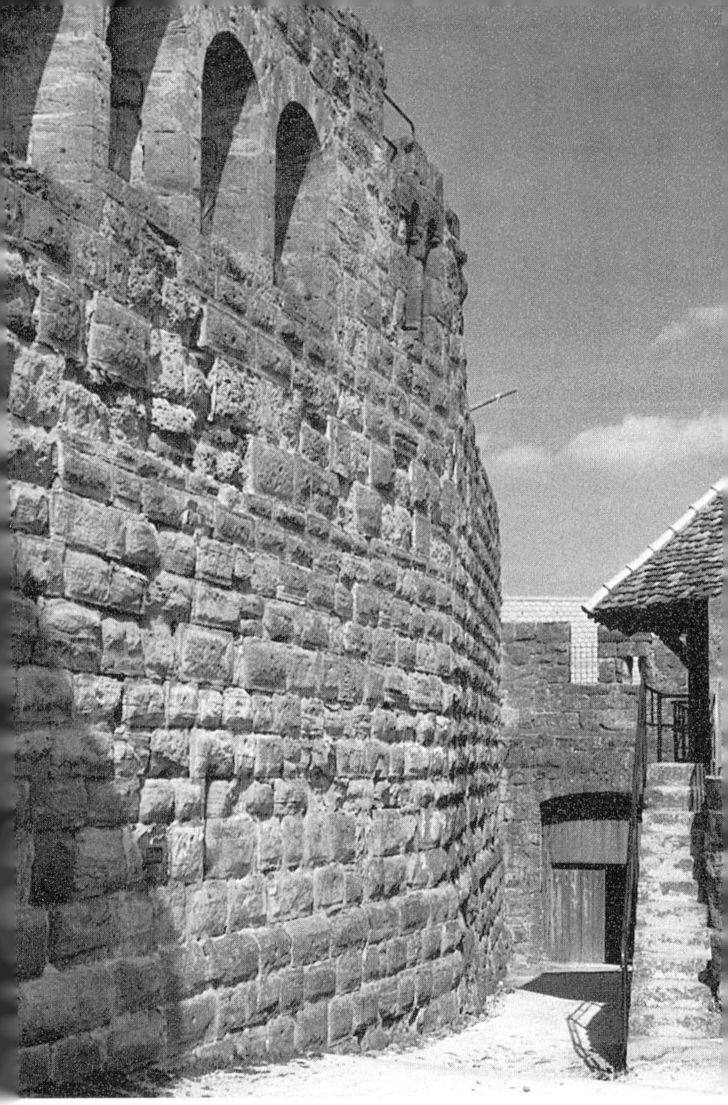

248 Schwäbisch Gmünd-Rechberg. Südwand der Burgruine Hohenrechberg

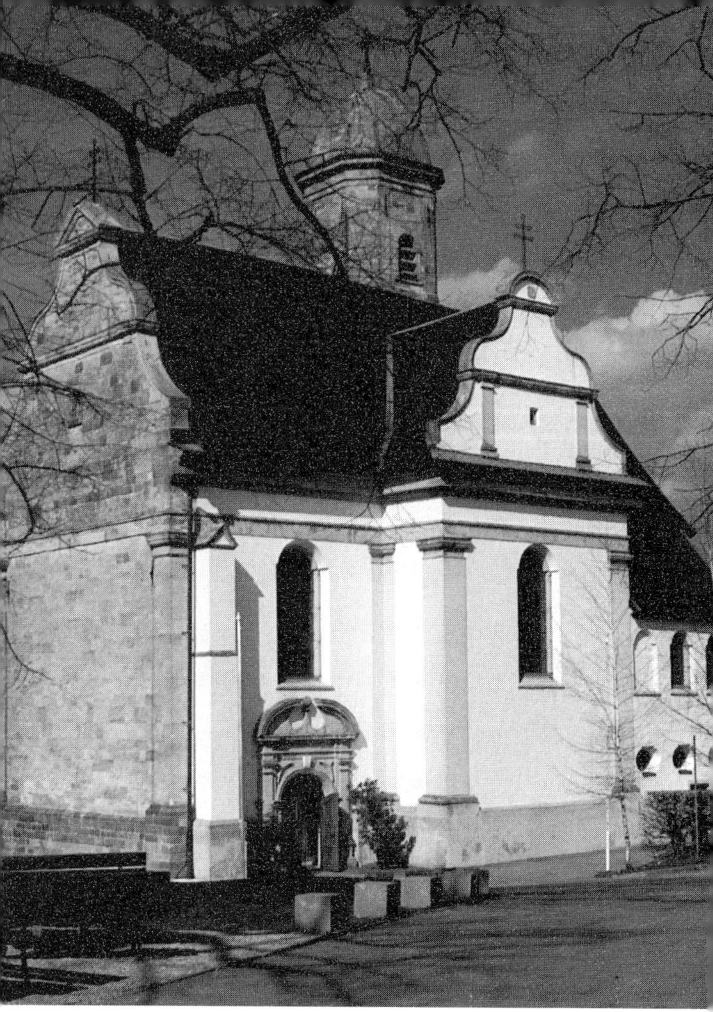

249 Schwäbisch Gmünd-Rechberg. Die Wallfahrtskirche

250 Schwäbisch Gmünd-Straßdorf. Renaissancegrabmal des Ulrich von Rechberg und seiner Frau Anastasia in der alten Pfarrkirche St. Cyriakus

Schwäbisch Gmünd-Straßdorf

Alte Pfarrkirche St. Cyriakus (kath.). Innerhalb des ummauerten Friedhofs im »alten Dorf« stehender romanischer Chorturmbau mit gotischem Chor- und Langhaus. Der Chor mit Netzgewölbe, in den Schlußsteinen Wappen der Grafen von Rechberg. Unter dem Chorturm, zwischen Chor und Langhaus, Tonnengewölbe mit Resten von Malerei. Bedeutendstes Kunstwerk ist das Renaissancegrabmal links im Chor für Ulrich III. von Rechberg und seine Frau Anastasia, 1572. Das Sand-

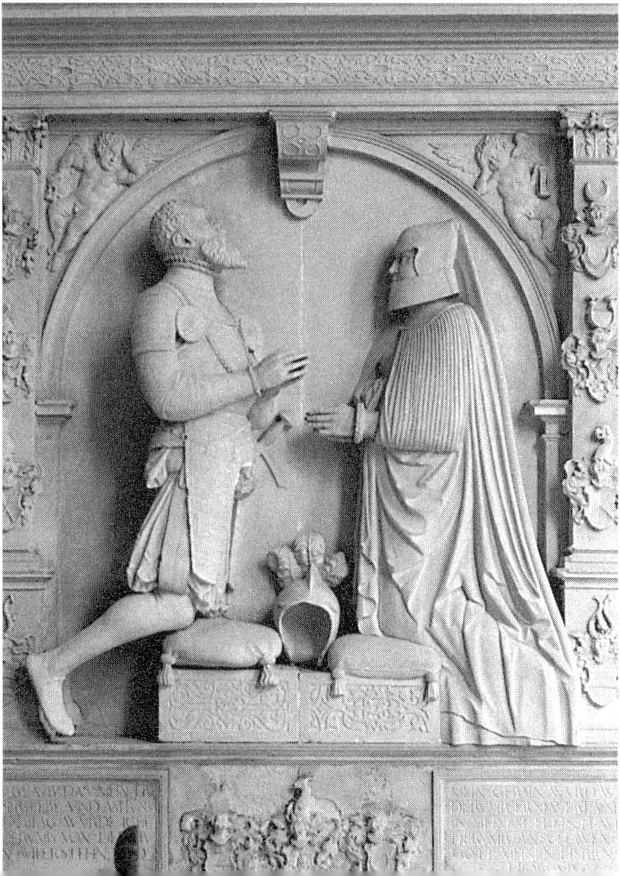

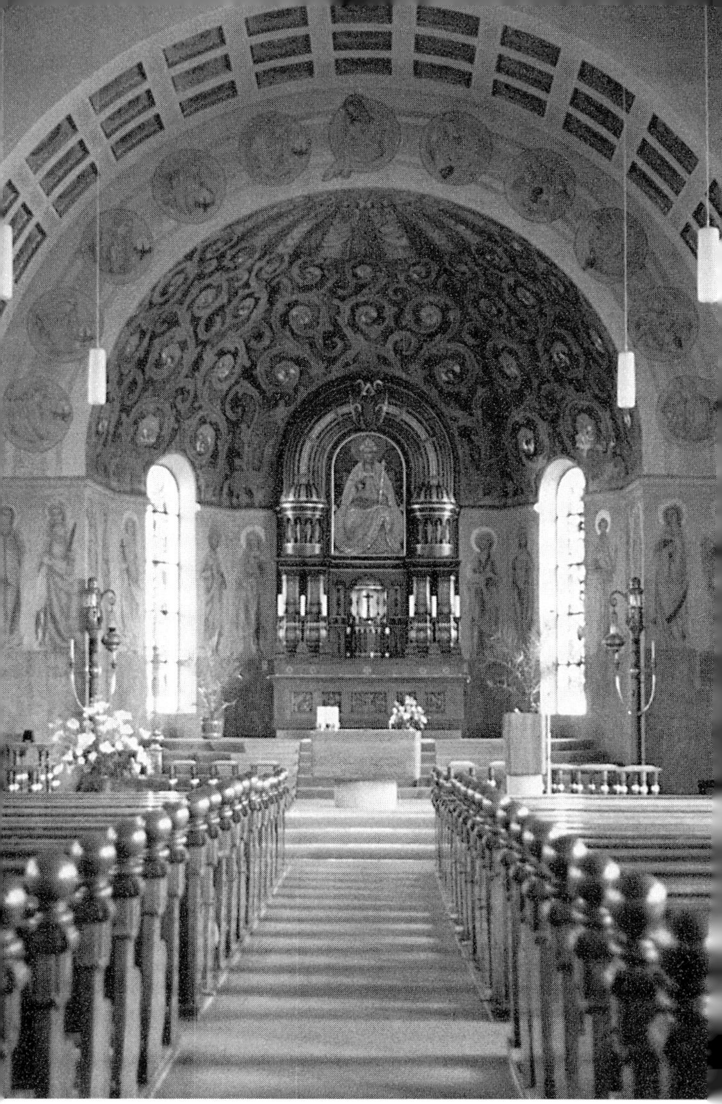

251 Schwäbisch Gmünd-Straßdorf. Die neue Pfarrkirche St. Cyriakus

steingrabmal gehört zu den besten Leistungen der Renaissancekunst des ausgehenden 16. Jh. An der Nordwand des Schiffes großes Kruzifix mit vier Engeln, die das Blut aus den Wundmalen auffangen. Darunter eine kniende barocke Maria Magdalena. Die Kanzel an der Südwand barock, ebenso die Beichtstühle, die aus der ehem. Dominikanerkirche Gmünd stammen. Seitenaltäre barock, jedoch ohne Gemälde. An der Empore Bildtafeln der 12 Apostel, um 1700.
Wenn geschlossen, Schlüssel im benachbarten Pfarrhaus.
Marienkapelle. Im Süden des Ortes, an der Straße nach Schwäbisch Gmünd, die 1718 erbaute Rundkapelle mit schönen Portalen und Dachreiter mit Zwiebelkuppel. Im Innern Barockaltar mit Statuen der Madonna sowie den hll. Wendelin und Georg. (Die Kapelle wird zur Zeit, 1989, renoviert).
Neue Pfarrkirche St. Cyriakus (kath.). Der 1913–1915 errichtete Bau hat seinen Jugendstilcharakter rein erhalten. Erbauer der Kirche war *Hans Herkommer*, Stuttgart. Ein eindrucksvoller Versuch, sich von den die Kirchenbaukunst des 19. Jh. bestimmenden, historisierenden Bauformen der Neuromanik, Neugotik und des Neubarock zu lösen und neue Ausdrucksformen zu finden.

Schwäbisch Gmünd-Weiler i. d. Bergen

Pfarrkirche St. Michael (kath.). Romanische Chorturmkirche, um 1200. Die Buckelquader des Turms bis in 12 m Höhe reichend. Darüber spätmittelalterliches Fachwerkobergeschoß. Die gesamte Südwand der Kirche mit romanischem Südportal, Gewändesäulen und Bogenfeld romanisch, während das Langhaus im Norden nach 1947 erweitert wurde.
Bei der Renovierung und Erweiterung 1947 wurde der Chor an die Westseite der Kirche versetzt. Wandfresken mit den Themen der Passion Christi von *Otto Eberle*. Der ehem. Chorraum im Untergeschoß des Turms erfüllt heute die Funktion der Taufkapelle. Der von zwei kleinen Fenstern erleuchtete Raum mit großem Kreuzrippengewölbe, dessen Gurtbögen an den Ecken von vier Ecksäulen mit ornamentierten Würfelkapitellen getragen werden. In dieser Taufkapelle sehr eindrucksvoller, fast lebensgroßer barocker Kerkerheiland. Über dem Altar spätgotisches Kruzifix, an der östlichen Rückwand der Kirche spätgotische Figur des Bernhard von Clairvaux.

Schweindorf → Neresheim
Schwenningen → Neuler
Sechtenhausen → Unterschneidheim-Zipplingen

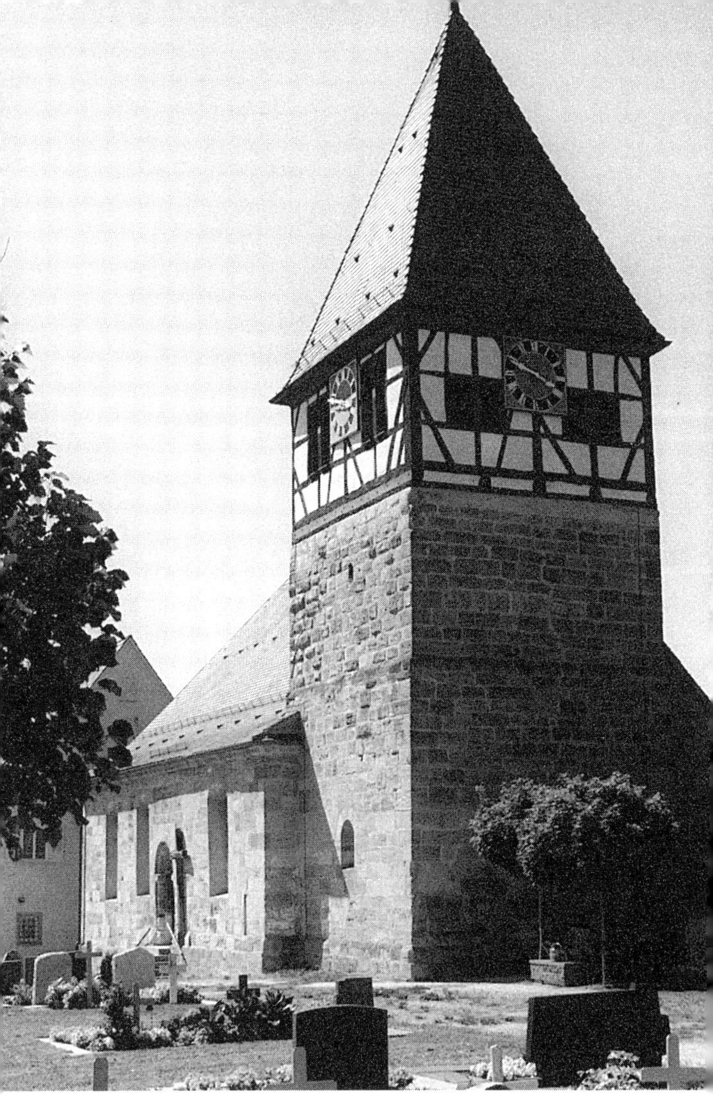

252 Schwäbisch Gmünd-Weiler i. d. Bergen. Romanische Kirche St. Michael

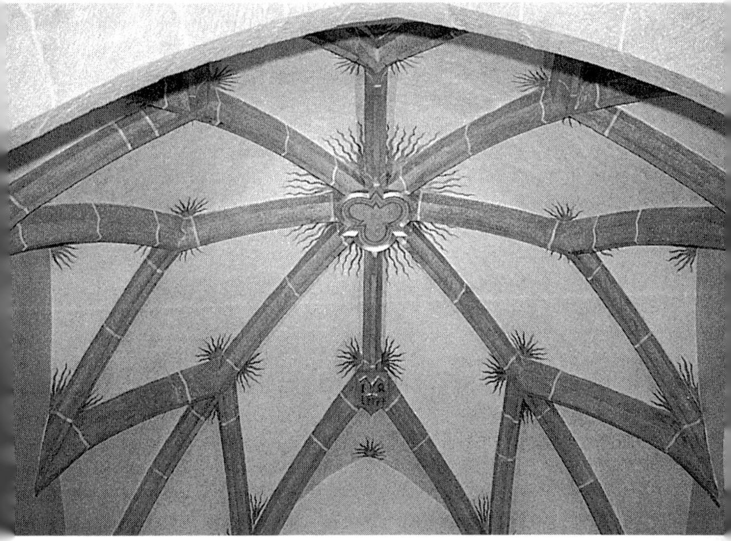

253 Spraitbach. Chorgewölbe in der ev. Pfarrkirche

SPRAITBACH

Der 1296 erstmals urkundlich erwähnte Ort gehörte ursprünglich zur Waibelhube, den freien Bauern mit eigener Gerichtsbarkeit, und kam nach 1377 an die Schenken von Limpurg, 1512 an die freie Reichsstadt Gmünd, deshalb blieb Spraitbach katholisch.

Ev. Pfarrkirche. Bis 1866 kath. Pfarrkirche St. Blasius. Chorturmkirche, Bau im wesentlichen von 1489 mit markantem spätgotischem Südportal. An der Südseite eine Sonnenuhr (1811) sowie einige Epitaphe aus dem 17. und 19. Jh. von Pfarrern und Vögten aus Gmünd.
Im Chor unter dem Turm Sterngewölbe, spätgotisches Sakramentshaus, im Wimperg Christuskopf auf dem Schweißtuch der Veronika. Rechter Seitenaltar mit modernem Gemälde in barocker Scheinarchitektur, davor gotischer Taufstein. Kanzel mit Christus und den Evangelisten barock.
Kirche St. Blasius (kath.), erbaut 1863–1866 von *Wepfer*. Im nüchtern wirkenden Innern einige Figuren aus der alten, heute ev. Kirche, so über dem Nordportal ein Altarbild des hl. Blasius (barock).

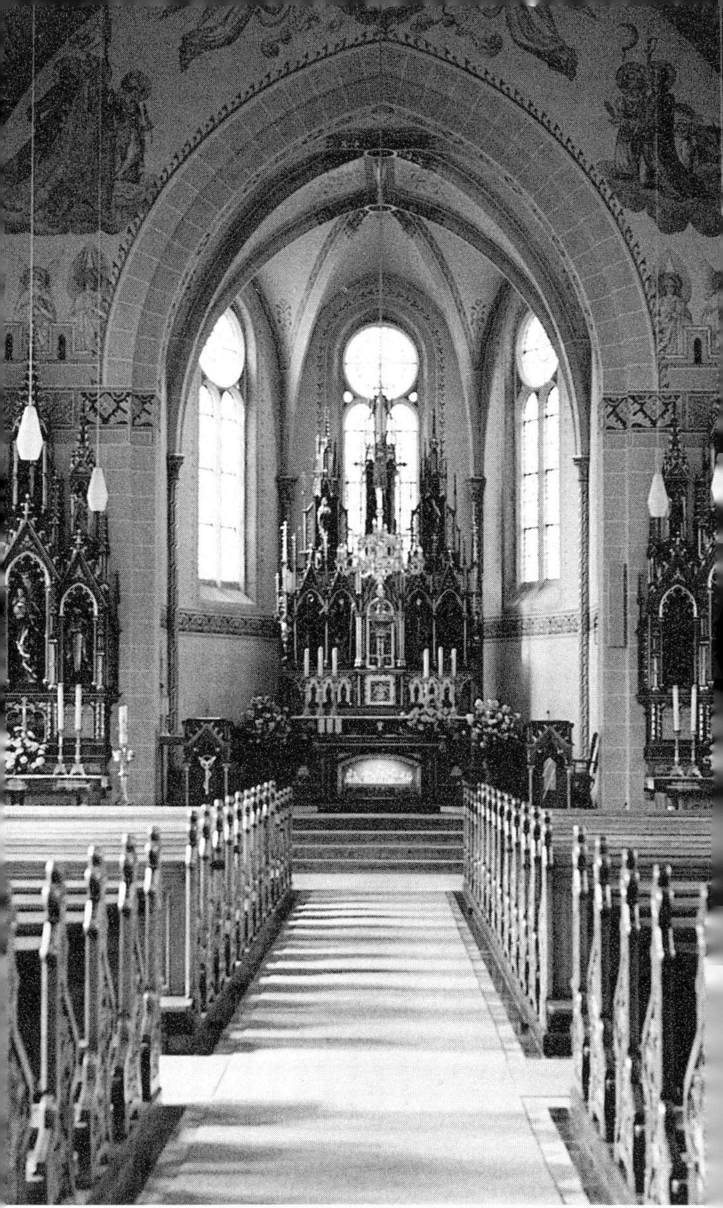

Vorderlintal *Patriziuskapelle* von 1794 mit Barockfiguren: Madonna mit Kind an der Südwand, Christus am Kreuz mit Maria und Johannes, hll. Patrizius und Sebastian.

Stetten → Neresheim
Stillau → Stödtlen

STÖDTLEN

Als Grenzort des Ellwanger Bannforstes 1024 zum erstenmal urkundlich genannt, war der Ort früh im Besitz von Kloster bzw. Fürstpropstei Ellwangen. Außerdem hatte auch die Reichsstadt Dinkelsbühl Grundbesitz um Stödtlen und übte neben Ellwangen die Obrigkeit aus, wozu noch das Haus Oettingen als weiterer Grundherr im Gebiet um Stödtlen kam, weshalb in einigen Teilorten die Reformation eingeführt wurde. Die ellwangischen Teile des Ortes kamen 1802 an Württemberg, die anderen zunächst an Bayern, dann 1810 ebenfalls an Württemberg.

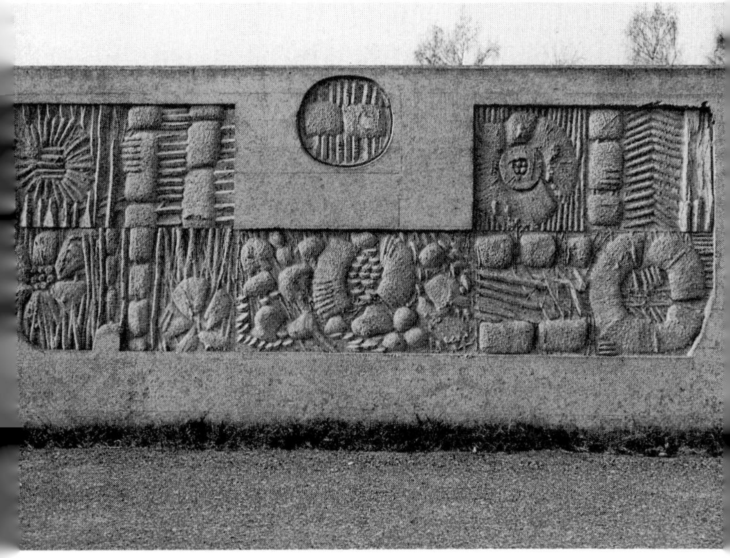

255 Stödtlen. Kirchhofmauer, gestaltet von Heinz Knödler

254 Stödtlen. Die neugotische Kirche St. Leonhard

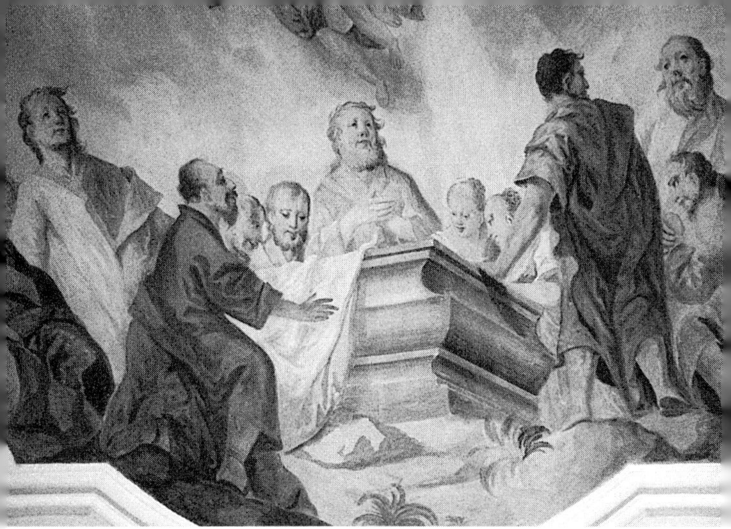

256 *Stödtlen-Birkenzell. Deckenfresko in der Marienkapelle*

Pfarrkirche St. Leonhard (kath.). Die Kirche neugotisch, 1893–1894 von *J. Cades* erbaut. Die Innenausstattung, konsequent neugotisch, vermittelt einen harmonischen Gesamteindruck. Vor dem Hauptaltar holzgeschnitzte Abendmahldarstellung von beachtlicher Qualität. Außen vor dem Chor der Kirche modern gestaltetes großes Missionskreuz, 1978 von *Heinz Knödler* in farbig gefaßtem Betonguß erstellt: das göttliche Opferlamm im Kreuz. Vom selben Künstler die Gestaltung der 200 m langen *Kirchhofmauer* mit biblischen Motiven und Symbolen.

Birkenzell *Marienkapelle (kath.).* Chorturmkirche, Chor kreuzgewölbt mit rundem Chorbogen. Sehr qualitätvolle barocke Deckenmalerei »Mariä Himmelfahrt«. An der südlichen Wand zwei sehr gute Ölbilder »Mariä Verkündigung« und »Mariä Heimsuchung«. An der Nordwand großes barockes Kruzifix. Der Hauptaltar mit Figur des hl. Sebastian. Pietà am Seitenaltar, frühbarock, mit Maria Magdalena. Rechts spätgotische Anna selbdritt in schlechter Fassung. Weitere beachtliche Figuren an der Orgelbrüstung, überwiegend barock, so Erzengel Michael. Das alte frühbarocke Gestühl mit reich geschnitzten und verzierten Wangen.

Niederroden *Kapelle zu den 14 Nothelfern.* Barocke Kapelle mit verschiedenen gotischen Figuren, wird zur Zeit (1989) renoviert.

Stillau *St.-Lorenz-Kapelle* (*kath.*) von 1690, im Schrein des Hochaltars drei sehr gute spätgotische Figuren: Maria, Barbara und eine weitere Märtyrerin.

Straßdorf → Schwäbisch Gmünd
Sulzdorf → Hüttlingen

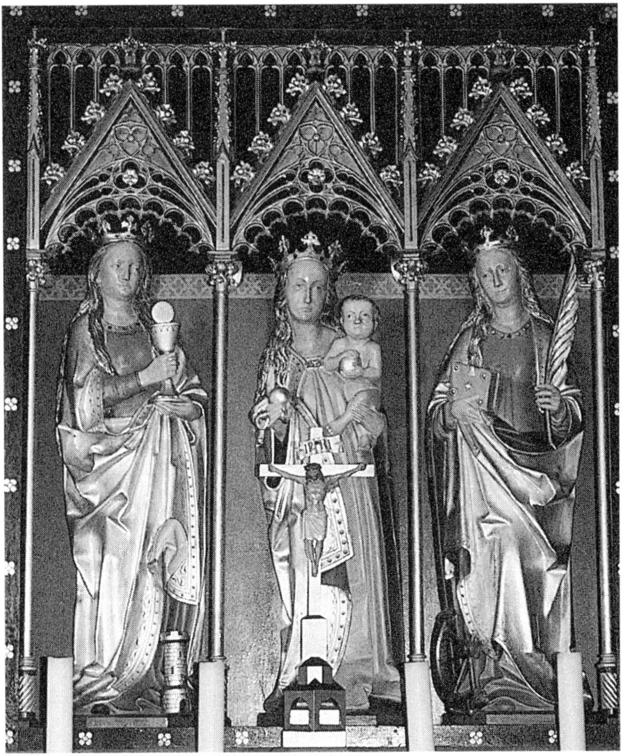

257 Stödtlen-Stillau. Drei spätgotische Heiligenfiguren im Hauptaltar der Lorenzkapelle

TÄFERROT

Das im Leintal gelegene Dorf gehörte ursprünglich zu den Freibauerndörfern. Als »Afrenrot« (hl. Afra) 1298 erstmals urkundlich erwähnt, seit 1331 im Besitz des Klosters Lorch, das in Täferrot ein Klosteramt einführte. Nachdem Lorch württembergisch geworden war, Einführung der Reformation.

Ev. Pfarrkirche (ehemals St. Afra). Die malerisch im ummauerten Kirchhof liegende Kirche typisches Beispiel einer romanischen Chorturmkirche. 1491 gotische Erweiterung mit Bau des polygonalen Chors mit Strebepfeilern und Maßwerkfenstern sowie neuen Portalen.
Das Innere der Kirche besteht aus dem flachgedeckten Schiff mit Emporen an der Nord- und Westseite sowie dem hinter dem Chorbogen beginnenden netzrippengewölbten Chor, der nach Osten zu mit gotischen Maßwerkfenstern abschließt. Auffallend die in kräftigen Farben gemalten Bilder an der Brüstung der Emporen. An der Nordempore auf 14 Holztafeln Szenen aus der Passion Christi (Farbtafel 10). Die Bilder, gemalt Anfang des 17. Jh., gehen zurück auf Holzschnitt- und Kupferstichvorlagen von *Albrecht Dürer*, z. T. auch auf Kupferstiche von *Matthäus Merian d. Ä*. Auf den Tafeln der Westempore Szenen aus dem Alten Testament, vermutlich Mitte des 18. Jh. in etwas helleren Farben gemalt, ebenfalls nach Kupferstichvorlagen des *Matthäus Merian*. Rechts im Schiff die Kanzel mit den Bildern von Christus und den vier Evangelisten, 1734. Unter dem Chorbogen über dem Altar großes, sehr gutes und eindrucksvolles spätgotisches Kruzifix.
Der größte Schmuck der Kirche ist das Chorgestühl mit 32 Plätzen in Doppelreihen an den Wandseiten des Chors. Die Architektur des Gestühls spätgotisch, um 1500, die Bemalung und Beschriftung 1683, Überarbeitung bei der Renovierung 1906. An den Rückseiten des Gestühls Propheten und Heilige in Kerbschnittechnik, in großer Meisterschaft ausgeführt, aus der ursprünglichen Entstehungszeit des Gestühls um 1500. Im einzelnen sind außer der ersten Figur der Nordwestgruppe (Christus) die Figuren nicht eindeutig zu identifizieren. Die Schriftbänder, anläßlich der Renovierung 1906 neu gestaltet, enthalten keine Hinweise. Die Herkunft des Gestühls ist nicht gesichert, möglicherweise aus dem Kloster Lorch (Farbtafel 10).
Weitere Einzelstücke sind die ehem. Schlußsteine, an den Ecken des Schiffs angebracht, mit Darstellung der gekrönten Maria und Barbara sowie die Grabplatte eines Ritters an der Südwand des Chors, 1604, eine etwas derbe Arbeit.
Der *Pfarrhof* neben der Kirche, ein stattliches Fachwerkgebäude (1768), zusammen mit Scheune und Kirche ein malerisches Ensemble.

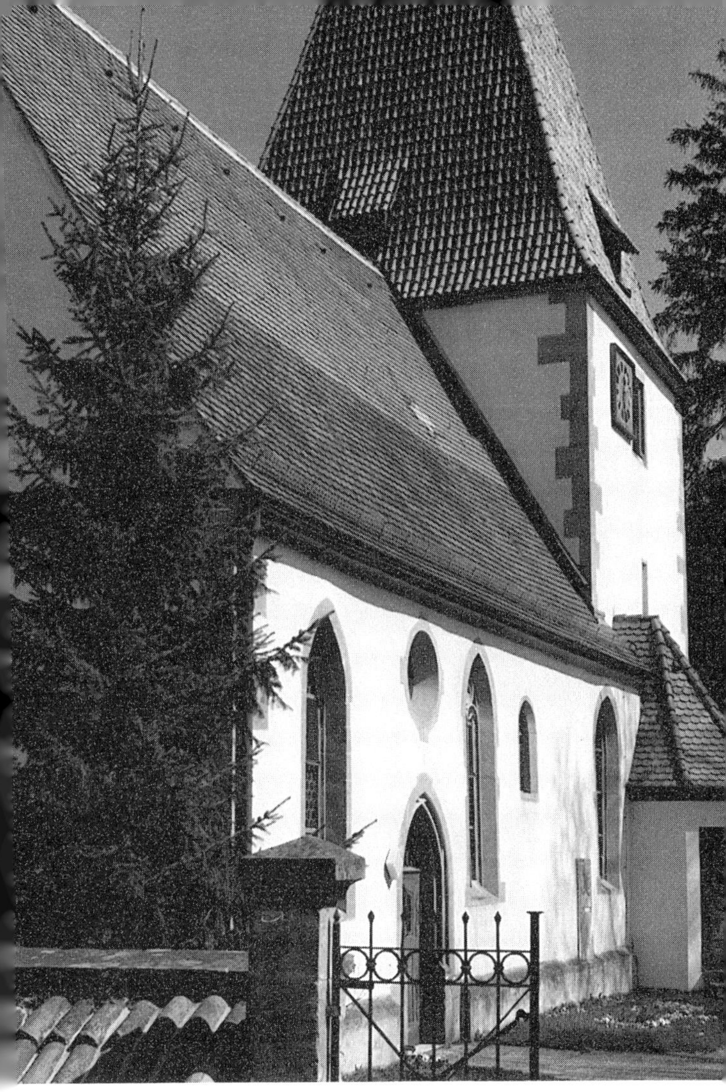

258 *Täferrot. Die ev. Pfarrkirche*

Tanau → Durlangen

TANNHAUSEN

Der 1215 erstmals erwähnte Ort unter einem nach Tannhausen benannten, seit 1145 nachweisbaren Ortsadel, dem angeblich auch der Minnesänger Tannhäuser angehört haben soll. Das im 18. Jh. erbaute neue Schloß auf dem mittelalterlichen Burgstall wird heute noch von Mitgliedern dieses Geschlechts bewohnt. Lehensherren waren die Grafen von Oettingen, das Hochstift Eichstätt und das Augsburger Domkapitel, zu dem immer sehr enge Verbindungen bestanden haben. Tannhausen kam 1810 an Württemberg, nach kurzem bayerischem Zwischenspiel 1806.

Pfarrkirche St. Lukas (kath.). Die 1479 anstelle eines frühgotischen Vorgängerbaus errichtete Kirche gehört zu den interessantesten und schönsten Bauwerken der Spätgotik in unserem Raum. Architektonisch weist sie zwei Besonderheiten auf: Sie vertritt zu einer Zeit, in der diese Bauweise nicht mehr üblich ist, den Typ der Chorturmkirche – der hohe Turm steht über dem östlichen Chor –, und das Langhaus ist eine zweischiffige Halle mit tragendem Mittelpfeiler. Die Kirche ist ein Werk der Nördlinger Bauhütte: →*Nikolaus Eseler d. Ä.*, der Erbauer der Nördlinger Georgskirche, gilt als Erbauer von Chor und Turm, während der ebenfalls Nördlinger *Stephan Weyrer* als Architekt des Schiffes gilt. Ebenfalls in Tannhausen tätig war →*Hans Stiglitz von Miltenberg.*

Das Äußere der Kirche wird dominiert vom hohen Turm, der vom dritten Geschoß an vom Viereck in ein strebepfeilergestütztes Achteck übergeht. Über einer Balustrade das Uhrgeschoß mit Welscher Haube. Der Eingang zur Kirche durch überdachte Vorhalle im Süden. Rechts daneben ein Relief mit Jüngstem Gericht, um 1500. Am Turm Konsolfigur mit Bildnis des *Nikolaus Eseler.*

Das Innere überrascht durch den hohen, lichten, mit reichen Netzrippen überwölbten zweischiffigen Raum, abgestützt von zwei schlanken Mittelsäulen, in die die Netzrippen direkt einmünden. Die westliche Mittelsäule trägt die Empore, die östliche steht frei im Raum. Der Chor unterhalb des Turms unter prächtigem Netzgewölbe mit reich gegliederter, mehrfach abgestufter Wand mit Resten von Malerei.

Sehr beachtlich ist die Ausstattung der Kirche: im Chor ein steinernes Sakramentshaus auf kleinem Freipfeiler. Über der geschmiedeten Tür das heilige Antlitz auf dem Schweißtuch der Veronika, von Engeln ge-

259 Tannhausen. Pfarrkirche St. Lukas

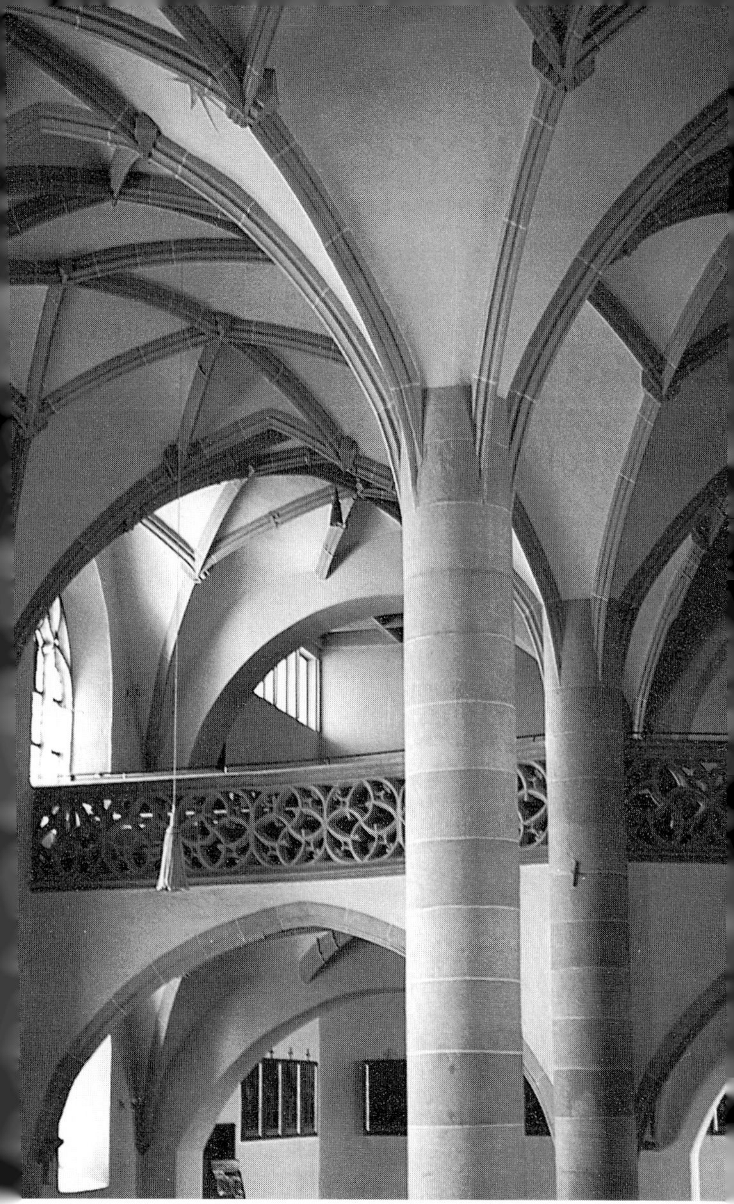

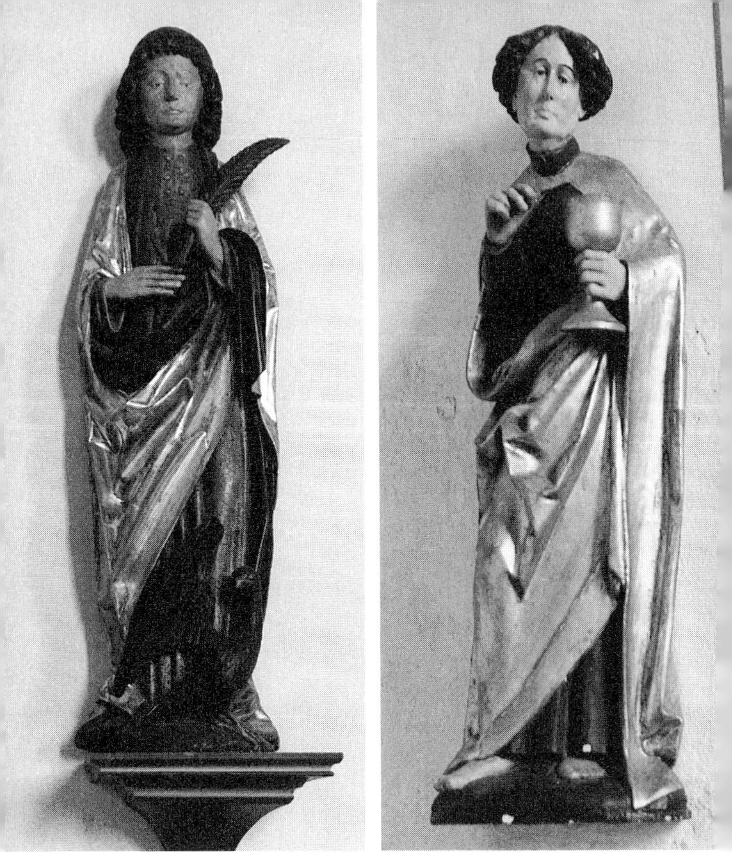

260 Tannhausen. Spätgotische Heiligenfiguren in der St.-Lukas-Kirche

halten, darüber über dem gotischen Spitzbogen zwei Engel mit Leidenswerkzeugen. Im Chorbogen großes spätgotisches Kruzifix hängend. Links und rechts des großen Chorfensters spätgotische Figuren der Madonna auf Mondsichel sowie des Evangelisten Johannes. Weitere spätgotische Figuren: an der Mittelsäule Madonna, rechts vom Chorbogen schöne Strahlenkranzmadonna. Gegenüber dem Eingang an der Nordwand des Langhauses männlicher Heiliger mit Märtyrerpalme, ihm gegenüber an der Südwand weibliche Heilige, beide ohne Attribut.

Die Kanzel an der Südwand des Schiffes frühbarock, mit geschnitzten Figuren von Christus und den vier Evangelisten. Davor der barocke Taufstein mit der Taufe Jesu durch Johannes d. T. auf dem Deckel. An der Nordseite des Schiffes, rechts der Orgel, das ehem. Altarblatt des Hauptaltars, ein sehr großes und hervorragendes Gemälde des Augsburger Akademiedirektors →*Johann Georg Bergmüller*, »Lukas malt die Muttergottes«, um 1716. Von der Orgel teilweise verdeckt großes Wandfresko des hl. Christophorus, 16. Jh. Links vom Chorbogen barockes Wandbild »Kreuzigung«, durchschnittliche Qualität.

Tannweiler → Waldstetten
Tonolzbronn → Ruppertshofen
Treppach → Aalen-Wasseralfingen
Trochtelfingen → Bopfingen
Untergröningen → Abtsgmünd
Unterkochen → Aalen
Unterriffingen → Bopfingen
Unterrombach → Aalen

UNTERSCHNEIDHEIM

Im 9. Jh. erstmals urkundlich erwähnt im Schenkungsverzeichnis des Klosters Fulda. Ortsadel seit dem 13. Jh. bekannt. 1379 und 1419 kommt der Ort an den Deutschen Orden, Kommende Mergentheim. Daneben Besitz der Grafen von Oettingen. 1806 an Bayern, 1810 an Württemberg.

Pfarrkirche St. Peter und Paul (kath.). Die 1458 erbaute Kirche mit dem Deutschordenswappen am Chorbogen hat noch den gotischen, netzgewölbten, polygonal geschlossenen Chor. Links vom Chor der Turm, in seinem unteren Teil netzgewölbter gotischer Turmchor, heute Nebenkapelle. An der Westseite dieses Turmchors sehr gut erhaltenes, bei der Renovierung 1988 freigelegtes frühgotisches Fresko mit Christus als Weltenrichter in der Mandorla auf dem Regenbogen sitzend, rechts und links begleitet von Aposteln. Auf dem Hauptaltar großes spätgotisches Kruzifix, flankiert von eindrucksvollen, temperamentvollen Barockfiguren der Apostel Petrus und Paulus. Ebenfalls im Chor, an der Südwand, hervorragende spätgotische holzgeschnitzte Gruppe einer Marienklage mit drei trauernden Frauen. Der größte Schatz der Kirche ist am linken Seitenaltar große spätgotische Strahlenkranzmadonna, fränkische Schule (um 1500).
Im spätbarocken, Ende des 19. Jh. nach Westen erweiterten Langhaus schöne Barockkanzel sowie am rechten Seitenaltar sehr gute barocke Figur des hl. Leonhard.

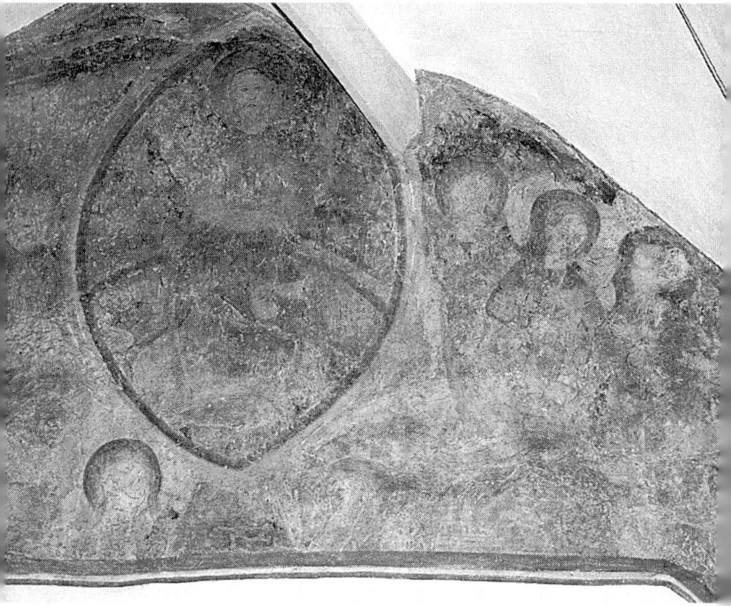

261 Unterschneidheim. Frühgotisches Fresko in der Turmkapelle der Pfarrkirche St. Peter und Paul

Deutschordensschlößchen (Rathaus). An der Stelle einer alten Turmhügelburg an der Sechta steht der reizvolle Spätrenaissancebau des ehem. Deutschordensvogtes mit prachtvollem Wappen und der Jahreszahl 1514 an der Südseite. An der Brücke zum Schloß sehr gute Nepomukstatue von 1731, dahinter barocker Portalbogen.

Unterschneidheim-Geislingen

Die *St.-Nikolaus-Kirche (kath.)*, ein Barockbau von 1768 unter Einbeziehung des Turms einer romanischen Chorturmkirche. Auf dem Hochaltar barocke Kreuzigungsgruppe mit Maria und Johannes. Im Langhaus spätgotische Figur des hl. Nikolaus sowie frühbarocke Pietà. Auf dem Deckel des barocken Taufsteins Taufe Christi im Jordan.

262 Unterschneidheim. Spätgotische Strahlenmadonna in der Pfarrkirche St. Peter und Paul

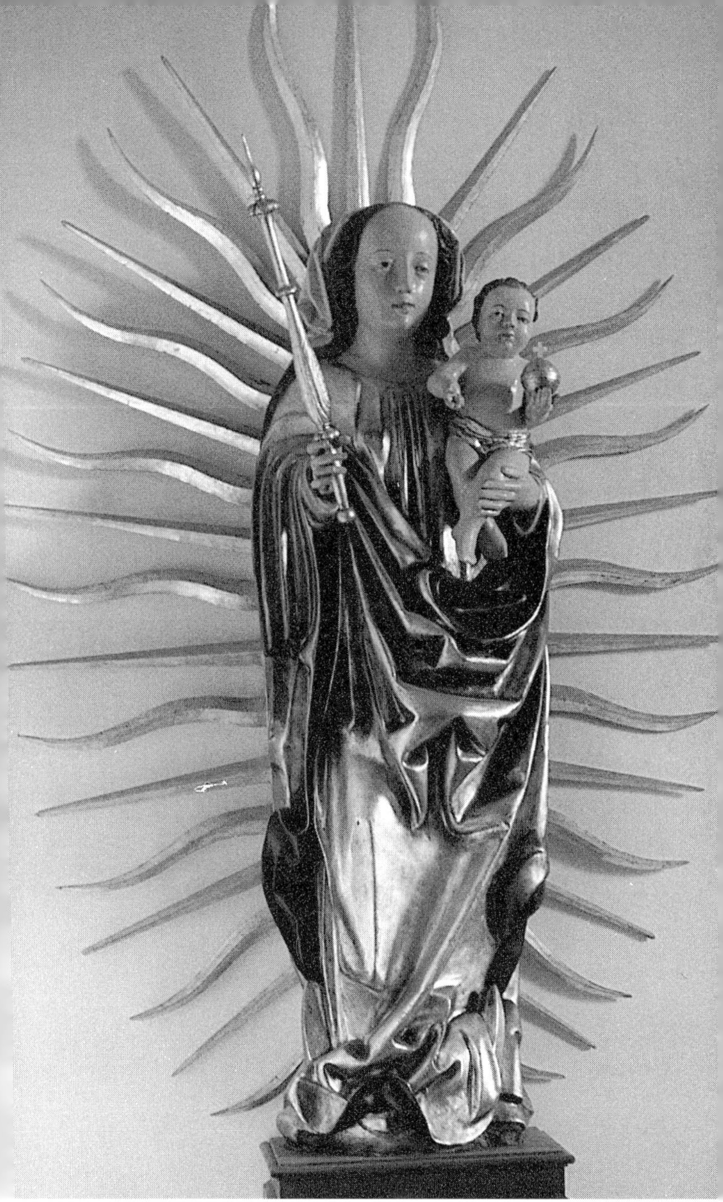

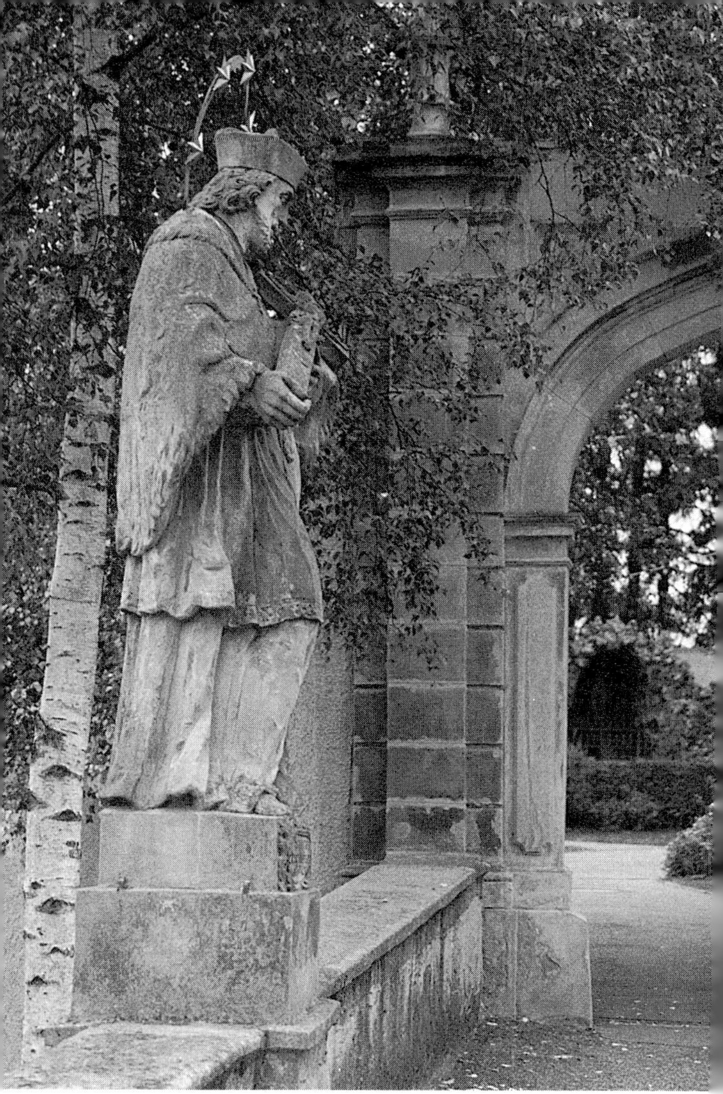

263 Unterschneidheim. Der hl. Johannes Nepomuk an der Brücke zum »Schlößle«

Unterschneidheim-Nordhausen

St.-Veits-Kirche (kath.). Sehr reizvoller Barockbau von 1751 unter Einbeziehung des romanischen Kirchturms nördlich des Chors. Im 1988 renovierten Innern feine Rokokostukkatur sowie prachtvoller Barockaltar, Altarblatt »Beweinung Christi«, flankiert von großen Barockfiguren der hll. Ulrich und Afra. Über Eck gestellte Seitenaltäre, links Madonna auf der Mondsichel, an der rechten Langhauswand sehr schöne Barockfigur des segnenden Christus. Bemerkenswert außer der Rokokokanzel noch das sehr schöne Gestühl mit den ursprünglichen barocken Wangen.
Südlich der Kirche stattliches barockes *Pfarrhaus* aus der Erbauungszeit der Kirche, mit dieser schönes Ensemble bildend.
Westlich des Ortes auf einem gut erhaltenen alten Burgstall, einem 6 m hohen Hügel nördlich der Straße nach Unterschneidheim, barocke Ölbergskapelle, davor großes Feldkreuz zwischen zwei kleinen Nischenkapellen.

Unterschneidheim-Unterwilflingen

St.-Andreas-Kirche (kath.). Moderner Bau von 1977. Im Innern eine Reihe sehr guter Figuren aus der Vorgängerkirche, insbesondere eine spätgotische Katharina von hervorragender Qualität sowie eine spätgotische Pietà, außerdem sehr ausdrucksstarke barocke Schmerzensmadonna. Daneben frühbarocke Strahlenmadonna. An der Westwand Barockfiguren: Christus zwischen den Aposteln.
Östlich des Ortes, malerisch auf einem Hügel gelegen, die *Maria-Hilf-Kapelle*. Im Innern frühbarocker Altar mit sehr gutem Madonnenbild, darüber Gottvater.
St.-Leonhards-Kapelle in Oberwilflingen, Bau von 1756, mit markantem Zwiebelturm. Das renovierungsbedürftige Innere mit Wand- und Deckenmalerei sowie Hauptaltar vom Ende des 19. Jh. Gotisches Kruzifix an der Südwand, links an der Chorwand Sebastian. Barocke Pietà unter dem Kreuz sowie Strahlenkranzmadonna auf Tragstange.

Unterschneidheim-Walxheim

Der 1156 erstmals erwähnte Ort seit dem Mittelalter zum Hause der Grafen von Oettingen-Oettingen gehörend, seit Einführung der Reformation 1558 im weiteren Umkreis der einzige evangelische Ort.
Ev. Pfarrkirche (ehemals St. Erhard), ein bescheidener Bau von 1769 anstelle eines gotischen Vorgängerbaus.

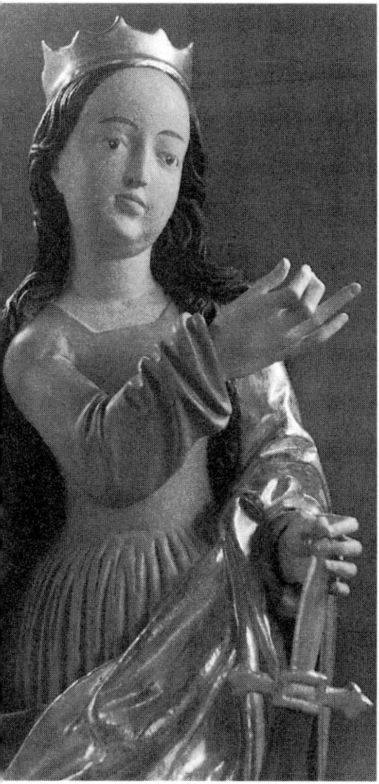

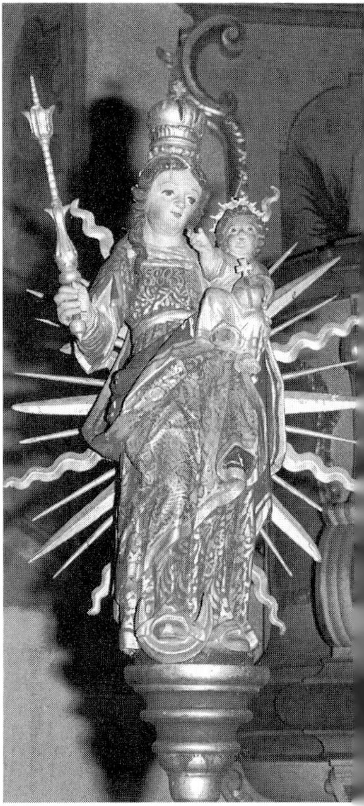

264 Unterschneidheim-Unterwilflingen. Spätgotische Katharina in der St.-Andreas-Kirche

265 Unterschneidheim-Oberwilflingen. Barocke Strahlenkranzmadonna in der St.-Leonhards-Kapelle

266 Unterschneidheim-Zipplingen. Inneres der kath. Kirche St. Martin

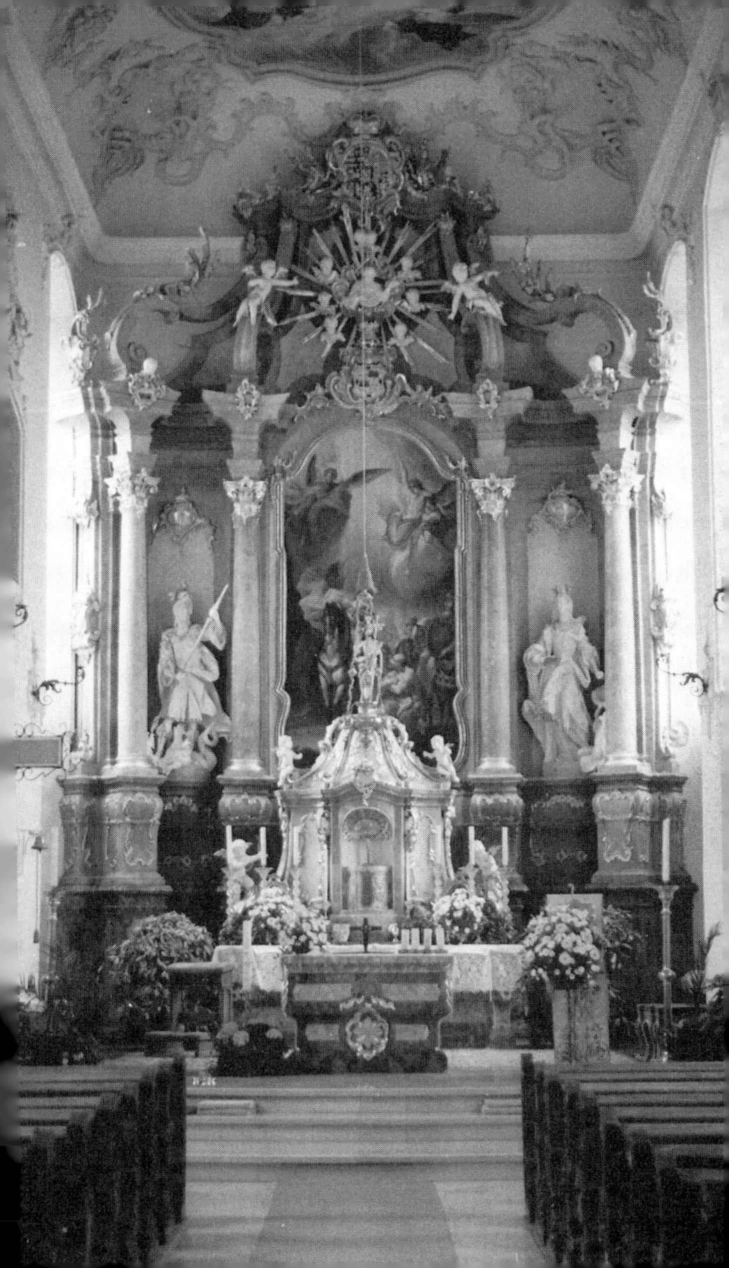

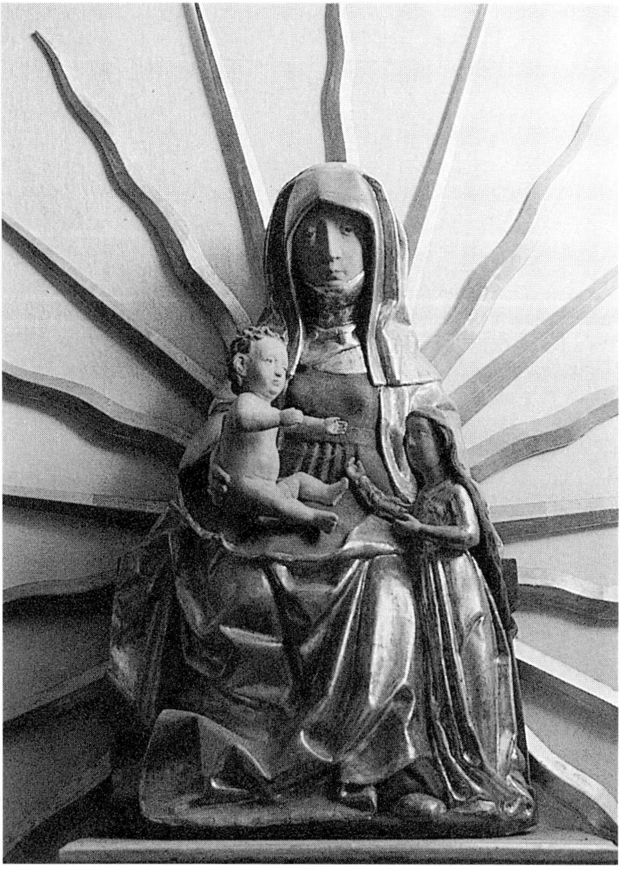

267 Unterschneidheim-Wössingen. Spätgotische Anna selbdritt in der St.-Bonifatius-Kirche

Unterschneidheim-Zipplingen

Ende des 13. Jh. geht der 1153 erstmals als Besitz der Herren von Zipplingen erwähnte Ort an den Deutschen Orden und die Grafen von Oettingen.

Pfarrkirche St. Martin (kath.). An der Stelle eines romanischen Vorgängerbaus 1761–1766 errichtet. Das die Landschaft weit überragende und beherrschende Bauwerk gilt als gelungenes Beispiel des Deutschordensbarock und ist eine der reizvollsten Barockkirchen des Kreises. Das Innere barocker Saalraum mit gerundeten Ecken und schräggestellten Seitenaltären, einer Doppelempore im Westen sowie einer Komturloge im Chor. Der mächtige, den Chor abschließende Hochaltar mit Altarblatt des hl. Martin, gemalt von *Georg Dieffenbrunner*, 1765, von dem auch die Deckengemälde mit Szenen der Martinslegende stammen. Die das Altarbild flankierenden, zwischen Säulen stehenden außergewöhnlich guten Barockfiguren Georg und Elisabeth von dem Deutschordensbildhauer *Leonhard Meyer*. Die Seitenaltäre der Muttergottes (links) und Josef (rechts) gewidmet, mit spätgotischer Pietà sowie den ebenfalls spätgotischen Figuren der hll. Barbara und Katharina. Weitere sehr beachtenswerte barocke Figuren und Gemälde machen die Zipplinger Kirche zu einem Kleinod.
Am Fuße des Kirchbergs das *Pfarrhaus*, ein schöner Barockbau mit Wappen des Deutschen Ordens, 1774 erbaut.

Sechtenhausen *Pfarrkirche St. Nikolaus (kath.).* Im Kirchhof stehende Chorturmkirche, der wuchtige Turm mit Pyramidendach romanisch. Das Schiff im wesentlichen von 1826. Im Chor spätgotische Kreuzigungsgruppe über dem romanischen Rundbogenfenster. Im Schiff links barocker Altar mit Altarblatt Madonna mit Kind, im Langhaus verschiedene qualitätvolle barocke Figuren: Kreuz, Pietà, Sebastian, Wendelin und andere.

Wössingen *St.-Bonifatius-Kirche (kath.).* Spätgotische Kirche mit sterngewölbtem Chor und reizvollem achteckigen Turm. Rechts vom Chorbogen sehr gute spätgotische Anna selbdritt im Strahlenkranz, links gotische Pietà. An der Südwand gutes barockes Abendmahlbild, an der Nordwand hl. Sebastian.

Unterschneidheim-Zöbingen

Uralter Siedlungsplatz, an dem keltische Grabhügel und alamannische Reihengräber nachgewiesen wurden. Nach erster urkundlicher Erwähnung 1239 im Besitz der Grafen von Oettingen-Baldern und Oettingen-Wallerstein.

Pfarrkirche St. Mauritius (kath.). Der im Ursprung gotische Bau von 1394 mit im Untergeschoß romanischem Turm mit markanter barocker Zwiebel, im 18. Jh. umgebaut. Bei der Renovierung im Jahr 1988 im

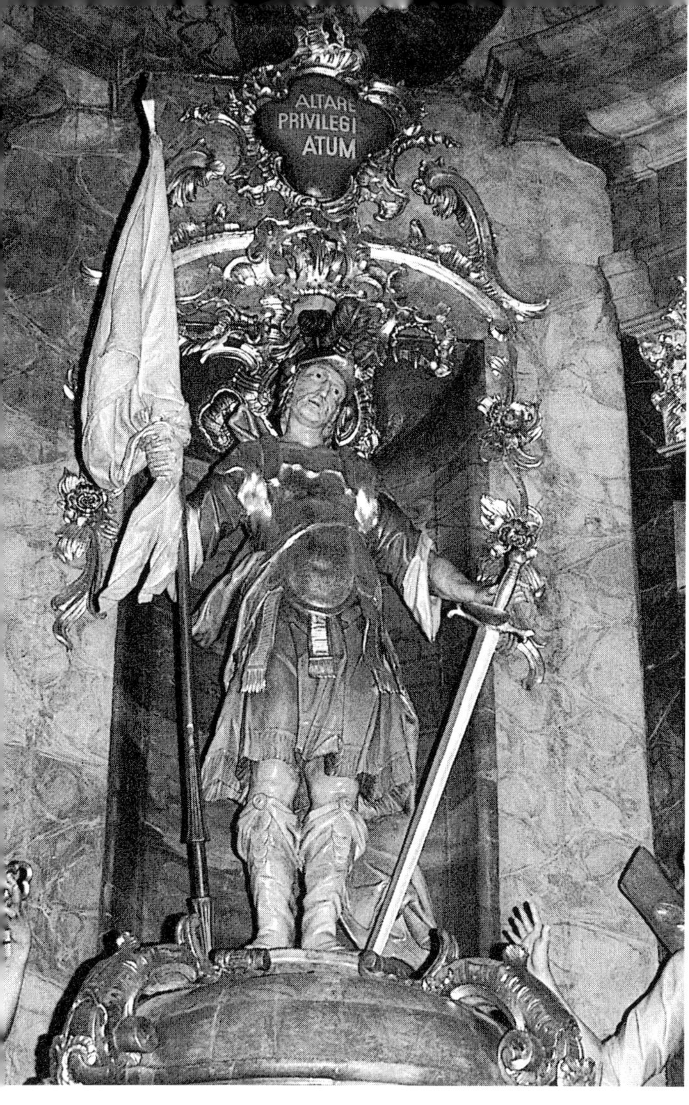

268 Unterschneidheim-Zöbingen. Der Kirchenpatron Mauritius im Hochaltar der kath. Pfarrkirche

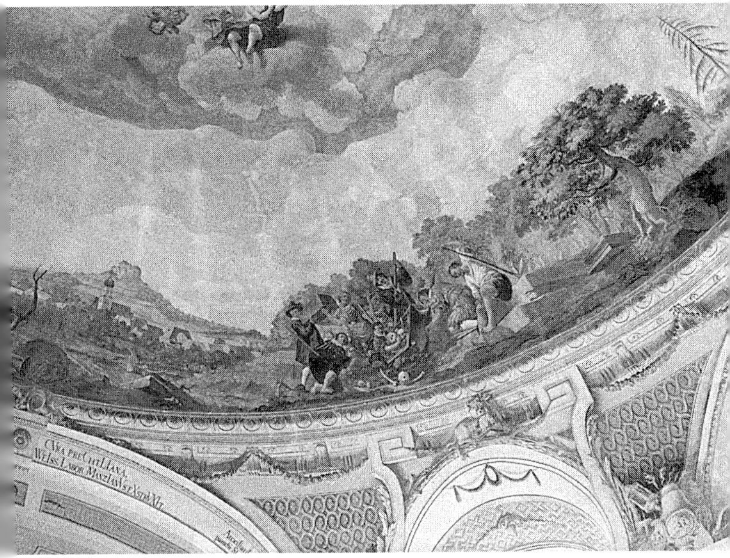

269 Unterschneidheim-Zöbingen. Deckenfresko von Anton Wintergerst in der Wallfahrtskirche St. Maria

Chor Reste gotischer Bemalung neben einer gotischen Sakramentsnische entdeckt. Im eingezogenen Chor sehr guter Hochaltar, in der Mitte mit dem Kirchenpatron Mauritius. Im Auszug des Altars Marienkrönung. Die Seitenaltäre mit neugotischen Altarblättern. Deckengemälde der Kirche von →*Johann Michael Zink*, Szenen aus der Mauritiuslegende.

Wallfahrtskirche St. Maria (kath.). Die das Landschaftsbild prägende Wallfahrtskirche 1718 erbaut nach Entwürfen des vor allem in Eichstätt tätigen Baumeisters → *Gabriel de Gabrieli.* Zentralbau auf griechischem Kreuz mit großer Kuppel, diese 1783 von → *Anton Wintergerst* mit großem Deckenfresko versehen: Himmelfahrt Mariens sowie Geschichte der Entdeckung des Totenbaums und damit des Beginns der Wallfahrt.

Der zufällige Fund eines alamannischen Grabes mit Totenbaum, in diesem Gebeine und Grabbeigaben, um das Jahr 1260 führte zum Beginn einer blühenden Wallfahrt, da man den Toten als frühchristlichen Märtyrer deutete. Das Gelände um die Kirche war ein großer alamanni-

scher Friedhof. In der Sakristei ist der legendäre Totenbaum hinter einem barocken Gitter noch aufbewahrt. Andere dieser in Zöbingen entdeckten Baumsärge befinden sich in den Museen von Nördlingen und Stuttgart.
Das Deckenfresko im Chor, ebenfalls von *Wintergerst*, stellt die Vision des hl. Johannes, das apokalyptische Weib und den Sturz des Drachens dar. Der Gnadenaltar von 1780 von →*Thomas Schaidhauf*, auf diesem eine sehr gute spätgotische Madonna, um 1500 (die flankierenden Engel neu). Rechts vom Eingang der Kirche hinter Gittern barocker Kerkerheiland. Links vom Chor bildliche Darstellung der Entdeckung des Totenbaums, im Hintergrund die Kirche von Zöbingen und Schloß Baldern.
Johannes-Nepomuk-Kapelle an der Straßenkreuzung südlich der Wallfahrtskirche, um 1750.

Unterwilflingen → Unterschneidheim
Utzmemmingen → Riesbürg
Vorderlintal → Spraitbach
Waldhausen → Aalen
Waldhausen → Lorch

WALDSTETTEN

Der am Fuße des Stuifen gelegene Ort 1275 erstmals urkundlich erwähnt. Zum Stammgut des Geschlechts der Rechberger, seit 1699 zum Kapitel der Fürstpropstei Ellwangen gehörend. Die ehem. Burg der Herren von Rechberg östlich vom Dorf, von der noch Wall und Graben sichtbar sind, wurde 1449 von Bürgern der Stadt Gmünd zerstört. 1802 zu Württemberg, 1824 Marktrecht.

St.-Laurentius-Kirche (kath.). 1905 erbaut von *Joseph G. Cades* in neuromanischem, an die niederrheinische Romanik mit Emporenarchitektur erinnerndem Stil unter Einbeziehung des alten Chorturms der Vorgängerkirche, der als Glockenturm dient, die Kirche nach Westen umorientiert. Die Ausstattung aus der Erbauungszeit.
Alte Friedhofskapelle. Neben der Laurentiuskirche die 1980 restaurierte Kapelle mit Glasfenstern von *Kurt Nusser* und einigen Skulpturen aus der Barockzeit (leidender Christus, Nepomuk).

Tannweiler Die auf der Paßhöhe zwischen Schwarzhorn und Graneggle gelegene *Reiterleskapelle* ist vor allem wegen ihrer landschaftlichen Lage berühmt. Gestiftet von dem Bauer Reuterle vom Tannerhof, nach einer Legende in der Absicht, für die Seelenruhe eines Ba-

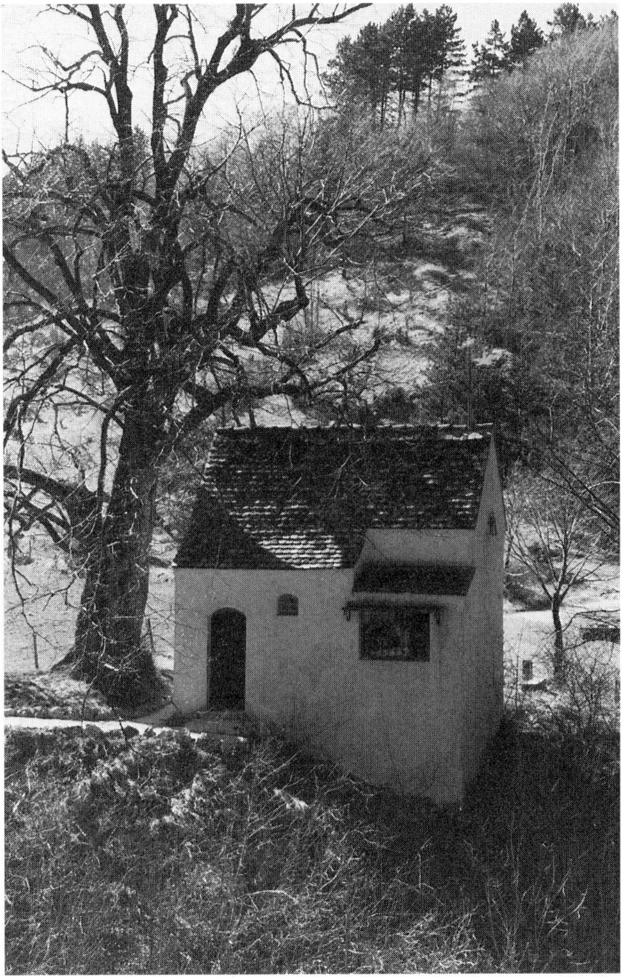

270 Waldstetten-Tannweiler. Die Reiterleskapelle

rons zu sorgen, der sich als Geist in dieser Gegend herumgetrieben haben soll. Die heutige Kapelle um 1714, vermutlich anstelle einer vorangegangenen Kapelle um 1630. Im Innern hinter einem Gitter ein kleiner Altar, dessen drei barocke Heiligenfiguren 1988 Opfer eines Diebstahls geworden sind. An der Außenwand hoch über dem Weg Ölbergszene.

Weilerstoffel Die *Patriziuskapelle* nach Plan des Ellwanger Baumeisters →*Arnold Friedrich Prahl* 1754 erbaut. Über dem Portal der hl. Veit im Kessel sowie ein Kelch mit Hostie als Attribut der hl. Barbara. Im Chor sehr gutes Gemälde von 1773 mit dem Kirchenpatron: unten der junge Patrizius als Hirte vor einem Holzkreuz kniend, im oberen Bildteil derselbe Heilige als Bischof, umgeben von Engeln. Seitlich des Bildes auf Konsolen die Statuen des hl. Patrizius mit Lamm sowie des hl. Leonhard mit Pferd, beide Schutzpatrone der Bauern. Fenster von *Sepp Baumhauer*, (1958): Martin und Nikolaus von der Flüe.

Waldstetten-Wißgoldingen

Der am Südfuß des Stuifen gelegene, 1275 erstmals erwähnte Ort gehörte den Rechbergern, Donzdorfer Linie. Seit 1742 im Besitz der Herren vom Holz aus Alfdorf.

Pfarrkirche St. Johannes (kath.). Ursprünglich eine romanische Chorturmkirche, von der der Turm noch vorhanden ist (um 1200), Turmobergeschosse von 1776. Das ehem. Langhaus von 1615 ist heute Verbindungsglied zwischen Turm und Langhausneubau, der von den Architekten *Bulling* und *Herkommer* 1919/20 quer zum alten Langhaus errichtet wurde. Der Raum beeindruckt durch die hohen Holzpfeiler mit der sich darüber wölbenden hölzernen Tonne. Anklänge an den Jugendstil, so in den gemalten Medaillons über den Pfeilern.
Der nach Süden weisende Chor mit großem, die gesamte Chorwand ausfüllendem Glasfenster (1920) mit Szenen aus dem Leben Johannes d. T. Aus derselben Zeit am Hauptaltar quadratische Reliefs mit Szenen der Passion Christi. Die Seitenaltäre von Maria (links) und Josef (rechts) mit lebensgroßen Gemälden über den Altären in kräftigen Farben in der Art des Jugendstils (1920).
Die Wißgoldinger Kirche gehört zu den originellsten und gelungensten Schöpfungen des Kirchenbaus vom Anfang dieses Jahrhunderts und hat ihren Charakter unverfälscht bewahrt. Im ehem. Turmchor jetzt Marienkapelle mit qualitätvoller Madonna, spätgotisch, sowie barokker Kreuzigungsgruppe.
Die 1765 erbaute *Marienkapelle* ist wegen ihrer schönen Lage berühmt. Im Innern sehr guter Altar aus dem Rokoko mit eingefügten älteren Fi-

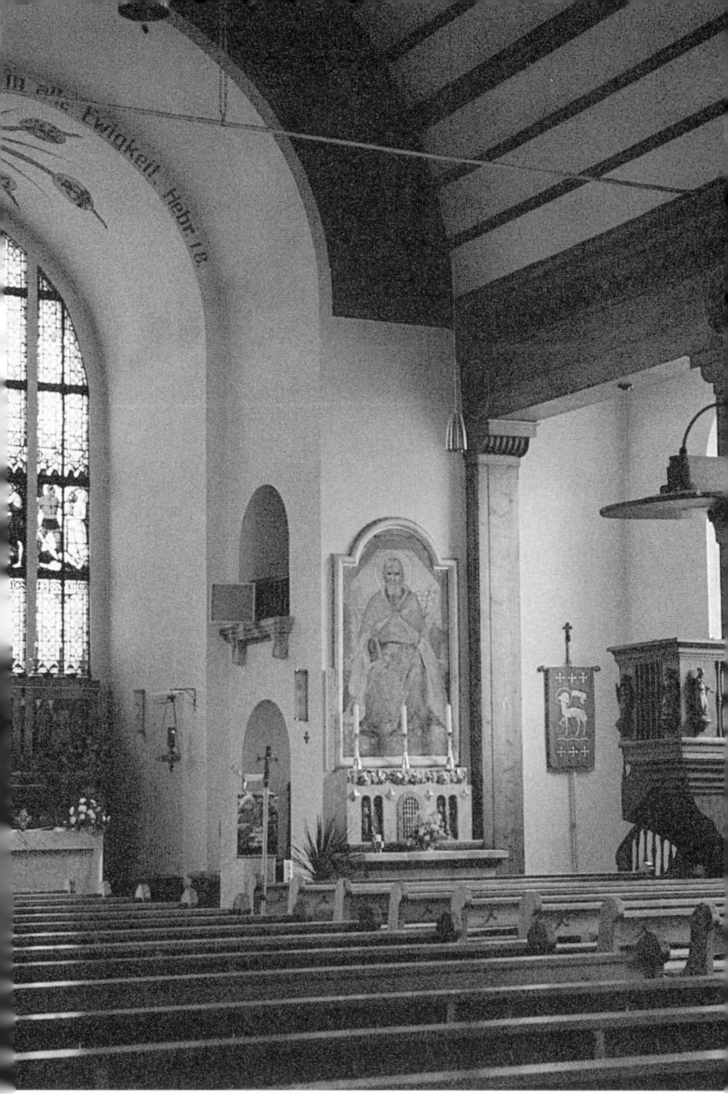

271 *Waldstetten-Wißgoldingen. Die Jugendstilkirche St. Johannes*

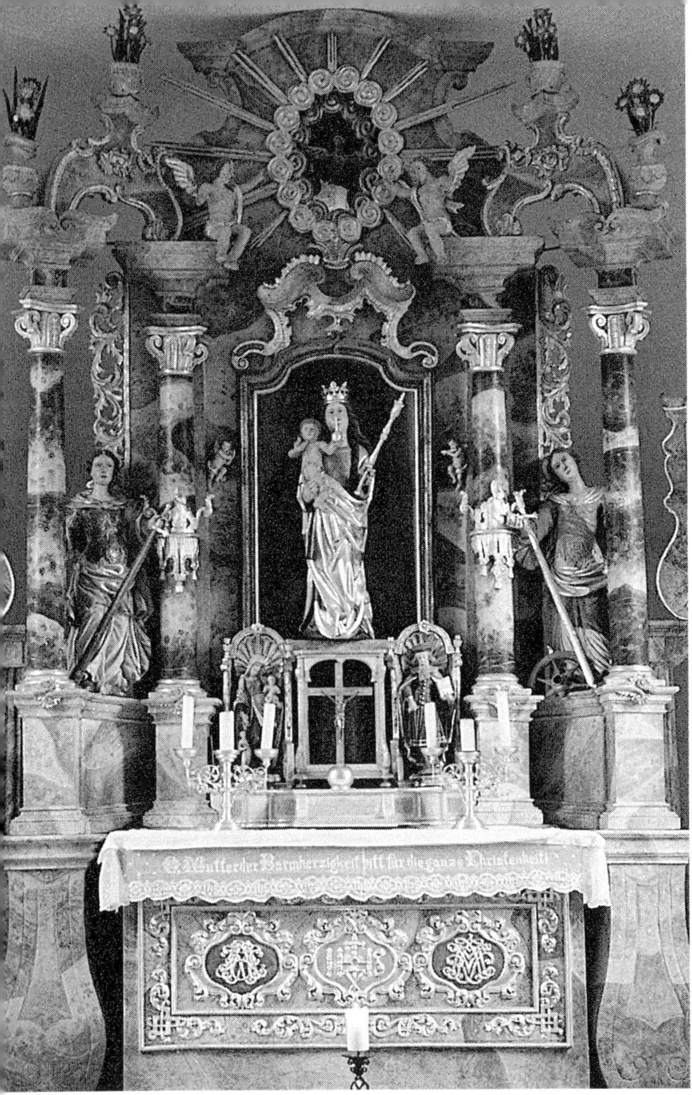

272 *Waldstetten-Wißgoldingen. Rokokoaltar in der Marienkapelle*

guren: in der Mitte Maria auf der Mondsichel mit Zepter, Kind und Weltapfel, gotisch. Zwischen den Säulen Barbara und Katharina, barock. Weitere Figuren: Anna selbdritt und Joachim. Beachtenswerte qualitätvolle Votivtafeln an den Wänden aus den Jahren 1767–1779.

Walxheim → Unterschneidheim
Wasseralfingen → Aalen
Weiler → Rainau-Dalkingen
Weiler i. d. Bergen → Schwäbisch Gmünd
Weilerstoffel → Waldstetten
Westerhofen → Westhausen

WESTHAUSEN

Erste urkundliche Erwähnung des Ortes, in dem vier frühmittelalterliche Burgställe nachgewiesen sind, 1147. Seit dem 14. Jh. gehört der größte Teil zum Kloster Ellwangen, das die Adelsfamilien der Adelmann, Woellwarth und der Ahelfinger belehnte. Der Deutsche Orden, Kommende Kapfenburg, dem seit 1363 die Kirche gehörte, seit 1443 mit Besitz im Ort. Seit 1545 ist Westhausen ein Unteramt des ellwangischen Oberamts Wasseralfingen, wobei die Fürstpropstei die Ortsherrschaft teilen mußte mit dem Deutschen Orden sowie den Woellwarths.

Pfarrkirche St. Moritz (kath.). Der stattliche einschiffige Bau mit eingezogenem Chor 1780 von → *Johann Michael Keller* erbaut anstelle einer spätgotischen Vorgängerkirche, von der noch der Turm links des Chores stammt. Über dem repräsentativen und schönen Westportal Deutschordenswappen.
Der Innenraum, von beachtlicher Breite und Höhe, mit flacher Tonne überwölbt, korinthischen Pilastern und feinen Stukkaturen. Hochaltar, Seitenaltäre und Kanzel in Stuckmarmor und bereits klassizistischen strengen Formen. Besonders bemerkenswert über dem Hochaltar das Flachrelief der Marienkrönung. Altarblätter 19. Jh.
Südwestlich der Kirche große Figur des hl. Johannes Nepomuk, 1745, von *Michael Paulus*.
Nordöstlich neben der Kirche das von → *Johann Michael Keller* 1769 erbaute *Pfarrhaus*, das zusammen mit der Kirche und der Pfarrscheuer ein harmonisches Bauensemble bildet.
Friedhofskapelle St. Silvester. Die 1626 erbaute, 1645 erweiterte Kapelle stellt ein hervorragendes Beispiel des Frühbarock in unserem Gebiet dar. Im Innern prachtvoller großer frühbarocker Hochaltar mit der mächtigen Figur des Papstes Silvester, der als Patron der Bauern verehrt wird. Weitere Darstellungen des Heiligen auf guten Bildern, eines

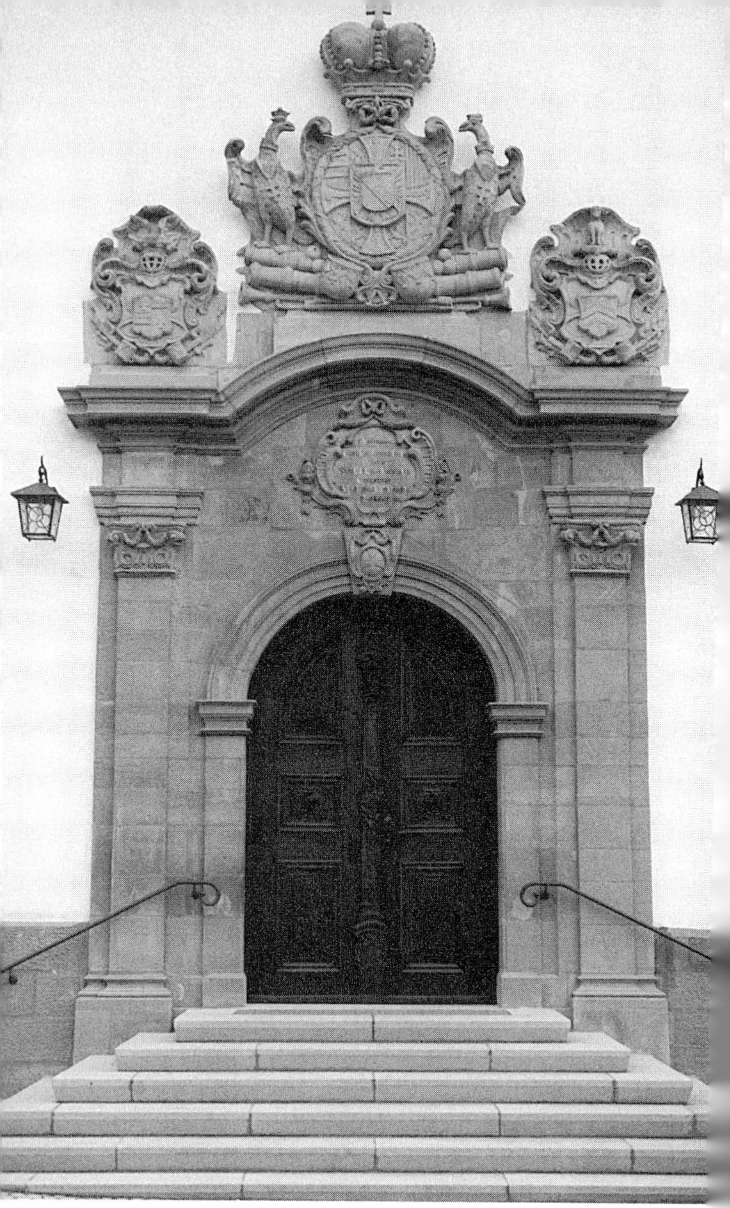

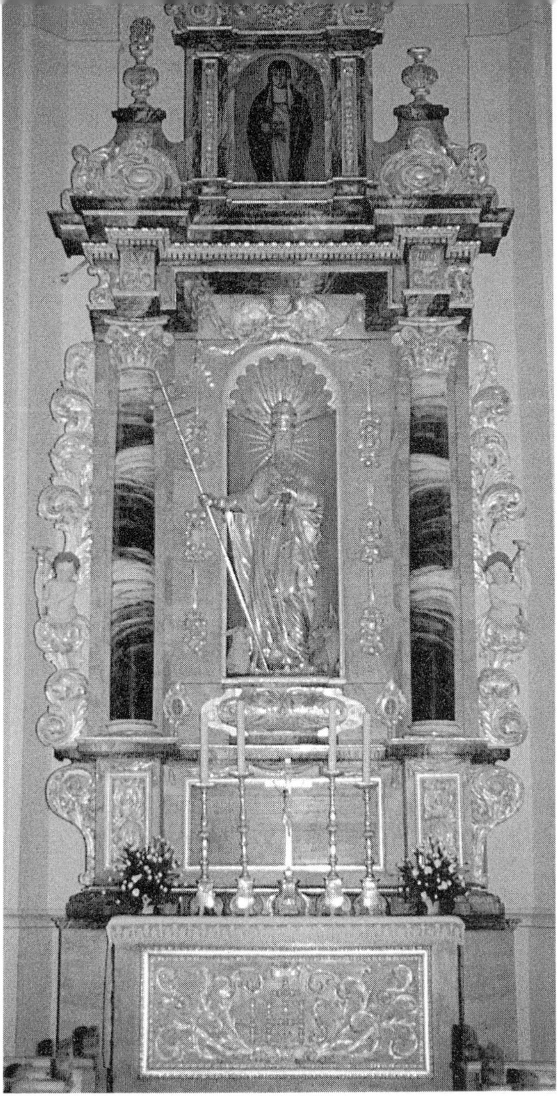

274 Westhausen. Frühbarocker Hochaltar der Silvesterkapelle

273 Westhausen. Hauptportal der Pfarrkirche St. Moritz

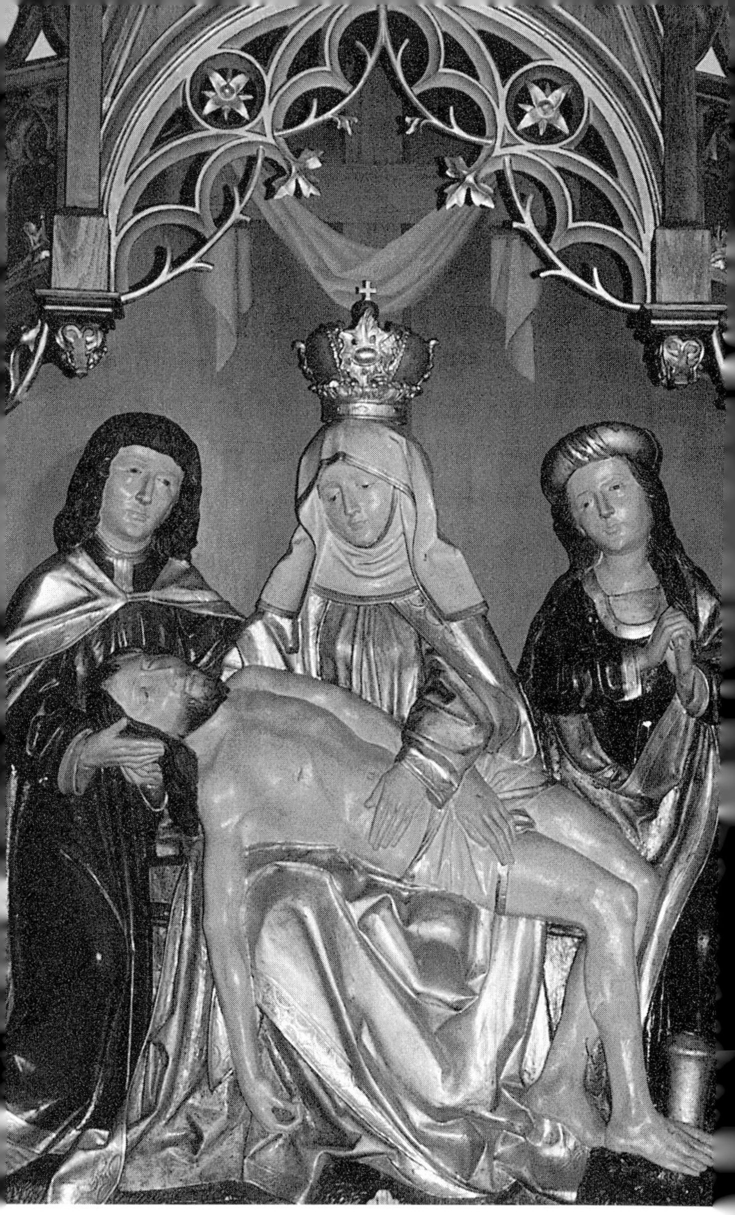

davon ihn zusammen mit der hl. Ottilia vor der Gottesmutter zeigend, ebenfalls frühbarocke Arbeit. Die Silvesterkapelle ist der Ort eines sehr alten Brauchs, des jährlichen Silvesterritts.

Jagsthausen Die im ummauerten Friedhof gelegene *Kapelle St. Stephanus (kath.)* ursprünglich gotischer Bau, 1746 barock umgebaut. Das Innere heute konsequent neugotisch gestaltet mit Altären und Wandmalereien. Im rechten Seitenaltar spätgotische Beweinungsgruppe von hoher Qualität: Maria mit dem toten Jesus auf dem Schoß, begleitet von Johannes und Maria Magdalena. Sehr schön die frühbarocke Holzkanzel mit den geschnitzten Figuren Christus und die vier Evangelisten. An der Westempore barocke Malereien: Christus, Maria und die 12 Apostel.

Reichenbach *Kirche St. Georg (kath.).* 1729 anstelle einer spätgotischen Kapelle, von der der untere Teil des Westturms besteht, neu erbaut.Das Innere überrascht durch seine qualitätvolle Ausstattung: im neubarocken Hochaltar links spätgotische gekrönte Madonna, das Altarblatt um 1870 mit Christus vor dunklem Hintergrund.
Besonders beachtlich der linke Seitenaltar, frühbarocker Altaraufbau mit ovalem Halbreliefbild der 14 Nothelfer, die, jeweils mit ihren Attributen, in einem Wolkenmeer schweben. Am Chorbogen rechts und links zwei spätgotische Heiligenfiguren: Georg und Margaretha. Rechter Seitenaltar mit Bild der lehrenden hl. Anna im Nazarenerstil. Die Kanzel frühbarock mit gemalten Bildern: Christus und die Evangelisten. Im Chor zwei qualitätvolle Barockbilder, Maria mit Kind auf der Weltkugel stehend und Josef.
Westerhofen *Kapelle St. Blasius (kath.).* Im Kirchhof über dem Dorf liegende Kapelle aus dem 15. Jh., die mit ihrem Turm die Landschaft prägt. Kreuzrippengewölbte Vorhalle unter dem Turm. Im Chor barockes Kreuz, rechts und links davon sehr gute Barockfiguren der hll. Ulrich und Blasius. Im Schiff rechts Sebastian, links Theresia.

Westhausen-Lippach

Die 1899 in neuromanischem Stil errichtete *Pfarrkirche St. Katharina (kath.)* enthält an den Pfeilern vor dem Chor drei hervorragende spätgotische Holzskulpturen der Madonna, der hl. Katharina und der hl. Ottilia, alle um 1510.

275 Westhausen-Jagsthausen. Spätgotische Beweinungsgruppe in der Kapelle St. Stephanus

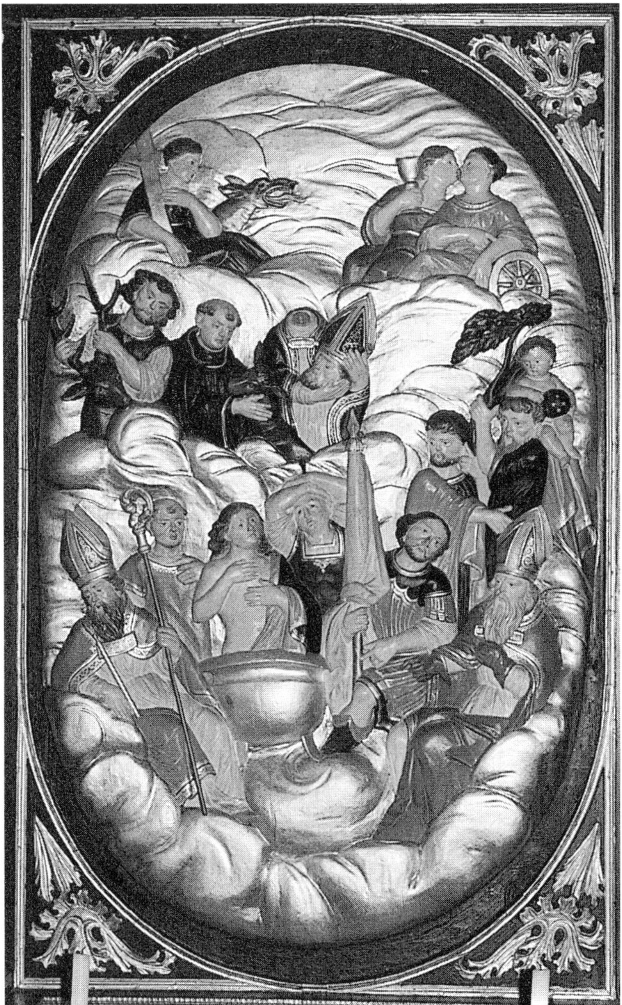

276 Westhausen-Reichenbach. Der barocke Vierzehn-Nothelfer-Altar in der Georgskirche

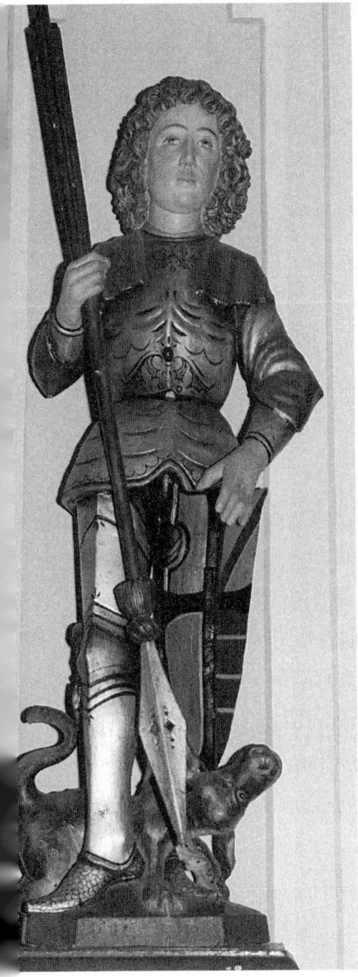

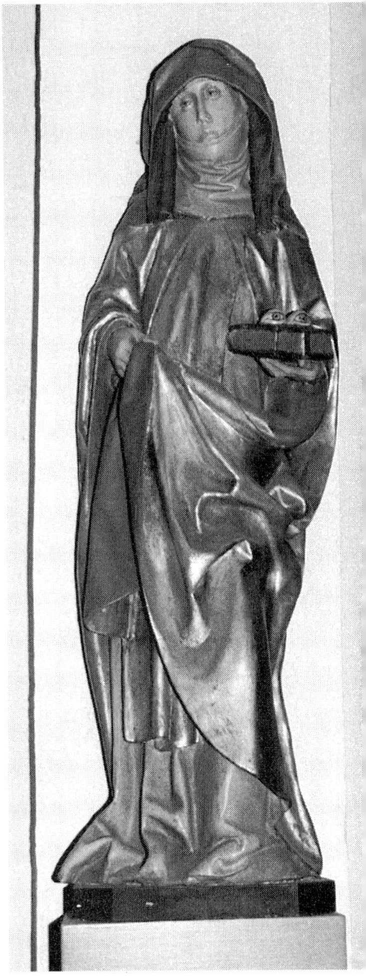

277 Westhausen-Reichenbach. Der hl. Georg in der Georgskirche

278 Westhausen-Lippach. Spätgotische hl. Ottilia in der kath. Pfarrkirche

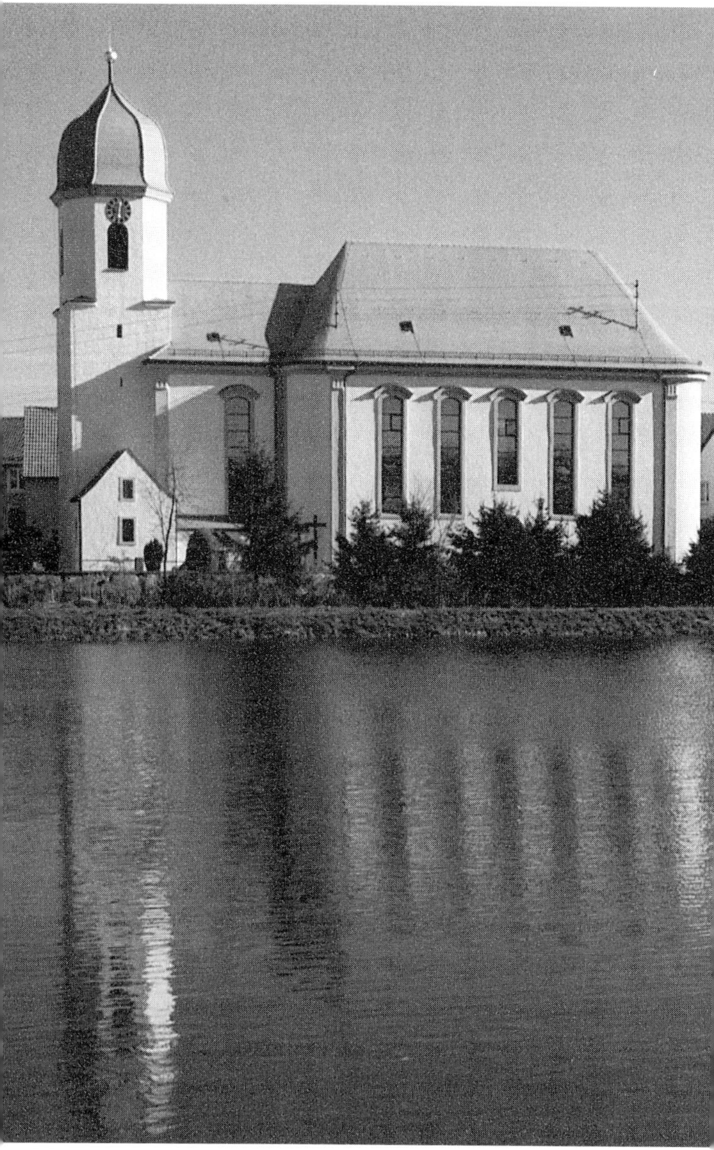

Lindorf Kleine Privatkapelle mit spätgotischer Beweinungsgruppe sowie an der rechten Wand Kruzifix, um 1600.

Wetzgau-Rehnenhof → Schwäbisch Gmünd
Wißgoldingen → Waldstetten
Wöllstein → Abtsgmünd

WÖRT

Im Tal der Rottach im Virngrund sind schon im 10. Jh. mehrere Burgställe gesichert, unter ihnen der Burgstall (Burstel) in Wört, heute Schlößle genannt. Nach diesem Burgstall, einer Wasserburg, auch der Name des Ortes: Wört (Werde, Werder) bedeutet Insel. 1024 erstmals urkundlich erwähnt, die Burg gemeinsames Lehen von Ellwangen und Oettingen. Seit 1810 bei Württemberg.

Pfarrkirche St. Nikolaus (kath.). Von einer romanischen Vorgängerkirche zeugt noch der Turm, an den sich über einem Zwischenbau das höhere Hauptschiff, erbaut 1725, 1876 verlängert, anschließt.
Nach geglückter Renovierung von 1979 wirkt die Kirche in ihrer beachtlichen Höhe und Helligkeit wieder als Barockkirche. Allerdings sind die Barockaltäre Neuerwerbungen, von der ursprünglichen barokken Ausstattung ist nur noch wenig erhalten. Im linken Seitenaltar »sitzende Madonna«, rechts Josef. An der Wand des Schiffes Figur des hl. Patrizius.
Nordwestlich vom Ort, früher ganz vom Wasser umgeben, das *»Schlößle«*, 1626 erbaut.

Wössingen → Unterschneidheim
Zimmerbach → Durlangen
Zimmern → Schwäbisch Gmünd-Herlikofen
Zipplingen → Unterschneidheim
Zöbingen → Unterschneidheim

279 Wört. Die Pfarrkirche St. Nikolaus

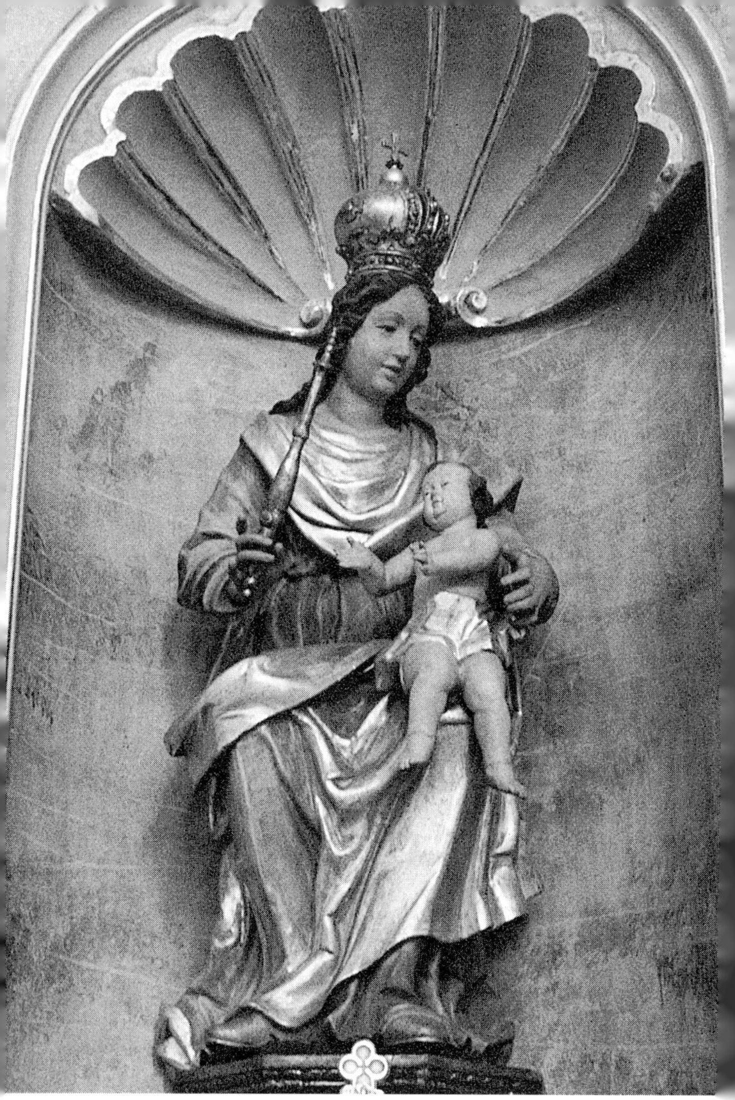

280 Wört. Madonna in der Pfarrkirche St. Nikolaus

ANHANG

KÜNSTLERMONOGRAPHIEN

Johannes Anwander

Geb. 1715 in Mindelheim, gest. 1770 in Lauingen.
Anwander gehört zu den bedeutenden Freskanten der süddeutschen Barockmalerei, dessen Werk beeinflußt ist nicht nur von der Formensprache und den Farbtechniken der Augsburger Akademie, sondern auch von der Illusionsarchitektur des Italieners *Andrea Pozzo*. Seine bedeutendsten Arbeiten sind die Fresken in der Augustinerkirche in Münnerstadt, die Fassadenmalerei des Bamberger Rathauses, die Deckenmalereien im Goldenen Saal der ehem. Universität Dillingen sowie in der Augustinerkirche in *Schwäbisch Gmünd*, deren Deckenfresken zu den besten Schöpfungen der Malerei des Barocks gehören. Sein letztes Werk war die Ausmalung der Wallfahrtskirche in *Unterkochen*.

Hans Baldung, genannt Grien

geb. 1484 in Schwäbisch Gmünd, gest. 1545 in Straßburg.
Der Maler, der neben Albrecht Dürer und Matthias Grünewald zu den bedeutendsten Malerpersönlichkeiten der altdeutschen Kunst gehört, ist durch eine Inschrift auf seinem Hauptwerk, dem Freiburger Hochaltar, als »Gamundianus«, ausgewiesen. Er entstammte einer Gelehrtenfamilie, die ein silbernes Einhorn im Wappen führte und die von Gmünd nach Straßburg übersiedelte. In der Werkstatt eines Straßburger Meisters erhielt der 15jährige Schüler wegen seiner Jugend den Beinamen Grien, der Grüne, der ihm zeit seines Lebens erhalten blieb. Von 1503 bis 1506 war er zusammen mit Hans Schäuffelin Schüler in der Werkstatt *Albrecht Dürers* in Nürnberg.
Baldungs Werk umfaßt nicht nur sakrale Bilder, sondern auch, dem Geist des Humanismus entsprechend, viele weltliche Themen, Allegorien und insbesondere die Darstellung des menschlichen Körpers. Von 1509 bis zu seinem Tode war er Meister, zeitweise Schöffe seiner Zunft in der Reichsstadt Straßburg.
Von dem reichen Werk des Meisters ist leider in seiner Geburtsstadt Schwäbisch Gmünd, die im Leben des reifen Künstlers keine wesentliche Rolle gespielt hat, nur wenig erhalten: einige Holzschnitte im Prediger-Museum.

Johann Georg Bergmüller

geb. 1688 in Türkheim, gest. 1762 in Augsburg.
Einer der großen Maler der Augsburger Barockschule, tätig in Düsseldorf, in den Niederlanden, seit 1713 in Augsburg, seit 1730 Akademiedirektor, dort Lehrer der bedeutenden Maler Wolcker, Bernhard Göz, Johann Holzer → *Johann Edmund Widemann*. Sein bedeutendstes Werk sind die Deckenfresken in Steinga-

den/Obb. Um 1734 auch in *Ellwangen* tätig. Aus dieser Zeit stammen die Bilder für die Stationskapellen zum Schönenberg, heute z. T. in der Jesuitenkirche; in der Schutzengelkapelle von *Neunheim* Verkündigungsbild. In *Tannhausen* die große Tafel: »St. Lukas malt die Madonna«.

Diego Carlone

geb. 1674 in Scaria bei Como, gest. 1750 in Scaria.
Der an Bernini geschulte Stuckplastiker, Bruder des Malers *Carlo Carlone,* maßgeblich beteiligt am Ausbau von Schloß Ludwigsburg, der Residenz in Ansbach, des Stifts St. Florian und der Abteikirche Weingarten, wo er die Altäre schuf. Die großen Figuren an den Langschiffwänden der Stiftskirche in *Ellwangen* von Diego Carlone entworfen, ausgeführt von Emanuele Pighini.

Hans Peter Danzer

Als »Ans Piet Danzo« ist in Urkunden der spanischen Stadt Zaragoza der Meister genannt, der ab 1467 und nach 1473 den großen Alabasteraltar in der Kathedrale vollendete. In einer anderen Urkunde wird Hans Peter Danzer als »Almanus ex Gamunda Suevie« aufgeführt, womit ein eindeutiger Hinweis auf seinen Geburtsort Schwäbisch Gmünd gegeben ist. Der Alabasteraltar von Zaragoza gilt als eines der Hauptwerke der spanischen Kunst des späten Mittelalters.

Adolf Daucher der Jüngere

Augsburger Bildhauer und Bildschnitzer, von 1550 bis 1552 in *Gmünd* tätig, wo er das Chorgestühl mit den Doppelfiguren der Apostel und Propheten schuf.

Nikolaus Eseler d. Ä.

geb. um 1430 in Alzey, gest. 1482 in Frankfurt.
Baumeister der Spätgotik, der in Schwäbisch Hall, Nördlingen, Rothenburg und Dinkelsbühl tätig war und als Baumeister der St.-Georgs-Kirche in Dinkelsbühl gilt. Von ihm stammt der Turm der Kirche in *Tannhausen.*

Jakob Wilhelm Fehrle

geb. 1884 in Schwäbisch Gmünd, gest. 1974 in Schwäbisch Gmünd.
Bildhauer, seit 1919 in *Gmünd* tätig. Mit zahlreichen Skulpturen, vor allem in Kirchen, prägte er über Jahrzehnte das Kunstschaffen Ostwürttembergs.

Gabriel de Gabrieli

geb. 1671 in Roveredo, gest. 1747 in Eichstätt.
Der seit 1690 in Wien tätige Baumeister taucht in Süddeutschland auf beim Bau des Ansbacher Schlosses (zwischen 1707 und 1709). Seit 1714 als Oberbaudirektor in Eichstätt mit dem Bau der bischöflichen Residenz sowie vieler Kapellen und Kirchen im Bistum betraut. Zusammen mit seinem Bruder *Franz de Gabrieli* ist er der Erbauer der Wallfahrtskirche in *Zöbingen* sowie ab 1726 Architekt bei der Umgestaltung von *Schloß Baldern.* Ab 1735 Generalbaudirektor in Augsburg.

Matthäus Günther

geb. 1705 in Tritschengreith, gest. 1788 in Haid bei Wessobrunn.
Einer der bedeutendsten Freskomaler des Barock und Rokoko in Süddeutsch-

land. Schüler von *Cosmas Damian Assam,* seit 1762 Direktor der Augsburger Akademie, Schöpfer bedeutender Malereien im gesamten süddeutschen Raum, so in Augsburg, Rottenbuch, Würzburg, Amorbach. In *Gmünd* Altarbild der hl. Katharina in der Katharinenkapelle, in *Ellwangen,* Schloßmuseum, Modell (Durchmesser ca. 1 m) einer bemalten Innenkuppel.

Anton Wenzeslaus Haffer

Aus Dillingen stammender, in Ellwangen seit 1723 tätiger Deckenmaler. Von ihm stammen im ehem. großen Saal des *Ellwanger* Jesuitengymnasiums, heute Schwurgericht, die Deckenmalereien sowie in der Pfarrkirche in *Jagstzell* die Deckenfresken.

Friedrich Herlin

seit 1459 in Nördlingen nachgewiesen, gestorben 1500 in Nördlingen.
Der vermutlich aus Ulm stammende Maler gilt als einer der wichtigsten Vermittler der altniederländischen Malerei, insbesondere der Malerei *Rogier von der Weydens*, nach Süddeutschland. Der Realismus, die präzise Darstellung von Außen- und Innenarchitekturen und die genaue Wiedergabe der Textilien in Zeichnung und Farben, lassen eine neue, realistische Sicht der Welt erkennen. Dem Nördlinger Georgsaltar folgt der Rothenburger Jakobsaltar sowie 1472 der Blasiusaltar in der *Bopfinger* Stadtkirche. Bei all diesen Werken wirkte Herlin nicht nur als Maler der Tafeln, sondern auch als Werkstattunternehmer, der für die gesamte Ausführung des Altars einschließlich der von anderer Hand geschaffenen Skulpturen zuständig war.

Franz Keller

geb. 1682 in Dürrwangen bei Dinkelsbühl, gest. 1725.
Onkel von → *Johann Michael Keller.* Leitender Baumeister der Ballei Franken des Deutschen Ritterordens und Erbauer des großen Schlosses Ellingen bei Weißenburg. Bei der Erneuerung des *Ellwanger* Schlosses (Treppenhaus, Festsaal) wirkte er mit, ebenso bei der Erweiterung der *Kapfenburg.*

Johann Michael Keller

geb. 1721 in Neckarsulm, gest. 1794 in Schwäbisch Gmünd.
Nach der Ausbildung bei seinem Onkel → *Franz Keller,* dem Baumeister des Deutschen Ordens, seit 1753 in *Gmünd,* wo er Stadtbaumeister der Freien Reichsstadt wird.
Keller gehört zu den bedeutendsten Baumeistern des späten Barock. Das Stadtbild Gmünds ist wesentlich von seinen stattlichen Bürgerhäusern bestimmt, die zum Besten gehören, was barocke Architektur im bürgerlichen Bereich schuf. An Kirchenbauten sind außer den Umbauten der Gmünder Klosterkirchen vor allem der Neubau der evangelischen Stadtkirche in *Aalen,* der evangelischen Kirche in Alfdorf sowie der Kirchen in *Westhausen* und *Unterkochen* zu erwähnen. Von 1757 bis 1777 Mitarbeit beim Bau der Abteikirche in *Neresheim,* zuletzt als Bauführer.

Martin Knoller

geb. 1725 in Steinach am Brenner, gest. 1804 in Mailand.
Einer der bedeutendsten Freskenmaler des ausgehenden 18. Jh. Der Schüler *Paul Trogers* weilte seit 1755 in Rom und Neapel, seit 1765 in Mailand als Hofma-

ler des österreichischen Statthalters. Zwischen 1793 und 1803 war er Professor an der Akademie in Mailand. Von Mailand aus übernahm er große Freskenaufträge, so die Ausmalung der Kirche von Volders bei Innsbruck,von Kloster Ettal, des Benediktinerklosters *Neresheim* zwischen 1771 und 1775 sowie der Augustinuskirche in Bozen-Gries und des Bürgersaals in München. Hinzu kommen bedeutende Altarblätter, insbesondere in Ettal und Bozen.
Knollers Stil zeichnet sich durch helle und abgewogene Farben aus sowie durch eine Abkehr vom verspielten Rokoko zu klaren, großflächigen Bildkompositionen. Mit ihm tritt die Freskenmalerei in den frühen Klassizismus ein, wie es die Neresheimer Fresken deutlich dokumentieren. Neresheim gilt als Hauptwerk Knollers und damit als einer der Höhepunkte der spätbarocken Freskenmalerei nicht nur Deutschlands, sondern Europas.

Josef Anton Koch d. Ä.

geb. 1710, gest. 1786 in Ellwangen.
Schüler der Akademie in Wien, Porträtist, Fresko- und Tafelbildmaler.
Wichtige Werke: *Ellwangen:* Kreuzweg in der Marienkirche, *Jagstzell:* Altarblätter der Seitenaltäre, *Neunstadt:* 14 Nothelfer-Altarbild, *Rosenberg:* Deckenfresken der Pfarrkirche, *Hohenstadt:* Bilder in der Josefskapelle.

Emanuel Leutze

geb. 1816 in Schwäbisch Gmünd, gest. 1868 in Washington.
Der Deutsch-Amerikaner wirkte seit 1841 in Düsseldorf als Mitglied der Düsseldorfer Schule. Schwerpunkt seiner Arbeit sind vor allem Historienbilder, insbesondere aus der Geschichte Englands und Amerikas. Ab 1859 malte er die Sitzungssäle des Repräsentantenhauses des Senats in Washington mit historischen Szenen aus. Bedeutende Werke Leutzes heute im Kunstmuseum Düsseldorf sowie im Prediger-Museum *Schwäbisch Gmünd,* wo er in den vierziger Jahren längere Zeit weilte.

Johann Michael Maucher

geb. 1645 in Schwäbisch Gmünd, gest. 1701 in Gmünd.
Als Elfenbeinschnitzer und Büchsenmacher Repräsentant der Blütezeit Gmünds als Stadt der Gold- und Silberschmiede. Bemerkenswerte Werke wie Prachtbüchsen, Jagdschüsseln und Elfenbeinschnitzereien befinden sich in vielen Museen und Sammlungen Europas, auch im *Gmünder* Prediger-Museum. Von Maucher stammt darüberhinaus das gewaltige, aus Eichenholz geschnitzte Orgelgehäuse mit den Atlanten im Gmünder Heilig-Kreuz-Münster.

Georg Morlock

geb. 1815, gest. 1896.
Ingenieur und Architekt, Mitglied der Eisenbahnkommission des Königreichs Württemberg und zuständig für die Planung der Remstalbahn von Stuttgart nach Wasseralfingen (1861 eröffnet). Unter seiner Leitung als Baudirektor wurden die Schwäbischen Hüttenwerke in Wasseralfingen modernisiert (1854–1856). Daneben war Morlock ein bedeutender Kirchenbauarchitekt: Bau der Kirche in *Pommertsweiler* (1857), der 1969 abgebrochenen Marienkirche in *Aalen* (1868), der neubarocken Kirche St. Peter und Paul in *Lauchheim* (1869) sowie der Kirche in *Dalkingen* (1871).

Balthasar Johann Neumann

geb. 1687 in Eger, gest. 1753 in Würzburg.
Der ursprünglich als Glockengießer, später als Obrist zum Ingenieur ausgebildete Neumann wurde in den Diensten der Fürstbischöfe von Würzburg zu einem der größten Architekten des Spätbarock. Er wandelte italienische, französische und österreichische Stilelemente zu einem eigenen Stil mit technisch gewagten Konstruktionen um. Seine bedeutendsten Werke von europäischem Rang sind die Vollendung der Würzburger Residenz mit Treppenhaus und Hofkirche, die Abteikirchen von Münsterschwarzach (1830 zerstört) und *Neresheim* sowie die Wallfahrtskirche Vierzehnheiligen. In den Schlössern Bruchsal und Brühl bei Köln schuf er die großartigen Treppenhäuser. Durch die Verbindung der Fürstpropstei Ellwangen mit dem Hause Schönborn war Neumann in beratender Funktion für *Ellwanger* Bauten (Priesterseminar auf dem Schönenberg, heutiges Landgericht) tätig.
Neumann war ein überragender Techniker und begnadeter Künstler und Architekt, der großartige Raumschöpfungen verwirklichte, unter denen die Neresheimer Abteikirche zu den absoluten Höhepunkten der europäischen Kunst zählt.

Johann Nepomuk Nieberlein

geb. um 1730, gest. 1805 in Ellwangen.
Nach Romaufenthalt, dabei vermutlich Begegnung mit → *Martin Knoller,* seit 1761 in Ellwangen tätig als Fresko-, Tafelbild- und Porträtmaler. Seine wichtigsten Werke: Fresken in den Stationskapellen, 1803, in *Ellwangen.* Fresken in den Pfarrkirchen von *Hofen, Schechingen, Lautern, Leinzell* und in der Wallfahrtskirche *Schwenningen.*

Heinrich und Peter Parler

Heinrich Parler aus Köln gilt als Meister, der 1330 das Heilig-Kreuz-Münster in *Gmünd* als Hallenkirche errichtete und für den Plan des Hallenchores seit 1351 verantwortlich zeichnete. Er ist der Stammvater einer Architekten- und Bildhauerfamilie, die einer ganzen Epoche der Kunstgeschichte im Spätmittelalter ihren Namen gegeben hat. Der bedeutendste der Parlerfamilie war der 1330 in Gmünd geborene *Peter Parler,* der 1353 von Kaiser Karl IV. nach Prag berufen wurde, um den Veitsdom zu vollenden. Peter Parler war nicht nur Architekt, sondern auch Bildhauer, der in seinen Skulpturen erstmals einen neuen Realismus und Individualismus in die bis dahin idealisierende Plastik der Gotik einbrachte. Weitere Mitglieder der Parlerfamilie sind im 15. Jh. nachweisbar beim Bau der Dome und Münster in Ulm, Freiburg, Basel, Straßburg, Köln und Mailand.

Melchior Paulus

geb. 1669 in Ellwangen, gest. 1745 in Ellwangen.
Sohn des Kunstschreiners und Modelleurs (Wasseralfinger Ofenplatten) *Johann Paulus.* Als Stukkator, Bildhauer und Elfenbeinschneider war Melchior Paulus der bedeutendste Künstler, den *Ellwangen* in der Zeit des Barock hervorgebracht hat. Seine wichtigsten Arbeiten sind die Stukkaturen in der Schönenbergkirche (Chor, Decke, Emporen), im Kreuzgang und Kapitelsaal von Kloster *Neresheim,* in der Konviktskirche in Ehingen, in Zwiefalten, Wiesensteig sowie im Ellwanger Schloß.
Als Bildhauer sind ihm zu verdanken die Apostelfiguren in den Nischen der Attika sowie die Engel an den Seiten des Hochaltars der Schönenbergkirche. Zugeschrieben werden ihm die in Stein gehauene Muttergottes über dem Portal des

Neresheimer Klostergebäudes, die Statuen der Maria und des Nepomuk zwischen Schönenbergkirche und Priesterseminargebäude sowie der große Erzengel Michael in der Außennische der Apsis der Schönenbergkirche. Bedeutende Elfenbeinschnitzereien von Paulus befinden sich heute im Kölner Domschatz.

Hermann Pleuer

geb. 1863 in Schwäbisch Gmünd, gest. 1911 in Stuttgart.
Maler, zusammen mit *Otto Reiniger* der bedeutendste Vertreter der Gruppe der »Schwäbischen Impressionisten«. Nimmt sich in seinen Motiven vielfach der Arbeitswelt, der Technik und insbesondere der Eisenbahn an. Durch seine freundschaftliche Verbindung mit Freiherr Franz von Koenig Fachsenfeld sowie durch seine Familie in Gmünd pflegte er Beziehungen zum Ostalbkreis. Zahlreiche gute Werke von ihm befinden sich in der Sammlung Koenig *Fachsenfeld,* im Prediger-Museum in *Schwäbisch Gmünd,* in der evangelischen Kirche *Fachsenfeld* sowie in Stuttgart (Staatsgalerie und Kunstgebäude).

Christian Friedrich Plock

geb. 1809 in Aalen, gest. 1882 in Wasseralfingen.
Nachfolger von Weitbrecht als Modelleur von Kunstgußformen für die Schwäbischen Hüttenwerke. Von ihm stammen realistische Reliefs im Stil des mittleren 19. Jh., außerdem eine Fülle von Zeichnungen, vor allem mit Tiermotiven (*Wasseralfinger* Heimatmuseum).

Hermann Plock

geb. 1858 in Essingen, gest. 1920 in Wasseralfingen.
Sohn von → *Christian Plock,* Maler im Stil des Realismus des ausgehenden 19. Jh. Im Heimatmuseum *Wasseralfingen* Porträts und Landschaftsbilder von hoher Qualität. Wegen Erkrankung Ende der künstlerischen Tätigkeit ab etwa 1900.

Arnold Friedrich Prahl

geb. 1709 in Schwerte an der Ruhr, gest. 1758 in Ellwangen.
Architekt, Schüler des kurmainzischen Baumeisters *von Welsch.* Seit 1736 in Ellwangen, nachdem er vorher in Koblenz in den Diensten der Schönborns gewesen war. 1737 zum Stadt- und Landbaumeister der Fürstpropstei Ellwangen ernannt, prägt er mit seinen Bauten wesentlich das Stadtbild *Ellwangens.*
Seine wichtigsten Werke: Ellwanger Rathaus (heute Landgericht) und Spitalgebäude, Seminargebäude auf dem Schönenberg, verschiedene Wohnhäuser in der Innenstadt und Kameralamtsgebäude, die Kirchen in *Schwabsberg, Schwenningen, Ellenberg* und *Nordhausen.*

Jörg Ratgeb

geb. 1485 in Schwäbisch Gmünd, gest. 1526 in Pforzheim.
Wie Hans Baldung Grien stammte der Maler aus Gmünd, wenn auch sonst die Stationen seines Lebens wenig bekannt sind. Seit 1520 ist er Bürger in Stuttgart. Seine wichtigsten Arbeiten sind die Fresken im Kreuzgang und Refektorium des Karmeliterklosters in Frankfurt, das bedeutendste Freskenwerk auf deutschem Boden aus der Zeit der Renaissance. Ebenso bedeutsam der Herrenberger Altar, heute Staatsgalerie Stuttgart, aus dem Jahr 1518/19.
Ratgebs Kunst zeichnet sich aus durch Expressionismus und reiche Symbolik, die ihn in die Nähe *Grünewalds* stellen. In Ratgebs Werk, von dem nur wenige Stücke

auf uns gekommen sind, spiegeln sich wie in dem keines seiner Zeitgenossen die großen Spannungen seiner Zeit mit ihren enormen wirtschaftlichen und sozialen Problemen. In den Bauernkrieg aktiv verstrickt, wurde er 1526 in Pforzheim hingerichtet. In seiner Geburtsstadt Gmünd ist keines seiner Bilder vorhanden.

Donato Riccardo Retti

geb. um 1675, gest. 1741 in Ellwangen.
Einer der vielen oberitalienischen Künstler, die Anfang des 18. Jh. in Süddeutschland beim Bau von Residenzen und Klöstern als Architekten, Stukkateure und Maler tätig waren. Nachgewiesene Tätigkeit seit 1712 beim Bau des Schlosses in Ludwigsburg, in Weingarten, Mannheim, am Schloß Favorite bei Rastatt, *Ellwangen* 1737 bei der Barockisierung der Stiftskirche.

Martin Schaffner

geb. um 1478 in Ulm, gest. 1549 in Ulm.
Schaffner war der letzte große Maler in der Geschichte der spätmittelalterlichen Ulmer Kunst und gleichzeitig ihr bedeutendster Repräsentant der Dürerzeit. Nach Lehrzeit bei *Jörg Stocker* eröffneten sich ihm bei *Hans Holbein* und *Hans Burgkmair* in Augsburg die neuen Raumformen und Farben der italienischen Renaissance.
Seine bedeutendsten erhaltenen Werke sind im Ulmer Münster der Hutz-Altar und der vierflügelige Wettenhausener Altar von 1524 in der alten Pinakothek in München. Der Altar in der Stephanuskapelle in *Wasseralfingen* um 1530 ist in den Außenflügeln ein eigenhändiges Werk Schaffners, der mit seiner Werkstatt auch für die geschnitzten Figuren und die gemalten Innentafeln verantwortlich zeichnet. Seit 1526 Stadtmaler von Ulm, verliert er wie viele seiner Zeitgenossen durch die in der Reichsstadt Ulm eingeführte Reformation seine wichtigste Aufgabe, die Altarmalerei. Nach 1535 sind nur noch Bildnisse aus seiner Hand überliefert.

Thomas Schaidhauf

geb. 1741 in Raisting, gest. 1807.
(auch Scheithauff geschrieben).
Bildhauer und Stukkator der Wessobrunner Schule, Mitglied der Kunstakademie in Stuttgart, seit 1776 in Neresheim für die Innenausstattung der Abteikirche tätig, 1779 Baudirektor in *Neresheim.* Seine Figuren und Altäre zeigen deutlich klassizistische Züge. Neben der Ausstattung der Abteikirche in Neresheim sind wichtige Werke Schaidhaufs die Stuckierung der Klosterbibliothek in Ochsenhausen, der Spitalkapelle in Mergentheim, der Pfarrkirche in Dischingen sowie Kanzel, Taufstein und Altar in der evangelischen Stadtkirche in *Aalen,* daneben die Ausstattung der Pfarrkirchen in *Westhausen, Elchingen* und *Ebnat.*

Christoph Thomas Scheffler

geb. 1699 in Mainburg, gest. 1756 in Augsburg.
Der aus Landsberg stammende Tafelbild- und Deckenmaler war Schüler von *Cosmas Damian Asam,* seit 1729 Hofmaler der Stiftspröpste Franz Ludwig von der Pfalz und Franz Georg von Schönborn, für diese tätig in Mainz, Trier, in Schlesien, vorher Tätigkeit in Landsberg und Augsburg. Seine Malerei ist vom Beispiel der Illusionsmalerei des Italieners *Andrea Pozzo* beeinflußt, in der die reale Architektur täuschend nach oben fortgesetzt wird. Während der fünf Jahre seiner Tätigkeit in *Ellwangen* schuf er die Deckenfresken der Jesuitenkirche (heutige ev. Kirche), im Treppenhaus und im Rittersaal des Schlosses sowie in der

Stiftskirche den Kreuzweg des Mittelschiffs. In *Hohenstadt* stammen aus seiner Hand die Altarblätter der Seitenaltäre der Kirche.

Alois Schenk

geb. 1888 in Schwäbisch Gmünd, gest. 1949 in Schwäbisch Gmünd.
Kirchenmaler, Schüler von Landenberger und Hölzel. Sehr beachtliches Werk von ihm ist das große Kreuzwegfresko in der *Röhlinger* Pfarrkirche von 1921 in großflächigen Formen des Expressionismus.

Valentin Schopf

geb. um 1470, gest. 1526 in Gmünd.
Bildschnitzer und Maler, gilt als der Schöpfer der Altäre in *Heubach-Beuren* und *Heubach-Buch,* möglicherweise auch für die Apostelfiguren in *Obergröningen.*

Melchior Steidl

geb. 1665 in Innsbruck, gest. 1727 in München.
Tafelbildmaler und Freskenmaler, tätig in St. Florian, Kremsmünster, Straubing, Regensburg, Würzburg, Bamberg, Augsburg. An italienischen Vorbildern geschulter bedeutender Deckenmaler des Barock. Sein Hauptwerk sind die Wand- und Deckenfresken der Schönenbergkirche in *Ellwangen,* 1711/12. Von ihm stammen auch die Altarbilder in der Pfarrkirche von *Hofen.*

Hans Stiglitz von Miltenberg

Baumeister der Spätgotik, mit → *Eseler* zusammen Erbauer der Dinkelsbühler St.-Georgs-Kirche. Mit Baumaßnahmen in der Fürstpropstei *Ellwangen* im ausgehenden 15. Jh. betraut: Marienkirche, Wolfgangskirche, Kreuzgang und Kapelle bei der Stiftskirche. Beteiligt auch am Bau der St.-Lukas-Kirche in *Tannhausen.*

Karl Stirner

geb. 1882 in Rosenberg, gest. 1943 in Ellwangen.
Maler, Zeichner und Illustrator (Mörikes »Stuttgarter Hutzelmännlein«), in Ellwangen wirkend, als Maler Autodidakt, seit 1919 angeregt durch des Expressionisten *Ernst Ludwig Kirchner.* Seine Bilder, soweit nicht im Privatbesitz, sind größtenteils im Schloßmuseum *Ellwangen.*

Jörg Syrlin d. Ä.

geb. um 1425, gest. 1491 in Ulm.
Bildhauer und Bildschnitzer, der in der Nachfolge von *Hans Multscher* die Ulmer gotische Skulptur zur höchsten Vollendung führt. Seine Hauptwerke sind das Chorgestühl des Ulmer Münsters zwischen 1468 und 1474 sowie der Fischkastenbrunnen vor dem Ulmer Rathaus. Von Syrlin stammt das große Kruzifix in *Lorch,* 1484 von Syrlin selbst dem Lorcher Abt geschenkt.

Jörg Syrlin d. J.

geb. um 1455, gest. um 1521 in Ulm.
Der Sohn des älteren *Syrlin* war Meister eines großen Werkstattbetriebes in Ulm, der in der Blütezeit der Ulmer Altarkunst viele Altäre ausführte. Seine bedeu-

tendsten Werke sind die Figuren des Altares in Bingen bei Sigmaringen und die Chorgestühle in Geislingen und Blaubeuren. Von Syrlin d. J. stammt der Altar mit Schnitzfiguren von *Eschach*.

Georg Michael Tag

geb. um 1640, gest. 1689 in Dillingen.
Maler des Frühbarock. In der *Ellwanger* Stiftskirche sind die Bilder der Altäre des nördlichen und südlichen Querschiffs von 1663, »Enthauptung des Johannes des Täufers« und »Martyrium der hl. Barbara«, von ihm. Sein Stil ist orientiert an der strengen Hell-Dunkel-Malerei des Italieners *Caravaggio*.

Christian Thumb

geb. 1645 in Au, Bregenzer Wald, gest. 1726 in Bezau.
Der Bruder von → *Michael Thumb* ist für diesen vielfach als Bauausführer und Vollender von dessen Plänen tätig. In *Ellwangen* maßgeblich am Bau der Schönenbergkirche als Bauleiter tätig, ebenso in Weingarten, Obermarchtal und in *Hohenstadt* sowie am Palais Adelmann in Ellwangen.

Michael Thumb

geb. 1640 in Au, Bregenzer Wald, gest. 1690 in Bezau.
Einer der wichtigsten und stilprägendsten Baumeister der Vorarlberger Schule, die zwischen 1670 und 1720 die Architektur des gesamten südwestdeutschen Raumes und der Schweiz bestimmte. Kennzeichnend für die Vorarlberger Schule sind die Wandpfeiler-Basiliken mit seitlichen Emporen zwischen den Wandpfeilern und eingezogenem Chor. Repräsentativ für diesen Kirchenbautypus ist die Schönenbergkirche in *Ellwangen*. Michael Thumb war auch in der Schweiz (Luzern), in Augsburg, Obermarchtal, Friedrichshafen und Weingarten tätig.

Kaspar Vogt

geb. um 1586, gest. 1646 in Schwäbisch Gmünd.
Der Sproß einer weit verzweigten Steinmetzfamilie seit 1610 Kirchenmeister in der Stadt *Gmünd*, was die Betreuung der einheimischen Baudenkmale bedeutete. Von ihm stammen die Salvatorkirche und die Bildstöcke zum Salvator, die Herrgottsruhkapelle sowie verschiedene Plastiken aus dieser Zeit.

Josef Wannenmacher

geb. 1722 in Tomerdingen, gest. 1780 in Tomerdingen.
Begabter Kirchenmaler des Barock. Vermutlich Studienaufenthalt in Rom. Wannenmachers Fresken befinden sich in der Wallfahrtskirche Ave Maria in Deggingen, in der Dominikanerkirche in Rottweil, der Stiftskirche von St. Gallen sowie der dortigen Stiftsbibliothek. In *Gmünd* erhielt er den Auftrag zur Ausmalung der Chorgewölbe und Langhausdecke der Franziskanerkirche, der St.-Katharinen-Kirche sowie der St.-Leonhards-Kirche.

Konrad Weitbrecht

geb. 1796 in Erlsbach, gest. 1836 in Stuttgart.
Als Inspektor und Modelleur des Königlichen Hüttenwerks in Wasseralfingen führt der bei *Heinrich Dannecker* klassizistisch geschulte Künstler neue, aus dem Leben gegriffene Motive und realistische Darstellungsformen in die angewandte

Kunst des Eisenkunstgusses ein. Zeichnungen und Modelle im *Wasseralfinger* Heimatmuseum.

Johann Edmund Widemann

geb. 1710 in Oettingen, gest. um 1765 in Ellwangen.
Fresko-, Tafel- und Porträtmaler. Nach Lehre bei → *Bergmüller* in Augsburg Romaufenthalt 1733/34, danach in Augsburg, seit 1738 in Ellwangen tätig und seit 1763 Hofmaler der Stiftspröpste.
Seine wichtigsten Werke in *Ellwangen:* Wallfahrtsszenen auf den Emporen der Schönenbergkirche, Deckenfresken in der Marienkirche, die Tafelbilder in der Eichkapelle, das Treppenhausfresko in der ehem. Statthalterei.

Anton Wintergerst

geb. 1737 in Kempten, gest. 1805 in Schrezheim.
Fresko-, Tafelbild- und Porträtmaler, geschult in Augsburg, vermutlich bei *Baumgartner.* Fürstlich-Oettingischer Hofmaler in Wallerstein seit 1765, 1777 durch Heirat verbunden mit dem Fayence-Fabrikbesitzer Bux, Schrezheim, und Inhaber der Schrezheimer Fayence seit 1800. Die bedeutendsten seiner Werke sind in *Aalen* die Deckenfresken in der Stadtkirche, die Fresken in der Wallfahrtskirche in *Zöbingen,* der Pfarrkirchen in *Kerkingen* und *Röttingen,* außerdem die Altarblätter der Seitenaltäre in der Wallfahrtskirche *Unterkochen* sowie in der *Hirlbacher* Kapelle.

Jakob Woller

geb. 1500 in Gmünd, gest. 1564 in Tübingen.
Steinmetz und Büchsenmacher, seit 1555 in Tübingen tätig. Von ihm stammen einige Grabmäler in der Tübinger Stiftskirche, so das von Graf Ludwig von Württemberg, 1419–1450. In unserem Raum das Woellwarth-Grabmal in der Kirche von *Oberböbingen* sowie die beiden Epitaphe in der Antoniuskapelle bei der *Gmünder* Franziskanerkirche.

Bartholomäus Zeitblom

geb.um 1455 in Nördlingen, gest. um 1520 in Ulm.
Der seit 1482 in Ulm tätige Maler gilt als der wichtigste Vertreter der spätgotischen Phase der Ulmer Kunst. Seine Altartafeln zeichnen sich durch eine strenge, der spätmittelalterlichen Formensprache verpflichtete Malweise aus. Der Schwiegersohn *Friedrich Herlins* übernahm nach seiner zweiten Ehe als Schwiegersohn des Malers *Hans Schüchlin* dessen Werkstatt. Seine Hauptwerke sind der Bingener und der Adelberger Altar, denen sich eine Anzahl bemerkenswerter Altartafeln, die sich heute überwiegend in der Staatsgalerie Stuttgart befinden, anschließen, so der Heerberger Altar und die Flügel des Eschacher Altars von 1496. Zeitblom war als Werkstattunternehmer zuständig für die Herstellung des gesamten Altares, so daß sich im heute in der Kirche in *Eschach* befindlichen Altarschrein der Hinweis auf Zeitblom findet.

Dominikus Zimmermann

geb. 1685 in Wessobrunn, gest. 1766 Wies.
Einer der größten und bedeutendsten Baumeister des süddeutschen Rokoko. Erbauer der Wallfahrtskirchen Steinhausen und Wies, der Klosterkirchen Günzburg und Sießen und des Rathauses in Landsberg. In Ostwürttemberg in den

zwanziger Jahren des 18. Jh. tätig beim Bau der Konventbauten in *Neresheim* (Festsaal) sowie in *Gmünd* beim Bau der Dominikanerkirche (Prediger). Ihm zugeschrieben wird der Hochaltar der Franziskanerkirche in Schwäbisch Gmünd. Als sicher gilt seine Urheberschaft beim Altar in der Kirche von *Kösingen*.

Johann Michael Zink

geb. 1694 in Eichstätt, gest. 1765 in Neresheim.
Seit 1716 in Neresheim als Fresko- und Tafelmaler tätig. Von ihm stammen zahlreiche Fresken in Kirchen des Härtsfeldes und des Rieses, so in der Pfarrkirche von *Neresheim*, in *Dorfmerkingen*, *Kösingen*, *Dehlingen*, *Ohmenheim* sowie in der Pfarrkirche von *Neuler*.

LITERATURHINWEISE

Akermann, Manfred: Bauzeugen der Stauferzeit im östlichen Schwaben, Stuttgart und Aalen 1977

Bächle, Hans-Wolfgang: Kultur und Geschichte im Gmünder Raum, Schwäbisch Gmünd 1982

Die Barbara-Kapelle in Lauchheim, hrsg. von Evangelische Kirchengemeinde Lauchheim, Lauchheim 1979

Barock in Ellwangen (Katalog), hrsg. von Stadt Ellwangen, Ellwangen 1981

Bauer, Karlheinz: Aalen, Geschichte und Kultur zwischen Welland und Härtsfeld, Stuttgart und Aalen 1983

Baumann, Hermann: Festschrift zum 250jährigen Jubiläum der Dreifaltigkeitskapelle Rattstadt, Ellwangen 1981

Baumhauer, Hermann: Der Herlin-Altar zu Bopfingen, Stuttgart und Aalen 1972

–: Ostalb zwischen Remstal, Brenz und Ries, Stuttgart und Aalen 1973

–: Aalen, Portrait einer Stadtlandschaft, Stuttgart und Aalen 1976

–: Das Heilig-Kreuz-Münster zu Schwäbisch Gmünd, Stuttgart und Aalen 1981

–: Ostalb, Bilder einer Kulturlandschaft, Stuttgart 1985

–: Kirche und Abtei Neresheim, Stuttgart 1985

ders. und Konrad Theiss (Hrsg.): Der Kreis Aalen, Kreisbeschreibung, Stuttgart und Aalen 1970

Brunner, Herbert und Alexander von Reitzenstein: Reclams Kunstführer, Baden-Württemberg, Stuttgart 1979

Burr, Viktor (Hrsg.): Ellwangen 764–1964, Ellwangen 1964

Bushart, Bruno: Die Basilika zum heiligen Vitus in Ellwangen, Ellwangen o. J.

Dehio, Georg: Handbuch der deutschen Kunstdenkmäler, Baden-Württemberg, München 1964

Stadt Ellwangen (Katalog): 1200 Jahre Ellwangen, Ellwangen 1964

Engelhardt, Ottmar: Neresheim und das Härtsfeld, 2. Auflage, Stuttgart und Aalen 1988

Enßlin, Helmut: Bopfingen – freie Reichsstadt, Mittelpunkt des württembergischen Rieses, Stuttgart und Aalen 1971

Erdner, Hans, und Gert Nagel: Die Fayence-Fabrik zu Schrezheim, Ellwangen 1972
450 Jahre Evangelische Kirchengemeinde Essingen, hrsg. von Ev. Kirchengemeinde Essingen, Aalen 1988
Filtzinger, Philipp: Limesmuseum Aalen, Stuttgart 1983
ders., Dieter Planck und Bernhard Cämmerer (Herausgeber): Die Römer in Baden-Württemberg, 3. Auflage, Stuttgart 1986
Frei, Hans und Günther Krahe: Archäologische Wanderungen im Ries, Stuttgart und Aalen 1979
Gentsch, Harald (Hrsg.): Oberkochen – Geschichte, Landschaft, Alltag, Nördlingen 1986
Geschichte der Stadt Schwäbisch Gmünd, Stuttgart 1984
Hahn, Joachim: Synagogen in Baden-Württemberg, Stuttgart 1987
Heilig-Kreuz-Kirche in Hüttlingen, Festbuch, hrsg. von Katholische Kirchengemeinde Heilig-Kreuz Hüttlingen, Aalen 1985
Heilig-Kreuz-Münster zu Schwäbisch Gmünd, hrsg. von Münsterbauverein, Schwäbisch Gmünd 1982
Heilig-Kreuz-Münster Schwäbisch Gmünd, hrsg. vom Münsterpfarramt, Schwäbisch Gmünd o. J.
Herrmann, Klaus-Jürgen (Hrsg.): Barock in Schwäbisch Gmünd, Schwäbisch Gmünd 1981
Heubach und die Burg Rosenstein, hrsg. von Stadt Heubach, Schwäbisch Gmünd 1984
Kissling, Hermann: Das Münster in Schwäbisch Gmünd, Schwäbisch Gmünd 1975
–: Kunst im städtischen Museum Schwäbisch Gmünd, Schwäbisch Gmünd 1979
–: Die Kirche in Täferrot, Täferrot 1984
–: Die Kirche in Tonolzbronn, Ruppertshofen 1988
Klein, Walter: Johann Michael Keller – ein Gmünder Baumeister des Barocks, Stuttgart 1923
–: Die St. Johanneskirche zu Gmünd, Frankfurt 1928
Kloster Lorch im Wandel der Jahrhunderte, hrsg. von Evangelische Heimstiftung e. V., 5. Auflage, Stuttgart 1977
Kösingen, hrsg. von Katholische Pfarrgemeinde Kösingen, Kösingen 1975
Lieb, Norbert: Abtei Neresheim, München 1985
Lingel, Klaus: Führer durch das Ries, Stuttgart 1986
Miller, Max (Hrsg.): Handbuch der historischen Stätten Deutschlands – Baden-Württemberg, Stuttgart 1965
Müller, Hartmut und Johannes Schüle: Predigt in Farbe – spätbarocke Fresken von Johann Anwander und Josef Wannenmacher in Schwäbisch Gmünd, Schwäbisch Gmünd 1983

Nägele, Anton: Die Heilig-Kreuz-Kirche in Schwäbisch Gmünd, ihre Geschichte und ihre Kunstschätze, Schwäbisch Gmünd 1925
Oeftiger, Claus und Eberhard Wagner: Der Rosenstein bei Heubach, Stuttgart 1985
Der Ostalbkreis, Kreisbeschreibung, Stuttgart und Aalen 1978
Pfeifer, Hans (Hrsg.): Wallfahrt Schönenberg 1638–1988, Festschrift zum 350jährigen Jubiläum, Ellwangen 1988
Pfeifer, Hans (Hrsg.): St. Vitus, Ellwangen 1233–1983, Festschrift zum 750jährigen Weihejubiläum, Ellwangen 1983
Pfletschinger, Hans: Der Goldberg in der Vorzeit, Riesbürg 1985
Planck, Dieter: Das Freilichtmuseum am rätischen Limes im Ostalbkreis, Stuttgart 1983
ders. und Willi Beck: Der Limes in Südwestdeutschland, Stuttgart 1987
Ruf, Georg und Wolfgang Schick: Abtsgmünd – junge Gemeinde reich an Geschichte, Aalen 1986
St. Franziskus Schwäbisch Gmünd, hrsg. von Katholischen Pfarramt St. Franziskus, Schwäbisch Gmünd 1985
Schäfer, Wilhelm: Kleiner Kunstführer durch die evangelische Stadtkirche Ellwangen, Ellwangen 1986
Schenk, Albert: 950 Jahre Hüttlingen, Aalen 1974
Scherer, Peter (Hrsg.): Schwäbisch Gmünd, Beiträge zur Geschichte und Gegenwart der Stadt, Stuttgart 1971
Schmid, Elmar: Die Pfarrkirche St. Gangolf in Röttingen, Röttingen 1972
–: Pfarrkirche St. Wolfgang, Ellwangen, Ellwangen 1974
Schmidt, Richard: Schwäbisch Gmünd, 2. Auflage, München – Berlin 1969
Schnell, Hugo: Wallfahrtskirche unsere liebe Frau auf dem Schönenberg, Ellwangen, München 1975 (Kunstführer 4. Auflage)
–: St. Johanniskirche in Schwäbisch Gmünd, München 1980 (Kunstführer 6. Auflage)
Schuller, Alois (Hrsg): Böbingen an der Rems – Portrait einer Gemeinde, Aalen 1986
Setz, Karl: Martin Knoller malt in Neresheim, Neresheim 1953
–: Balthasar Neumann baut in Neresheim, 2. Auflage, Aalen 1961
–: Neresheim – Gottesburg über Wäldern und Zeiten, Aalen 1966
Tüchle, Hermann, und Paulus Weißenberger: Die Abteikirche in Neresheim, Neresheim 1975
Veile, Franz: Die Hirlbacher Kapelle, Niederroden, 1985
Weißenberger, Paulus: 500 Jahre Pfarrkiche Kerkingen, Ellwangen 1972
Wirth, Wolf: Kirchheim am Ries – ehemaliges Zisterzienserinnenkloster, München 1966 (Kunstführer)

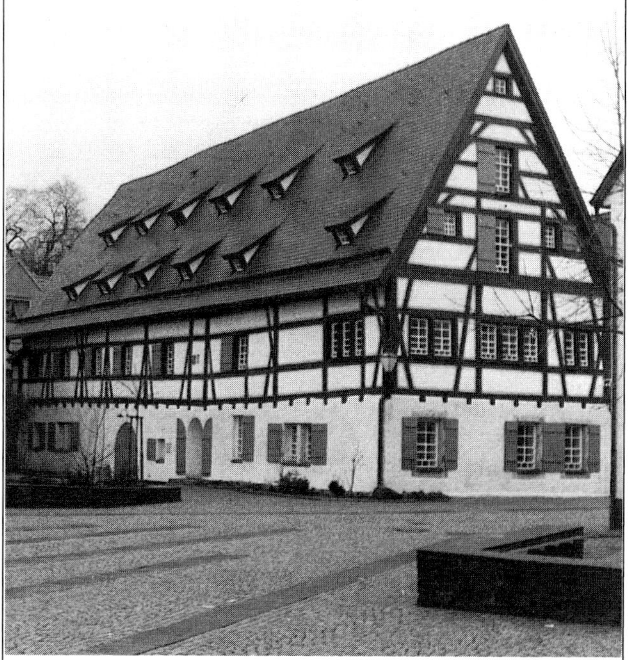

Museum im Seelhaus –
Ein Gang durch 6000 Jahre Geschichte

Öffnungszeiten:
Dienstag bis Freitag 10 bis 12 Uhr und 14 bis 16 Uhr
Samstag und Sonntag 14 bis 17 Uhr

Voranmeldungen und Auskünfte bei der
Stadtverwaltung Bopfingen,
Telefon (0 73 62) 8 01-0

HEUBACH am Rosenstein

mit Teilorten

Lautern, Buch und Beuren

9000 Einwohner · 460–766 m ü. d. M.

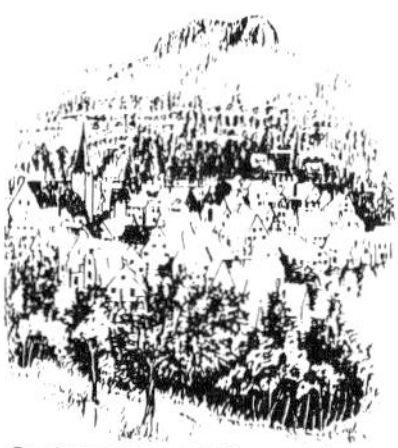

Stadtpanorama mit Rosenstein

Die Landschaft bezaubert

Der Rosenstein mit mächtigen Felsen, Ringwällen aus vorchristlicher Zeit, der Burgruine, seltenen Pflanzen und einer prächtigen Fernsicht ist ein von Dichtung und Sagen umwobenes lohnendes Reiseziel. Gut ausgebaute Wanderwege, herrliche Aussichtspunkte, Wacholderheiden, Schluchten und Berge lassen das Herz eines jeden Wanderers und Naturfreundes höher schlagen. Die große Zahl von Höhlen und bizarren Grotten ist einmalig.

Vielfältige Freizeitangebote

Bequeme Wanderwege, Badespaß im Freibad und Hallenbad, Reitsport, Tennis, moderne Sportstätten, die Stadthalle mit zahlreichen kulturellen Veranstaltungen, Flugplatz mit Flugschule, Wanderparkplätze, Jugendzentrum, Kinderspielplätze, Trimm-Dich-Pfad, die vorzügliche Gastronomie und ein Besuch im einmaligen Miedermuseum laden Sie ein, nach Heubach zu kommen und sich wohlzufühlen.

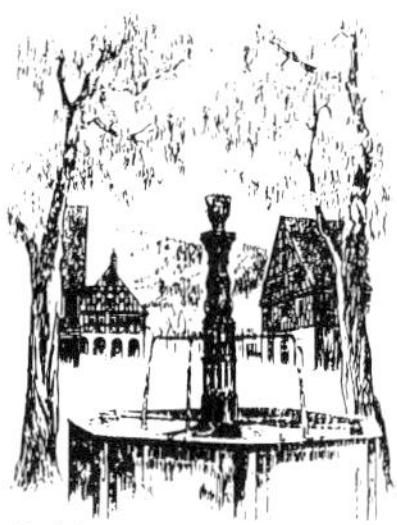

Marktbrunnen

Ein beliebter Wohnort

Schöne, moderne Wohngebiete, alle Schularten am Ort, eine reiche Infrastruktur, der historische Stadtkern mit seinem schmucken Marktplatz und die aufgeschlossenen Menschen sind Grund genug, in Heubach zu wohnen und zu leben.

Sichere Arbeitsplätze

Weltbekannte Miederfirmen, Metallbetriebe, das Bauhandwerk und Dienstleistungsunternehmen bieten zahlreiche sichere Arbeitsplätze. In den Gewerbegebieten bieten wir viele interessante Voraussetzungen für einen neuen Betriebsstandort.

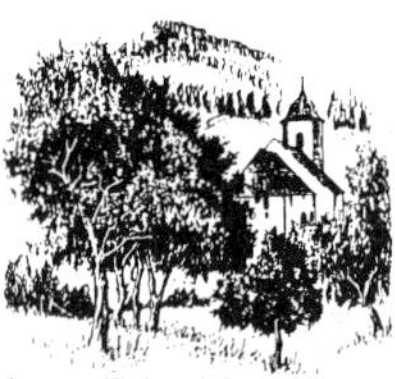

Lautern: Kirche mit Ostfelsen

Kommen Sie, wir freuen uns über Ihren Besuch.

Auskünfte und Prospekte durch das Bürgermeisteramt, Telefon 07173/18137.

Kirchheim am Ries

(1740 Einwohner)

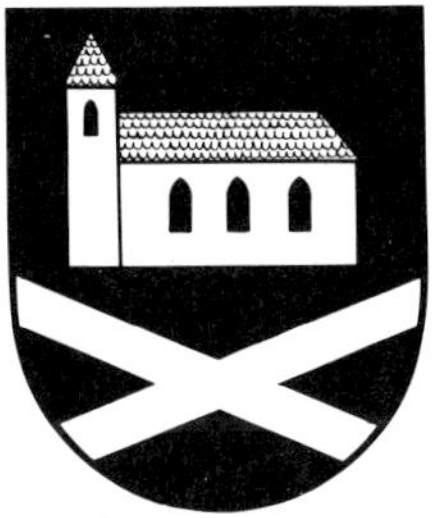

mit seinen Teilorten Benzenzimmern und Dirgenheim und den Weilern Jagstheim, Osterholz, Heerhof und Kalkofen
ist eine ländlich geprägte Gemeinde am westlichen Rand des Rieses. Kelten, Römer und Alamannen haben ihre Zeugnisse hinterlassen: die Keltenschanze bei Jagstheim, die römischen Gutshöfe bei Osterholz und Kirchheim und ein alamannisches Gräberfeld mit über 500 Grabstätten berichten davon. Ein Alamannenmuseum in der Schule birgt Originalfunde aus dem Bestattungsplatz.

Die mauerumgrenzte mittelalterliche Klosteranlage des ehemaligen Zisterzienserinnenklosters (1267 bis 1803) bildet mit der Stiftskapelle, der Klosterkirche, dem Abteiflügel und den Nebengebäuden ein ansehnliches Bauwerk.

Die schöne Landschaft lädt zu Spaziergängen und Ausflügen ein. Die ländliche Dorfidylle und gemütliche Gaststätten versprechen einen abwechslungsreichen Ferienaufenthalt.

7081 Kirchheim am Ries, Telefon (0 73 62) 30 28

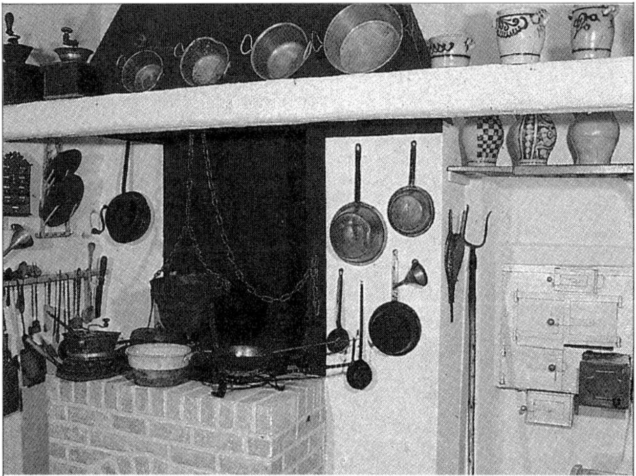

Im ehemaligen *Vogthaus von Neresheim* aus dem Jahre 1628 ist seit 1954 das Härtsfeldmuseum untergebracht.
Das Kulturgut wurde von der Härtsfeldbevölkerung gestiftet.

Öffnungszeiten:
Jeden 1. Sonntag im Monat von 14–17 Uhr sowie Dienstag und Freitag von 9–11 Uhr und nach Vereinbarung.

Informationen:
Über weitere Sehenswürdigkeiten erhalten Sie gerne Auskünfte und Informationsmaterial vom
Bürgermeisteramt Neresheim
Hauptstraße 21
7086 Neresheim
Telefon (0 73 26) 81-0

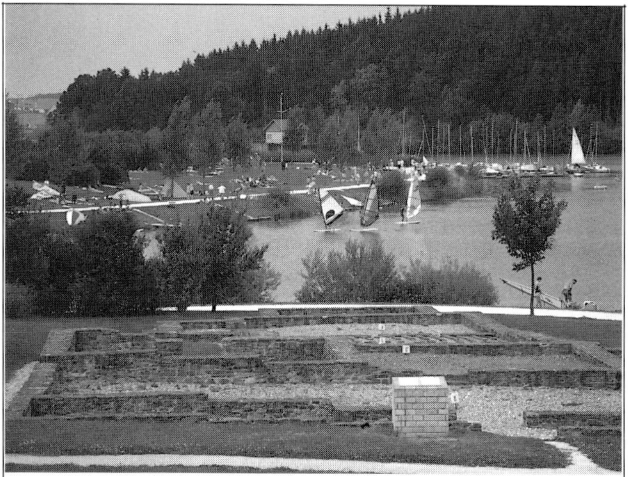

PERSONENREGISTER